华为
三十年
从中国出发的
全球化

李英羽｜著

中国人民大学出版社
·北京·

任正非曾说自己因为工作繁忙，对三个子女的成长都关怀不够，亲子感情淡薄，自己内心里深怀亏欠。其实，华为才是任正非耗费一生心力辛苦养大的"孩子"，其将全部精力和心血都倾注于华为的成长和发展，一手打造了华为的全球化，而几代、数十万华为人在三十年的国际化征程中淬炼、成长，锻造出一支中国最具国际化视野和水平的商业队伍。没有他们，就不会有华为的国际化，更不会有一个从中国出发的全球化企业的成功案例。

对华为的全球化进行研究和记录，最初的缘起、初衷，其实是非常个人化的和专业化的。

首先，华为的全球化发展是我在华为的职业发展大背景，我在人力资源管理专业领域的成长系于此间。

2005 年，华为海外市场销售第一次超过国内市场，是华为市场全球化的"元年"。我于这一年初加入华为公司人力资源管理部，负责海外招聘调配体系建设和支撑，这是当时的一个新设岗位，没有谁能明确定义这个岗位的具体职责和目标。

不过我很快意识到自己在从事一项有意义的工作。为明确公司的海外劳工雇佣合规原则，我向一起在国外学习人力资源管理、当时在中国人民大学继续攻读劳动关系博士学位的同学请教，当她听说我为此研读了四十九个国家劳工法中劳动合同管理相关条款后，非常惊讶，说我都可以写篇博士论文了！

这句话隐隐地触动了我。的确，在中国，有谁会像我这样逐字逐句研读这么多国家的劳工法条款，进行对比、总结、提炼呢？有谁会去关心安哥拉的劳工法都写了啥呢？即便是搞研究的劳动关系博士，大概也只会研究欧美发达国家的劳工法，以便学习引用吧！只有在华为，才有这样有实际用处的学习需要和专业积累的机会。

随着工作的开展，我发现我的岗位不仅在华为是新的，在当时整个中国企业界可能都是不存在的：国际人力资源管理，这是我学习人力资源管理专业的一门选修课。本来人力资源管理在中国就是一个新兴的企业管理行当，如华为这般已经进入一百多个国家、设置了七大海外地区部的全球化企业，站在中国、以全球视野来管理人力资源业务，在当时应该是绝无仅有的。

那么，身处这刚刚开启的华为全球化的历史进程，我是不是应该为此记录点什么？即便不是为了写一篇博士论文。

另一个写作缘由更为个人化。2006年，《华为人》报刊登了一篇题为《一个叫卢斯兰的男孩》的文章，作者是一位外派俄罗斯贝托华为的中方员工，在宿舍小区出入时，他一直遭受一群当地小顽童的骚扰蛮缠，在应对过程中，他在内心生出种种情感微澜和理性思考：

> 对他们高喊"走开"？…… 一来有失风度，二来这是人家俄罗斯人的国土——周杰伦都唱谁的地盘谁做主，我想俄罗斯人这样对我们喊起来可能才会更理直气壮一些。
>
> …………
>
> 我们中国人自古讲究"和为贵"，在国外工作、生活，最怕的就是和当地人的关系僵化。一旦出现这样的问题，事情就很可能上升到民族问题的高度。
>
> …………
>
> 我接过这个小球，心里突然有种复杂的感觉，很难用语言去形容，说是欢喜或伤感都不确切，想到了童年，阳光，孩子天真的笑脸……

这让曾经独自出国读书的我一时产生了共鸣。当一个人身处异国他乡，正是这些细微、琐屑的生活经历，让自己开始思考个人和国家、个人和民族的关系这样的宏大主题，也才会一点一滴地明白米兰·昆德拉（Milan Kundera）在其名作《生命中不能承受之轻》中说的"一个渴望离开热土旧地的人是不幸的人"。一个成年人，一朝离开自己出生、长大的土地，他在成长过程中所拥有的一切，会突然都没了着落，过去的经验一钱不值，尊严可能会被贬损，价值无处获得承认，走出去，才知故土难离，才会家国远望。

二十世纪九十年代末，香港亚洲电视台播出过《寻找他乡的故事》纪录片，记录华人在世界各地拼搏奋斗的经历、他们的情感体验与人生思考，是一部极高水准的人文制作，我一直追着看。在读了《华为人》报这篇文章后，我想，华为每年将成千上万的中国人派出去，到那么多、那么遥远的地方工作、生活，他们都经历了怎样的人生，有过怎样的情感体验，这应该也是一段值得记录的人文历史。

但后来阅读"两报"（《华为人》与《管理优化》）文章，我发现，华为出海员工的文字中，基本上是工作和家庭，虽然他们也曾经历失落和挫败，但像那位贝托华为的外派员工和我在国外读书时被触动的家国情绪却极为少见。

弥漫在华为出海员工中更为普遍的个人情感体验，是法国纪录片《迁徙的鸟儿》里的歌词中的离愁别绪："今晚我会在你身边，但我明天将远行。"人在华为，他们须将个人意愿置于组织意志之下，听命于一个遥远中枢的调度和管理，在全球各地流动、迁徙，四海为家，居处安顿，无有定期。在这里面，有着各种各样的矛盾和冲突：理想和现实、公司和家庭、工作与生活、付出与需要……每个人的人生在各种选择中如水而逝，但他们所历之水，是华为全球化发展这一条波澜壮阔的大河。

不过到后来，我对这一主题的关注超出了专业和个人的兴趣，特别是随着近几年来发生的一系列与华为有关的重大国际性事件，我逐渐意识到，研究、记录华为全球化和走出国门的华为人，需要将其置于更广阔的意义之下。

2018 年 12 月 1 日，加拿大警方在温哥华机场扣留经此转机的华为高管孟晚舟，启动了打压华为的一系列计划。之后 2019 年 5 月 15 日，美国政府将华为列入"实体清单"，进行出口管制，华为进入了"逆全球化"的发展阶段。

华为"515 事件"引发中国国内民情一时激越。在一篇广为传播的公众号文章中，结尾以这样一句话点题："很幸运，我们有一个华为，不那么幸运的是，我们只有一个华为。"[1]

其所言"一个"，显然是指华为是中国唯一在全球高科技产业中居于领导地位的企业。2020 年 2 月，时任美国司法部长威廉·巴尔（William Barr）在对美国某智库的讲话中，阐明打压华为的意义在于"美国第一次在引领未来的先进技术领域落后于人"。[2] 科技是美国全球霸权的三足之一，支撑了美元、美军的全球力量，巴尔认为，在 5G 通信技术上落后于人，将导致美国全球霸权沦落，引发世界权力版图重整。

此时，中国国内已隐约认识到，美国对华为的打压，是其对中国展开科技战、进行技术脱钩的先声。

实际上，对华为进行遏制、打压，美国十多年前即以"国家安全"为由开始了。但直到 2013 年 6 月的"斯诺登事件"，人们才认识到，美国行动的真正原由，在于华为通信设备在全球的无所不在，并非因为华为的产品技术领先，或担忧中国通信产品在其国内市场的应用。美国的"国家安全"，是建立在对全球各国的监听监控基础之上，华为的设备成为美国控制全球施行霸权的障碍。

不过，相较于技术上的高光耀目，华为令美国侧目的全球化体格在国内却着墨零碎，似乎这是伴随着华为技术世界领先而必然的结果，其实未必如此。即使在研究广泛、功底深厚的西方管理学界，对中国企业的国际化研究也很少提到华为，引用的案例多为联想、海尔、福耀玻璃等。这一方面是由于华为在进入消费者业务之前，多年来一直低调行事，较少进行与产品和业务不相关的行业外宣传；另一方面是因为华为走了一条非传统的国际化发展之路，既没有如联想经由大型跨国并购，一跃成为国际化企业，引发业界高度关注，也没有像海尔或福耀玻璃在本地设厂，海外的显性化存在度很高。

其实，将中国的国际化企业置于西方跨国公司研究理论框架之下看，华为的全球化体格并不止于其所宣传的产品应用之广：一千五百多张通信网络，遍及一百七十八个国家和地区，其实无论是全球业务布局、组织和人员覆盖的广度、深度，还是在全球通信技术产业链上的影响力、品牌的认知度和知名度，华为在这些"硬指标"上所达到的全球化水平，只有不多的几家中国企业能望其项背。

而外部研究者难以观察到的，是华为全球化的"软实力"。其国际化管理的成熟度和对国际化"游戏规则"的谙熟与运用能力，以我与外部企业同仁交流所知，一般中国企业鲜有能及，尤其在合规领域，一些"走出去"的中国企业几乎是在"裸奔"。

谙熟并运用国际化"游戏规则",是跨国企业在全球化经济中生存的重要能力,但对中国企业来说,恰是国际化发展"先天"缺失的能力,而获得这一能力殊为不易,需要历经时间,更需要经历事件。其中原由,本书"引言"部分有详细探讨论述。

当下,"只有一个华为"的现实,确实让我们"不那么幸运"。如果中国有很多家华为这样的全球化企业,在全球的经济、产业链中有着举足轻重的作用和影响力,与世界各国全球化企业你中有我、我中有你,各种利益跨越国界紧密相连,美国要发动对中国的贸易战、科技战,把中国企业放进它的"实体清单"里制裁、断供,下起决心来,可能就没那么轻易。华为"515事件"之后的两年里,影响美国"国家安全"被制裁的中国高科技企业已扩大到数百家,而华为自身也在美国一轮接一轮渐次升级的精准打击和全球围剿、遏制中,进入了最艰难的发展阶段。

所以,研究华为的全球化,探讨一个"从中国走出"的跨国公司发展和经营案例,探究其成功之道和经验教训,对中国拥抱世界的全球化,为未来更多中国企业走向国际化,提升全球化运营的软、硬综合实力,能够提供一些启示和帮助,应该是一件很有价值的事情。

在过去的五年里,我阅读了华为"两报"创刊近三十年以来发布的八百多期的近万篇文章、任总数百篇讲话和媒体访谈稿件,从这数千万字的史实记录中,详细梳理和研究华为国际化发展的历史进程,寻找其内在的业务逻辑、驱动力和企业文化密码,结合个人在华为十多年工作经历和观察思考,我发现,华为全球化成功的关键,在于让人走出去。

正是依靠一批批前赴后继走出去的中方员工,华为在过去三十年里,学习、引进世界先进技术,站在了世界信息通信技术的前沿;打开了全球市场,成为通信技术设备商的NO.1,也打造了全球供应链。更重要的是,走出去的中方员工在海外实地、切身学习和掌握了这个世界的国际化"游戏规则",将其内化于公司的全球化业务规则和流程之中,反哺了公司的国际化管理。走出去的中方员工也在不同种族、文化背景的本地员工间,传承华为的企业文化和核心价值观，建构了一个全球化企业的组织运作能力。

　　而用一种历史的眼光看，华为的全球化，是中国现代经济史上一次有组织的、规模最大的、时间持续最久的海外集体远征。从华为自身看，这既是一个企业的全球化组织发展历程，更是一部华为员工集体奋斗的心灵成长史。

　　所以，以我之不才，既致力于从人力资源的角度出发，研究一个中国企业国际化发展的成功案例，也努力记录我曾身处其中的一群人的异国人生；既回顾、总结一段特殊的中国企业发展历程及其经验教训，也希望有助于更多胸怀世界的中国企业坚定地走出去，立身于世界的跨国企业之林。

目 录

下编　走出国门的华为和华为人

引言

华为的全球化存在

华为员工的全球化生存

跨国出差与海外派遣

对于一个在中国入职、单身且热爱旅游的华为员工来说，跨国出差和海外派遣可以说是工作的一项额外福利。借出差之机，总可以顺道游览一下当地的名胜古迹，外派他国，更是一次深度的跨文化生活体验。当然，也有可能，频繁的跨国出差或长期的海外派遣是造成其单身的原因。然而无论个人喜欢与否，这是在华为工作必须面对的。

就一般员工而言，在华为工作几年，去过十几个国家，是比较普通的记录。1998 年就开始拓展海外市场的邓涛在此后的二十多年里去了一百一十多个国家，据说这是华为员工的最高纪录。可堪与之相比的，应该是华为年资最久的零零一号员工任正非，自 1992 年第一次出国访美，到 2019 年之前，近三十年里，任正非每年一半以上时间是在海外各国奔忙，所以，当他在公司高层会议的"EMT 20 分钟"[1] 环节听到一位三十岁出头的员工介绍自己在科摩罗工作时，张口就问"科摩罗在哪？我还没有去过！"七十五岁的任正非对此既充满好奇，又似乎挺不服气。

如果一个华为员工对哪个国家感到好奇，他可以到内部员工论坛"心声社区"的"旅行"板块去看一看，这里有同事们写的各个国家的游记和攻略，是将要出差或外派的员工出发前的热门浏览地。[2] 如果已经订好了出国机票，他可以在公司差旅平台的"找同行"进行搜索，不论什么犄角旮旯、名字奇特的机场，似乎总能约到伙伴一起飞。这个功能实在是贴心，即便一个人热爱旅行，也很难说会享受长时间的独自飞行，从拉美、非洲很多国家到中国，需要二三十个小时，中间还要转机、倒时差，令人疲累不已。即使是同一地区部，比如拉美大区，从墨西哥到阿根廷、巴西，加上转机，也要十多个小时。

即便如此，跨国出差在华为终究算是工作中的平常事，派遣海外就需要认真而严肃地对待。当一个员工还在申请华为的工作时，就必须要做出选择：是否同意长期外派海外、是否同意长期外派海外艰苦国家。在华为的职位申请表上，这两个选项分别是 A 和 AA。除非是特别岗位，如果不选 A 类，基本上不会被批准入职。这也意味着，只要加入华为，就要做好随时被派去海外的准备，以"年"为单位来计划自己见一次父母家人的间隔时间，而结婚成家、生孩子这些重大人生决定，也要比一般同辈人多出一重顾虑。

在中国入职的华为员工，被称为"中方员工"，与之相对的，是驻海外各国机构在当地招聘的"本地员工"。中方员工在华为是作为可全球调动的人力资源来定位的。

各国风物特产的全球流通

一位中方员工为感谢本地 HR 对其出差生病时的关怀照顾，回国后很快托另一位出差的同事带去了一大包礼物，有斯里兰卡的红茶、南非的芦荟胶手霜、保加利亚的玫瑰精油，诸如此类，都是其出差周游列国的留念之物。世界各地的风物特产在华为这个全球运作的大机器里，就这样通过你来我往、频繁流动的员工，辗转然而高效地输送流通。

零食美味自然是最主要的流通物，无论从哪里回来，总要给同事们捎个"手信"。深圳机关[3]负责接洽海外业务的部门秘书工作台上，常年堆放着员工们从各国带回来的零食，欧洲的巧克力、中东的椰枣、拉美的咖啡糖、东南亚的热带水果干是广受女同事欢迎的午后甜点。

从国外大量购买自用的是各类生活日用品。在中国人还没有开始在全世界"买买买"的时候，华为员工们已经知道，去德国要背一口炒菜铁锅回来，到法国肯定得带几个手袋包包才好交差，路过迪拜，买瑞士手表据说最划算。华为日本市场开拓得晚，似乎没有听说过有带马桶盖回国的。

到 2010 年，对世界已知之甚深的华为成立了莫塞尔子公司，专门采购各国物产精华，有旧世界和新世界的各种葡萄酒、阿根廷潘帕斯草原的牛肉、新西兰的深海银鳕鱼和蜂蜜、文莱水域的蓝虾、挪威北极峡湾的三文鱼、意大利和西班牙的橄榄油、牙买加的蓝山咖啡……以良食美酒，供应自己在中国的员工和客户。

人的全球流动，带动物资、信息和技术的全球流通，寻找资源的最佳配置和价值实现，这是今天经济全球化的基本特征。在一个全球化企业内部，资源和信息的流通更为高效。

时差与语言

在华为深圳的机关部门工作，同一主题、同一内容的会议，特别是全球政策的实施解读、变革项目的推行落地之类，基于时差和语言的双重组合，需要开四场会：早上、晚上面向东、西半球各一场，分别针对中方员工、本地员工的中、英文各一场。

时差是国际化公司工作必须要应对的场景要素，有时会让人大伤脑筋。一位在巴拿马的招聘专员安排一个面试，候选人在荷兰，面试官分别在墨西哥和深圳，招聘专员费了好大力气协调各方确定了面试，在日历上再三计算、核对四地时间，晚上睡不着，仍然觉得哪里不对劲，突然想起，墨西哥刚刚转换了夏令时，从床上爬起来又是一番折腾。

但时差并不只是给华为员工的工作带来麻烦，也会帮助他们提高跨国沟通效率，在市场竞争中快速制胜，获得领先优势。比如，在欧洲答标的一线团队早上九点钟上班，与客户开会，沟通技术需求，当天将问题总结出来，发给国内研发团队，等到国内上班，双方开会讨论、澄清，欧洲员工回家休息，国内研发工程师着手处理客户的问题，下班前回复给一线，此时欧洲次日上班，两边还能再一起讨论一会儿。如此，跨越时空，无缝衔接，华为二十四小时都在为客户工作。

因此，许多华为员工要保持二十四小时电话畅通，深更半夜电话铃响，接通后往往是一段含混的英语：Welcome to join the conference，虽然有可能正睡得迷迷糊糊听不清，甚至有人从来就没有听清楚过是哪几个单词，但都知道，这是有人从世界的哪个角落在"拉"自己上线开会了。

在国际化公司，英语自然很重要。华为并没有明确规定企业的官方语言，公司正式文件通常是用中英双语发布，日常邮件沟通则视人、视情而定，开会讨论工作，即使在海外、有本地员工参加，通常也是中英双语混杂，但开到后来往往就变成全中文。只有拉人开会、分配任务，在效率优先、讲求实用的华为，对语言的选择就是一串干脆利落的英文短句，无以拒绝，而这也成为华为员工唯一可以全球通行的"接头暗语"。

但跨语言沟通也不是非用语言不可。一位华为高管面对一群来自全球各国的本地主管，解释公司的业务战略是通过员工个人绩效评价系统，向下层层分解落到各级组织，这么复杂的意思，他也只用了三个英语单词：Strategy（战略），PBC（个人绩效承诺），Down（向下）。

具体过程是这样的：中方高管抬起两臂，一只手先指向自己脑袋，嘴里念叨一声 Strategy，然后两臂向两边伸展开去，再念叨一声 PBC，两只胳膊伴随着一声声" Down, down, down"向下逐层落去，声音动作配合协调自然，现场本地员工无论说什么母语，都点着头表示，懂了！

外语沟通中使用肢体语言，辅之以表情，通常是比较好用的，华为资深外派员工深谙此道，运用自如，不过也要谨慎使用。假如在非洲某个国家，你对两个男人牵着手在大街上散步已见惯不怪，知道这是表示双方间的友好和认可，到另一个非洲国家，可千万不能亲切地拍拍本地同性员工的身体以示鼓励，在华为早期出海历史上，这是引发过涉及"性骚扰"的群体性员工关系事件的。

跨文化管理

不同人种、不同民族的员工合作共事，多元文化融合共存，是国际化企业跨文化管理的一个理想。成功的跨文化管理，通常以企业员工某些共有行为来表现其共享的价值观，或者表达其共同的身份认知。比如，在华外企的中国员工多数会给自己起一个英文名字，所以城里的伊丽莎白过年回了老家，还原为上酸菜的翠花儿。但在华为，如果一位在中国工作的华人面孔员工以英文名向同事介绍自己，基本上可以判断，这一位是外籍员工，或者是刚刚从外企跳槽过来的。在国际化的华为，员工并不流行使用英文名字，在外人眼里，应该也算是一件颇为费解的事情，但在华为内部，这实属自然，有其原由。

早期中方员工外派到海外，为方便本地客户、供应商和员工称呼自己，一般会给自己起一个英文名字。但他们后来发现，中方员工彼此间并不以英文名相称，结果呢，翠花儿的城里朋友来找伊丽莎白，村里人十有八九不知其为何人，所以英文名反而使得对外沟通不便。而华为内部沟通使用的电子邮件大多数是用员工的母语姓名直接拼写，本地员工为了把身边的中国同事与邮件里说的人和事对上号，也大都用没有音调的汉语拼音来称呼对方。所以，即使是在海外，名字的使用，也是中方、本地"两张皮"，这也算是华为国际化人员管理深层次问题的一个外显。

但如果非要在华为找一个"国际范儿"的名片，应该是遍布中国各园区的咖啡屋。"一杯咖啡吸收宇宙能量"，是华为跨文化管理的经典表达。

将"咖啡"与"宇宙能量"关联在一起，是华为创始人任正非的创见。他认为每个人身上都有宇宙赋予的能量，这些能量在人的头脑里转化为思想和创见，几个人坐下来喝着咖啡，交流不同的思想，碰撞彼此的观点，就可能会像核爆一样产生新技术、新产品。

但为什么是喝咖啡，而不是喝茶，去吸收宇宙能量呢？中国人千百年来日常喝的，是茶啊！

茶是中国人修身养性、清静无为的精神寄养，饮茶蕴含着一个人内敛、观审自我的意象，更适于独享、细品，体现的是一种中古文人气质。而咖啡之性，燥热、丰厚、浓郁，与茶的精神意象完全不同，它是热烈的、激发的，是一种现代派的、多种成分调和的、协作的商业化气质，咖啡自身的发展、扩散历史，就是一个寓意着开放、平等、包容的全球化符号。

任正非把吸收宇宙能量与喝咖啡联系在一起，倒不是因为咖啡本身的这种精神气质，而是其作为西方主流饮品，是华为主动与西方世界沟通的介质。通过提倡喝咖啡，来建立员工与外部世界的交流和沟通意识，让中方员工跳出封闭和自得的圈子，努力融入和适应西方世界，广交朋友。如果深入体察咖啡与茶二者在精神、意象层面的区别，就只有咖啡此物，才能与"吸收宇宙能量"联系起来。

所以，喝咖啡就成为华为员工的工作日常，在中国的各处园区，将近中午十一点，下午三四点，如果天气晴好，咖啡屋外场经常坐满了人，蔚然大观，曾有一位美籍员工感叹，"在阳光灿烂的日子里，常常给我一种仍在美国加州硅谷的错觉"。而找人喝咖啡则是华为员工彼此意会的一种工作邀约，如果在深圳华为听到一个人说"我要找个时间去法国喝咖啡"，绝不是梁朝伟飞去伦敦广场喂鸽子的闲情偶寄。

全球流动、各国风物特产、时差和语言、跨文化沟通、咖啡与宇宙能量，这些国际化工作要素，融于华为这个组织的日常运转之中，华为员工存于其间，如鱼在水，日用而不知。

而作为一家企业，华为的全球化又是怎样一个存在？

华为全球化的"形"与"质"

华为的全球化存在，从如下五个方面的事实和数据，可以对其"外形"和"实质"获得一个全面认识。

过半销售收入来自海外市场

在 2002 年的新年献词中，华为首次对外公布其海外销售额，2001 年为二十七亿元人民币，占全部销售额的 10% 强。2005 年，华为海外合同订货额[4]首次超过中国本土市场，达到 58%[5]，海外销售收入应该也接近或超过了国内部分。这是华为的一个里程碑之年，除国内和海外销售占比翻转，这一年 4 月，华为进入英国电信（British Telecom，BT）的"二十一世纪网络"项目短名单，突破欧洲高端电信运营商，为这个里程碑之年的历史意义增添了一层质感。

2014 年，在华为传统业务电信运营商网络设备销售收入之外，其消费者电子产品的海外销售收入也超过中国市场。一直到 2017 年，华为整体海外销售收入保持了连续十三年在全球销售收入占比过半的纪录。[6]

在今天全球市场一体化的经济环境中，对于一家跨国运营的企业来说，过半的海外销售收入并非殊异。在联合国贸易与发展会议（UNCTAD，简称"贸发会议"）每年发布的世界最大一百家跨国公司名单中，八十家左右的跨国公司海外销售收入占比都超过 50%。比如爱立信，华为在运营商通信网络设备业务领域的全球竞争者，近年的全球收入中，高达 95% 以上来自母国瑞典市场之外，美国是爱立信的第一大国家市场，多年来一直占其全球销售收入的三成左右。[7]再比如三星电子，华为消费者电子产品领域的全球竞争者，近十年来在韩国本土销售的占比一直稳定在 10% ～ 15%，甚至低于其在中国市场的份额。[8]

而华为在 2005 年进入市场全球化发展的十多年里，中国市场销售收入的全球占比最低也有 32%。华为没能像爱立信或者三星电子那样，拥有一个类母国的海外单体国家市场。与业界同行的这一差别，一方面，源于华为起家、立身于中国这样一个巨大的电信市场；另一方面，这样的结果也是华为缺失了美国这个通信行业高利润的大市场所造成的。如果华为在海外能拥有一个可以与母国市场比肩的单体国家市场，只有可能是美国，但美国却是华为全球化市场中的"金瓯缺"，近年来更成为"逆华为的全球化"的梦魇。

业务和用户广布全球

随着全球市场的开拓和销售，自然会拥有全球范围的业务和用户。

2005 年，在海外销售收入占比超过 50% 时，华为的通信设备产品已进入一百多个国家，服务于世界排名前五十的通信运营商中的二十八家。[9]按照西方对跨国公司国际化程度的考察标准，无论从销售数量还是业务分布的地理广度来看，华为在这一年进入市场的全球化发展阶段。

历经十多年发展，华为业务遍及一百七十多个国家和地区，以其传统的电信网络设备与综合解决方案，服务于全球四百三十多家通信运营商，包括全球五十强中的四十五家，其中二十七家为跨国通信运营商，华为为它们建设和维护一千五百多张通信网络，间接服务全球近三十亿人口。[10] 而通过企业业务，华为与社会经济生活的各行业、各部门连接，服务和满足用户的信息需求，在全球七百多座城市与世界五百强企业中的二百多家合作，开展数字化转型，服务与运营伙伴达六千多家。[11]

除通信设备业务和用户的全球广覆盖外，华为的终端消费用户亦以亿计，遍布全球。在 2019 年底荣耀品牌被出售之前，华为的手机发货超过两亿四千万台，占全球市场份额 17.6%。手机之外，华为消费者电子产品还包括平板、个人电脑、可穿戴和 VR 设备、智慧屏等一系列泛 IoT 产品，概括为"1+8+N"全场景智慧生活终端，华为为这些产品的全球消费者建成两千六百多家线下产品服务中心，覆盖一百零五个国家和地区，线上使用六十五种语言[12]服务一百一十一个国家和地区的用户。[13]

从华为经营所涉及使用的货币种类，也可以侧面说明其全球化业务分布的地理广度。2018 年，华为销售收入达到六千五百亿元人民币，首次突破千亿美元。在这千亿美元销售额中，华为的商业交易组合管理着一百四十五种货币、上万亿美元的结算量，资金在全球一百八十多个国家和地区运转、循环，是全球管理和经营涉及货币最多的企业之一，甚至超过了世界银行。

从业务覆盖范围的全球化水平看，华为在全球跨国公司中属于第一梯队，与百年老店爱立信不相上下，后者在其全球化高峰期，业务铺展到一百八十多个国家和地区。但与爱立信不同的是，华为是从中国这样一个发展中国家后起的跨国公司，一般来说，发展中国家的跨国公司业务运营范围能达到七八十个国家和地区就算是比较多了，华为是其中的佼佼者。

通过通信网络设备以及消费者终端，使用连接与计算技术，华为的产品与服务已深入渗透到全世界人们的日常生活中。2017 年，华为将愿景从"丰富人们的沟通和生活"升级为"把数字世界带入每个人、每个家庭、每个组织，构建万物互联的智能世界"。[14]

遍及世界各地的人员与组织

传统企业的国际化，是从人踏出国门而起步，由人带着资金、技术和信息，在世界各地落脚，打开市场，在当地建立业务组织和机构，从产品、市场的国际化，进入企业自身运作和管理的国际化。

1993 年，华为在美国注册第一家海外机构兰博公司，派出第一位中方员工，至 2021 年底，华为在一百五十多个国家和地区雇佣有十九万四千多名员工，分属一百六十多个国籍。在华为国际化水平最高峰的 2016 年，华为在中国以外的六百二十多座城市驻扎着五万两千多人。

从西伯利亚一望无垠的冰封雪原，到飘零于太平洋上的孤星小岛，从喜马拉雅南麓林木丰茂的山乡野处，到非洲广袤无边的沙漠腹地，人类的先民们像蒲公英的种子一样撒落在地球的角角落落，通信工具的发明，让人们虽相隔遥远却依然能够沟通彼此。为此目的，但凡有人在处，华为员工几乎都曾踏足留迹。他们背着电脑、携着设备，有时候租用直升机，有时候赶着毛驴、骆驼，甚至人拉肩扛，把电信铁塔架设在大地上，把通信线缆埋在地底下、海深处，把基站和微波天线挂在铁塔上、楼顶上、树干上，用通信电波将人们联结为一个地球之村，勤力实现其"构建万物互联的智能世界"的愿景。

而华为自身也是一个结构复杂的小"地球村"：十九万员工集聚在八千多个组织单元中，近一半组织单元位于中国之外。如果用一张 Excel 表格打开华为的全球组织列表，一个泱泱大观的华为全球版图，浩浩然直观地呈现于眼前，全览之下，令人震撼。

华为的海外组织体系由一个三维结构成形。"三维"分别为负责市场的销售与服务体系、负责产品的研发体系，以及由各业务、职能体系建立在区域的能力或服务共享中心。

市场销售与服务体系以"区域管理—地区部—代表处"三级组织，形成华为全球区域划分的基本骨架，分布在一百四十多个国家的代表处及其下辖办事处是华为的基础业务经营单元，向公司贡献销售额、利润和回款，确保华为持续生存。

研发体系在海外的组织已由早期的二级扩展为三级结构，隶属于机关 2012 实验室的三家海外研究院管理着三十多个研究所，它们星罗棋布于世界各个角落，连接着世界的先进技术和优秀人才，维持华为技术持续领先，获得全球竞争优势。

各类专职的区域共享中心是华为在国际化深度发展阶段产生的组织形态，是其对全球人力资源特性分布深度把握的结果。这些共享组织分别向外部客户和内部员工提供专业服务，实现对全球业务运转的强大组织支撑。

面向客户的是作战型资源和能力共享中心，主要有全球技术服务部建立的全球技术支持中心（GTAC）和全球服务交付共享中心（GSRC）。前者按照"Follow the Sun"[15]原则，按八小时时区分设于世界三地，二十四小时接续运营，全天候为全球客户提供二级技术支撑；后者通过区域人力资源的共享方式，为客户提供及时、贴身的网络规划设计、网络部署和支持保障等集成交付服务。

类似的作战型海外能力共享组织还有区域投标共享中心、区域供应中心等。

在员工服务界面，财经体系在全球有六大会计账务共享中心，基于地域、语言、人力成本等综合评估而设，为员工提供近便而快捷的差旅报销和费用服务，正常报销国内员工三天内即可到账，海外七天左右。人力资源体系的人事服务共享中心（HR-SSC），为员工提供普通话、英语和西班牙语三种语言的热线接入，回答全球在职和离职员工的人事服务和人力资源标准化流程相关的各类咨询，是华为人力资源"三支柱"之一，将其人力资源管理从日常事务性操作中解放出来。

深度参与通信标准制定，塑造全球通信产业链

对所在的产业链在全球范围内的影响和塑造，是一家跨国公司最"硬核"的全球化存在。

华为起家的通信运营商网络设备业务属于通信技术（CT）产业。由于通信的全球互连互通要求，通信技术，尤其是移动通信技术，具备极强的标准属性，技术标准发挥着引领和规范整个产业发展、走向和竞争的作用。华为对全球通信产业链的影响，首先体现在其参与国际通信标准组织活动的深度和对标准制定的贡献上，这背后是其强大的技术实力和专利积累。

华为是全球最大的专利权人之一。截至2021年底，华为共持有有效授权专利四万五千余族，超过十一万件，其中90%以上是发明专利。2021年一年，华为申请了五千四百六十四项专利，连续五年在全球申请专利企业中数量排名世界第一，在中国国家知识产权局和欧洲专利局的年度专利授权量也都排名第一，在美国专利商标局的年度专利授权量位居第五。[16]

至 2021 年，华为加入了两百多个国际标准组织，以及数百个产业联盟、开源社区和学术组织等，在其中担任超过四百个重要职位。凭借强大的技术实力和专利积累，累计提交标准提案超过六万五千篇，是全球通信标准组织和行业组织中的重要贡献者。[17]

在联合国下属的电信专门机构国际电信联盟（ITU）、组织制定了 2G 至 5G 技术标准的国际通信标准组织——第三代移动通信合作伙伴计划（3GPP）、欧洲电信标准协会（ETSI），以及全球最大的专业技术组织、世界权威标准制定机构——电气及电子工程师学会（IEEE）这些重要电信标准组织中，华为拥有多个工作组、委员会的领导职位，或报告人角色。这些职位对于标准的形成和确定起着关键作用，在位者通过设定议题程序，主导标准开发进展，掌握着标准制定的话语权。这些领导职位的获得，体现了华为在通信技术领域的全球技术领导力。

在通信技术行业标准之外，华为进行了自己庞大的全球供应链布局，从器件采购、生产制造、物流运输到工程交付等整个价值活动链，华为与上下游厂商密切合作，拥有遍布全球的数千家供应商；在海外四个国家建有自己的整机制造工厂，以就近响应为原则建设的全球三级供应网络，按"全球资源中心—区域供应中心—代表处中心仓"设置。这些工厂、组织背后，是每年数百亿美元的采购额、全球数千万人的就业。

华为在全球通信产业链中的这种重量级地位，使之成为美国发起的通过中美技术脱钩来解构全球化的切入点。从 2019 年 5 月 15 日美国政府将华为列入"实体清单"，限制美国企业给华为供货，到 2020 年 8 月进一步修改直接产品规则，切断华为核心器件高端芯片供应，对华为"断根"，无不是在华为的供应链上做文章。而世界也清晰地看到，华为在自救的努力中，引发了全球通信产业链的重组。

但华为在世界通信行业标准组织中的地位却并未因此而被撼动。虽然在

2019 年 5 月之后，一度出现如 WI-FI 联盟之类行业组织、IEEE 等标准组织以取消华为会员资格，或降低华为参与度等方式，迎合、跟进美国商务部禁令，但之后又纷纷恢复华为参与权。2020 年 5 月，美国商务部明确规定，允许美国企业与华为合作共同制定下一代 5G 的网络标准，否则美国公司在 5G 网络标准制定上将因为华为而减少参与，失去标准话语权。[18]

国际化软实力：对国际化"游戏规则"的谙熟与运用

如果说上述四个方面是认识华为全球化存在的显性的、可量化的硬指标，华为作为一家国际化企业，其内在的软实力则为外界难以观察所见，这一软实力，即其对今天这个全球化世界所赖以运行的各种国际化"游戏规则"的谙熟和运用自如。

二十世纪九十年代，当华为怀着对中国加入 WTO、进入全球大市场的热切憧憬，从中国勇敢地走出去，它对所面对的全球化世界，其实还懵懂无知。

此前，华为与外部世界打交道的经验，都基于在中国这个特殊的市场环境和制度、产权环境下生存所获得，而全球化的世界是由西方发达国家所主导制定的一套完全不同的国际化"游戏规则"维系运转，包括各类国际条约、各国不同的法律法规，以及历史形成的商业行为准则、惯例和行业标准等。这些"游戏规则"将国家与国家、跨国公司的生产与世界经济运行连接于一体，也承载着西方世界在其崛起过程中形成的价值观，规范和调整着全球化经济中各方参与者的利益。

九十年代开放的中国最流行的口号"与国际接轨"，其实就是指认识、学习、接受、运用乃至引入这一套"游戏规则"，让自己融入世界一体化的生产和经济运行。

率先走出国门的华为，所要面对的国际化"游戏规则"，除了通信行业的知识产权保护和通过技术标准建立自己产业优势地位的"玩法"外，还包括各国对外直接投资、贸易海关、金融税务、劳工及人员出入境等一系列法律法规和行业规范，涉及跨国业务运营的方方面面。"与国际接轨"对华为而言是一个痛苦的过程。

最剧烈的痛苦，应该是思科 2003 年对华为发起的知识产权诉讼。经此一役，华为认识到，国际市场是一个法治的环境，也是一个充满官司的环境，当自己积累了知识产权诉讼的宝贵经验，以后再面对就不会慌张失措了，华为今后主要的销售将在海外，必须适应这样一个环境。

而进入海外当地运营，华为几乎无时、无事不面对陌生"游戏规则"的挑战。对此，其总体态度是主动学习和接受，入境随俗，并不惜为此支付巨额学费和合规成本。但在最初，也曾无知无畏，经历了许多血淋淋的教训，付出过惨重的代价。

经过多年的持续学习和历练，今天的华为在很多国家都可以游刃有余地与其政府对话，在其法律框架下进行商业交易和合作，对各种法律、规则和惯例，谙熟于心，运用自如。面对美国以举国之力针对性的打压，华为从容不迫地连续发起多项诉讼，直指美国政府政令违反了其国家宪法。[19]

华为能如此行事，依赖于其历时多年着力打造的一整套立体、多维的合规管控体系，由法务、财经、人力资源、审计、子公司监督型董事会等一系列组织出台的文件和流程，规范着员工从日常沟通交流的行为细节，到合同签署、交易方式、客户信用评级等业务管理的不同层面，将各种合规要求固化、深植于组织运行内在。同时辅之以持续不断的培训教育，包括年度例行的《商业行为准则》（BCG）考试和承诺签署、各种重大合规要求的培训，强化员工的合规遵从意识。

应对国际化"游戏规则"而培育起来的这种组织能力，是华为的国际化软实力，中国的国际化公司鲜有。而致力于建设这一组织能力背后，是华为对法律和规则心存敬畏。2018 年 9 月，集团 CFO 孟晚舟在一个与人力资源业务团队的沟通中就谈到，相对于人力资源管理，财经更容易管得好，就是因为财经有一套国际会计准则放在那里，谁也不能违规乱来。孟晚舟直接领导了华为最后一次系统性、大规模的管理变革项目集成财经服务（IFS），打造了一系列全球运行的端到端业务流程，将外部规则"内在化"，全面提升了华为的国际化管理水平，她对国际财务、金融、贸易相关的法律法规和行业规则及其具体实践，应该知之甚深。

在国际化软实力打造过程中，华为习惯于遵从法律，信奉运用规则来化解问题，坚持"以法律遵从的确定性，应对国际政治经济的不确定性"。这也使得华为成为一个外部用规则包裹着的硬壳，看起来冷冰冰，非常理性，是一个"没有形容词"的钢铁直男，其实华为的内部文化开放包容，兼容并蓄，行事从容不迫，是一个宽厚长者。

但华为这样一个极具内外矛盾与张力的存在，与中国儒家文化尊奉的"外圆内方"的"君子"形象相悖，有时会招致公众的误读和误解。

对跨国公司"国际化"研究的探讨

跨国公司最早出现于西方国家，已有数百年历史。二十世纪六十年代后，西方管理学界，尤其是在美国兴起跨国公司研究热潮。中国企业跨国经营起步较晚，1984 年中信公司投资四千万元人民币在美国合资组建西林公司，被视为"中国第一家跨国公司"。[20] 此后经过三十多年的发展，中国跨国公司数量相较西方仍然十分有限。对中国企业跨国经营的研究不成体系，亦欠缺深度，因此，对华为的全球化存在进行观察，不可避免地要置于西方已有的研究框架之下，运用其理论观点，进行参照和比较。

上述对华为全球化"形"与"质"的认知，是基于多年来西方学者对传统跨国公司国际化经营水平的研究，包括如何定义一家企业是国际化的、如何区分"国际化"与"全球化"，以及如何评估、比较一家企业的国际化程度等。

西方的研究成论提供了对跨国公司的认知框架，在此，对其中相关论点做一简述，并结合中国企业所处特定历史发展背景以及新兴互联网企业国际化发展特点，略作探讨。

"国际化"和"全球化"概念的区别

西方研究跨国公司的起始问题是如何定义一家企业是国际化的，以此明确其研究对象，由此又衍生了一个概念区别问题：什么是国际化，什么是全球化？

美国跨国公司研究的先行者、哈佛大学经济学教授雷蒙德·弗农（Raymond

Vernon）在 1979 年提出，一家企业如果在二十个国家以上运营，就具有高度的国际化水平。[21] 而当今更为普遍认同的"国际化"标准是，当一家企业的海外销售收入达到了全球收入的 20%，企业就从海外出口阶段进入了国际化经营阶段。

对于全球化，两位美国学者拉格曼（A. M. Rugman）和韦贝克（A. Verbeke）在将世界市场划分为亚太、欧洲和北美三个区域的前提下，认为当一家企业的海外销售收入超过其全球销售收入的 50% 且其中 20% 以上来自其母国所在地区之外的另外两个区域，企业就从国际化进入了全球化。[22] 这一定义说明，学者们对"全球化"的考察，在海外销售收入占比之外，加上了地理分布范围的广度，以突出一个"全"字。

这是"国际化"和"全球化"的第一种区别，反映了一家跨国公司在海外市场扩张的阶段性发展的递进程度。

随着全球经济一体化的深入，跨国公司在世界经济运行中的影响力日增，研究者转而关注跨国公司与其业务运营所在国家和整个世界的经济环境关联的质量，从这个新的维度，产生了对"国际化"和"全球化"两个概念的第二种区别。"国际化"是指只要一家企业在海外有任何形式的存在，比如，卖出产品、建了工厂、签了供应商、拥有终端用户等，就是一家国际化企业。而"全球化"则强调跨国公司在全球各国业务铺展的程度，以及在各国经济中的渗透度和影响力。[23]

一位美国研究者基于两个概念在与经济环境关联的质量维度上的区别，创设了用以评估跨国企业全球化程度（DOG）的指标：（1）企业的海外销售与总销售的比率（FSTS）；（2）企业所在的国内经济规模与全球经济规模（DEGE）的比率，用以量化计算和比较全球化企业对全球经济的影响力。[24]

此外，这两个概念也被用以定义跨国公司不同的组织形态，这是第三种区别。

图 1 是西方学者基于跨国公司运营对"全球运作效率"和"本地反应速度与质量"两个维度的诉求，划分出的四种跨国公司组织形态。

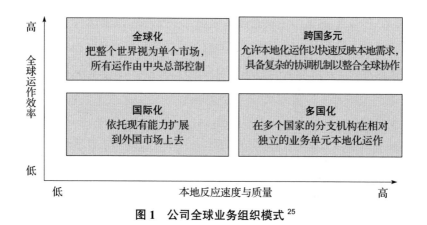

图1 公司全球业务组织模式 [25]

由图可见，"国际化"（International）是跨国公司的初级组织形态，在此基础上，进化出"全球化"（Global）和"多国化"（Multinational）两种不同组织形态，前者强调企业内部的全球一体化运作效率，后者侧重于本地的响应能力，组织内部的全球协同相对松散，类似于国家政治体制的"邦联制"。而"跨国多元"（Transnational）则是企业组织最为复杂的高级形态。

需要说明的是，跨国公司采用何种组织形式，很大程度上取决于公司的产品特性。如果产品本身对本地化适应要求很高，采用"多国化"模式比较合适。比如食品行业，产品特性决定了经营上要强调本地适应性，经营者要懂得本地人的口味偏好、饮食习惯，本地适应性做得越好，其经营收益越好。而高科技制造公司，特别是通信技术企业，其产品标准的全球通用度很高，因此，在业务组织上，本地适应性诉求就让位于全球运作效率，多数会采用"全球化"的组织形态。

对于全球化组织的运作特点，IBM 前总裁彭明盛提出的"全球整合企业"（Globally Integrated Enterprise，GIE）提供了一个具体说明：企业基于全球视野来制定公司战略，在全球范围内实现对生产和价值传递的整合，每一项业务都真正参与到全球生产体系之中，而公司必须要拥有全球化经营的理念和运作模式。[26]

但这两个概念在不同维度的区别不应混为一谈。比如，当一家跨国公司海外市场已进入了全球化发展阶段，即便其采取了"全球化"的组织形态，并不意味着其组织会与市场发展同步演化，前者一般会滞后于后者。对华为而言，2005 年其海外销售收入就超过了全球收入的 50%，进入了全球化市场发展阶段，但其真正实现组织上的全球一体化管理并稳定运作，是到了 IFS 项目结束的 2014 年之后。

但无论哪一个维度的区别，"全球化"都意味着一家企业国际化发展的一个高级、成熟的特定阶段。因此，一个高度"国际化"的公司不一定是高度"全球化"的，而一家"全球化"的企业肯定是"国际化"的。

在通行表述中，"国际化"是一个含义更为宽泛的一般性概念，通常与"跨国"同义。

跨国企业国际化程度的评估指标和意义

西方研究者定义跨国公司的"国际化"，目的是评估和比较企业的国际化程度，"国际化"和"全球化"在前两个维度的区别即是这一评估的结果。

为了评估跨国企业的国际化程度，西方研究者首先开发了一系列单项指标，分别从强度、广度和地理范围集中度等不同维度进行考察。

其中，最重要的是与"钱"相关的指标，海外销售收入在全球销售收入的占比，是考察跨国公司国际化程度的一个核心单项指标，这基于一个传统的、朴素的认知：一家公司开始国际化，就是把产品卖到国外去，并赚得利润。

除销售收入外，还有资本参与、资产金额、采购金额等，以海外部分占整体的百分比，评估企业国际化的强度。

另一类是与组织和人员相关的指标，如海外业务涉及的国家、子公司、组织和雇佣人数。既有以百分比来表达强度的指标，也有以数量来表达地理的广度和集中度的指标。

此外，还有公司治理架构类指标，包括公司上市的股票市场数目、外国人拥有的股份数量或比例、非本国国民在董事会中的人数或比例等。[27]

在这些单项指标基础上，研究者们编纂出一套综合的结构化指标系统，以便对不同行业、不同国家的企业国际化程度进行整体的、均衡的评估和比较。

其中得到官方应用的指标体系，是"跨国指数"（Transnationality Index，TI），首次出现在贸发会议 1995 年的《世界投资报告》中。

这一指数的测评目的，是反映跨国公司参与世界经济的程度。TI 采用三个百分比指标：企业国外销售额与总销售额之比、国外资产与总资产之比、国外就业人数与总就业人数之比，进行平均计算。2003 年，贸发会议又引入一个新指标体系"国际指数"（International Index，II），与 TI 并用。这一指数以跨国公司的子公司总数除以国外子公司数目计算结果，其中，子公司限定为拥有多数股权的子公司，即拥有控制权的实体。

贸发会议使用这两个指标体系，每年对非金融和金融两类企业中世界最大的一百家跨国公司进行国际化程度的评估，同时也对发达国家的五十家中小型跨国公司做抽样评估。

1998 年，英国伦敦南岸大学教授格拉齐亚（Grazia Ietto-Gillies）提出了"跨国活动扩展指数"（Transnational Activity Spread Index），将贸发会议的"跨国指数"和弗农基于跨国企业子公司所在国家或区域的数目进行占比计算。格拉齐亚认为，这一指标结果既衡量了企业跨国经营的强度，也考虑了地理分布的广度和聚焦程度。[28]

上述指标体系评估、比较的关注点，在于跨国公司自身的组织和运营绩效。近年来，又出现了一类与组织行为相关的指标。

其中一类被称为"态度型"指标（Attitudinal Indicator），这类指标试图考察跨国公司如何看待外国和如何对待其在外国的子公司。比如，"心理离散度"（Psychic Dispersion）指标，将世界划分为十个区域，一个公司活跃的区域越多，其国际化的心理离散度就越大，也就意味着国际化程度越深。

还有的学者将跨国公司高级管理人员在国外工作的总年数加权计算，与其他运营和绩效类指标一起，提出了一个"国际化规模程度"（Degree of Internationalization Scale）的指标体系。

除此之外，商界观察一家企业在世界经济中的地位和影响力，更关注其在以年营业收入为评比依据的《财富》五百强中的位置，以及品牌的全球知名度，比如在 Interbrand 或者《福布斯》杂志发布的年度品牌榜的名次。能够进入这类全球专项榜单的企业，一般都是跨国公司，在这些榜单中的位置，一定程度上也反映一家企业的国际化水平。

西方国际商业研究者虽然开发了很多指标和计算方法，但对跨国企业国际化程度的评估效果也有一个共识：没有任何单一的方法可用以评估所有公司的国际化程度，需要视情况而定。而他们的研究，总体是基于对传统西方跨国企业的国际化发展路径和模式的认知，视角也是以西方为中心。比如，前述两位美国学者拉格曼和韦贝克将全球经营区域划分为亚太、欧洲和北美三大区域，是大多数西方跨国企业的主要经营范围，非洲、拉美这些边缘市场，就没有纳入他们的"全球化"经营视野。

但上述指标的提出都各具意义，数据的背后是跨国公司在各方面的国际化经营能力。销售数据说明了跨国公司在全球不同类型、特点的市场的运作能力；组织和人员数据反映了跨国公司对全球资源禀赋分布的认识、了解和使用能力；运营国家的数量和分布的广度，则体现其克服跨国经营中各种距离障碍的能力，包括制度距离、经济距离、地理距离和心理、文化距离等。

而无论是从销售数据、组织和人员数据，还是业务运营国家数量这些"硬"指标进行评估，华为都是一家体型庞大的全球化企业。

但对中国公司华为的国际化程度的考察，除了基于西方研究者传统上关注的这些指标、数据外，本书认为还要关注另外三个方面的表现，即业务和用户的全球覆盖率、在全球产业链中的影响力，以及国际化运营软实力。对于这三个指标，在此进一步说明和探讨。

第一个指标业务和用户的全球覆盖率，体现跨国企业与世界的价值依赖，更是考察新兴互联网企业国际化程度的一个重要指标。

这一指标并非西方研究者对跨国公司国际化程度的评估指标。在很大程度上，这是因为，他们过往所关注的跨国公司多数是传统实体经济企业，尤其以制造企业为主。这类企业是现代意义上的跨国公司的起源，也是当前跨国公司的主体。这些企业生产的产品到达最终消费者用户，要么是通过企业客户（To Business（ToB）业务），要么是通过经销商渠道，其终端消费者与跨国企业自身往往隔了一层，不太容易直观地看见。在很多情况下，业务和用户的全球普及程度，是通过企业品牌的全球化认知度间接地呈现。

比如，华为与其三十亿通信网络设备业务的终端用户之间，就隔着四百三十多家通信运营商。在 2004 年进入消费者电子通信产品业务领域之前，华为甚至在中国都不为普通人所知。而早年间计算机芯片制造商英特尔的著名广告语"Intel Inside"（英特尔芯片在里面），是少见的通过影响终端用户（计算机使用者）的认知，来左右其直接客户（计算机制造商）进行产品选择的市场营销策略。

但看不见不等于没有意义，在今天人们越来越关注跨国企业与世界经济联系的质量时，业务和用户的全球覆盖体现了跨国公司与世界的价值依赖。一家企业对人类社会最基础的价值贡献，就是通过其设计、生产的产品和服务，向人们提供功能和效率，或者解决问题，满足大众的需求。当企业跨出国门，向全世界各国人民销售自己的产品，提供自己的服务，得到全球广大范围用户的承认和接纳，也就在最大范围内对人类社会做出了自己独特的贡献，与世界经济运行建立了更广泛的价值依赖。

而在今天新兴的互联网经济大潮中，"用户"这一指标对于评估新兴互联网跨国企业的国际化，具有特殊的价值。

网络产品具有一种内生的全球化属性，非常容易在全球范围内获得用户，从而使得人们对互联网业务领域的跨国公司的直观、朴素的认知，是其拥有遍及全球的用户和由此而生的跨国业务运营。对于互联网企业来说，"用户"的数量和地理遍及程度实际上代替了传统上考察跨国企业时使用的海外销售收入全球占比数据，成为观察企业国际化程度的一个基础性指标。中国互联网企业字节跳动的短视频产品 TikTok 在国外的流行，使之成为中国全球化企业的代表，即是这一认知的反映。

而互联网产品对全球用户的轻易获得，也使得企业的国际化发展与其产品的终端用户的互动关系，呈现出与传统实体企业不同的情形：遍及全球的用户很可能会成为企业国际化的一个"推手"。

传统实体经济企业的国际化，是通过人和组织走出国门，向各国卖出自己的产品和服务，获得海外销售利润，进而推进跨国运营。但观察互联网企业，仍以字节跳动为例，其招牌短视频产品"抖音"在 2014 年上线后即风靡中国，2017 年 5 月"抖音"海外版 TikTok 也迅速被各国用户接受，但其业务营销推广几乎都在线上进行，在各国寻找网络大 V 试用、推广。互联网产品这种销售"足不出户"即能轻松、快速"俘获"全球用户的能力，如此迅疾的产品全球化节奏，是传统企业，尤其是制造企业难以想象和企及的。

2020 年 3 月，当时还担任字节跳动 CEO 的张一鸣宣布将精力转向全球化建设。[29] 这一宣示，显然与字节跳动业务和产品先行进入"全球化"有直接关系。

这表明，互联网企业国际化的驱动力和路径，与传统实体经济的企业呈现出不同的情形：产品用户的全球化普及，推动企业的跨国业务运营。

第二个指标在全球产业链中的影响力，是跨国公司生存的核心竞争力。

今天的全球化，是具有高度的经济、生产一体化特征的全球化，由一个个有固定地理边界的国家和一个个有如航母、船舰般漂浮在"商海"中的跨国公司，通过一条条全球产业链，共同连接，形成全球一体的经济生产网络，跨国公司在其中扮演了重要的角色，相较于国家，它既是全球生产网络的发起者和创建者，也是其主导者。比如，二战后三次大规模的国际产业转移，主角就是跨国公司，其以海外投资和中间品贸易为主要手段，加速生产要素的跨境转移，提升资源配置效率，推动母国的产业升级，形成全球分工和跨境生产体系。

特别是二十世纪六十年代后的两次国际产业转移，并非如第一次是美国将整个钢铁、纺织产业向日本、德国转移，而是由发达国家的跨国公司主导，进行内在的生产环节的跨境转移，首先从美、欧、日向"亚洲四小龙"转移劳动密集型的产业和生产环节，再从"亚洲四小龙"向中国东南沿海和东南亚转移低端产业和制造部分，从而形成了相关国家和地区之间密切的供应链联系，最终在亚太、北美、中东欧形成了世界范围内最大的三个国际生产分工体系。[30]

而作为个体的跨国公司，首要的核心竞争力，就是在其所在的全球产业价值链中协调各项活动的能力。

在全球产业链的链式系统中，人、财、物、技术、信息在跨国公司内部庞大而高效的一体化运作体系中流动、交易，或者在跨国公司之间，经由采购、生产、物流、销售、服务等上下游环节，通过国际生产的非股权经营模式[31]，构成由跨国公司主导的全球价值链，从而形成今天世界经济运转的一个显著特征，即跨国公司通过其所在的全球化产业链，发挥着对世界经济的主导作用，成为经济生产网络中进行国际分工的主体。[32]

那些具有高度全球化水平的跨国公司，在其所在的全球产业链中发挥着核心或者龙头作用，其在产业价值链中的任何一个选择、一个活动，都会引发产业的链式反应。比如苹果和特斯拉，它们对产业链上任何环节的一次小小的调整，对相关企业而言几乎事关生死，而对于全球经济、生产的运行，跨国公司则发挥着深层次的、质量方面的强大影响力。

对于国家来说，跨国公司本身是其母国或相关国家崛起为世界经济强国的不可或缺的组成部分，而是否拥有具备全球影响力的跨国公司，已经成为能否崛起为世界经济强国的主要标志。[33] 在这一轮全球化过程中，拥有最多、最强且占据产业链高端的跨国公司的美国，和打造了最长、最完备产业链的中国，是两个受益最大的国家。但中国由于缺少一批像华为这样能够立足于产业链上游、主导产业和技术发展走向的跨国公司，在由美国发起的"逆全球化"潮流中，处于相当被动的地位。

这一轮"逆全球化"的主要表现之一，是全球产业链重组，这将是另一次、另一种形式的国际产业跨境转移，可以料见，全球生产网络将变得更为区域化、碎片化。2020年开始在全球大流行的新冠疫情，只是暂缓了这一进程。"逆全球化"的另一个表现，是国家的角色重新凸显，将对全球产业链重构发挥更为强力的作用，国家通过各种形式的投资保护，对由跨国公司扮演了"指挥家"的所谓"超级全球化"出手，进行再平衡。

华为在2019年后的经历就是一个最好的说明——无论是其在全球通信产业链中的高度存在感，还是在这一轮"逆全球化"过程中的极端遭遇。作为对全球通信技术产业链最具影响力的一家全球化公司，受到了他国系统、持久的打压。

第三个指标国际化运营软实力，则对中国企业国际化具有特殊意义。

企业进行跨国经营的基本特征，就是跨越"国家"的边界，进入不同的政治、经济、金融、税务等制度，以及差异化的社会、民族、宗教、文化等环境，进行公司的一体化运营。在一定意义上，在欧洲的各大帝国于十九世纪末二十世纪初相继分裂为一个个民族国家后，西方跨国公司取代了传统帝国，通过产业链的国际化分工，实现世界经济和全球市场的地理再整合。

现代跨国公司与传统帝国的相同点在于，二者在其同类存在中，都是一种"超大规模复合体"，都要面对内部广阔的地理跨度、多元复杂的民族和跨文化环境。不同的是，帝国作为一个政治实体，可以通过差异化的政治体制和丰富的统治武库，对内通过整合或分化等手段进行统治[34]；而跨国公司作为一个经济实体，则不得不被动地适应不同国家体制等差异化的软环境[35]，这是其一体化经营的根本挑战，企业需要学习融入另一个国家、社会运作的"游戏规则"。

中国企业所面对的这种种挑战，难度远甚于一般欧美企业。这源于中国的两个历史背景。

其一，中国缺少对其他国家经济、历史、地理、自然环境、人文文化等方面的知识积累，更没有相关的人才储备，这使得早期中国企业出海时"两眼一抹黑"，无所借力。

现代跨国公司是欧洲各帝国殖民全球的经济产物。历史上最早出现的跨国公司雏形，是十六、十七世纪西北欧各国在亚洲设立的以跨国贸易为主业的各家东印度公司，其中最著名的是 1600 年成立的英国东印度公司。日本历史学者羽田正的《东印度公司与亚洲之海》一书提到这些跨国公司出现的背景："自葡萄牙人出现在亚洲之海以来的一个世纪里，有关亚洲海域的信息在欧洲被以文字、书籍、地图等形式积累起来"，而利用这些载体积累外国的相关信息，是这一时期欧洲各国知识分子的最大特征。羽田正认为，"正是因为积累了如此众多信息，西北欧的人们才能在事先做好准备的情况下前往亚洲之海"。[36]

1995 年，联合国贸发会议第一次发布一百家企业的"跨国指数"排名，排在前十位的跨国公司，八家是欧洲公司，美国两大知名跨国公司可口可乐、麦当劳分别排名第三十一和四十二位。对此，研究者们认为，现代西方跨国公司的发展，需要置于欧洲各大帝国工业化早期全球殖民历史的背景下进行观察。对于英国、法国、荷兰和比利时等国来说，其对外投资的历史可以追溯到殖民时期。这些国家的企业进行国际化经营，一方面本土市场狭小，驱动其向国际市场扩张；另一方面，各国的帝国统治经验、殖民时代积累的丰富海外经营知识和国际化人才，为其国际拓展提供了便利。[37]

而在中国，海外市场知识和人才储备的匮乏，让率先出海的华为虽有C&C08机"藏器于身"，却一时望"洋"兴叹。1998年，任正非谈到华为出海所面临的西方企业所没有的困境："美国公司如果出了一项产品，登高一呼，很快就有非洲经验、欧洲经验，或熟悉亚洲文化的精英繁集。只要双方订好协议，国际市场就紧锣密鼓地干开了。华为成立十年了，海外市场走出去三年了，屡战屡败，屡败屡战，现在才开始有一些小的收获。"

在这样的历史背景下，即使在国家政府层面，中国也一时难以向率先出海的企业提供其所需要的支持。与之相比，西方各国政府为推动和保护本国跨国公司海外直接投资，不仅提供诸如海外投资保险、进出口银行专项贷款等政策扶持，在美国，政府还成立专门的对外投资咨询机构，提供各类信息咨询服务，帮助企业寻找海外投资机会，在法律文书起草、融资咨询和人才培训方面，提供专业技术援助。[38]

其二，中国作为一个搭上"全球化"这条船的后来者，基本上没有参与这条船上的各项"游戏规则"的制定。

对于从中国走出去的企业来说，概括而言，对外部世界存在六个"不熟悉"：工会、非政府组织（NGO）、反对党、宗教团体、文化习俗和法律法规，这些都是从西方各国近现代历史中发展演化而来。在中国的社会环境里，凡此六种，或者是不存在，或者是不同内涵的存在。

其中，法律法规是对跨国公司管制力最强、需要严格遵从的一个最重要的"不熟悉"。

管制和约束跨国公司经营的法律法规，包括三种：跨国公司海外经营所在国家（即"东道国"）的国内法、各国之间签署的国际条约、跨国公司企业间签署的国际合同。

其中，东道国的国内法规范着跨国公司与东道国之间的关系，并与国际合同一起，规范跨国公司自己的各实体间、跨国公司与东道国其他企业之间的关系。国际条约则规范着跨国公司母国与东道国之间的关系、跨国公司与东道国之间的经济行政关系，涉及对外投资、跨国贸易和金融等领域。[39]

中国企业在改革开放之后"走出去"，不单要学习、理解与中国法律观念和体系相异的各国的法律法规，更要了解维系、规范全球经济一体化、区域化运作的国际条约和协议。因为中国作为全球化的一个后来的参与者，对通行已久的规则协议，只能通过谈判决定接受与否，以及接受的程度等等，无力改变，普通企业难以了解规则背后的价值逻辑和理念，只知其用而不知其理，再加上意识形态的对立、弱者心态下的偏激情绪，在认知上容易出现偏差，遵从更为不易。

其中，世界贸易组织（WTO）规则是二战后推动和维系全球经济一体化运作最重要的国际协议体系。WTO 的前身"关税与贸易总协定"（GATT）于 1947 年由包括中国在内的二十三个国家签署。但由于历史原因，直到 1986 年 7 月，中国政府才正式提出恢复关贸总协定缔约国地位的申请。在此期间，中国和关贸总协定关系长期中断，关贸总协定制定了一系列规则协议，中国在其中都是缺位的。1995 年，WTO 取代关贸总协定，中国"复关"谈判转为"入世"谈判，2001 年 12 月 11 日，中国成为 WTO 的第一百四十三个正式成员，才开始融入世界的全球化浪潮。

但在"复关"之前，中国国内企业界和民众的认知最初是恐慌的。1993 年，一家城市晚报刊登的文章设想了中国复关后三年的情形：消除关税壁垒、取消配额、废止许可证等自由贸易规则将使中国从外贸到民族工业、从经济体制到政治体制发生巨大的变化，"中国的民族工业就被推入了国际市场的竞争中，经受严峻的考验。一些企业会因此而立即受益，但对更多的企业而言，却将受到程度不一的冲击"。

1997 年 10 月，国家主席江泽民在美国宣布中国将加入《信息技术协定》，意味着华为所在的中国通信行业将向全世界开放。任正非对此最初的认知也颇为消极："发达国家精心策划了全球电信私营化与信息产品零关税。目的是要长驱直入发展中国家，以企长期占据世界市场。中国年轻的信息产业将面临狂风巨暴，幼苗还能否长直，不得不令我担忧。"

但当中国加入 WTO，华为很快看到一个更加广阔的国际大市场："我们有更多的步入国际市场的机会；电子元器件进口关税的降低，又使企业的生产成本降低。我们要抓住这个千载难逢的机会，走出国门，参与国际竞争。"

在这两个历史背景下，对于一家中国的本土企业来说，是否能够准确地认识、学习欧美企业的"游戏规则"，进而谙熟于心，运用自如，就应当是考察、评价其国际化水平的必要指标。若达到指标，就意味着其内在地、深度地融入了全球一体化经济运作，成为其中一个合格的"玩家"。对于欧美企业来说，这种资质是其天生具备的，正是它们，参与打造了这些"游戏规则"，主导了今天的全球化体系的形成。

正因为如此，让人走出去，亲身体验各种"不熟悉"，才能切实地学习、经历、领会这些国际化"游戏规则"，获得全球市场的"玩家"资质。让钱走出去，由咨询公司或者本地员工告诉你，中国的跨国公司不容易成长为像华为这样一个具备实质意义上的全球化企业。

而让人走出去，学会这些"游戏规则"，对于中国企业来说，殊为不易。

这就像一个从偏远落后山区走出来的穷苦孩子，凭借自己天资聪颖，付出非常人所能付出的刻苦努力，一朝走进现代大都市，面对眼前的灯红酒绿、车水马龙，依然能看到背后的秩序井然、规矩现成，充满了机会。眼花缭乱之中，这个穷孩子坚忍守拙，持续学习，很快找到自己的位置，立定脚跟，和这个世界交朋友，打开一片新天地。

华为从中国出发的全球化，就是这样一个故事。只不过，华为走出去太早，又跑得太远。

上编

华为全球化发展简史

华为全球化发展的五个阶段
和有机生长模式

西方学者的研究说明，传统跨国公司的国际化一般是受市场拓展驱动、从向海外出口产品开始。他们的研究也是将跨国公司作为一个国家对外直接投资的主体，围绕其海外市场开拓活动，展开各种理论探讨。最初集中于跨国公司为什么要去海外的驱动力研究，产生了垄断优势理论、产品生命周期理论、内部化优势理论、国际生产折衷理论等。[1] 在此基础上，进一步拓展为跨国公司开拓海外市场的模式研究。

二十世纪六十年代，战略管理鼻祖伊戈尔·安索夫（Igor Ansoff）将企业国际化发展概括为三阶段：出口阶段、海外生产阶段和跨国公司阶段。此后，美国学者理查德·罗宾逊（Richard D. Robinson）将上述三阶段的过程细化，扩展为六阶段模式，分为起步阶段、出口阶段、国际经营阶段、多国经营阶段、跨国经营阶段和超国界阶段。[2]

在六阶段模式中，国际经营阶段是一个质的跨越，这意味着企业自身的组织和管理进入国际化发展阶段，而此后所谓的多国、跨国和超国界经营，实际上是企业进入市场的全球化阶段后的不同组织管理模式，并非一个线性发展的历史描述。

但在二十世纪九十年代，由于中国在先进技术研发和制造方面落后，作为一家以技术研发立身的企业，率先从中国走出的华为，其国际化之路并不是从拓展海外市场起步，而是由技术研发的国际化合作先行开路、海外市场开拓迅速展开，在开启技术与市场的"双轮驱动"模式后，向西方学习的国际化管理为这一进程储备了巨大的能量。华为的全球化是一个系统发展、有机生长的模式。

而其三十年全球化历程，在世界的全球化发展浪潮中，经历了一个完整的"生、长、化、收、藏"的生命周期。

1992—2000 年，探索"走出去"——为"生"之初

1992 年底，任正非首次出访美国，考察先进技术研发，开启华为国际化之路，此后组建海外机构，建立与国际先进技术和产品的连接。自主研发 C&C08 机成功后，华为也开始着眼海外市场，频繁出国参加各类国际电信展览会，对目标国家电信市场进行洞察分析，在部分区域"空投"市场人员实地拓展，并在组织上进行各方面准备。

其中，海外组织建设的关键进展，是于 1997 年 4 月在俄罗斯乌法成立贝托华为，进行本地生产，在俄罗斯销售。研发体系则于 1999 年在印度班加罗尔建立印度研究所，由此获得并积累国际化人才的使用和跨文化管理经验。

2001—2004 年，"双轮驱动"发力，国际市场拓展取得突破——为"长"之时

这一阶段，是一般所知的华为国际化发展关键时期。其推动力，是著名的"华为的冬天"。1999 年中国电信改革后，华为对新成立的中国联通的技术路线选择判断失误，错失了国内发展机会，在 2001 年世界 IT 泡沫破灭后非常不利的行业环境中，被迫转向海外，以求生存。

在此进程中，华为在全球各地撒人播种，寻找商机，从东南亚、非洲、拉美等低端、外围市场，到中东、欧洲和日本高端市场，而研发体系破除了技术情结，以市场和客户需求为导向，主动走出去，了解海外客户需求，与市场"双轮驱动"，凭借创新产品"分布式基站"，成功打开欧洲运营商高端市场，在海外 3G 时代站稳脚跟，华为活了下来。

此一时期，华为的国际化组织管理和业务流程运作落后于海外市场发展，是海外生长的"草莽"时期。

2005—2014 年，市场格局和组织管理先后进入全球化——为"化"之程

海外市场拓展的里程碑标志是 2005 年的海外销售超过了国内，并持续增长，稳定在 65% 左右。[3] 这一时期，继分布式基站后，华为以划时代的 SingleRAN 解决方案，在 4G 时代确立自己在世界通信行业的领先地位，但其持续多年攻入美国运营商网络设备市场的努力以 2012 年 10 月的美国国会听证会终结。虽然此后华为手机产品曾短暂进入美国市场，但华为全球市场的"金瓯缺"在此时已成定局。

内部组织和管理建设的标志，是最后一次集团级大规模管理变革"集成财经服务"（IFS）项目历时八年，于 2014 年结束，一批重要的端到端业务流程和 IT 系统落地实施，华为全球一体化组织管理基本定型。

这一阶段历时十年之久，是华为海外业务大发展时期。其间经历了中方员工大规模外派，一系列国际人力资源管理政策出台，打造了扎根海外的坚实的行政平台。各业务体系着力于海外组织建设，致力于将本地所学的各种"游戏规则"纳入业务流程中，是各种全球化软实力的积累和融会过程。经过这一阶段，华为完成了在组织形态意义上的国际化向全球化的质的"蝶变"。

2015—2018 年：全球化组织管理升级，进入跨国多元运营的高级组织形态——为"收"之盛

2015 年，以各自年报公布的当年平均汇率的美元金额计算，华为在其主业务领域通信运营商网络设备的销售收入首次超过长期的行业领头羊爱立信，成为名副其实的全球最大通信设备和服务供应商。[4] 到 2017 年，华为运营商网络设备的全球市场份额也首次超过爱立信。[5]

此时，成立于 2011 年的运营商、企业和消费者三大 BG 之间的业务关系渐趋复杂化，海外业务组织进入多元运营模式，内部协作关系出现不畅。消费者 BG 的市场区域划分在 2016 年最终自成体系，独立于既有的 ICT 业务的区域组织结构。基于消费者业务的强本地化属性，消费者 BG 对本地响应的运营灵活性有所提升，在华为的整体销售占比及其自身的海外销售占比都迅速增加。

随着国内 4G 大发展，以及 Mate、P 系列手机产品在市场大获成功，华为在国内的销售迎来大突破，国内市场销售占整体销售的比例逐步提升，2018 年超过海外市场。

2019 年后：全球化受挫，海外业务收缩——为"藏"之至

以 2018 年 12 月集团 CFO 孟晚舟在加拿大机场被扣留为发端，华为进入"逆全球化"进程。

到 2019 年，华为海外市场销售占比从前一年的 46.4% 骤然下跌至 38.3%，2021 年降到 33.7%。[6] 海外业务运营国家数量虽未有减少，但在海外常驻的员工和常驻城市的数量较全球化的高峰期都有较大幅度的减少。

在这一轮世界经济的"逆全球化"过程中，华为将"潜藏"多久，很大程度上并不取决于自身。但其在三十多年里技术和人才多藏厚积，家底丰实，未来重新勃发的种子，已然孕育其中，比如鸿蒙操作系统、能源、智能车业务等。2021 年，华为管理层对内宣布，将加大对中方外派员工的激励，继续拥抱全球化。

华为三十年的全球化经历向世人昭示，科学无国界，技术却是有国界的。

第一章

技术研发迈出国际化第一步

1992 年，成立四年多的华为刚刚解决了依靠自己"活下来"的问题。HJD 系列企业用户交换机上市，华为从代理他人产品转向自研自产，当年销售收入翻倍，突破一亿元人民币，同时，自主研发的局用数字程控交换机即将诞生，这是华为从民用通信设备领域进入电信行业专用设备领域制造的第一款产品。这一年年底，任正非带队赴美国考察[1]，探索先进技术、产品的研发方向，寻求国际化技术开发合作。

这一趟赴美技术考察，是任正非第一次走出国门，华为也由此开启国际化之路。

技术研发开路先行

技术研发国际化，起步于海外考察

任正非的首次赴美考察路线很长，行程内容丰富。他们从东部的波士顿、纽约、费城，一路向西，到中部的达拉斯、拉斯维加斯，最后一站是西部的硅谷，经洛杉矶回国。一行人访问了 CP 公司、得州仪器（Texas Instruments，TI）

和国家半导体（National Semiconductor，NS）三家公司，还去了国际商业机器公司（IBM），不过此时的华为对 IBM 还不得其门而入，他们只是打了个出租车在其园区溜达了一圈，任正非感慨不知其几大。在波士顿，他们雨中游览了哈佛大学和麻省理工学院校园。之后到拉斯维加斯参观了美国电脑展，也就是今天著名的国际消费类电子产品展览会（CES）。路过费城时，与中国留学生有所交流。

赴美访问目的：考察供应商，了解先进技术

这次对美国的考察目的，任正非在 2019 年底接受《华尔街日报》采访时说，是受当时专门生产电源的 CP 公司邀请，因为华为要买它的电源模块，因此有考察供应商的意思。而任正非自己对美国"很好奇，想看一看美国，因为我们从来不知道美国是什么样"。

但从记录来看，华为访问的三家公司，涉及电源模块、高速器件和交换芯片，都有专门接待，是事前有所计划的。而考察回来之后，华为在 1993 年至 1994 年间启动了通信电源的研发，1994 年推出 C&C08 万门[2]程控交换机，采用了光纤互联和超大规模集成电路技术，这些都是当时国际上的最新技术成果，由此可以推断，这次对美国的访问，除了为采购先进电子器件考察供应商，也是华为对自己产品研发、技术发展方向的一次探寻或求证。当时的美国，是世界信息技术高地，引领着技术发展的方向。

对于任正非来说，第一次美国之行让他大开眼界。二十七年后，他对美国记者谈到此次访问，说："我们看到美国的先进……很震惊。"

这种震惊，可以从任正非考察结束将近一年多才发表的《赴美考察散记》一文中强烈地感受到。这是任正非亲笔撰写的诸多著名文章的第一篇，记录了丰富的考察信息，也提供了许多了解任正非人生思想和观念的线索，以及其办企业的一些思考。

首先，他目睹了美国科技企业的先进产品，包括大规模硅片、超大型计算机、超微型终端，发达而优良的电信设备、测试仪器，以及前所未闻的高速器件、光器件等一系列新的设备器件，也看到了世界第三代交换网的崛起，预料到"新技术的出现将使世界市场变个大样"。

震惊于别人的先进，对比出自己的落后："我们起步得晚，别人已走了几年了，我们才刚开始"，"在硅谷我们的感受最深，仿佛每根脉搏都在振荡。看到了我们科研方法还十分落后，研究管理水平还十分低下，效率还远远赶不上发达国家"。

置身于美国，任正非真切地感受到新兴技术的快速迭代和科技企业的兴衰巨变，王安公司三年前还年销售三十五亿美元，此时已宣布破产保护，日本三菱也退出了电脑生产，他从中"找到我国电脑工业将日落西山的感觉，找到我们不拼命地发展技术，最终会丢失全部市场的感觉"，其与生俱来的危机意识被激发："华为被历史摆在了一个不进则退的地位，科海无边，回头无岸，错过了发展的机遇，将会全军覆没。"

这一次赴美考察，任正非对美国技术的先进程度"开了眼"，他当时就决定："我们已处在入关的微妙时期，应保持良好的市场与技术信息。公司将会一批一批地安排同志们出去看一看。"

与美国人的近距离接触，也让任正非亲身感受到，美国人"踏踏实实，十分专一的认真精神，精益求精的工作作风，毫无保守的学术风气，是值得我们学习的"。由此而认识到，美国技术先进性背后，是美国人对技术执着的钻研与认真、负责的态度。

对中美人民不同的视界和价值观，任正非在参观美国电脑展时也有所体察。他发现，在五十万参观者中，华人较少，大陆华人更少，因而叹息，"中国人不出去看一看，闭门造车，不仅不可能赶上别人，而且可能从时代的列车上摔下来"。他认为，中国人还是要走出去，看一看，寻找发展的机会，因为"人生的成功，百分之八十在机会"。

在回程飞机上，任正非观看了好莱坞电影《大地雄心》，这部电影展现了美国第一代欧裔移民到西部开疆拓土的艰苦卓绝。刚刚经历了创业艰难、生死存亡的任正非深受触动，不惜花费大量笔墨，对电影情节做了详细文字回录，并给自己打气："我们应该学习他们的不屈不挠的奋斗精神，为振兴中华作出我们应有的努力。"

赴美考察结果：研发团队"开眼界"，任正非做出两项重大决定

此次考察产生的直接结果，是更多的华为员工"出去看一看"。

首次赴美技术考察回来后，在任正非的安排下，一批批华为技术研发和管理员工去到美国、欧洲、日本和印度等地，考察先进的技术研发和生产制造。

从1993年到2000年八年间，《华为人》报和《管理优化》报可见的海外考察记录有约三十条，每年都有好几拨人出访，其中以技术研发、先进器件考察为主要目的的最多，有九条，以生产制造管理学习为目的的次之，有七条。略录数条如下：

1993年9月，生产部李华等人赴日本考察了松下、高见泽等公司，参观了DDK东京本部及金刚的一家仓库，目的是学习先进的生产制造管理。

1994年2月，任正非带队到德国、法国，参观考察了博世和阿尔卡特的工厂，除了商谈技术合作、商务合作外，另一个目的是学习生产制造管理。5月，余又仁等员工赴美国参加国际网络与通信展览会，考察几家通信器件生产公司，与已有的或潜在的供应商沟通产品技术或研发管理，与当地中国留学生座谈。

1995年2月，路洪潮等人赴瑞典和德国，参观访问了爱立信、西门子等多家公司。5月，郑宝用带队赴美国探访摩托罗拉、得州仪器、AT&T网管中心和贝尔实验室等。

1996年6月，陈青、张云飞、陈朝晖等人组团随同华南通信电子考察团，参加在达拉斯举办的国际通信展，拜访了高通、英特尔、思科等七家著名的美国科技公司。

1999年10月，贺文华等人赴德国和芬兰参观考察了诺基亚、ABB等公司。

在这些考察行程中，其中的两次访问让任正非做出了对华为国际化发展产生重大影响的两个决定。

1997年末，任正非带队考察美国的休斯公司、IBM、贝尔实验室与惠普公司，此时的华为已是IBM的座上宾，而任正非的考察目的已转向研发管理。回国后，他写下了另一篇著名的访美纪行文章《我们向美国人民学习什么》，此后引进了IBM，开启了华为第一次管理变革项目IPD和ISC。

1998 年，任正非去了印度，探访了几所理工大学，考察了号称"印度硅谷"的班加罗尔，决定学习印度的软件质量文化，推行软件成熟度模型（CMM），提升华为的软件研发水平。

多年后，任正非对这两次访问有一个回顾："十年前，我病在印度的班加罗尔的温莎酒店，又值德里机场大雾，无法去转机回国。我做了两项重要的决定，就是软件向印度学习，花钱就能成功；管理向 IBM 学习，花钱也能成功。"

对普通员工来说，这些海外考察的价值，是打开了眼界，增长了见识。每一次海外访问回来，考察团成员也会像任正非一样，撰写详细的考察报告，介绍对先进技术发展的观察，分享许多感想。

比如，1994 年参加国际网络与通信展览会，参团员工认识到，由于技术发展突飞猛进，国际化合作开发是大势所趋，"世界上再也不会仅有一个公司控制及生产某种产品，很多著名公司，尽管技术力量很强，但也不可能在所有方面都走在别人前面"，因而出现了各种分工合作关系。在这种合作大势中，无论公司大小，只有技术先进，才能在市场上立于不败之地。

对美国人的职业精神，华为员工也同样赞叹不已，接待他们的得州仪器员工在几天里跑前跑后，车接车送，会见时倒茶，讲解时帮助切换胶片，小休时与客人谈天，陪大家吃饭，全是他一个人，工作非常认真，直到离开时，华为员工才知道这一位是得州仪器的亚太地区高级经理，"一位非常不小的'官'"。

打开了眼界，看到了差距，他们对公司提出了改进建议："公司最好建立一个跟踪世界先进技术的部门，及时把世界上各种杂志、各种展览及会议上出现的最新技术动态及时整理反馈给有关人员。"

当然，考察团成员也已经感受到中美跨文化差异的存在，认为由于美国与中国情况有很大差别，包括大环境、人的思想、习惯等，"很多事情在美国能行得通的，在中国行不通，而在中国行得通的在美国不一定行不通"。

在华为员工的海外访问过程中，还有一些有意思的小插曲。1994 年，任正非带队赴德、法考察，法国公司 JS Telecom 表示，可以帮助华为将刚刚自研成功的局用空分程控交换机 JK1000 出口到柬埔寨去，又希望与华为合作，将他们的农话局用交换机引进到中国市场。

对后一个建议，估计华为员工比较郁闷。在当时中国"七国八制"[3]的通信设备市场环境里，华为正准备以"农村包围城市"的策略，在局用农话机市场上打开生存空间。对于法方的建议，他们认为，其机器"在技术上并不太先进，与中国市场的要求也有较大差距，因此，引进他们的农话局用交换机的合作项目基本上是不可能的，要合作，也只能是在其他方面了"。

华为早期技术考察访问的美欧公司，一些现在仍在，更多的则早已消逝在技术更替的大潮中。比如邀请华为首次访美的电源公司 CP，其踪已不可考。这家公司当时的规模应该是与华为对等或者稍大一点的水平，任正非在其文中提到"美国同类厂家有好几家，大约比 CP 规模大，技术更先进"。而华为此后开始生产通信电源，做出了一个安圣电器，2001 年以七亿五千万美元卖给了美国爱默生公司，不但为自己准备了一件冬天的"小棉袄"，也为中国电源电气行业播下了人才种子，产出了一个"华为电气 – 艾默生"创业系。而华为首次访美考察的另外两家公司已合为一家，国家半导体在 2011 年被得州仪器收购。

其他曾经被华为仰视、学习的通信设备行业巨头，阿尔卡特、摩托罗拉已经被并购，诺基亚、爱立信则位居华为之后。只有高通、英特尔、IBM 这几家与华为不完全在同一个技术赛道上的公司还仍然勉力主导技术潮流。思科是唯一一家与华为缠斗至今、越来越强的对手，但两家公司在战场上已渐行渐远。任正非首次赴美时强烈感受的高科技企业在技术快速更替中不进则亡的危机演绎，因华为的国际化，从美国扩展到世界整个通信行业。

在 2000 年广东出入境管理部门率先放开公民因私出国护照申请之前，出国对大多数中国人来说，还是一个"奢侈品"。1992 年，广东省因私护照签发量大约七万本，到 2000 年，也不过四十万本。当时申请因私护照必须有确实的出国目的，因此护照签发量大体折射当年的出国人数，2000 年前应该也就百万人次的量级，相对于当时接近七千五百万的全省户籍人口数量[4]，差不多一百个人里才有一人一年能出趟国。

而出国商务考察当时更是受到严格限制。在华为一直负责公共和政府关系事务的高管陈黎芳回忆，1995 年，华为首次申请赴海外参加"96 莫斯科国际通信展"，就遭遇一家国企强烈反对，理由是"一个民营企业，凭什么申请国外参展?"几个男人为此咄咄逼人地训斥她一个年轻小姑娘。很多年后,陈黎芳才知道,那一次华为能获准出国,是负责组织参展的政府官员对当时的场景看不过眼,就什么都没说,默许了华为去俄罗斯参展。

在中国当时这样的环境里,一个只有几千人的民营企业,每年让普通的技术研发工程师、中高层管理人员一批一批地出国参观访问,开洋荤、长见识,正是因为任正非高远、宏阔的全球视野和国际化雄心。而这些员工在华为不但有机会出国考察,去的还都是发达国家,更是其人生之荣耀。他们回来后无论是写正式的考察报告,还是私下的轶事交流,对员工整体的国际化意识提升、对西方世界有一个切实的了解,都大有帮助,从而为公司的国际化做了认知和思想铺垫。

研发国际化组织打下海外发展地基

跟着技术考察的前脚,华为技术国际化迈出的后脚是建设国际化组织。其最早成立的国际化机构,集中在产品技术研发领域,包括1993年初在美国注册的兰博公司、1995年底成立的香港华为、1999年建立的印度研究所。

兰博公司:了解美国前沿技术桥头堡

1993年5月,《华为人》报创刊,头版头条报道的是第一家海外机构兰博公司的注册:"3月22日,任总前往美国,参加公司在美国圣克拉拉(硅谷)设立的分公司——兰博(RANBOSS)公司的签字注册,并于4月15日圆满归来。这标志着华为迈向国际的真正开端。兰博公司主要是作为公司在美国研究开发的基地,这样,可以更快地提高我们的技术水平,为真正开发出国际先进水平的产品提供保障。"

对这一消息的报道处理,足可见公司上下对兰博公司成立的重视。成立兰博公司,是任正非在首次赴美考察中就决定的,他看到硅谷在信息产业上正进行一场新的起飞,决定在硅谷中心区购买房屋,申请注册华为全资的技术有限公司,作为研发中心,"把科研的成果与半成品,放在那儿优化设计,搞完了再移回深圳生产"。

关于"兰博"这个名字,任正非在《赴美考察散记》中解释说,是一个音译，意思是"海上女神的头子"。不过有一个流传甚广的说法，Ranboss其实是"任老板"的英语直译，有拍马屁的意思，任正非知道后大怒，改名为Futurewei，意为"未来之路"。此说姑且作为掌故一听。Futurewei是2001年前后才在美国硅谷注册的，任老板不大可能被蒙蔽这么久。但是遍查几大西方语言，也确实没有找到"兰博"有"海上女神的头子"这么个意思。任老板被忽悠了，十之八九是有可能的。

被派去美国负责兰博公司运营的，是阎景立，毕业于哈尔滨工业大学，加入华为之前，长期从事航空工程技术研究开发，曾经在美国俄克拉何马大学做过访问学者。根据一些记载，他在华为最初的工作是电源开发。

从对兰博公司的定位来看，是以研究所作为发展方向的。但兰博公司最初几年所起的作用主要是提供美国信息技术发展动态信息，建立与美国科技企业和学界的联系，是华为观察和连接美国前沿技术发展的桥头堡。

1995年3月，闫景立从美国发回一份《兰博报导》，介绍了当年2月他参加的几次技术展览和科技讲座的情况，包括软件研发工具、新的语言、企业管理软件、光学器件、服务器等。

1995年5月，兰博公司以"信息高速公路的雏形"为题，向华为介绍了互联网的功能和未来。中国是在1994年5月接入互联网的，1995年1月，国内才有商业化运营的互联网基础设施，但在1995年，中国人对这一将革命性地改变自己工作生活的新科技还知之甚少，马云也是在这一年在美国才接触到互联网，回国后决定做电子商务。

此外，兰博公司帮助华为与美国科技企业和学界建立人际连接，进入各种圈子，特别是当地的华人留学生群体，寻找合作机会。

1994年3月，北美中国工程师学会发起的中国电子业投资机会研讨会在斯坦福大学举行，阎景立到场，以《从华为公司的成长看中国电子通讯业的发展》为题做了演讲，之后向公司反馈，与会的当地电子企业技术带头人对中国电子业的现状极感兴趣，意图寻找到中国投资的机会，对华为的发展表示了高度的关注，一些手握技术专利的工程师也希望和华为合作。

此外，华为员工去美国进行技术考察、参观展会，也有兰博公司从中联络牵线，安排行程，组织参观，兰博在此间的存在是必要的。华为首次赴美考察，三家美国公司应该都是因潜在的采购需求而安排接待，之后一批批华为员工赴美到各家科技企业参观、学习，没有兰博在当地起到中介作用，不一定去得了。比如 1996 年，生产部领导周劲去欧洲考察，行程通过旅行社安排，结果就上了旅行社的当，没能去成西门子、阿尔卡特、北电等著名大公司，非常懊悔，"对我们这些怀着虔诚求学之心的华为人来讲，这真的要痛惜一辈子了"。

1997 年 2 月，邓小平逝世，兰博公司作为在美中资机构一员，代表华为赴旧金山中国总领事馆吊唁，敬献花圈。

1998 年左右，华为开始选派技术研发骨干员工到兰博公司定期工作，任正非对派去的第一批员工交待，去了"也没有什么具体的任务，就是交一些朋友，开阔一下眼界"。但人员的选派是和公司打算攻克的技术方向相关的，第一批包括有数据通信和芯片设计背景的两位员工，由研发技术负责人郑宝用带队管理。[5] 此时，兰博公司慢慢转向最初的研究所功能定位。

而将深圳的研发技术管理人员定期派到美国工作的机制一直延伸到后来的美国研究所，比如芯片研发负责人何庭波就自 2000 年年中到那里，工作了近两年。这种人事安排，为华为跟上美国先进技术研发的脚步，发挥了巨大的作用。

香港华为：面向海外的先进器件采购集散中心

香港华为是华为注册成立的第二家国际化组织，旨在面向海外采购元器件，借助香港的国际金融贸易中心地位和国际化运作环境，建立一个真正的"采购集散中心"。1995 年 9 月，香港华为在香港丽晶酒店举行了开业酒会，华为邀请了约六十个厂家及其供应商、代理商，包括美国的摩托罗拉、得州仪器、泰科电子和 CP 公司，德国的西门子，日本的日本电气公司（NEC）和松下等厂商的高层人员，任正非、郑宝用一起出席，向与会各方介绍了华为的发展前景，表达了与各家建立伙伴式合作关系的愿望。

华为为什么如此重视从海外采购？为什么一个海外元器件采购组织的成立，要视为华为技术研发国际化的一个重要步骤？

这就涉及对华为的立身之基、成功之道——基于产品的自主研发的理解认知。

任正非首次赴美考察，在"不进则退"的强烈危机感中，也坚定了自己的道路信心：华为这几年走过的路是对的，但还不够，应该大胆地往前走、往前走。这条对的路，就是基于产品的自主设计和技术研发。这一选择，既是任正非被骗两百万、经历人生第一次失败后研究商业交易所受的启发："我知道永远不可能掌握客户，只能掌握货物，怎么办？我们要研发"，也缘于其后来代理别人产品时获得的教训。

华为成立后，最早代理了珠海一家合资公司生产的交换机产品，但经常拿不到供货，任正非回忆自己差点被客户当成骗子。后来华为转而去卖香港鸿年公司的 HAX 机，最初鸿年公司对任正非很信任，给了华为价值一亿的货物授权，还可以赊账。但当华为卖得很好时，也不给正常供货了。站在被代理厂商角度，它需要平衡各代理商市场和份额，会担心做得太好的一家独大，难以掌控。但对华为来说，这就"逼着我们自己做通信产品"。

而从企业的技术能力成长、自主创新角度理解，北京大学政治经济学教授路风在其《走向自主创新：寻求中国力量的源泉》一书中认为，只有结合基于产品的自主研发实操过程，企业才能拥有对知识学习的目标和控制权，实现技术能力的真正提升，因而，自主创新的基础，是产品的自主研发。没有对最终产品的主动把握，不仅学不来别人的技术，也开发不出适合市场需求的产品，实现不了技术上的自主创新，永远只能依附于人。[6] 华为手机从运营商定制转向自主研发自有品牌后大获成功，也是一个明证。

但自主研发的高科技产品要获得市场认可，取得商业成功，除技术创新之外，最关键的是质量要可靠稳定。前者可以依靠人的聪明才智和好学精神实现，后者更多取决于产品所用的元器件、核心零部件性能出众、质量上乘。而任正非对走产品自主研发这条路有信心，就是认为"我们用钱买到这些器件，水平也就尽快地提到世界前列"。但在二十世纪九十年代，中国制造业还处于低端产品粗加工、组装时代，用钱来买制造高技术产品所需的精密核心器件，必须进口，这是当时的现实环境。

华为从一开始自主研发局用交换机，就以进口器件为差异化卖点。1993年，华为向全国各地邮电局推广其第一款局用空分交换机 JK1000，当时担任市场部经理的孙亚芳就介绍说，华为生产的用户板所用器件全部从美国、日本进口，防雷芯片也是华为设计定制、送到美国加工的，还采用了厚膜工艺等一系列国际先进器件技术，可靠性高，功耗低。对华为第一款程控交换机 C&C08（两千门）机，她说"设计思想瞄准世界最先进的机器，所用器件都是进口的"。

九十年代华为员工多次出国考察，很多时候都是奔着产品研发的先进元器件去的。1994 年 5 月，一个研发团队赴美十多天，考察了可擦除可编程逻辑器件厂商、图像压缩器件厂商、专用器件厂商、高速逻辑双口 RAM 和 RISC 器件厂、著名线性电路厂商及惠普等公司，其中很多器件都已在华为的产品中使用。带队考察的领导感慨："我们发现在器件的使用上，已经赶上了世界先进水平，基本上跟踪及使用了世界上先进器件，甚至比某些公司还要超前，这也是公司追求卓越、追求高品质及高技术的结果。"

而"质量好，服务好，价格低"是后来华为在国际通信设备市场上的核心竞争力。用世界一流元器件造一流产品，是其产品"质量好"的基础。

因此，海外器件采购，就是华为基于产品的自主研发的必需。建立面向海外的专业采购组织，是华为技术研发国际化的一个重要步骤，也是打造其全球供应链、切入世界通信产业价值链的第一个楔子。即使后来不必为环境所迫必须从海外购买先进器件，华为也依然在采购策略上保持平衡和开放，体现了其致力于融入、构建全球产业链的全局观。

香港华为的意义还在于，华为从海外采购入手，开启了与国际接轨的第一步。早在 1993 年 9 月，华为物料部赴香港考察供应商，就建议在香港设立办事机构或分公司，认为香港是国际化都市，与各国交易符合国际惯例，贸易成功率也很高，要使采购工作规范化、国际化，必须在流程上向香港靠拢，才能走上正轨。1996 年，香港华为招聘了第一批本地员工，华为从中国最国际化的香港同胞这里，学习国际贸易"游戏规则"，而他们的到来，也使工作更顺畅，效率更高，管理更为严谨和规范。

到 1998 年，香港华为海外器件采购的进出口中转业务已达到十亿七千万港元，比前一年增长了二点七倍，成为规模较大的贸易公司。由此进出口贸易运作，华为积累了合规运作经验。

印度研究所：获得国际化人才的使用和跨文化管理经验

印度研究所是华为在海外成立的第一个研发实体组织，如前所述，此举初衷是学习印度软件研发质量文化，引入 CMM 管理模型。但印度研究所对华为的价值，远非引入 CMM 而已。它是华为海外第一家独立运营的规模化实体组织，是华为系统化管理跨文化背景的本地员工的试验场，也确立了华为使用全球技术研发人才的基本思路："人才在哪里，组织就建在哪里。"

CMM 被华为老研发员工谐称为"C 妈妈"，含义是"成熟度能力模型"，由美国卡内基梅隆大学软件研究所 1987 年发布，以分级方式评估软件开发的成熟程度，最高级是五级。本质上，这是一套软件文档表述规范的方法，通过控制软件开发的过程，来保证出品质量。"C 妈妈"虽然不能教人写出好的软件，但可以保证不会写出烂的东西，软件产品的可阅读、可理解都有保障。

任正非为什么会对引入 CMM 感兴趣呢？因为软件质量对华为的自主研发生死攸关。

在首次赴美考察中，任正非就表达了对自主研发的信心，一是认为先进元器件可以用钱来买，硬件质量就有保证；二是对需要人来研发的大量软件，庆幸"我们的员工个人素质都不比美国公司差"。

但是仅凭员工聪明、素质高，并不能保证软件的质量。当时华为的软件开发是一种边写边改、边改边写，对着电路板子"一边听音乐，一边改代码，寓工作于快乐"的生产线工人状态，没有良好的工作方法和过程管理来保证输出结果的质量，只能依靠人的工作态度和责任心，但对于一个需要几百上千人集体合作进行研发的复杂系统来说，根本无法保证。

1997 年 8 月，华为成功研发第二代无线通信系统 GSM，10 月，在北京国际通信展上骄傲地挂出"中国自己的 GSM 系统"标语，一时振奋中国通信业。但到开通应用局网时，现场没有技术手册，开局员工不知道某个功能的拨码开关如何设置，问研发居然也没有人知道，可见当时的研发文档管理之混乱。而 GSM 系统商业应用后大面积爆发网上质量问题，多数与软件相关。质量问题使得华为 GSM 系统一直打不开国内市场，错过了国内通信从固定网络向移动网络转型的大发展机遇，是华为向海外市场找活路的一系列叠加因素之一。

　　所以任正非 1998 年访问印度的所得就是要学习、推行 CMM。虽然他当时已看到印度 IT 软件人才丰富，但并没有如访美期间就地注册兰博公司那样决定在印度设立研究所来引进 CMM 工作方法，而是打算先吸纳一部分印度人到中国工作，以为将来在印度建立分支机构做准备。

　　最初，华为是通过与印度 CMM 认证公司进行软件联合开发，通过项目合作学习过程管理。到 1998 年底，此前在国内负责研发对外合作的吕克只身落地印度，经过一番实地考察调研，他建议在印度"硅谷"班加罗尔建立研究所。此时华为已认识到，引入 CMM 这样一种新的工作文化，使之成为员工普遍的思想认知，进而养成日常工作行为素养，需要一种"干中学，学中干"的"浸入式"学习，合作研发只能学到一点皮毛。1999 年初，吕克率领一支三人小团队，再次出征班加罗尔，创建印度研究所。

　　相比前两个国际化组织，印度研究所面对的"人"的挑战是巨大的。兰博是委派了一位有美国工作、生活经验的中方员工阎景立，在美国并没有开展实际业务，也没有使用地道美国人。香港华为也是运作一段时间后才开始招聘、使用本地人，虽然港式粤语和普通话彼此不通，但毕竟都是同族同宗同中华文化。当时的海外市场还处于拓荒之中，主要靠"空投"的中方员工打天下，除俄罗斯外，鲜有使用本地员工。组建印度研究所，华为是第一次跑到别人家地头上，管理一群说着完全不同的语言、有着极大文化差异的本地高级知识分子、技术工程师，华为没有任何经验。

　　第一个难题是人才招聘。

　　班加罗尔软件公司云集，规模大的有五千人之多，多数与美国 IT 企业长期合作，提供软件服务，出口软件部件。许多美国公司在当地建有联合实验室，任正非参观后感叹，"相比之下，美国公司在中国的联合实验室只是象征性的、小儿科式的"。新来乍到的华为在当地业界没有任何声名，招人缺乏品牌优势，要和西方知名大企业竞争人才，难度可想而知。

　　据吕克后来回顾，他拿出华为早期在国内"抢人"的招数，直接开出两三倍于市价的薪酬，很快在当地业界获得了一个 Mr. Double（"薪酬翻倍"先生）的称号，如此才招来一批有八至十二年经验的高级软件开发经理。[7] 这些员工在华为工作了六七年，虽然一直没怎么涨薪，但在当地市场上还是找不到更高工资的工作，很多员工后来在印度研究所工作十几年。而印度研究所在两年间，人数就增加到七百多人。

但更具挑战的是跨文化沟通和团队管理。

跨文化问题，最容易产生于一方对另一方完全不了解而产生各种误解，甚至轻视，彼此不屑于、不敢于沟通。

印度人一向自信，认为班加罗尔是印度的"硅谷"，孟买是比纽约稍逊的世界第二大都市，印度是美国之后的第二强国，而中国还是个大农村。华为的印度员工会问他的中国同事：中国有高楼吗？你喝过可口可乐吗？

一开始中方员工还努力解释，后来改变策略，安排印度工程师到深圳交流工作，预订行程时，不让他们经香港到深圳，而是先到上海，下了飞机后带他们打的士，先在城市高架桥上兜一圈，再领到外滩走几步，印度员工就默默地不说话了。那时，改变外国人对华为的直观认知的"杀手锏"坂田基地还没有建起来。

拉近了彼此间的认知后，跨文化沟通最主要的障碍就是语言。

2000 年左右的华为员工以六零后、七零后为主，所学英语基本上是哑巴英语，能开口说的极少，更何况是口音极重的印度英语，听懂都很难。但本地化运营，语言问题必须克服。印度研究所出台规定，上班时间所有员工说英语，中方员工说一句中文就罚一笔小钱，后来还出了一个狠招，发现谁说中文，就给他戴上一个红袖套，等找到第二个说中文的，才能把红袖套取下给他人，互相监督，互相促进，效果据说特别好。[8] 此外，印度研究所也组织英语培训，当地相当于中国《人民日报》的《印度时报》（*The Times of India*）班加罗尔增刊版曾经采访报道了华为印度研究所员工学英语的情况，让本地人看到了这家新来的中国公司融入当地的努力。

融入当地，不仅要说本地人的语言，还要入乡随俗，学习本地人的日常生活习惯。在这方面，所长吕克可谓以身作则，他从印度调回国后，先是在研发体系担任人力资源部主管，在华为那幢绿色地标性建筑研发大楼里，员工们都知道，如果进了电梯闻到一股子香水味，可以肯定，是吕克刚才在电梯里。我初入华为工作时，吕克已升任公司人力资源管理部总裁，其时他调回深圳已有三年多，我们还偶尔看见他穿着粉红色衬衫，打着明黄色领带，据说是要出去见客户。在异乡随俗太深，还乡后入俗不易。

而跨文化团队的管理问题对中方管理团队则有"扑面而来"的感觉。当时在中国，只有外企来管理中国人，还没有中国人跑去外国去管理一群"外国人"，当然，他们也知道，在印度，自己才是外国人。

作为印度本地人的外国管理者，吕克感受到的最直接的冲击，是不同的工作方式。

一位非常腼腆的印度员工跑来对他说，自己非常佩服中方员工的执着和干劲，但是华为员工能不能在 work hard（努力地工作）的同时，注意 work smart（聪敏地工作），建议不仅要 do the right things（做正确的事），还要 do the things right（正确地做事），这样我们才能 do the things better（把事情做得更好）。

一番提醒，吕克反思"我们"：总是习惯在接收任务后，初步设想了一个思路和框架，就不管三七二十一，立即动手。然后就发现该到开发阶段了，软件还没有购买；该测试了，设备还少条电缆；各个模块设计编码完毕，因为参数变化怎么也联不上，要返工；工作计划无法跟踪，因为时间点没有明确定义；等等。之后就是发动一切能量，连拉带踹，整合资源，不断调整，结果发现又出现了新的问题。

而"我们"一开始还觉得印度人工作"又慢又傻，总在耽误进度，心中火烧火燎的"。但项目一旦开工，却发现他们在需要资源时，资源就在手边了；当工程师不注意时，项目风险控制官就会提醒哪些风险还没有关闭，度量数据官会跳出来警告缺陷数据太高，按照预测模型最后的交付质量肯定不达标。什么事情将会发生，人家早有预见，可以不慌不忙地解决每个隐患。

随时响应、边做边改和提前规划、重视设计，这两种工作方式的强烈对比，其实是华为员工在所有西方国家，甚至在非洲客户那里，从第一天就能强烈感受到的文化差异，一位员工将其比作"一个高速的布朗运动和一个缓慢匀速的直线运动"。1999 年，IBM 顾问团队在 IPD 变革时调研华为管理问题，就发现了华为员工的高速"布朗运动"式工作风格：他们很少有时间把事情一次想好了再做，因为实在太忙了，但他们却总有时间一遍遍修改因为没想好而犯下的错误。

个体行为模式同样表现为组织行为。2007 年 IFS 变革，我所在项目组的 IBM 顾问曾笑谈华为和 IBM 市场活动的区别："华为从来不瞄准，但是不停地扣扳机。IBM 一直在瞄准，很少扣扳机。"对此，他评论道："华为不停地扣扳机，虽然浪费了几颗子弹，但终究能打下几只鸟儿来，比只瞄准、不开枪的 IBM 要好一些。"

我们不知道 IBM 做市场是不是像这位顾问说的那样，但对华为的这种"随性"的工作情形确实有亲身体验。这种工作风格的底蕴，是中国人几千年农耕社会靠天吃饭而生的心理积淀："人算不如天算""计划赶不上变化"，是我们的内在信念。中国错过了两次工业革命，没有完整地经历西方机器工业化过程，事前规划、科学管理的工作素养有所欠缺。而好的工作方法和流程，包括 CMM，是对人的智力资源优良的组织方式。

面对思维模式和行为方式的差异，认识到本地人的先进之处，印度研究所的中方管理团队承认自己的落后，努力改变自己，适应不同的环境，学习本地员工优良的工作方法，进而使整体运作管理走向流程化，印度研究所的本地化运营取得成功。

2001 年底，印度研究所成功通过 CMM 四级认证，华为成为中国公司中第一个获得这一认证的软件研究开发机构。2003 年 8 月，印度研究所拿到 CMM 五级最高级认证，随后 2004 年 10 月至 12 月间，华为中央软件部、南京研究所、上海华为也先后通过 CMM 五级认证，印度研究所的初始使命算是完成。

印度研究所在华为海外组织中是一个特殊的存在。它一直是海外规模最大的单体研发组织，也是华为本地化率最高的海外组织，到 2007 年，印度研究所已有一千二百人，包括所长在内的中方外派员工常驻的仅十三人，即使后来规模进一步扩大，本地化率也保持在 98% 左右。

随着印度研究所稳定运营，2000 年左右，华为在瑞典、俄罗斯和美国建立起三处海外研究所，瑞典研究所一度是华为 3G 无线研究的前沿阵地，对提升其无线产品竞争力贡献了很多关键技术，俄罗斯研究所曾是射频技术中心，美国研究所则一直是创新技术研究中心。

这些研究所的选址和技术功能定位，遵循华为从印度研究所开始的全球技术人才使用基本思路：在有凤的地方筑巢，而非筑巢引凤。瑞典研究所就建在爱立信总部旁边，隔了一条马路。俄罗斯盛产数学家，俄罗斯研究所近年已从最初的射频技术转向算法。美国研究所选址硅谷，聚集了一大批通信和信息技术领域的顶尖技术人才，产生了多位华为 Fellow（院士），即华为研究类职位中等级最高的研发科学家。

随着华为产品谱系越拉越长，高端技术人才需求范围越来越广，海外研究所建设"逐人才而居"，在全球各地四处开花。2008 年，华为在全球知名的微波之乡意大利米兰招聘了一位微波专家瑞内托·龙巴迪（Renato Lombardi），为他建立了华为的微波研究所。2012 年，爱尔兰研发能力中心选址一个叫科克的小城而非首都都柏林，因为华为发现在领英（LinkedIn）[9] 上搜索到的目标人才都在科克。2015 年，曾为卡地亚、三宅一生等品牌设计的法国天才设计师马蒂尔·勒汉纽尔（Mathieu Lehanneur）成为华为巴黎美学研究所首席设计师。在数学人才辈出的法国，华为也建有一个数学研究所。

到 2015 年，华为在欧洲八国已有十八个研究机构，超过一千二百名研发员工。为协调管理这些研究所，华为在比利时鲁汶成立欧洲研究院，推动 5G 研究。在其他国家，如加拿大、日本、土耳其、新加坡等地，华为也都设有技术研究机构。

在这种人才使用思路下，研发组织的本地化率一直是华为各类海外组织中最高的，基本保持在 90% 以上。研发组织对各国本地人才的使用成果最为显著，到 2019 年，华为的技术 Fellow 中，有三分之二是外籍员工。

学习标准的"游戏规则"，打造技术研发的国际化软实力

从踏出国门进行广泛的先进技术考察，到设立海外组织，以建立技术先进性连接、采购先进的高科技器件，乃至广泛使用世界各国的优势人才资源、打造技术领导力，华为国际化迈出的这些"第一步"，都发生在技术研发领域。

华为技术研发国际化先行的一个结果，或者说另一个表现，是华为最先掌握且成功运用的国际化"游戏规则"也在技术领域，即用技术实力获得通信行业标准的话语权，建立自己在通信技术产业的优势地位。

重视知识产权保护，准备好进入标准战场的"入场券"

在学会并运用通信行业标准的"游戏规则"之前，华为在国内发展时期已经准备好入场玩标准"游戏"的资格，非常重视专利申请与知识产权保护，并为此建立起相应的组织机制，因为拥有技术专利不仅是技术实力的表现，更是获得行业标准"话语权"的基础、进入标准战场的"入场券"。

在我们今天的社会经济生活中，知识产权保护是一个常识性存在，其激发技术创新的价值已是共识。但这是一个"舶来品"，伴随着中国的改革开放而来。在中国加入WTO的一系列贸易谈判过程中，知识产权保护是最初激烈博弈的议题。

由于知识产权保护以一种近乎"强加"的方式进入中国，中国社会最初对其有一种"弱保护"的消极态度。一方面，中国人认识到这是当时克林顿政府利用美国的知识产权优势，保持其全球贸易地位的"优先日程"；另一方面，因为中国自己没有多少专利，也缺乏专利保护的意识。

1991年，中国第一次在世界知识产权组织（WIPO）申请专利，数量是一，次年又归零，1993年，还是一，一直到1997年，中国的专利申请量维持在两百份以下[10]，70%以上的国有大中型企业、95%以上小型企业没有专利申请，而彼时进入中国的外资企业则用专利在市场上跑马圈地，本土品牌被打得落花流水。虽然当时知识产权研究专业领域也有"强保护"观点，但整体上，中国人认为这是西方用来遏制中国发展的利器，要反对西方的技术霸权，对知识产权保护持一种防御态度。

华为则以"交换"的视角来看待技术专利。这当然是因为，一方面，华为坚持自主研发，拥有产品的独立知识产权，手里有技术专利可以用来交换，另一方面，华为有着对国际化的强烈渴望。

华为管理层认识到，知识产权保护是西方制度规则的一种，尊重他人的以及自己的知识产权，是其成为一个国际化公司的必要条件，而技术专利是进入国际市场、进行互相交换的资本。任正非在 1996 年 7 月接受中央电视台采访时说，"我们现在开拓国际市场最大的问题是：我们向别人转让什么？哪些东西是自己的……由于我们全部是自己的知识产权，我们就可以向国际市场输出，也能占领国际市场。"

以这样的超常认知，华为的知识产权保护走在中国前列。早在 1994 年，其内部就有一个"无形资产评估协调小组"，具体负责知识产权相关事务，对内组织开展教育培训和交流。随着 C&C08 万门程控交换机研发成功，华为知识产权管理步入快车道，1995 年，华为中央研究部下的知识产权室开始运作，1996 年成立知识产权处，制定了一系列关于文档保密、网络管理的规范和制度，与员工签署保密承诺书。华为员工赴美考察高科技公司时，信息安全保密规定和具体管理实践也是其关注的内容。

华为对知识产权保护的重视和能力提升，也受益于当时中国政府专利部门的持续教育。1995 年至 1996 年两年间，至少有三拨国家和省市级专利局专家到访华为，参加华为的专利技术研讨会，介绍国内外通信领域专利技术及发展趋势，传授申请专利、保护软件以及利用专利技术文献等内容。他们也对华为的知识产权制度建设提出建议，认为要向发达国家跨国公司看齐，华为最终要向国际申请专利，参与国际市场竞争。

政府部门重视对华为进行专利教育，自然是因为，华为是当时中国少数拥有自己独立自主产权产品的高科技企业，正所谓"自助者他助"，自强者会吸引足够的能量而恒强。

从 1998 年开始，华为的专利申请量连续四年 100% 增长，至 2002 年，华为以一千零三件的数量，居国内企业发明专利申请量首位，与韩国三星并驾齐驱，中国企业专利申请量第一次与外国企业持平，华为被国内媒体称为"企业发明冠军"。2014 年，华为在世界知识产权组织的专利申请量首次居全球企业界第一[11]，2018 年后，华为获得的国外专利授权数量超过国内数量。[12]

拥有数量庞大、质量过硬的专利，华为在国际市场进行交换的收益颇丰。2015 年，华为对外表示，自己每年交出约三亿美元的专利许可费，换来近四百亿美元的年销售收入，是划算的。2020 年初，华为宣称自 2015 年以来已累计支付专利使用费超过六十亿美元，同时，从自己的知识产权获得收入累计超过十四亿美元，而在过去二十年里，华为与电信行业主要专利持有人进行了广泛的交叉许可谈判，与美国、欧洲、日韩的主要 ICT 厂家签署了一百份以上专利许可协议。

专利的另一作用是商战武器，在今天，高科技行业的知识产权诉讼已是家常便饭。华为在 2006 年阻止西门子意图并购港湾网络并最终收购后者，2010年在美国发起对诺基亚和摩托罗拉的知识产权反诉讼，都是利用专利的力量获胜。

而在通信行业，技术专利在商业竞争中所发挥的最重要作用，是成为技术标准。

全球移动通信时代，"标准"确立企业在行业的话语权

2000 年 6 月，参与起草了《华为基本法》的"人大六君子"[13]之一的杨杜教授在《华为人》报发表文章，提出华为要参与制定标准的"游戏规则"，才能成为世界级领先企业。

在其题为《世界级领先企业之路》的文章中，杨杜教授将中国彩电企业发展轨迹概括为今天广为人知的"三流企业卖力气，二流企业卖产品，一流企业卖技术"，而他观察美国高科技领先企业，是"通过对游戏规则的控制取得优势地位并获取超额利润"，由此，他提出，"超一流企业卖规则"。

杨杜教授认为，标准，是一种"规则类知识"，相较于内容类知识和方法类知识，是最有力量的知识。谁掌握了规则类知识，谁就有了让别人去追随、去遵循的地位，而形成了技术标准体系，就拥有了"知识霸权"。在技术行业，一项"技术"一旦变成一个"标准"，拥有这个技术的企业就具备了左右市场"游戏规则"的力量，在行业中可以获得"众星捧月"的地位，在市场上形成"赢家通吃"的局面。他观察到，世界级领先企业是打"标准战"的行家，虽然它们的技术并不见得先进，但"有控制权的标准的形成，不在于你的技术有多高级，而在于你的技术有多少人在跟随"。

杨杜教授提醒华为，在经济全球化、国际竞争日益激烈的时代，应该清醒地认识到：知识产权比知识本身重要，技术标准比技术本身重要。他认为，中

国加入 WTO 的重要性，与其说会得到贸易上的利益，不如说会获得在制定世界贸易规则时的发言权。因而，华为加入世界通信行业标准组织，参与通信标准制定的游戏规则，不在行业中受制于人，就是实现其国际化雄心的必经之路。

而标准之于通信技术行业的重要性，在进入无线移动通信时代尤其凸显出来。

在有线固定网络通信时代，网络的核心程控交换机就是一部功能集中的机器，通过不同技术可以实现同样的功能，比如中国二十世纪九十年代早期的通信行业是"七国八制"，使用各家程控交换机都能打通固定电话，全球更是有几十个厂家、几十种机器，标准并不重要。

但在无线通信领域，标准在电报时代就发挥出促进全球互通互连的作用，相关无线通信标准的组织也因此组建起来。今天联合国属下的国际电信联盟（ITU）的前身，就是分别于 1865 年在欧洲成立的国际电报联盟和 1906 年欧美组建的国际无线电报联盟。

无线移动通信从 1G 时代的模拟技术进入 2G 时代的蜂窝技术，主流的GSM 制式采用一种功能分散的架构设计，由不同的设备如基站、控制器等组成一整套网络系统，提供数据和语音的存储、传输、编码、解码等功能，各种功能的技术专利广泛分布于不同厂家，从而形成一个 GSM 产业链。

如果产业链上这些厂家的设备所用的技术规范、协议标准不能互通互连，就意味着普通用户使用不同电信运营商服务，到另一个国家，就可能要换不同的通信工具。这种事情在历史上也是发生过的，1998 年，ITU 在美国举行全权代表大会，因为美国电信运营商采用的是美式 D-AMPS 系统，与会代表们使用GSM 技术的手机不能漫游，不得不从欧洲拉了几个 GSM 基站布设到会议所在地。GSM 和 D-AMPS，就是 2G 时代欧洲和美国分别使用的两个不同的移动通信网络系统标准。

在全球化、移动通信时代，人们到一个国家就要换一部手机的情况显然是不能接受的。但是现在，人们使用不同制式的手机依然可以打通彼此的电话，全球漫游也不是问题，就是因为不同手机用的是同一套标准的通信网络设备技术协议和规范，可以全程互通互连。移动通信系统的标准，从 2G 时代的多个，到 3G 时代的中美欧三个，再到 4G 时代的两个，5G 时代就只有一个，这是一个顺应全球化市场需求的技术发展趋势。而在标准归一化过程中，通信设备商的数量也逐步缩减，最终形成今天华为、爱立信、诺基亚的"三巨头"局面。

对标准的话语权争夺，不仅决定了参与企业的存亡兴衰，更是主导了全球移动通信产业链的格局和走向。二十世纪八九十年代，欧洲通过组建通信标准组织，以超前的战略意识，统一协调行业各方"玩家"的活动，在电信标准化上走在了美国前面，从 2G 标准瓜分地盘，3G 标准首次超越，到 4G 标准完全压制，最终导致美国在移动通信标准上话语权旁落，也使得美国在从固定通信向移动通信转型、从模拟通信向数字通信转型的过程中，其通信设备企业走向没落，如摩托罗拉、朗讯等，到 4G 时代，美国已经没有一家通信设备制造商。

正如杨杜教授所说，成为标准并一定需要技术领先。在第二代移动通信系统中，美国高通的 CDMA 制式比欧洲提出的 GSM 标准其实技术更先进、性能更优越，但由于欧洲联合了中国抗衡美国，GSM 在更广阔的市场中迅速得到应用，获得了产业链上的先发优势，而高通在 CDMA 标准上一家独大，养着一个庞大的专利律师队伍，靠专利在产业链上"一鱼四吃"，为人侧目，在 3G 时代被欧洲标准组织旁落，导致 CDMA 技术很快走向衰败。

在这一过程中，市场扮演了一个重要因素。这是因为，通信行业是一个典型的具备"网络外部性"效应的行业，即市场应用对一种技术的优势会产生"报酬递增"效用，市场应用越多，技术就越能得到改进，从而使技术更优越、更普及。[14] GSM 就是这样一个典型案例，中国巨大的电信市场让欧洲与之联合，和美国在标准上抗衡，而标准则发挥了吸引市场和技术同盟者，并获得对技术的正反馈的作用，得到持续的改善。

争夺标准的话语权的主战场：国际通信标准组织

复杂技术的标准在产业链上能否站住脚，由国家代表的市场的作用非常重要，但个体企业参与标准的话语权争夺，仍然依托基于自身专利的技术实力。手握专利的华为要将其技术专利上升为标准，还是需要走出去，打入通信技术标准的圈子，积极参与国际标准组织的活动，因为这里是争夺标准话语权的主战场。

国际标准组织是通信事业的幕后英雄，在整个通信行业发展过程中起到了至关重要的作用，不但使得我们的电信网络形成全球统一的全程全网，也使得电信设备更加标准化，建立起统一的全球市场，通过批量复制和规模应用，降低了通信设备成本。

在这些标准组织中，ITU 是设在瑞士日内瓦的联合国下属机构，负责确立国际无线电和电信管理制度和标准，提出具体的业务标准和愿景，也设有不同技术领域的标准研究组。在欧洲本土，还有 CEPT、ESTI、3GPP 等专门的通信技术标准化组织，是争夺通信业标准话语权的最主要阵地。美国的标准影响力集中在计算机和 IP 通信领域，主要通过电气及电子工程师学会（IEEE）发挥。

华为是在固定网络通信时代，从研发局用程控交换机进入通信设备行业，其对无线移动通信技术的标准属性的认知，应该至晚始于 1994 年启动自主研发 GSM 系统，当时没有任何蜂窝移动通信技术积累的研发团队就是抱着几十本 GSM 标准协议进行产品开发。

在此阶段，华为还是一个标准的"读者"，只有学习和遵从的份儿，但其对标准的重要性的认知，是领先于国内同行的。2001 年 1 月，华为作为中国第一批会员 [15] 之一加入 ITU。中国政府 2003 年才组建官方通信标准组织"通信标准委员会"。在此之前，中国是由一个非正式组织"中国无线通信标准研究组"（CWTS）代表国家，参与国际标准组织的活动。

而华为在加入 ITU 时，参与的其他国际标准组织和论坛已有三十四个之多。

2002 年 9 月，时任华为董事长孙亚芳在 ITU 第十六届全权代表大会马拉喀什论坛开幕式上，发表了主题演讲，算是华为在国际权威标准组织中最早的一次高调亮相。

2001 年底，在华为无线产品线负责人余承东邀请下，孙立新加入华为，负责无线网络产品的标准技术研究和标准专利政策法规工作，由此组建了华为职业化无线标准专利团队，这一团队初期以获取基本专利并实现与友商"零交叉"专利许可授权为己任。

孙立新是国内最早接触美国高通 CDMA 技术的专家，1993 年就曾在美国现场听过高通联合创始人安德鲁·维特比（Andrew J. Viterbi）亲自授课，回国后著有九十年代移动通信业人手一本的 CDMA 教科书。在华为，孙立新被视为公司标准业务的缔造者，2012 年底，其成为华为 Fellow。

2002 年 8 月，华为向欧洲 3GPP 派出自己培养的几位无线技术专家，带着"解决基本专利和市场准入难题"的公司嘱托，用从"过冬的棉衣"里挤出来的经费，开始了在无线标准国际战场的征战之旅。

初入标准战场的华为员工，描述他们"就像一个农民走进了五星级酒店一样局促"，对于标准组织的流程和运作完全不懂，其中一位回忆第一次参加标准讨论会议，五天下来"几近崩溃"，提交了五份标准提案，每次都被会议主席打发去线下讨论，自己根本进不了正式的战场，他只能抓住各种机会向各家公司的代表学习、反复讨论，但由于语言不通，很多时候要借助纸笔才能完成交流。

参会的体验带给华为标准代表们的感悟，是"规则"。他们观察到，无论是针锋相对的激辩，还是报告的审视与表决，一切都按照规则有序地开展。但是，在会场上吵得面红耳赤的对手，在会后仍然能惬意地坐在一起喝咖啡。他们从中认识到，"大家能把利益、规则很好地糅合在一起，这就是国际标准出台的环境——一个没有硝烟的战场"。

战斗经历稍多，华为标准代表们也发现了会场外存在的隐形"圈子"。有一次，在法国一个偏僻的山间会场，华为参会员工程永刚中午蹭车和大家进市区找饭吃。用餐时，他注意到，代表们会在饭桌上讨论会场上的争议点，在一种更放松、更直接的氛围下，往往能达成默契和共识。之后，程永刚开始参加圈子里的 Social Event（社交活动），尝试把自己推销给那些圈内的专家。

但在标准场内的明战中，华为最初尝试挑头的行动遭遇阻截。2005 年 5 月，在 ITU 电信标准化部门全会上，华为提出一个光传送网的新技术理念和技术点，首次尝试推进为标准。圈内的老专家们还不适应新来的华为会跳出来提标准，竞争对手们联合起来阻击，在报告审视中，华为标准代表两次向大会报告起草人提出异议，申请修改报告结论，均被否决。

外籍专家军团言传身教，华为学习国际标准组织的"游戏规则"

此时，华为意识到，在国际标准组织中，自己派出去的几张看上去乳臭未干的中国面孔，又没有语言和文化的优势，放到一群欧洲老资格的标准专家里，仅凭专利能力和战斗信心，完全无法施展拳脚，关键要能找人打进"圈子"。2004 年，华为启动了外籍标准专家军团招聘。

这个军团分两类人员，一类是懂规则、会玩游戏的标准组织的专业人士，另一类是在技术领域拥有强大影响力的技术专家，自带标准的话语权。当然，他们主要还是为了产品技术研发而进入华为，其对标准形成的影响力，是附带的，但作用极大。

前一类外籍标准专家在 2005 年招到了五位，包括 ETSI 的创始人、3GPP 负责无线网络架构组的"旗帜性人物"等。他们要么参与设计了标准组织的"游戏规则"，要么一直在标准组织中运作这些规则，深谙其中明争与暗战的要诀，熟悉圈内与圈外各方力量。他们的加入，将华为在欧洲标准组织中的表现迅速拉升了一个高度。

比如，资深标准代表布里安（Brian），在每次工作组会前，都会帮助华为的新代表提前演练会场辩论，应对现场压力。他会首先扮演主席的角色，按照程序规则发号施令，然后模仿友商的代表，在技术上"找茬儿"，再化身运营商，表示提案增益不大，不需要实现，说点儿反话，既是游戏规则的教练（Coach），又是技术的蓝军。在一次重大的标准斗争中，布里安在生病期间仍然参与策略讨论，传授实战技巧，为年轻的华为中方标准代表们展示了专业严谨的专家风范和敬业精神。

另一位外籍专家菲利普（Philippe）博士，最初以普通标准代表的身份加入华为。六年间，他通过在行业内的牵引与平衡，将不同公司、不同文化的多股力量引向帮助华为专利成为标准的方向，最后，他自己也成长为 3GPP 一个标准工作组的主席。

在欧洲标准专家们的教导和幕后指挥下，战场上的华为标准代表们放手奋力搏杀。

在一次 3GPP 会议上，市场业绩一直下滑的一家竞争厂商在内部下了军令，要阻击华为的一切提案，削弱其在会场上和运营商中的影响力。为了让一个标准课题顺利结题，华为代表按照这家厂商的意见对提案反复修改，并在此过程中将其他所有参与者拉入华为阵营，但在最后一天的会场上，竞争对手做出最后的抵抗。平常"打不还手、骂不还口"的华为标准代表在连续四十八个小时没有睡觉的情况下，在会场上予以反击，经过一番让众多与会人员惊讶的唇枪舌剑后，竞争厂商的标准代表向主席请求撤回自己的言论。

而最初在 ITU 尝试挑头的光传送网标准之争，华为在失败两年后卷土重来，运用已经掌握的场内与场外的明规则和"潜引力"，会下牵头电话会议，形成联合小组，引导运营商需求，最终成功打开了这一技术标准的演进大门。

华为就以一批欧洲白胡子老头儿，带领着一帮黄皮肤的中国初生牛犊，组成一个中国代表团，活跃在各大全球和区域性标准组织中，成为国际标准战场上一道独特的风景。

外籍标准军团的第二类人员，是华为各大海外研究所的技术领域带头人，多数是华为 Fellow。他们在各自技术领域钻研积累多年，对技术发展和市场应用有深刻的洞察力，在学术和技术研究方面拥有深厚广阔的人际连接，对标准的形成有举足轻重的影响力。

比如在无线技术领域，加拿大研究所的童文博士是 3G、4G 无线通信技术构架创始人之一。当 3G 还在摇篮中时，他就一直坚持研究能够提升频谱效率的关键技术 Turbo 编码技术，并最终推进到所有 3G 标准中，今天全球数十亿手机都在使用 Turbo 编码技术。在 4G 技术中，经过其八年坚持不懈的努力，推动产业界采用新的调制技术，并将其推进到 LTE（长期演进技术）标准中。

同属加拿大研究所的朱佩英博士是华为首位女性 Fellow，一直从事无线通信领域核心技术的开拓性研究，个人拥有超过一百六十个美国专利。加入华为后，她带领研究团队完成 LTE 及未来无线关键技术专利布局。为使华为主导的下一代通信研究在业界产生更大影响，成为业界主流研究方向，进而被采纳成为产业标准，朱佩英担任了多个国际标准组织或行业联盟的成员，代表华为竞选 WiFi 联盟董事会成员，参加业界各种技术论坛，争取各种有利资源，大力提升了华为在国际学术界的创新形象，推动了优质资源与华为展开合作。

在铜线技术领域，美国研究所龙国柱博士有"DSL Annex.C 之父"之称，他于 2006 年加入华为，充分发挥自己在这一技术圈子里的影响力，一个电话一个电话地邀请认识的、了解的重量级芯片公司高级专家，来到华为和技术人员一起研讨，完成联合署名的标准文稿。一轮又一轮，历时半年，最终华为提出的建议获得了各芯片公司认同，于 2008 年通过表决，被采纳到 ITU 标准中，实现了华为在这一领域中基本专利的零突破。从技术到标准，从无到有，华为在铜线技术领域的市场格局开始改变。

标准为市场保驾护航，SingleRAN 解决方案改变华为在全球无线市场的格局

2008 年，华为在德国成功交付第一个 SingleRAN 网络，这是业界第一个将移动 2G、3G 和 4G 移动系统的多代际、不同制式的基站融合在一起的多模基站。这一革命性解决方案，对移动通信产业带来强力冲击，也是华为无线产品线继 2004 年推出分布式基站后，在海外移动通信市场迅猛的"第二跳"。而 SingleRAN 得以问世，就受益于国际标准组织对 GSM 标准的修改，是华为运用标准组织"游戏规则"的一个成功案例。

Single 的意思是单一，RAN 是无线接入网络，合起来意思就是一个基站、多个网络接入，就好像我们一部 2G 手机，换个芯片，加块触摸屏，就可以继续用 3G 网络打视频电话，再升级一下软件，又可以用 4G 网络开会做直播。SingleRAN 技术创新地解决了通信运营商面对技术代际更迭带来的系统通信设备更换成本和维护问题，用一套硬件实现了其他设备商三套硬件才能实现的规格性能，不但具有成本优势，在系统集成度和功耗上也有至少 30% 以上的相对优势。

这一解决方案的诉求，最先由英国通信运营商沃达丰（Vodafone）与华为在工作讨论中提出，而华为得以研发成功，GSM 多载波技术突破是关键。华为此前已对多载波技术进行过预研，结论是，技术层面是可以研发的，但要在市场上实现商用，需要修改 GSM 射频标准。当时的射频指标过于严苛，导致运营商设备和运营成本高昂，而适当放松这一指标并不会对网络中其他系统造成太大影响。

手握打开市场"机遇之门"的钥匙，沃达丰愿意联合欧洲其他运营商，和华为以及中国移动等运营商一起推动 3GPP 和 ETSI 放松 GSM 射频指标。这就意味着在 GSM 多载波技术上领先的厂商将获得先发优势，也因此，那些在技术上还没有做好准备的厂商不支持修改标准，以种种理由强烈反对，各方在会场上多次激烈交锋，经常吵到深夜，据华为 GSM 标准首席代表王之曦回忆，"最晚一次到第二天凌晨两点，早上八点继续"。

最终，GSM 互调指标得到大幅放松，首先于 2008 年在 3GPP 协议中落地，2010 年在欧洲官方标准组织 ETSI 获得批准。从此，SingleRAN 解决方案大步迈入全球商用之路，遍地开花，而 Single 理念引领全球移动通信市场的潮流。

争取国际标准组织核心职位，华为获得标准"游戏"主导权

2018 年 5 月，中国网络上突然爆出"5G 标准投票"舆论风波，在一众媒体炒作中，普通民众也得以一窥通信技术行业对标准的博弈、斗争的场景，了解其中的利益逻辑。在权威的国际通信标准组织里，挤满了通信产业链上的各个"玩家"，包括各国技术标准组织、通信运营商、设备制造商和终端手机厂商，以及上下游的软、硬件制造商等。在通信标准战场的斗争中，经常上演各种合纵连横、朝秦暮楚的戏码，表面是技术争拗，背后是市场利益和国家力量的较量。

身为标准组织的"玩家"，要在其中发挥运用规则知识的力量，需要获得能够运作"游戏规则"的角色。这些角色包括标准相关的课题报告人、工作组主席、标准组织的董事职位等。欧洲是通信标准和标准组织的创设高地，本土各"玩家"天然具备主场优势，这些职位最初大都为欧洲人所把持。作为行业后起之秀，一个外来者，华为要想争取到这类职位，既需要积极参与或承办标准组织的活动，更依赖于在技术专利标准上的持续贡献。

2002 年 3 月，华为与从事宽带通信技术的美国胜天通讯有限公司在上海共同承办 ITU 标准化部门的一个研究课题的报告人会议。当年 8 月，又承办了 3GPP2 的一个最高级别的技术和管理会议，显示了华为在全球 3G 产业发展中发挥重要作用的决心。

华为也和同业自组，共同发起标准规范，补充相关标准组织的活动。2003

年，爱立信、华为、NEC、北电网络及西门子一起，发起通用公共无线电接口行业的合作，发表了无线电基站内部关键接口第一个公共规范。

这类组织层面的主动参与和贡献，加强了华为与各大国际标准组织的联络，增进了彼此间的信任。

在微观、个体层面，华为员工在标准组织里勇于任事，从边缘到中心，从"事权"到逐步获得"话语权"。

2004 年，ITU 一个标准课题组缺少编辑（Editor），此前没有标准编辑工作经验的华为员工程永刚主动承担，接手了这一职务。虽然是硬着头皮上任，但在压力下，他很快学会了如何做一个标准的编辑，经过一年多适应，其编辑的不少文稿相继被正式写入标准。

2009 年 7 月，华为技术专家邹婷成为 IP 业界核心标准组织 IETF 的一个工作组主席，成为其首位来自亚洲的女主席。IETF 是一个以个人志愿者身份参加的标准组织，邹婷利用业余时间投入其中，平时准备资料，参与论坛各类问题研讨，积极响应和承担公共事务，持续做出有价值的贡献，逐步建立起个人在标准组织中的技术影响力。

2003 年起，华为陆续获得各国际标准组织中的关键职位。这些任职者中，既有自己培养的技术专家，也有招聘的现任在职者。2003 年，华为标准业务负责人孙立新继任了 ITU 的一个技术组主席，这是华为在国际标准组织中获得的首个主席职位。同一年，另一位员工张文林当选 3GPP 一个工作组的副主席，稍后，3GPP 的一个工作组主席克里斯蒂安·托什（Christian Toche）加入华为。

通过双管齐下的人事策略，华为在无线标准组织中的职位不断取得突破。获得第一个正职之后十年间，华为已担任一百多个国际标准组织的主席、副主席、董事等核心职位，成为产业研究最前端的"旗帜"。

作为成员，华为对国际标准组织最核心的贡献，还是体现在技术标准的数量上。标准，是华为技术领导力的实际载体。2G 时代，华为还是标准的"读者"；3G 时代，华为成为"作者"；4G 时代，华为成为主要贡献者，在 3GPP LTE 核心标准中贡献了五百四十六件通过提案，位居业界第一，无线通信领域申请专利超过一万九千件次。

到5G时代，华为是标准的核心贡献者。2016年底，3GPP确定华为主导研究的Polar码（极化码）作为5G eMBB（增强移动宽带）场景的控制信道编码方案。2018年，全球移动通信系统协会（GSMA）向华为颁发"GSMA移动产业杰出贡献奖"，以表彰其数十年来在倡导新技术标准、推动数字化转型及构建数字生态等方面所做的贡献。

华为在国际标准组织中的存在从无到有，逐步成长为举足轻重的力量。在这个过程中，华为在移动通信领域的地位，从2G时代模仿，到3G时代跟随，4G时代领先，5G时代成为领导者。华为用短短二十年时间，通过高强度的研发投入，积累了强大的专利实力；通过努力学习、掌握通信技术标准的国际"游戏规则"，参与国际标准组织的活动，在技术领域稳步走上了杨杜教授所说的"世界级领先企业"之路。

而那位最初感觉自己走进标准会场就像一个农民进入五星级酒店的华为员工，如今已是在各大标准组织中"串串烧"的大拿，每年飞越万水千山，登台演讲无须演练，从一只标准圈里的"菜鸟"，炼成一只"老鸟"。

自主研发与国际化技术合作并行不悖

在技术研发上，华为先行走上了国际化之路。由此，国际化开放合作成为华为技术研发所秉持的必由之道，与其坚持的基于产品的自主研发一直并行不悖：产品一定是自己设计开发的，但零部件、元器件可以是从各国买来用；核心技术一定是有自主知识产权的，但产品研发过程要开放合作，吸收世界上一切先进理论和技术能力。

技术研发要保持国际化合作，既是任正非赴美国考察时看到的技术发展的世界潮流趋势，也是华为在研发能力还比较薄弱、与国际先进水平差距巨大的情况下，急于追赶的主动选择。这一原则作为华为在技术研发上的"核心价值观"，写入1998年4月发布的《华为基本法》："广泛吸收世界电子信息领域的最新研究成果，虚心向国内外优秀企业学习，在独立自主的基础上，开放合作地发展领先的核心技术体系，用我们卓越的产品自立于世界通信列强之林。"

对于国际化技术合作，任正非怀有一种"执念"，在思想上持续培育华为研发的开放学习意识，在行动上，华为采取多种方式与全球产业链伙伴进行技术开发合作，广泛学习、吸收世界先进技术。

持续批判"自耕农"意识，坚持走"技工贸"企业发展之路

华为早期光网络研发主管黄耀旭曾写过一篇题为《我在研发工作中的过失与教训》的反思文章，对自己的"自耕农"意识进行自我批判。他回忆，1996年10月，任总对自己在光网络 SDH 产品研发中"关键技术除了芯片和操作系统之外都是自己开发"的做法进行了非常严厉的批评："100% 的完全自己开发就是 100% 的土农民。"

黄耀旭在文章中说，虽然在项目开发中他多次组织与周边技术部门的交流，也通过对外合作取得了关键技术研究的进展，关注竞争对手情况，避免了很多系统设计缺陷，但自己在思想意识里，仍然根深蒂固地认为，"自己做得越多越好，一股劲头恨不得要把相关技术在项目组里一口气全部做完"。任总批评后，他意识到要借鉴，要让"拿来"成为一种理直气壮的行为。

不过任正非对研发的"自耕农"意识的批判，不仅仅强调要开门做研究。我听过另一个故事，C&C08 万门机大卖后，华为赚了很多钱，1998 年，华为在国家教委设立两千五百万元的"寒门学子基金"，还为当年的抗洪救灾捐了四千万元，对研发更是加大投入，一年超过八亿元人民币。所以这一年研发各部门做预算，本来只需要买一台电脑的，买他三台，只需要一台测试仪的，多买一台备用，就像电影《大腕》里说，什么东西都买贵的，也还是做不满预算。任正非知道了很生气，说：农民有钱了就会去多买一头牛来耕地，你们就不想着出去看一看，外面有没有拖拉机、收割机之类的机器，能提高一下干活的效率。

任正非对"自耕农"思想的批判，也延伸到先进器件采购使用上。2016年，他在一个讲话里要求，终端要用世界上最好的镜头、最好的音响、最好的计算能力，组装成世界上最好的手机。华为不需要自己开发所有的零部件，而

是要把自己的研究系统和战略合作供应商的平台全打通、全融合，与合作伙伴集成生产、组件供应，以分享利益。他要求华为决不可做"自耕农"："我们能给员工分享利益，为什么不能给战略合作伙伴分享利益呢？我们一定不能事事'自主'，成为国际孤儿。"

2019 年 5 月，美国将华为纳入"实体清单"，产业链上个别供应伙伴、国际标准组织和院校、学术机构都关上了与华为合作的大门。在当年 7 月的一个人力资源工作会议上，任正非仍然强调，研发要保持国际化合作，积极吸收国际化人才，又一次批判"自耕农"意识，现场他让与会者举手，看有多少人是农民出身。任正非特别说明，他不是贬低农民身份，而是要批判农民意识，农民出身不一定就有农民意识，但传统的农村生活确实容易产生自我封闭的"自耕农"思想。

此时面对美国打压，任正非担心的并不是眼前的先进器件供应。对于这个问题，除了加紧储备所需器件外，任正非首先提出要通过优秀的系统集成，一流器材不卖给华为，华为要用三流器件生产一流产品。在 2020 年年会上，他以俄罗斯"米格"飞机为例，零部件及工艺技术不仅没有一项属尖端水平，有的还比较落后，可是组合起来的飞机性能却是同类中拔尖的。到 2021 年，任正非提出新要求，要通过改进软件算法，提升硬件性能。作为建筑工程科班生，他认为，中国正是经历了大炼钢铁的挫折后，逼得自己在结构力学的算法上有了巨大进步，才奠定了今天"基建狂魔"的能力基础。华为在 2020 年美国一招紧似一招的打压下，确实通过提升软件算法，在不增加硬件的情况下，提升现网容量，解决了各国运营商在新冠疫情期间的网络扩容需求，也没有发生过一次网络故障。

在美国的全球围剿之下，任正非此时真正的忧虑，是华为与外部世界的先进性连接会断掉。这是一个涉及华为未来长远发展的战略性问题。他再次警惕并批判"自耕农"思想，是担心华为可能会因此而关起门来自己做研究，放缓国际化开放合作。

在持续批判"自耕农"意识以推动技术研发保持国际化合作的同时，华为在企业发展道路上，坚持自主研发，构建自己的产品研发能力。

在中国二十世纪九十年代对外开放的社会经济环境里，对于本土企业的成长发展，有过一个著名的"贸工技"和"技工贸"的"两条道路"之争，前者是当时流行的通过与外企合资以市场换技术，因为中国自己的技术水平处于落后地位，交换是一条方便、速成的捷径，后者是像华为这样坚持自主研发，通过国际化合作获得技术领先，这需要极为艰辛的学习和努力的追赶。

北京大学路风教授的《走向自主创新：寻求中国力量的源泉》一书收录了作者于 2003 年至 2006 年完成的五篇调研报告，用多个深度调查的案例，有力地论证了"贸工技"之路的悖论：你想通过合资获得外企的先进技术，但这违背了它的基本利益。外企进入中国是为着市场，如果给了你先进技术，它会失去这个市场。所以你永远不会得到合资外企的先进的核心技术，而同时你也终将失去本来占据优势的中国本土市场。

在书中，路风教授用大量事实说明，通过合资，技术可以买到，但技术能力是买不到的。指望通过外资引进技术，最终结果是产生技术依赖，即"没有自主开发内容的技术引进"，从而丧失了自主创新的意愿和能力。而以产品开发为目标的自主研发过程，必然包含着对外部技术知识的主动吸收，在这个过程中，外部技术知识和内部技术知识是互补关系，而非替代关系。因此，自主开发就必然是开放合作的。[16]

其实在九十年代中后期的争论中，华为对当时风行中国大地的中外合资热潮也保持着密切的"热观察"。

从 1996 年到 1998 年，《华为人》报持续转引多篇关于引进外资和自主创新的不同结果的案例分析文章。引进外资的例子包括：红旗攀附奥迪，挫伤国人对民族汽车的信心；冰箱行业继彩电等行业之后，中国品牌纷纷被外资收购、控股；啤酒行业出现"中策现象"，外商用"连环套"控股投资、炒作国有资产。自主创新的例子包括：黑龙江无线电一厂"历尽坎坷归正途"，双汇坚持"我控股"的合资第一原则，以及华为所处的通信设备行业国产程控交换机研发集体突围等。

对于通过外资进行技术引进的效果，华为转引过外部一篇《"以市场换技术"宜慎提》的文章，其中提出："与我们的'慷慨大方'相比，外商转让技术的'吝啬'令人失望……从为数不多的引进了先进技术的'三资'企业来看，外商虽然向我们转让了部分关键技术，但核心技术却封装甚严。如桑塔纳轿车制造中的绝大部分国产化课题，都是靠我国自己的科学家和工程技术人员协作攻关完成的，而不是引进的结果。"

这些密集的外部观察，既有华为对自身生存与发展的思考，也有对独立的民族工业充满忧虑的家国情怀。

对"贸工技"一番"热观察"的同时，华为进行着自己的"冷思考"，结论是坚定地走"技工贸"的道路。这一选择的结果，是令西方媒体惊呼，"华为这样的中国公司的崛起，将是外国跨国公司的灾难"。

1998年6月，英国《经济学人》杂志派出记者跟随美国克林顿总统的庞大访华团采访，在参观华为之后，连夜发出一篇名为《中国的硅谷》的报道，称："许多跨国公司都想从中国市场上获取巨额利润，然而，它们却渐渐发现：业内越来越强的竞争对手竟是中国人……华为技术有限公司正是这样一个极好的典型"，"外国人曾期望中国人购买他们过时的老旧设备，因为他们已经取消[17]了这些过时设备的研发经费，没料到中国人视他们的老旧设备一文不值而不屑一顾"。

而令他们惊讶的是，华为等中国公司取得如此巨大的成就，"在很大程度上不是依靠模仿西方技术，然后低成本产出而取得的，甚至也不是靠中国政府扶持取得的"。西方媒体从华为这里，看到了西方企业在中国通信市场上的黯淡未来，警告它们，"如果继续低估华为公司这样的新一代中国企业，将是自冒风险"。[18]

华为选择自主研发这条成功之道，在当时的中国是不多见的，所以会引起西方敏锐的专业记者的关注。这一选择，展现了华为管理层极高的抱负，以及任正非的远见、勇气和坚定的战略意志。因为，作为一个后进者，追赶先进，必然面临着结构性制约，例如先行者优势所产生的壁垒或垄断，这正是华为此后在中国GSM和3G WCDMA无线产品市场上所经历的遭遇。

而华为在最初选择时，就已经认识到并体验了自主研发道路之艰。1994年，它为自己的程控交换机打广告，虽然是以劝喻的语气，希望客户选择国产机，但亦是其心迹的一种表白："选择，并不是一件轻而易举的事。因为选择者承担的责任重大，尤其是这个选择年代，中国下个世纪崛起后的状态直接取决于他们的眼光、远见和魄力，他们的所作所为决定着中国今后通信事业的发展程度，他们今天的取舍直接造成了明天的经济形势。"华为以自己的信念来支撑这一选择："从来没有什么救世主，也不靠神仙皇帝，中国要发展，唯有靠自强。"

勇于自主研发、自主创新的企业，总是能够比技术依赖的企业发展出更强的组织能力，而包括技术能力在内的组织能力，是企业竞争优势的主要源泉，不仅因为能力决定了企业在产品和服务市场上的绩效，而且因为能力一旦发展起来，就会由于企业特定的历史路径而具有难以模仿、难以替代的性质。

华为用今天在中国独一无二的存在，证明了自己当初的技术能力成长路径选择，乃至企业发展道路选择的正确性。

基于平等互利、价值互换原则的国际化技术合作开发

华为在技术研发上的国际化合作开发，根植于其产品的自主研发。自主研发是根本目的，是立身之基，而国际化合作开发，是实现手段，是路线选择。华为进行国际化合作开发，前提是自己拥有核心技术，可以平等地进行技术合作，互通有无，共享资源。

这一思想，在1998年华为当时的研发负责人李一男接受一家通信行业媒体的访谈时，进行过清晰的阐述："我们感到不能一味地强调自我开发，也不能一味地完全要引进。你有能力自己开发的当然要自己开发，你没有能力做的要引进合作。或者说，核心的东西一定要自己做，否则企业永远难以自立。我们企业在合作上的做法是核心技术一定要有自己的技术。"

李一男解释，华为与国内外不同的厂商开展了多方面、多层次的合作，包括许多大的通信公司，元器件级的、系统级的合作都有。这些合作要能体现彼此不可或缺的价值，"把别人的设备拿来包装一下卖出去体现不出我们的价值。国外很多公司很看重我们的销售渠道和服务能力，如果仅仅体现在这个方面，我们感到就不能体现出我们的全面价值，是残缺的"。

基于这样的原则，华为与不同领域的伙伴在不同层面展开广泛的国际化技术研发合作。

第一类，是与产业链上下游伙伴的合作

1997 年，任正非首次与美国管理咨询公司合益（Hay）的顾问交流，就表示，华为公司这些年的发展得益于供应商提供的帮助和支持，"他们提供了非常好的软件工具，使我们做出了世界一流的芯片，他们还提供非常多的可靠的元器件，使我们产品的稳定性增加，综合成本下降。当然他们的目的也是为了赚钱，但他们把最先进的技术给了我们，使我们领先于竞争对手，我们就获得了更多的订单"。其所指的供应商，是以美国技术厂商为主的西方供应商。

从这一年起，华为开始以组建联合实验室为主要方式，着手与国际供应商建立超出"采购—供应"的简单买卖关系的技术研发合作。这意味着，华为技术研发的国际化，从"走出去""看一看"，发展为"请进来""一起做"。

1997 年 2 月，华为与得州仪器合作，成立数字信号处理联合实验室，联手开发数字信号处理技术，提高华为工程师对数字信号处理芯片的开发应用能力。得州仪器早已是华为供应商，其数字信号处理系列产品在华为 C&C08 交换机、GSM 移动交换系统等多个产品和技术领域得到大量使用。这种联合实验室形式的技术开发合作对双方来讲都是首次。华为在报道中称，"这次合作也表明华为公司在科研实力上已接近世界先进水平，是华为逐步走向国际化分工与合作轨道、充分吸收和利用世界技术文明的重要一步"。

2000 年 4 月，英特尔与华为签订合作备忘录，双方在深圳华为基地建立联合开发中心，支持基于英特尔 IX 架构的通信解决方案设计。华为表示，这一合作，一方面是英特尔看重华为在电信领域的经验和实力，另一方面也表明华为多年坚持自主开发，拥有自主知识产权的核心技术体系之后，以更加开放的姿态，与世界一流企业进行合作，使研发与世界同步，增强企业核心竞争力。

此后，这种与供应商的技术研发合作扩展到产业链的上下游合作伙伴。2002 年，华为还没有进行手机终端研发和生产，这一年 10 月，华为与日本 NEC 在上海共创 3G 移动互联网开放实验室，由华为提供全套 WCDMA 网络设备，NEC 提供移动互联平台和 3G 手机终端，以及中日内容供应商提供的内容。这个实验室与华为在国内外的 WCDMA 试验网相连，使用 NEC 的 3G 手机终端进行现场演示，以此展示移动 3G 业务的丰富功能和便利性。

这一类与产业链上下游合作伙伴"取长补短"的联合技术开发，后来在华为成为普遍操作，其与各方合作伙伴创建了多个联合实验室。2004 年底董事会报告中称，华为坚持在自主研发的基础上广泛开放合作，已经与得州仪器、摩托罗拉、高通、IBM 以及英特尔、微软等众多世界一流企业广泛合作，既加快了市场响应的速度，又有利于从全球视野来吸收先进技术和管理实践。

近年来华为在国际化技术研发合作上最为成功的案例，是与德国著名的摄像镜头厂商徕卡的跨行业合作。双方在光学工程领域各自发挥所长，合作成果首次应用于 P9 手机，使之载誉全球，成为华为首款销量突破一千万部的旗舰智能手机。2016 年 9 月，华为与徕卡宣布进一步战略合作计划，设立联合创新实验室。华为与徕卡的技术研发合作也开创了新兴手机厂商与传统摄影技术厂商的跨界合作潮流。

第二类，是与客户，即各国通信运营商的合作

与客户合作进行技术研发，是华为"以客户为中心"价值观的实践，有助于贴近客户，密切了解客户的市场运营和技术需求，共同探讨技术和商业解决方案，一起致力于推动应用。主要形式也是成立联合实验室，多数以"创新"为名，这是华为基于市场需求，进行技术和产品解决方案创新的一个高效路径。

华为初次尝到与客户联合创新的甜头，可以追溯到 1997 年与天津市电话局合作开发 201 校园卡业务大获成功。这一年，天津市电话局注意到扩招后的本地高校通信市场潜力巨大，提出预付费卡业务需求，与华为协同一起调研市场。针对校园用户特点，华为为客户定制了预付费业务流程和计费方式，推出 201 校园卡，很快风靡天津高校，进而在全国各地高校流行，几乎所有大学宿舍都安装了固定电话，解决了高校学子这一特殊人群的小额、灵活通信需求。预付费业务是华为早期智能网业务的一种，后来以"神州行，任我行"广告语风行中国的中国移动"神州行"卡，是其中最成功的一款。

进入海外市场，华为积极与欧洲跨国运营商客户组建联合创新实验室，对华为把握高端市场的复杂需求，提升华为技术研发能力意义深远。比如

SingleRAN 解决方案的需求，就是在 2007 年初，华为研发团队与沃达丰在讨论联合创新中心工作计划的会议上，由客户提出的多代际网络设备的整合诉求。后期项目运作和研发过程，依托于联合创新中心合作机制，双方在研发过程中保持密切沟通，一起解决问题，甚至包括给技术攻关成果起一个不同凡响的名字，SingleRAN 就是由沃达丰建议，代替了华为提出的工程师色彩浓厚的名称"多模基站"。双方还联合各自盟友，一起推动国际标准组织对 GSM 多载波互调标准的修改。

在这类创新实验室运作中，虽然技术研发上还是以华为为主，但这一合作机制，让华为与最接近电信终端用户的通信运营商建立了直接、高效的需求沟通和合作平台，双方的关系超出采购与供应的商业交易层次，形成共存共荣的战略合作关系。譬如，据说在华为 SingleRAN 立项决策中，内部曾有一种反对意见，认为华为给运营商"当枪使"，因为这有利于沃达丰封闭市场，而华为自己要承担巨大的研发投入风险。最终，决策者无线产品线总裁余承东一锤定音："就算是给人当枪使，我们也愿意做这条枪！"

到后来，华为与运营商的联合创新已延展到高等院校，形成需求方、应用方和基础研究的三方创新合作。2011 年 6 月，华为与加拿大通信运营商 TELUS 和卡尔顿大学签署合作协议，在加拿大联合建立云计算实验室，致力于企业云应用的研究。2017 年 11 月，华为与英国电信宣布新一轮五年合作计划，计划投资两千五百万英镑，与剑桥大学成立联合研究合作小组，汇聚三方顶尖人才，重点研究光电技术、数字和接入网络基础设施、媒体技术等。

自 2007 年以来，华为与各国领先运营商客户成立了二三十个联合创新中心，这些联合创新中心将华为的领先技术转化为客户的竞争优势和商业成功。[19] 2019 年，华为在欧洲与一众运营商设立了 5G 联合创新中心，持续推动和促进 5G 商用和业务创新。[20]

第三类，是与各高等院校、学术研究机构的技术研发合作

2020 年下半年，任正非在国内多所著名高校进行了一轮走访和交流，发表了系列谈话或座谈记录。其中一篇的标题，非常具有时代意义：《若果[21]有人拧熄了灯塔，我们怎么航行》，昭示了在"逆华为的全球化"情形下，其所面临的技术创新压力。而就此，华为与中国高校的合作拉开新的篇章。

在此前相当长的时间里，华为与国内高校的合作主要在于人才。中国高校每年为华为输送数万优秀的应届毕业生，华为是各高校最受欢迎的雇主之一。但在技术研发上，华为与高校院系和教授学者们的合作并不密切，这是因为，高校科研工作者的研究主要在于基础理论。基础研究并不考虑其终端实际应用，产出的是普遍性知识和对事物本质规律的认识。这种普遍性知识能够为解决大量重要实际问题提供途径，尽管其看上去并不能给出一个问题的完整答案。而华为作为企业，从事的是基于产品的工程技术开发。在技术追赶阶段，华为通过与国际领先的产业链伙伴合作开发，以积极的学习态度、极强的学习能力，快速吸收先进技术，就可以实现其追赶目的。

尤其是在经历了"华为的冬天"后，华为吸取自己误判客户的标准选择的教训，并不强调基于技术领先的创新，而是对研发人员的"技术情结"和"成就导向"保持警觉，强调基于市场需求的产品与解决方案的创新，不希望自己脱离了市场需求，还没活成"英雄"先炼成了"英烈"。华为在 2006 年也对外承认，经过十八年艰苦奋斗，至今为止，自己没有一项原创性产品发明。其取得的主要成就，是在西方公司成果上进行功能、特性上的改进和集成能力提升。主要的技术进步，表现在工程设计和功能实现方面，比如，2004 年的分布式基站，即是一个成功案例。

但当华为进入技术超越阶段，即通常所说的"无人区"，没有高校科研工作者的基础研究，企业对未来就没有感知，没有感知就做不到领先，华为需要转向以基础理论的突破带动技术创新，与高校进行基础研究合作的诉求就变得强烈，与院校和教授们的合作提上日程。此时，华为已是一个全球化公司，依托其全球化平台，华为首先将理论基地选在美国，之后又加大了对英国和欧洲的投入，后来增加了对日本、俄罗斯的投入。华为通过与客户的连接、遍布全球的研究所，建立和加强与本地高校和学术机构的合作。

华为对基础理论的追踪和应用，最重要的一个成果，应该就是 5G 标准极化码（Polar 码）方案。2008 年，土耳其比尔肯特大学数学教授埃达尔·阿利坎（Erdal Arikan）发表了一篇数学论文，开拓了通信信道编码的新方向。两个月后，华为 Fellow 童文的团队就发现了这篇论文的价值。2009 年起，华为投入 5G 技术研究，用十年时间将论文做成了 5G 标准。

华为正是在 5G 时代跃入通信技术的世界领先者行列，其 5G 基本专利提案占比超过 20%，为全球第一。在 5G 研究这项汇聚全球科技智慧的浩大工程中，华为与美国的哈佛大学、纽约大学、斯坦福大学，欧洲的剑桥大学、萨里大学，亚洲的香港科技大学等多家高校开展了定期的、密切的合作。这些高校、科研机构与华为的创新合作，对华为保持技术领先地位助益良多。

但华为与高校和教授们的直接合作也存在困境，表现为，华为员工惯有的工程思维和产品导向，与教授们的基础理论探索和学术研究方式、方法的冲突，华为的强 KPI 文化也外延到与高校的项目合作中，使一些高校合作者感觉自己像个"雇工"，而内部对"撒胡椒面"式的投资方式也存有某种焦虑，内外部都多有诟病。

但这可能并不是华为一家企业在与高校开展研发合作中出现的问题，这是一个涉及国家在政策层面的"产、学、研"如何打通的制度设计问题。

美国在二十世纪八十年代出台《拜杜法案》，解决了高校科研成果向科技产品高效转化的机制性难题，带动了美国中小企业的大规模创新。美国国防高级研究计划局（DARPA）以项目制组织形式，从系统性设计出发，与高校、企业、专业研发机构、生产部门等多方合作，以高度自主的授权机制，充分发挥科研人才潜力，促进科技创新成果转化，成为美国国防部转型的"技术引擎"。其创新成就举世瞩目，互联网、GPS、隐形战机、高超声速飞机、智能语音助手 Siri 等，都诞生于 DARPA。[22]

中国目前还缺少类似的国家层面的法律或经济利益协同的"松耦合"机制，或者类似 DARPA 的集成、高效的组织运行形式，能让科研、教育、生产三个不同的社会分工协同、集成，实现技术创新的上中下游对接，促使基础研究成果高效转化为科学技术产品，拉动中国的高端制造业。

当华为进入"无人区"后，又面临"灯塔被拧熄"、在黑暗中摸索的困境，任正非寄希望于"十年、二十年后，我国的大学担负起追赶世界理论中心的担子来"，因为"我们国家有几千年儒家文化的耕读精神……这都是我们这个民族的优良基础，我们是有希望的。中国是可以有更大作为的"。任正非承诺与高校的合作将遵循《拜杜法案》的精神，基础研究合作成果归学校，对华为来说，"你们的成果可以像灯塔，既照亮我们，也可以照亮别人，是有利于我们，有益于学校，有益于社会的"。

2020 年，华为启动"黄大年茶思屋"项目建设，落实任正非"一杯咖啡吸收宇宙能量，一桶浆糊粘接世界智慧"的要求，在国内以线下方式，在全球以线上方式，连接和吸引跨学科、跨院校、跨地区的全球优秀人才，打造纯科学技术学术交流平台，致力于持续提升华为的研究创新能力。

数量不多的国际并购，对技术引进与吸收不无裨益

华为与产业链不同领域的伙伴进行国际化合作研发，目的是通过技术吸收，提升研发能力，快速补齐技术或产品短板。企业间的兼并和收购，是一种更加简单、直接的技术引进和吸收途径，在快速发展的高科技行业，尤其是 IT 和数据通信领域，非常频繁，其中以思科最为典型。

但在通信网络设备行业，由于客户集中度、产品标准化程度高等原因，企业并购并不频繁，数量也不多，而且大多数是出于市场整合目的。2006 年是通信设备商整合的"大年"，诺基亚和西门子、阿尔卡特和朗讯分别合并为两家，主要厂商从七家变成五家，另外三家为爱立信、华为和中兴。2015 年 4 月，此前已收购了诺西股权的"新"诺基亚宣布和阿尔卡特朗讯合并，通信设备商数量进一步缩减为四家。

虽然华为对企业兼并和收购并不排斥，但在其历史上，以技术吸收和引进为目的的企业并购数量相当有限，成功案例屈指可数。

这有几个方面的原因。一是，华为想买的时候，没钱买，有钱买的时候，对方又不卖。二是，华为是拿着员工的股金做技术投资，对失败的容忍度很低，具体决策时，就不如上市公司或拿着风险投资的企业那么容易豁得出去，决策者的风险厌恶度很高，就算有机会买，也特别小心谨慎。

想买而没钱买，是在华为国际化之初

2000 年底，任正非在欢送李一男离职创业的讲话中就说，华为没有基础研

究，赶不上朗讯，也不能像思科那样收购公司，华为买不起。因为没有基础研
究，任正非说华为就是个"夹心饼干"，"夹心饼干没有自己的风格是十分危险
的。但如果我们做得好，夹心饼干的内层就是巧克力"。

但在随后的 IT 泡沫破灭、行业进入"冬天"时，华为却看准机会，进行
反周期投资，吃到了几块"美味的巧克力夹心饼干"。

2002 年，华为以四百万美元收购了美国硅谷一家濒于破产的光网络小厂商
OptiMight，其关键技术专利持有人白聿生博士也同步加入华为。之后，华为经
过技术转移和二次开发，短短九个月就研制成功大容量、长距离无电中继光传
输产品，2003 年推向市场。到 2005 年，华为从最初在光网络市场名不见经传
快速成长为全球长途传输市场第一的厂家，成就其光网络领域多年的全球霸主
地位。白聿生博士后来也成为华为 Fellow。

这应该是华为历史上基于技术目的最为成功的一个并购案例，不但收益极
大，并购价格也很低。根据美国创业公司数据库 Crunchbase 的记录，OptiMight
公司的 A 轮融资就有三千七百五十万美元[23]，到华为收购时，其对技术研发的
累计投入已有七千万美元。

但就是这样一个后来证明极为成功的收购，在决策阶段，华为也几经犹
豫。当时的光网络负责人张平安曾撰文回忆："三个月前，我承受着一个非常
大的压力。当时我们看好了一家美国公司，准备把它买下来……虽然我们内部
经过反复的讨论，认为购买对我们的发展有重大意义。可是数百万美元的外汇
支付，万一将来不能消化好，不能给我们带来回报呢？"

另外一个鲜有报道的并购成功案例，是 2003 年对美国宽带和光网络处理
厂商 Cognigine 的收购，大大增强了华为在交换机和路由器核心处理器方面的
能力。[24] 根据 Crunchbase 数据，这家公司的累计融资额也有两千两百五十万美
元[25]，但华为的收购金额不曾披露。

其后，华为又于 2004 年收购了瑞士一家公司的基站天线业务，进入天线
行业。但这个业务收购不是很成功，虽然收购包含专利、生产线、设计方案，
甚至部分成品和半成品的库存，但没有人员团队。后来由于华为在天线行业缺
乏经验且自身能力积累不足，产品质量问题导致客户投诉不断，接二连三发生

网上批量整改事故，天线业务差一点被砍掉。2011年，华为天线走上二次创业之路，最终取得成功。

华为英年早逝的高管丁耘曾分享过一个并购中"人有多重要"的故事。2006年，华为购买了一个做某种处理器的小公司，只买了源代码和设计文档，没有包括开发团队，结果自己做了两年，什么都没做出来。2008年，华为招聘了这家公司原来的核心员工，他们很快就做出了产品。这一收购案例应该很小，但也颇具典型性。

度过了"冬天"之后，华为开始有了点钱，但此时的收购标的动辄数亿美元，也还是买不起。2005年，英国老牌电信设备商马可尼宣布出售，华为参与谈判，出价仅六亿八千万英镑，最终爱立信以十二亿英镑购得。这个价钱，接近于华为当年的海外销售额。

虽然没有买成，但当时华为方负责收购谈判的高管郭平后来在多个场合谈到，这是其个人职业生涯中自感"魔幻"的事情。1988年从华中理工大学毕业时，他原是分配到武汉华中电信管理局，可以预见的是，自己将在电信局负责看管两台NEC交换机和一台马可尼微波设备，当时的"诱人"之处，是有机会去意大利马可尼公司参观考察，顺便买点免税品回国。但郭平选择去华为做交换机开发，他未曾想过，自己有一天会代表华为去收购马可尼。这家公司由无线电报发明人古列尔莫·马可尼（Guglielmo Marconi）创立，在二十世纪九十年代被誉为"英国电信业巨子"，2000年时在一百四十个国家都有销售。

全球化市场阶段，华为有钱买得起，但在欧洲和美国有不同遭遇

在欧洲市场，华为的技术收购和投资相对顺利。

2010年，华为在比利时做成了一单"一箭双雕"的收购，不但解决了法律诉讼，扫清了市场障碍，还获得了一部分所需的技术资产。

2006年后，华为研发的3G上网数据卡在欧洲市场热卖，在很多国家，市场占有率超70%。比利时公司Option原本是欧洲唯一一家数据卡厂商，华为进入这个市场后，又有中兴和两家美国公司加入竞争，Option受到极大冲击。2010年6月，Option向欧盟提出对中国产数据卡的"三反"（反倾销、反补贴和保障措施）调查诉求。10月，华为宣布以八百万欧元收购Option的半导体子公司 M4S 的全部流通股，购买 Option 的一款软件的授权，双方还计划在比利时成立一个联合研发中心，开发新的无线设备和软件。Option 宣布撤销其"三反"申诉。2015 年，华为最终收购了 Option 全部资产。

在英国，2012 年，华为耗巨资从东英格兰经济发展署手中收购了集成光电器件公司 CIP 的资产，并保留其研究团队，作为其在英国研发中心的新核心，并继续向光纤研发投资。[26] 在比利时，2013 年 8 月，华为收购了总部位于根特的从事硅光子技术开发的 Caliopa 公司。这两家光通信研发机构都是政府科研基金支持下的开发型公司。[27]

但在美国市场，华为的并购就遭遇重重阻挠，如业界所知，华为想买，但是美国政府不让卖。

2010 年 5 月，华为斥资两百万美元购买了美国硅谷创业公司 3Leaf System 的一些专利，并聘用其十几位员工。3Leaf System 拥有华为希望获得的关键云计算技术和虚拟化架构能力，但经营不善，濒临破产。华为的收购最初获得了美国商务部对技术出口"无须许可"的批示，11 月，华为按要求向美国外商投资委员会（CFIUS）递交外商投资审查申请，次年 2 月，CFIUS 通知华为，由于国家安全原因，建议撤销其对 3Leaf System 的专利收购交易。[28]

2010 年 7 月，华为另外两宗基于技术标的的收购，已因美国监管机构阻挠而失败，一宗是对软件供应商 2Wire，并购方担心无法获批而取消，另外一宗是摩托罗拉的无线设备业务，被美国政府拒绝。[29]

2013 年 10 月，华为负责公共与政府关系事务的高管陈黎芳对外媒宣称，华为至少五年内不会考虑任何重大收购。

2014 年初，在西班牙巴塞罗那的世界移动通信展（MWC）上，就当时业界正在热烈讨论的一宗通信业收购案，有媒体询问华为是否有兴趣，消费者 BG 总裁余承东做了一个"不排除可能性"的简短回应，这家收购对象的股票当天就涨了不少。由于时差，中国国内次日才了解这一消息，华为公共关系部门立即声明否认这一表态，余承东回国后被对外禁言半年。此时，余承东在中国手机业界已获"余大嘴"之称。而华为，至少是广大普通员工，从此事件中才第一次意识到自家公司在西方科技投资界的影响力。

此后，华为还进行过小规模的技术研发的收购活动。主要在英国、爱尔兰、以色列等地，涉及物联网、软件定义网络（SDN）以及数据库等新业务领域。

2019 年，华为成立哈勃科技投资公司，主要进行新技术领域的战略性投资，并不追求财务收益。

■

综观华为的技术研发国际化，与市场的海外开拓相较，2000 年前，双方在国际化道路上各自探索，两条腿各走各的，研发走得早一些，快一些，稳一些，除了在美国的并购活动，研发没有经历太多市场在海外屡战屡败、屡败屡战的悲情。2000 年后，随着海外市场进入规模拓展，研发与市场的国际化"双轮"驱动显示出强大的前进动能，市场通过研发的先进产品和技术撕开一个个突破口，研发则通过对海外不同国家多样化的市场应用场景、高中低端不同客户的多元化需求，进行技术和解决方案创新，全面提升了华为的技术能力水平，大大丰富、延展了产品谱系，反过来又促进了市场开疆拓土，扩大战果。

但华为的国际化，主体还是通过市场这条线发展、深化。相较于市场销售与服务组织体系，研发组织与本地环境互动的广度、深度，对公司的全球化组织建设的诉求牵引和反哺能力，都是不可比拟的。而覆盖国家更广、功能更为多样的海外市场与服务组织，为研发的国际化提供了协同和支撑。先行一步的技术研发国际化，确实为华为出海开了路，但仅凭研发国际化一条腿，没有市场的国际化，华为不可能实现自身组织和管理的全球化。

第二章

海外市场开拓与发展

2012 年，华为研发员工徐镜进受命到爱尔兰筹建一个能力中心，他选择了科克这么一个偏僻小镇，要就地为凤筑巢。在一个人经历了多天的孤独和被迫离开已续订的酒店、拖着行李暗夜再寻住处的困窘之后，他找到了位于都柏林的华为办事处，一众同事的热情帮助，让他一下子感觉回到了家：终于能说中国话了，能做一顿中餐吃了。他不禁感慨："我自己是渺小的，但是我的背后是华为的强大平台，我怎么会孤独呢？我怎么是孤军作战呢？从此我再也没有认为我是一个人在一线战斗，每次有困难，我都到华为这个大平台里找合适的资源和我一起来做。"

徐镜进与爱尔兰办事处负责人聊天，发现市场销售人员经历之丰富，和自己身为研发工程师有天壤之别。这位负责人告诉徐镜进，自己已在海外市场打拼了八年多，仍然是抱着创业的心态来到这里的，"现在是华为这艘航空母舰停靠到了爱尔兰这个岛国，我们必须要干出点样子！"

驾驭华为这艘航空母舰驶向全球化蓝色海洋的，是面向客户的市场销售与服务组织，他们怀揣着研发体系提供的产品利器，去叩问广阔但陌生的海外市场。

🌐 C&C08 机激发对海外市场的热情

1994 年 2 月，华为首款数字程控交换机 C&C08（两千门）机通过了邮电部生产定型鉴定，鉴定评语为"在同类机型中处于技术领先的水平"。对此，任正非自信地认为，虽然这一表述模糊，但也能说明其在世界的地位，"我多次考察过国际著名厂家，C&C08（两千门）机在这一点上来说是当之无愧的"，他相信，已在研发中的 C&C08 万门机一定能进入世界前列。

C&C08（两千门）机推向中国市场后，大受欢迎。1994 年 6 月，华为和各省客户举办活动一起庆祝，正在主持研发 C&C08 万门机的产品经理李一男说："只要我们保持冷静的头脑，今天庆祝在国内市场的胜利，明天庆祝在国外市场的胜利不是一句空话。我们多项产品已进入世界领先的行列，价格又低于国外同类产品，在海外建立生产基地，已不是空想。世界不仅是美、欧、日的，也是我们的。几千年来祖辈的繁荣梦，正在被我们实现，我们一定到世界市场去占一席之地。"

1995 年 4 月，C&C08 万门机研发成功，邮电部的鉴定评语在两千门机的"同类机型中处于技术领先的水平"之前，加了一个定语"在国内、外"，明确了其世界领先的意思。万门机的诞生，进一步引燃了华为对海外市场的热情。

C&C08 万门机的先进之处在于，其一，应用了当时国际最新的光技术和超大规模集成电路技术成果，实现了大规模、无阻塞交换；其二，以全分散控制系统作为基本结构，解决了在话务量非常大或者意外事件发生时系统容易瘫痪的问题，可靠性比较好。

C&C08 有三层意思：China & Communication（中国通信）、City & Countryside（城市与农村）、Computer & Communication（计算机与通信），既有华为产业报国的家国情怀，也有其在固定网络时代对中国农村和城市通信二元市场的认知，还代表了这款机器融合应用的计算机和通信的技术特点，是一个寓意丰富、发音响亮的好名字。

与 C&C08 机同期上市的还有华为的一款专网用户交换机 EAST 8000 机，

2020年初，华为轮值董事长郭平在深圳与一位来访西方媒体记者涮火锅讲段子，说这款机器的名字没起好，EAST是用"东方"象征中国的通信，但发音与"易死"谐音，后来成为一个失败的产品。而C&C08机大获成功，这一名字在中国通信业成为经典。

C&C08万门机研发成功后，华为采取"农村包围城市"战略，首先在浙江义乌的佛堂镇和江苏的县级市邳州开局成功，之后华为即以其低价高质和强悍的市场能力，迅速打入各大中心城市，进而席卷整个中国。随着C&C08机以及中兴等开发的国产程控交换机大量上市商用，由西方企业长期控制形成的"七国八制"的中国交换机市场被迅速打破，价格出现直线下降，从三四百美元每线降低到一百二十美元每线，再降到后来的五十美元每线，极大地促进了国内固定电话的普及。今天三十岁以上的中国人对二十世纪九十年代中后期家庭固定电话的迅速普及安装，以及电话初装费的逐步取消，应该都有深刻记忆，这与华为、中兴的崛起有着直接的关系。

C&C08万门机自主研发成功，引起国家领导和政府各部门高度关注，纷纷到华为参观考察，最高峰的1996年，根据《华为人》报的可见记录，共有二十四人或批次来访，包括当时的国务院总理李鹏和朱镕基等四位副总理、全国人大常委会委员长乔石和副委员长田纪云、中央军委副主席刘华清等国家领导人。一位国家领导人在考察时，认为华为产品很好，建议开拓海外市场，在参观现场就给外经贸部部长打电话，建议用高科技产品作为国家援外物资。[1]1995年，李岚清副总理访问东欧和独联体有关国家时，就通过政府赠款方式，从华为购买了数万线C&C08程控交换机，赠送给这些国家。这是华为早期将产品投放海外市场的一个途径。

在C&C08万门机通过国家鉴定之前的1994年10月底，华为已携两款新机首次参加北京国际通信展，并有意选择了国际展区，在里面挂起唯一的一面中国国旗，打出"中国要发展，必须靠自强"的标语。展会之后，《华为人》报以《世界著名公司参展商也赞叹"中国人已经赶上来了"》为题，报道参展海外各方的反馈，提到英特尔、马可尼公司多次来到展台，要与华为洽谈合作、合资事宜。

C&C08 机研发成功，不仅点燃了华为对海外市场的热情，也使得任正非在通信行业的雄心，从原来的"位列世界八强"直接跳跃到"三分天下，华为必有其一"。

1993 年 8 月，任正非在一个农村通信技术与市场研讨会上说："中国重返关贸，历史将我们推到了不进则退的地步，面对这严峻的形势，我们会更加努力奋发，迎接挑战，争做中国第一、进入世界通信八强之列，把外国机器挤出中国市场，并努力挤进国际市场，在东南亚市场、俄罗斯同美国共同瓜分市场。"

1994 年 3 月，C&C08（两千门）机推向市场，在与员工座谈中，任正非已经将"进入世界通信八强"的目标改为"十年以后，世界通信行业将三分天下，华为占一分"。

当年 10 月，C&C08 万门机实验局在江苏邳州开局验收，任正非亲赴现场。晚上和华为工程师们聊天，他对自己的"三分天下"做了具体说明，是指华为和美国 AT&T、法国阿尔卡特三足鼎立。AT&T 现在是美国最大的通信运营商，在当时也是世界数一数二的通信设备制造商，1996 年，其运营商业务和设备制造业务拆分，后者独立成为朗讯科技。

对任正非"三分天下"的雄心，在场的员工都不以为然，觉得老板在吹牛。这一年，华为才第一次在中国城市里安装交换机，全年收入只有五亿五千万元人民币，而当时 AT&T 是几百亿美元。即使在国内，主要程控交换机厂商之一上海贝尔，其收入都有五十一亿元人民币，近十倍于华为。在今天新兴的互联网经济中，一家不知名的创业公司几年就能长成为一只"独角兽"，但在三十年前的传统实体经济中，华为是处于经济体制边缘、靠自己"挣命"的民营企业，在那种对比悬殊的情况下，"三分天下"只是一个梦想，聊天儿的员工只当老板是给自己"打鸡血"，听一听就算了，那时的中国人还都比较务实，不太容易被梦想窒息。

所以，任正非可以说是华为的头号"大嘴"，余承东的言说风格，是有其任老板的师承渊源的。区别在于，任正非是对内部员工，余承东是对外部消费者，对象不同，目的不同。相同的是，两位"大嘴"吹的"牛"，后来都实现了。

在任正非提出"三分天下"后十二年，从 AT&T 拆分出的朗讯科技和阿尔卡特合并为一家，也只能勉力与华为鼎足而立。现在和华为一起在通信设备业"三分天下"的，是爱立信和诺基亚，而诺基亚已合并了阿尔卡特朗讯和西门子通信多家公司。同样，由余承东主理的华为手机在 2014 年后大步走向成功，"余大嘴"一词已不大有人提起。

这种"大嘴"行为，在西方的企业管理学中，是企业家"战略性意图"（Strategic Intent）的一种表现。"战略性意图"这一概念，由英国伦敦商学院的加里·哈默尔（Gary Hamel）和美国密歇根大学教授普拉哈拉德（Prahalad）于 1989 年提出。两位学者在研究了几家日本跨国公司后认为，传统西方企业制定战略时，侧重于现有资源与当前机会之间的契合程度，而日本企业最高管理者会通过制造现有资源与未来雄心之间的极端不契合和紧张度，系统地建立新优势，来挑战组织，缩小与竞争对手的差距。[2]

一位韩国学者芮妮·金（Renee Kim）在研究了三星的全球化发展后，认为三星也是一个体现了企业家"战略性意图"的案例。三星在成立之初，就有着成为全球市场主要竞争者的"战略性意图"，要在全球市场上占据重要的品牌地位。第二任 CEO 李健熙上任后，以"除了老婆孩子，一切都要变"的极端表达，发布公司内部所称的"1993 年法兰克福宣言"，提出质量新经营战略，确保其全球竞争力，以此在组织内制造紧张感，使组织超出其现有能力和资源的极限，克服了有限资源的限制而迅速发展壮大，并改变了市场游戏规则。[3]

同样是"大嘴"的外在行为表现，"吹牛"与"战略性意图"之区别，在于言说者内心真诚与否。无论是从任正非累以千万字的内部讲话和亲笔撰写文章的字里行间，还是从聚光灯下主持一次次新产品发布会的余承东眼里，都能够感受到二者内心的真诚。而一个真诚的"大嘴"，在言说背后，会制定可靠的实施策略，采取有力的实际行动，坚持不懈去实施他的"战略性意图"。

驱动华为走向海外市场的，是任正非自始即有、深植于内的国际化雄心，这是他的"战略性意图"，而华为以"压强"原则，几十年对准一个"城墙口"，持续进攻，最终使世界通信设备业"三分天下"，华为居其一分。

C&C08 万门机的成功，为任正非国际化雄心的实现，提供了最初的信心支撑和着落点。自此,华为国际化的"双轮驱动"前进模式正式开启:市场开拓的滚滚车轮,携 C&C08 机驶出国门。

🌐 "走出去"的策略和准备

进入海外市场,是实施华为国际化战略的重要一步,但首先面临的问题,是选择从哪里进入。世界这么大,华为还很弱小,资源、能力都有限,"压强"原则落实的前提,是找到能够突破的"城墙口",选择先进入哪些国家、区域,以及进入的方式,这是个策略问题。出海的第二个问题,是路径、方式的选择。早期西方跨国公司一般是先通过代理出口产品、再建立海外销售组织,或者是直接在海外设厂进行本地生产、本地销售,近年来更多的中国公司则选择通过跨国企业并购,一步踏入海外市场。

华为根据当时的世界政治、经济形势和自身所处的行业地位、产业发展逻辑,做出自己的选择,并进行出海的各种准备。

进入海外市场的三种选择策略

虽然任正非后来回忆最初走向海外时是"两眼一抹黑",根本不知道客户在什么地方、如何能见到客户,但大体上,华为的选择还是有方向的。C&C08机研发成功后,华为即着手为出海做准备,进行海外市场洞察和实地考察活动,从中可以看出,华为进入海外市场的选择有三种:一是跟着国家外交路线走,进入俄罗斯和东欧国家等;二是拓展周边和近邻,如东南亚国家等;三是复制国内"农村包围城市"成功战略,去中东、非洲、拉美等的经济落后国家。

跟着国家外交路线走,进入俄罗斯和东欧国家等市场

早在 1994 年,华为就已着手进入俄罗斯市场,将其作为海外市场突破口。1997 年 5 月,任正非亲赴俄罗斯乌法签署贝托华为合资公司协议时,就提到,

"今年我们向俄罗斯发起了冲击，这是在俄罗斯积蓄了三年的市场力量"，并称在这三年里，华为派出了数十个代表团访问俄罗斯，前后数百人次，俄罗斯也有数个代表团访问过华为。

选择俄罗斯市场，任正非明确表达，是跟着中国的外交路线走。这一策略，首先意味着较低的国际政治风险。

对当时世界大国政治局势的审时度势，在任正非这一时期撰写的多篇文章中有详细阐述：中美关系时好时坏，美国也并没有在苏联解体后如其承诺帮助俄罗斯，因为国家利益、民族尊严和感情，美中、美俄的抗衡，都将是必然的。而来自东西方的各种压力，会使得中俄靠得更紧。1996 年，中国和俄罗斯宣布决心发展平等信任的、面向二十一世纪的战略协作伙伴关系，中国在上海与俄罗斯等五国确定了边界，签订了军事信任协议，为中俄两国创造了和平、安全相处的环境。从这一国际关系变化当中，任正非捕捉到隐现的商机。

而跟着中国政府的外交路线走，也有对中国政府执政方向、执政路线的信任。任何时代，除了军工行业，商人和企业家都最需要一个和平、稳定、有发展前景的社会政治环境。任正非认为："我国的外交路线，在小平同志'不要管别人的事，把自己建设好'的方针指引下，十年来大见成效……国内又政治稳定，经济开始有序，本世纪末的最后几年，是近百年来最好的发展时期，我们一定要珍惜这个难得的机会，在下世纪初，确立华为的国际地位。"

因此，任正非相信，华为公司的跨国营销跟着我国外交路线走，是会成功的。1996 年 5 月，华为首次赴俄罗斯参加莫斯科通信展，俄罗斯塔斯社两次报道了华为的参展，给予很高的评价。对此，任正非说："我想应该不是因为我们技术产品十分好，好到俄罗斯政府这么重视我们，而是沾了江总书记与叶利钦总统的光，沾了中俄相互希望改善关系的光。"

在着力于俄罗斯市场的同时，华为也借力于国家科学技术委员会和外交系统的支持，积极拓展在中亚、波罗的海三国和东欧等的市场。1996 年 4 月在俄罗斯参展准备间隙，任正非在国家科学技术委员会组织下，抽空访问了保加利亚、罗马尼亚、阿塞拜疆等几个国家，当地中国使馆的科技参赞提供了行程接待、翻译等许多切实的协助。

华为首选进入俄罗斯市场，还有一个特定历史原因，是中国与苏联在五六十年代曾经历了一段密切合作时期，成长于这一时期的许多中国人都有着俄罗斯文化情结，心理距离上比较近。

首次到访俄罗斯，任正非就抒发了他的俄罗斯文化情结："少年时代神往的圣地，实实在在地展现在眼前。我的青少年时代是生长在中苏友谊的蜜月时代，当时全中国都在宣传苏联的今天就是我们的明天。电影、文学作品都是对苏联建设的描写，受到了太多的苏联文化的熏陶。保尔·柯察金、冬妮亚……一直在引导着我的成长……怀抱着《钢铁是怎样炼成的》，我走完了充满梦想的青年时代。"

后来出任贝托华为总经理的赖红，也表达过六零后这一代中国人的俄罗斯文化情结："由于少年时代受到的正统教育，在我的记忆中，俄罗斯不仅横跨欧亚大陆、科技工业强大，还拥有世界一流的文学家、音乐家和芭蕾艺术。"他崇尚俄罗斯文化，和许多中国人一样，尤其喜爱俄罗斯的音乐，比如《喀秋莎》《莫斯科郊外的晚上》《三套车》等至今在中国广为传唱的歌曲。

这种通过文学作品、音乐艺术而生的民族文化情结，比较容易让人产生一种熟悉感和亲切感，有助于缓解跨文化产生的心理不适应，即西方跨国企业研究者所说的 Culture Shock（文化震惊）。

选择周边和近邻，作为进入海外市场第一站，是跨国公司市场国际化的一般策略

地理距离近，通常意味着跨文化差异小，地理距离和心理距离都比较容易克服。

与深圳一水之隔的香港，有着发达的电信市场，自然是华为出海第一跳的必选之地。1994 年，华为进行全球市场洞察，最早一篇针对特定市场的分析报告，就是《电讯在香港》。此时，香港已进入移动电话时代，拥有十六万部手提无线电话，人均世界第一，固定电话网络发达，是全球第一个拥有全数字式网络电话系统的大城市。

1996 年 6 月，通过代理华康公司，华为与香港和记电讯签约，为其建设首期规模为两万五千门的 C&C08 程控交换机，12 月底接入香港电信网络开通运营。这是华为在境外市场获得的第一个商业合同。

东南亚邻近中国，是华为较早瞄准的海外市场之一。1994年底，国家电子工业部一位副部长视察华为公司，建议华为积极参加国际投标，华为高管纪平就向其简要介绍了对东南亚和中东市场的考察情况。1998年，华为以齐头并举之势，同时进入多个国家，从南亚各国到泰国、马来西亚、越南、柬埔寨、菲律宾等。

东南亚区域多属华人文化圈，中方员工派遣意愿高，文化适应性挑战不大，生活成本总体较低，最大优势是回国方便。各国本地优质人力资源相对丰富，儒家文化熏陶下的人们总体上比较勤奋、务实。特别是马来西亚华人，既会说汉语，国际化程度又很高，是华为最早向欧洲、中东等区域外派的本地员工群体，弥补了中方外派员工之不足。

此外，这里的营商环境更容易进入，很多国家与中国的政治、经济、信息的交流广泛而畅通，虽然一般都有政商关系错综复杂的华商群体，总体上，当地对一个新来的中国公司，认识、了解起来更为容易，接纳度要高一些。

日本作为近邻和发达国家市场，也是华为的关注对象。1995年，华为对日本电信市场进行了洞察研究，但面对一个高端、封闭的技术市场，当时应该并没有做太多的打算，只是观察、了解了一下日本政府对电信行业的管理。

中东、非洲和拉美落后国家，"经济距离"短，华为可以复制国内"农村包围城市"成功战略

中东、非洲和拉美各区域，与当时的中国，都属于美国历史学者斯塔夫里亚诺斯定义的全球化时代经济含义上的"第三世界"：经济上附庸于发达的第一世界，既向第一世界国家供给廉价原料，也是其工业制成品的大众消费市场，更为发达国家的资本力量所主导。[4] 这是它们在世界经济体系中的共性存在，具体情况又各有不同。

远离中国的非洲和拉美大陆，大多数国家没有自己独立的民族工业和生产，工业必需品依赖于进口，公共基础设施落后，卫生条件很差，交通非常不便。很多国家在独立后，经历了长时间的内战和动乱，直到二十世纪九十年代仍然没有完全平息。中东在一战后西方殖民主义者"分而治之"的策略留下严重隐患，长期存在领土争端，并与民族、宗教矛盾复杂交织，经济发展水平悬殊，有海湾石油富国，更多的地方则充斥着贫穷与落后。

而对于二十世纪七十年代在政治含义上将自己定义为"第三世界"的中国来说，在这些区域有很多自己的"穷兄弟"，中国长期与大部分国家保持着比较友好的政治和经济合作关系。特别是对非洲，从五十年代到七十年代，中国进行了相当长时间的各种政府援助，从基础建设到医疗支持等，打下了比较好的政府和民间交流合作的基础。

"第三世界"于华为而言，就是全球通信市场的"农村"。华为在中国市场以"农村包围城市"战略一举成功，当转向海外市场时，自然会有对成功路径的依赖，先从贫穷、落后但同样存在通信需求的"第三世界"入手，于华为是一个合理的选择。

但这些地方信息交流不发达，华为无法像对东南亚、日本市场那样进行纸面上的市场洞察，需要人走出去，进行实地考察。其中，既有公司高层随中国政府官员出访的方便途径，也有华为市场人员独自周游探索，任正非在其中身先士卒，为海外市场开拓打前站。

1998 年左右，任正非第一次来到非洲，就敏感地认识到，这里是一个潜在的通信市场，而尼日利亚是一个"钻石矿"，因为这里的 ARPU 值很高，一定会有大丰收。事实确实如此，到 2004 年，华为在尼日利亚的收入就达到三亿美元，超出预期。任正非相信，随着九十年代后期非洲和平化进程到来，其他非洲国家的建设也会开始，从而带来电信建设的大量需求和华为的机会。

在中东，任正非到得更早，1996 年在联合国推动伊拉克石油换粮食活动过程中，他第一次途经迪拜，就被迪拜的奇迹深深震惊：在一片贫瘠的沙漠里，崛起了一座现代化国际大都市。他后来写下了著名的"资源是会枯竭的，唯有文化才会生生不息"的感悟，这句话被写入《华为基本法》。

拉美的土地，任正非在一个讲话中提到，是孙亚芳第一个踏足。不过从华为早期市场元老级员工曹贻安的记录来看，在他 1998 年底受命全面考察拉美市场时，任正非已经去过巴西，并将随同的翻译就地留在圣保罗，后来又派了一位懂技术的员工，一起在当地寻找商机。[5]

三种市场进入方式，直销是主路

1996 年前后，除香港和记电讯的第一个国际合同外，华为通过政府援外赠送和出口代理，在罗马尼亚、立陶宛、爱沙尼亚和拉脱维亚等国获得 C&C08 机的局用。1996 年 7 月，西部非洲国家科特迪瓦总理一行来访，华为也向其赠送通信设备，并提出在科特迪瓦建合资工厂。此时，华为正在集中力量，准备在乌法建设合资工厂，进入俄罗斯市场。

所以，虽然华为的国际化首先从技术研发起步，但在市场出海这条道上，大体经历了与西方跨国公司相同的过程，先期通过间接渠道如代理或援外出口产品，之后在海外开办工厂，本地化生产，在本地市场销售产品。

但对通信设备销售来说，直销才是王道。

首先，直销模式由大型通信系统设备的使用特点决定。

作为一种系统功能复杂、技术含量非常高的科技产品，通信设备卖到客户手中，还需要一系列售后技术服务，包括设备的安装、调试、开局、入网监测，这叫"工程交付"。工程交付之后，设备接入运营商网络，要保证运行正常，需要持续不断的维护，专业术语叫"运维"。代理是一种间接销售方式，代理商是一个转手商人，并不关心，也缺乏足够的专业技术能力来完成这部分复杂的售后服务工作，而如果设备在安装、运行中出现故障，通常属于技术问题，如果不是由设计、研发设备的厂商负责，假手于人，问题往往不能及时解决，一旦造成长时间打不通电话、网络中断，就会严重影响通信设备商的品牌和质量信誉。

所以，早期即使是通过援外赠送的 C&C08 机，工程交付也是由华为派出技术人员负责。而华为在国内最初进入电信局用通信设备制造，就是凭借对运营商客户的"保姆式"的贴身、快速响应的售后技术服务，弥补了初期产品在技术性能和质量上的弱点。这一块业务是最为体现华为"以客户为中心"企业核心价值观的部分。

其次，通过代理销售，虽然可以一时卖出产品，但也可能给后续市场开拓带来问题。

　　比如，C&C08 万门机在 1996 年就是通过代理进入香港和记电讯网，后来华为也一直使用代理在香港销售。2002 年，华为在香港成立代表处，发现自己 90% 的销售都集中在一家运营商，虽然此时华为已经有了移动通信产品，但香港六家移动运营商没有一家对此有所了解。新任香港代表难以想象，在公司家门口的市场，华为的移动产品居然是空白，因此决定调整市场策略，由代理转向直销，建立与各家运营商的直接联系，寻求市场新突破。

　　站在代理商角度，出现这样的问题也很正常。他只关心卖什么产品赚钱多，谁家的产品好卖，不会去关心如何努力为某一厂商卖出更多产品。不仅如此，代理商还可能会隔绝厂商与客户的直接沟通，使之无法获得客户对产品的反馈和改进意见，也就无从提升技术水平和产品性能。

　　此外，代理销售涉及相对复杂的商业合作，对于华为员工来说，不了解商业贸易规则，不具备相关的法律文书基本知识，通过代理签约，容易给公司在市场上埋下地雷。

　　比如在普遍使用代理销售的小型数据通信产品领域，华为早期曾经授权一家著名进出口公司作为某一海外区域的总代理，销售其数据通信产品。这家贸易公司在某国又对当地一家代理公司做了转授权，后者可以独家销售华为产品。在签署这一合作协议时，刚刚派驻这一国家拓展业务的华为市场销售员工不知深浅，稀里糊涂地在转授权协议上签了字，代表了华为方的认可。他并没有发现这个协议既无签约日期，也无明确的有效期和终止条件，这意味着，总代公司无限期转授权本地代理商在当地独家销售所有华为产品，并且协议难以解除。

　　这一协议签订后，华为和当地代理公司有过一些合作，但一直没有形成规模销售。当华为打算突破这家代理公司的垄断，寻找新的代理商，或自行开拓当地市场时，对方就以签署的协议为把柄，要挟华为。这一协议就成为埋在这个国家市场的地雷，华为自己的业务拓展成效一直非常有限。

　　不过华为进入欧洲，在这个商务运作规范、法律规则明确的地区，一开始使用代理打入市场，还是比较成功的。2002 年，华为获得法国第二大固网运营商 LDCOM 的全国骨干光传输网络合同，就是当地一家代理商打了一个关键的电话，华为得以进入客户视野。后来华为与作为电信集成商的法国阿尔斯通合作，拿到捷克的一个城域网项目，也是因为找到了一家很有影响力的代理商。[6]但华为与荷兰客户 Telfort 签署了一个 3G 通信网络合同，从而真正打开欧洲电信运营商市场，还是靠欧洲地区部总裁和荷兰代表亲自找上门去，与客户真心诚意地直接交流而促成。

在代理之外，海外本地设厂是另一种传统的国际化销售途径，往往也是当地市场准入要求之一，华为早期在俄罗斯和巴西都曾尝试建立合资企业，自己出技术，当地生产。俄罗斯的合资厂建设过程非常痛苦，耗时费力，但最终还是坚持了下来，后以专节详述。而巴西的合资厂建设，在一个非官方记录中，提到 1997 年华为对此投资三千多万美元，实际收益不详。巴西的复杂税制和强劳工保护，令外资企业望而生畏，华为当时的尝试应该也是举步维艰。

所以，除了在一些特定国家或市场，依客户要求，或按当地的营商、交易规则，必须通过代理销售外，华为打开海外市场，主要是通过对通信运营商的直接销售。

而要对客户进行直销，就需要华为自己的人走出去，到海外找到客户，卖出产品，提供系统的、贴身的售后技术服务。

一位美国学者马歇尔·维克托（Marshall Victor B.）曾对两百二十二个大型跨国公司的全球化发展进行研究，他发现，相对于市场营销类公司，技术类公司更有可能实现更高程度的全球化，但由于技术知识的缄默性特点，技术的跨国界传递需要通过人来实现，因此，技术类公司的国际化更依赖于人。[7]这一发现，也可以在华为的国际化经历中得到印证。

出海的准备

市场的出海大幕徐徐拉开，华为着手在组织、人才和品牌形象、语言等方面，为开拓国际市场做准备。

组织和人才

1995 年，华为成立了海外市场部，其前身是早期负责海外采购的进出口部，人才底子以国际贸易背景为主，但在直销模式下，仅有国际贸易知识，是不足以开拓通信设备市场的，还需要有产品和技术背景。这一年年底，《华为人》报打出第一个面向海内外广纳英才的招聘广告，其中包括驻海外市场人员，要求有电子类、通信类本科以上学历，具备英语听说读写能力和市场拓展、策划能力。

海外市场拓展早期的主要工作，是到世界各地参加国际通信展，赴各国考察电信市场基本情况，了解当地的商业环境和风土人情，回来写一份报告，再转战下一个国家。在第一拨人的考察报告和公司决策基础上，会有第二拨人被派到目标市场国家，在当地租办公室，或者找代理商卖点产品，努力接触运营商客户，主要目的在于松土和培育市场。

当然这两拨人的任务并不是严格区分的。出去考察市场，顺手投个标，是华为"见鸟就开枪"的典型行为模式，或者反过来，通过投标更深入地了解当地市场。在一个地方考察一圈，情况熟悉了，也有就地留下来开拓市场的。比如邓涛，1998年和曹贻安一起到南非考察，回国略作休整，就再赴南非，着手组建办事处，开拓南非及周边国家市场。而曹贻安则转战南美大陆，从巴西、哥伦比亚到秘鲁，最后一站到智利，考察各国电信市场，也了解当地民情风俗。

到1999年，华为已经在二十多个国家和地区设立了代表处或销售子公司，交换机、接入网、光传输、GSM、智能网等多个产品进入这些国家和地区使用运行。

海外市场部在这一年更名为国际营销部，首次对内部发出面向海外市场派遣员工的招聘广告，职位包括国际市场营销、国际投标、营销策划、国际贸易、重大项目管理等。人员类型和需求量此时都开始增加，靠国际营销部自己的人力已难以支持拓展海外市场。

与市场拓展员工同时走出去的，是负责工程交付的技术服务类员工。前期通过代理卖出或政府援外赠送的设备产品，都需要他们去海外交付、开局。1996年7月，《华为人》报发布面向海外的工程交付职位招聘广告。在对内讲话中，任正非也提到，正在启动引入外国工程人员到公司工作的计划，为两三年后进入世界市场做好准备，这将是对华为人力资源的一个大的挑战。

1996年8月，海外工程部启动了海外工程交付队伍的集中强化训练，首批集训队员近二十名。在开营仪式上，任正非号召他们要有苦心志、劳筋骨的准备，要做好生存训练，练好外语，多了解异国风俗、法律，炼成一支能打硬仗的样板队伍。

这一时期，面向海外市场的各种职能组织也陆续组建，比如供应链等，早期均冠以"海外"二字，以明确其职责范围，后来陆续以"国际""全球"代替，国际营销部在2005年更名为"全球销售部"，中国成为全球市场区划中的"中国区"，而海外工程部此时也早已是"全球技术服务部"。组织名称的变化，反映了华为国际化业务的发展和深化。

公司名字和形象

1996年10月，《华为人》报公开征集公司英文名，声称，未来几年，华为将在科研、市场营销、管理、企业文化和形象建立上，逐步实现与国际接轨，因此希望给自己起一个英文名字，要求是"简洁、易读，符合英文拼写习惯，具有现代感，且寓意深刻，能充分表达国际性高科技企业的形象和实力，符合华为公司企业文化和总体形象"。

"华为"这个中文名字，据说是任正非注册公司时看到一堵墙上"中华有为"的标语而起的，发音是一个向上的闭口音，气势不足，后来想改，却已经没钱了，只好作罢。但这个名字很能反映华为自强自立的企业精神和家国情怀，公司上上下下，都对其情有独钟。

C&C08机研发成功后，《华为人》报以《振兴中华事在人为》为题著一短文，算是对公司名字意义的一次官方解读。外部对这个名字也有着同样的理解，邮电部一位技术专家在参加C&C08机鉴定会后，撰写了一篇《华为人为我中华有作为之人》的新春随感，借着公司的名字发挥了一番，对华为员工的敬业精神和认真负责的工作态度，表达了赞赏、钦佩之情。

在国内程控交换机自主研发集体突破后，出现了"巨大中华"四家本土企业，即巨龙、大唐、中兴和华为，2000年左右，又增加了几家，连成"巨大金中华，烽火普天下"一个押韵句子，所以现在来看，华为这个名字很有时代感。

最终，国际化的华为还是使用汉语拼音作英文名走向世界，和自己的中方员工到了海外也不给自己取个英文名字，算是一体相谐。

但 Huawei 这个拼音，最初走出海外时，确实闹过很多笑话。最经典的一个是，Who are we？当时的海外通信行业，谁也不知道中国还有这么一家科技公司，所以，当华为员工介绍自己时，客户会睁大眼睛，吃一惊：你们连自己是谁都不知道？而外国人发这个拼音，舌头一滑就成了 Huawaii，美国的夏威夷。法语和西语中的 H 不发音，这些语种的客户接过华为员工名片，就"哇喂、哇喂"地叫。

2016 年，我从墨西哥去美国，美国边检官员问我在哪家公司工作，我说 Huawei，对方反问：Far away？我只好告诉他，我们公司离这儿确实还挺远的。两年后，华为在美国尽人皆知，成了"对美国国家安全最大的潜在威胁"，不再是一个 far away 的公司了。

面对海外客户，走出中国看到世界的华为员工，对自家公司名字的解读也从"家国"扩展到"天下"，后来也作了一番自我发挥。早期在非洲开拓市场的员工苏和就向客户解释：Hua means China，wei means doing（"华"意思是"中国"，"为"意思是"做事"），Huawei means China is doing something for the world"，客户听了恍然大悟："哦，我明白了，华为就是中国在为世界做事。"

虽然没有改名字，但到了全球化市场已现规模的 2006 年 5 月，华为更换了自己的企业标识，从之前一轮光辉耀目的红太阳，变成一朵圆润、敦实的大红花，寓意"聚焦、创新、稳健、和谐"，以一种更现代的形象适应其国际化存在。

语言翻译

早期，翻译人员是集结在中央研发部下属的一个叫"编委会"的机构，承担所有外文技术和商务资料的口、笔译工作。由于华为最初瞄准的大市场是俄罗斯等前苏联地区国家，编委会初期俄语组的实力最强，有十六名翻译，由退休的中国驻俄罗斯大使馆科技参赞沈庆鉴先生领衔，翻译了大量的技术资料。沈庆鉴本人除了翻译，还负责审校，据其称当时每年译、校的资料以百万字计。此外，他也陪同任正非和市场人员赴海外考察访问，参加展会，后来成为贝托华为的第五任总经理。

随着其他区域的海外市场逐步拓展，英语翻译需求量大增，对外商务合作谈判项目也日益增多，编委会扩招多个语种的新人，大力扩展业务范围，面向市场营销提供广泛的翻译支持。2006 年，在华为建设全球共享服务组织的大潮中，华为将分散于各部门的翻译人员整合，成立了翻译中心，面向全公司各业务领域，提供多达四十一个语种的翻译服务，但仍然隶属于研发体系。2020 年，翻译中心利用研发的自然语言处理技术，推出了华为在线翻译工具，支持全球两百多种语言、多种场景的互译服务。看来作为技术有限公司的华为，将翻译中心一直放在研发组织里，似乎是有一点专业上的先见之明。

🌐 1994—2000 年，艰难求存，屡败屡战

1994 年，华为开启市场国际化。从俄罗斯开始，通过参加各类国际电信展会，探索扩展"走出去"的范围。之后，华为市场人员陆续被"空投"到目标区域，开拓海外市场，全方位体验"万事开头难"。

拓展海外第一要着：参加国际电信展

从 1994 年第一次参加北京国际通信展，以 C&C08 机与国际大厂同台亮相、一展自己实力之后，华为开始走出国门，积极参加各种国际电信展览会。

通信行业的展览会，大致分为两种。

一种是由国际性行业技术组织，比如 ITU、GSMA 等举办的全球性年度行业展会。ITU 在早年间组织"世界电信展"，号称通信界的"奥林匹克"，每四年一次，规格高、规模大，参与者众多。ITU 也举办区域级电信展，比如"非洲电信展""亚太地区电信展"等。近年来由 GSMA 组织的"世界移动通信展"（MWC）更为知名，每年在西班牙巴塞罗那举办，国内通信业界简称为"巴展"。在这一类行业盛会上，各国通信主管部门、通信产业链上下游软硬件厂

家众星云集，全方位展示自己的技术、产品，积极进行品牌营销，寻找商机和合作机会。

在特定通信技术领域，比如光通信、铁路通信、宽带等，还有相应的专业技术展会，一般规模较小，技术和行业的针对性较强。

另一种是由国家间合作组织，如 APEC，或各国电信行业主管部门举办的区域级、国家级通信业展会，以推动本区域、本国的电信行业发展，吸引世界各大电信厂商前来参展，通常冠以"国际"之名。在这类展会上，厂家可以在一个较小的市场范围内有针对性地展示自己，是结识展会主办国家的电信行业主管官员、客户和周边、上下游合作伙伴的大好机会。

对于初出海外、没有什么品牌形象的华为来说，参加国际电信展览会，就成为扩大行业品牌影响、寻找各国商机、开拓海外市场的一个高效途径。

1995 年 10 月，华为作为中国政府组团成员之一，第一次参加 ITU 在其驻地瑞士日内瓦举办的世界电信展。华为在中国馆设置了最大的展台，与世界通信巨头 AT&T 的展位隔路相对。

华为在展会上展出了 C&C08 一体化网络平台、光纤用户环路系统、智能电源系统和用户接入网等商业网解决方案和产品，引起海内外通信技术专家的兴趣，他们对中国厂商的芯片设计水平、开发能力、技术水平、发展潜力都颇为吃惊。

展会期间，华为接触了 ITU 组织官员、各国政府电信主管部门官员、世界各大公司的技术人员和管理人员、媒体记者等，见识了世界电信的大圈子，收获良多。比如，越南邮电部部长现场与华为就 C&C08 机在其国家电信网的应用进行探讨，并邀请华为参加次年的越南国际电信展。沙特电信设备经销商与华为商讨在中东地区的代理销售事宜。ITU 官员赵厚麟向华为介绍了参加 ITU 技术研究组的手续、费用等情况，为华为日后成为 ITU 部门会员指点了入门之径。

华为还接受了来自亚洲通讯等十多家新闻媒体的记者采访，在世界通信技术业界扩大了自己的知名度。

第一次参加世界通信展取得成功，华为以《世界走近中国 华为走向世界》

为题，热情洋溢地报道了参展经历。1999 年，华为作为独立参展商，第二次参加 ITU 举办的世界电信展。

1996 年 5 月，华为赴莫斯科第一次参加海外的国家级国际通信展。作为展会唯一的中国参展商，华为得到俄罗斯相关部门重视，总统办公室信息处、邮电部部长和副部长都到华为展台参观。中国驻俄罗斯大使李凤林也亲临现场，与任正非会谈，表示将支持中国高科技企业走出国门。俄罗斯国家媒体塔斯社、中国新华社、《人民日报》对华为参展也都作了专题报道。展会期间，华为还召开了中国留学生座谈会，他们承担了华为展会的翻译和接待工作，有的学生毕业后就加入华为工作。

参展后三个月，华为先后派出三个工作小组去俄罗斯，洽谈 C&C08 机在俄罗斯的入网测试、在乌法建立合资企业等事宜。俄罗斯邮电部召开部长工作会议，也专门邀请华为参加，同时受邀请的还有芬兰、法国的设备商。

这一次出国独立参展，任正非特意安排了部分国内片区和办事处的负责人赴俄，让他们现场感受国际化的各种冲击，获得对海外市场的直观认识，为走出国门做好思想和心理准备。作为财务员工随团参会的孟晚舟就第一次亲身感受了"汇率"的放大效应的冲击。她和同事一起去换卢布，一叠美元从窗口送进去，递出来的是几十捆卢布票子，两个人吓坏了，不敢站在街边点算，抱起来就往宾馆狂奔，回到房间锁好门，仔细清点，才发现少了一百美元的卢布。

1996 年的 8 月、10 月，华为又参加了泰国和越南两个国家的国际电信展。

参加国际电信展为华为提升了行业内的品牌影响，也带来大量市场机会。1996 年之后，华为每年赴国外至少参加一次国际电信展，在海外市场获得突破、开始高歌猛进的 2003 年至 2006 年，华为每年参加海外的展会高达五至七次。

但在美国，华为从参加电信展会开始，就走上了坎坷之途。2001 年 5 月，华为第一次参加美国"国际电信网络产品展览会"，也是中国电信设备商首次赴美参展。2002 年，华为第二次赴美参加亚特兰大电信展，就是在这次展会上，思科 CEO 钱伯斯不事声张地来到华为展台，查看、了解展出的路由器产品，之后，决定发起对华为的知识产权诉讼突袭，阻击华为在美国数据通信市场的拓展。

"空投"海外第一拨人：活下来，找到客户，建立根据地

通过到各国参展和周游考察，华为对海外各区域、国家市场有了一个大概了解。从1997年开始，华为陆续派出市场销售员工，三两人结伴，落地到各区域，是为"空投"。

这些被"空投"到海外市场的员工，主要任务有两个。第一，活下来，解决个人的生存问题。第二，找到客户，解决公司在海外的生存问题。

解决自己的生存问题，包括三件事情：找一个宾馆先住下来，在当地开一个银行账号，租一套房子常住。

现在听起来，很难理解这些在网上半个小时可以搞定的事情，居然可以定义为"生存问题"，但在二十多年前，做成这三件事确实不容易，华为给市场拓展员工的时间是半年。半年里，只要"活下来"，就有奖金拿。

那时互联网还没有普及，华为员工去国外开拓市场，又不是访问考察，无人接应，举目无亲，住在什么地方，事先是不知道的，要落地了现找。更没有移动支付，很多国家甚至连银行卡、信用卡都不能使用，出国最多带两千美元现金，一般只够支付二十多天的住宿和生活费用，之后要再找到现钱使用，就是件很麻烦的事情，因为人才到当地，还没有注册华为机构，不可能有工作签证，那么在大部分国家就不能开立银行账号，就租不到房子住，而公司也没有办法汇钱给员工……

他们具体是怎么解决这些生存悖论和难题的，无法一一列述，总归是因地制宜，因人成事，充分发挥个人的主观能动性和生存智慧。

对这一段艰难的海外"拓荒"经历，曾任华为欧洲片区副总裁的李红滨如此回忆：我们是没有任何支撑的"三无人员"，没有公司注册，没有固定居所，没有工作签证。我们不停地奔波在几个国家间争取与一个个运营商会面，常常在海关被怀疑为非法盲流而被拘留半天审查……居无定所，客户常常因故会突然推迟会议时间，现住的宾馆又不能延期，我们就得再找新住处。我们常常拖着行李半夜了还在街上转，一家家酒店地找住处。

更早在南非落脚的邓涛，三年里历经险难，曾经被误抓去过警察局，被持

枪歹徒洗劫过，上法庭打过官司，还遭遇过骗子。不过，在如此艰苦的地方，他和同伴们终归还是活了下来。

在解决了个人生存问题后，公司下一步的要求是见到客户，根据员工一年内见了多少客户、所见客户的层级，公司会发奖金，并不要求能签合同、卖东西、有销售额。

华为海外市场老员工总结过找到客户、接上头的几个途径。

第一个是找当地中餐馆，在很多国家的一些知名中餐馆里，会有当地达官显贵出没，餐馆老板可能认识他们。

比如派到肯尼亚的范思勇，有一次追着一个市场线索去了邻国布隆迪，到了以后，他不甘心被吊在一家运营商身上，抱着试试看的心理，和当地"东方饭店"的曹老板随口提到自己想结识布隆迪最大的移动运营商，没想到曹老板和这家运营商的 CEO 很熟悉，直接跑到 CEO 办公室说，"我有一位中国朋友想见你"，范思勇就此与客户成功"搭上线"。

第二个是找中国大使馆，通过大使馆来介绍、引见当地客户。但因为华为在国内并不知名，又不是国企，而当时的中国大使馆为经济服务的使命还不强，这条道儿有没有用，在不同国家要看运气。在俄罗斯、中亚国家，外交系统对华为的帮助还比较大。

第三个办法，是直接联系。华为员工拿着各个展会上收集到的客户名片，找见过面的客户联系人，打电话，写邮件，发传真，求约见，谈合作。

还有一个途径，是从当地报纸上找项目招标信息，自己主动找上门去。

经验证明，后面两个直接途径使用最广泛，也最有用。

最笨的办法，是"堵"客户。

俄罗斯最早招聘的一位本地员工给我讲过一个故事，一位中方员工为了能见到电信局的主管，每天站在电信局楼梯口等人家出现，后来保安以为他是图谋不轨之人，将其粗暴地架出电信局大楼，扔到外面的雪地里。

而广为华为员工所知的另一个故事，是在尼日利亚从产品经理"火箭般"擢升为西非地区部总裁的李健，为与客户总裁见一面，他在门外等了三个多小时，最后是在洗手间门口将总裁"截获"，实现了两个人的第一次"会见"。

被派去拓展欧洲市场的彭博，有过比较文明的"堵"客户经历。为了获得与沃达丰集团客户的面谈，按照打听到的客户行程，他在西班牙和德国之间来回飞了六次，以期制造一场机场"巧遇"。最后终于在机场"遇见"了客户，用五分钟时间喝了一杯咖啡，约到了三十分钟的会谈时间。

2005年，美国毕马威会计师事务所（KPMG）前董事长、CEO尤金·奥凯利在查出患癌后，用生命最后时段写了一本书《追逐日光》，记录其成功的商业竞逐人生中的难忘记忆，其中有一个引以为傲的经历，与彭博的类似。

有一次，为了赢得澳大利亚一家银行的审计项目，尤金花了几周时间与银行总裁的秘书隔空建立了信任和默契，获得了总裁的飞行日程，临时得到一次在飞机上"偶遇"客户的机会。为了这一个机会，尤金紧急从纽约飞了二十二个小时赶到悉尼，在悉尼机场成功搭上了客户总裁飞往墨尔本的航班，坐到了他旁边。当对方得知尤金飞越了半个地球，就为了见自己一面的良苦用心时，目瞪口呆。之后，双方做成了这单生意。

但刚刚进入欧洲市场的华为没有毕马威的行业知名度，彭博费了更多的心思，却没有尤金的好运气。他与沃达丰客户约谈半个小时，结果十五分钟后，对方就不耐烦地说："你们可以走了，在我主管的这块领域，未来三至五年都是不可能选择华为的……不想你们浪费我团队的时间。"

除上述最初靠碰运气、顺藤摸瓜找客户的几种方法，华为市场人员在站稳脚跟、熟悉环境后，也根据市场环境特点，发展出一些主动推广的方法，包括飞行推广、重要客户盯人推广、电子邮件推广、解决方案定向专题推介等。

飞行推广是最辛苦的。早期华为并没有那么多足以应付海外生存难题的市场员工，至少英语要能说上一两句吧，但满足这个基本条件的人都很少，所以，在大国、大市场，还可以定点"空投"市场人员，在小国分散的区域，只能一两个人负责一片，这就要到处跑。邓涛在南部非洲区域拓展，三年里频繁跨国出差，从南到北在十三个国家之间奔波，护照用掉了三本。

这些早期落地海外的华为员工，基本上是单兵作战，在寻找市场机会时，没有任何行政支持，一切都要靠自己随机应变。

比如，找到了客户，联系见面是和对方秘书沟通，华为市场代表就一人分饰两角，先以秘书身份，通过电话、邮件确定会见时间，再以公司代表身份现身，正式拜访客户。

见到客户，接下来谈业务。此时，市场代表更是身兼数职，从产品技术推广、政府关系建设、项目融资、招投标、现场勘测设计、技术方案洽谈、报价、合同起草、本地广告宣传等，一应事务，一手操办，里外兼能。

如果活了下来，继而还能打下一片市场，这片市场就成为"空投"员工的"地盘"，公司会任命他为国家代表，或者区域总经理。这个时候，他们就要在当地建立"根据地"，壮大本地团队，进入海外市场的第三个生存阶段：扎根，继续开疆拓土。

此时，他们要学会站在公司角度，去思考区域市场，审视组织建设和业务发展规划。组建当地机构的工作，包括注册公司或者代表处、招聘新人、征询法律条款、租房、交税，组织当地培训、市场规划、品牌宣传、安排售后服务，等等，都要亲力亲为，操弄十八般武艺。

华为在海外市场的"根据地"，就这样千辛万苦，从无到有，一个一个地建起来。

2000年中，孙亚芳与新员工座谈时提到，海外市场建立所需时间平均是四年，当时海外已成立三十五个代表处，产品进入二十七个国家。她告诉员工："我们现在处在屡战屡败、屡败屡战的历史时期，我们还处于打品牌的阶段，在这个阶段要想规模销售是不现实的。"

2010年，一位华为员工孟广斌撰文记录了他全球出差旅途中偶遇的几位海外拓荒的中国同胞，感慨于他们的勇气和积极向上、乐观豁达的精神。从他们身上，可以看到十多年前华为市场员工在全世界的影子。

在印度新德里机场，一位佛山节能灯企业的中年销售员请孟广斌帮忙填写出境表，这位"老广"虽然一句外语都不会，但无所畏惧，一个人带着样品来到印度，靠着用手比划，两个月没说过一句整话，居然也确定了几个供货意向，现在是回公司搬兵。

在开罗地铁里，孟广斌遇到一位国内某发动机公司派驻埃及的"国家代表"，从销售到服务一人全包，随身背着工具包，"卖东西讲幻灯片的是我，修东西、钻车底下的也是我",一度被客户怀疑开的是"皮包公司"。

在莫斯科机场,一个河北农机厂的厂长告诉孟广斌,他一直努力学习华为的管理,并受任正非启发,力排众议,把大部分收入都投入到未知的海外市场,已经在非洲几个与中国友好的国家建立了销售部,正努力拓展独联体市场,此行是去乌克兰参展,"未来可以说是一片光明"。

但在十多年前,华为孤身到海外,并没能感受到"一片光明",而是遭遇了各种不曾预料的困难,备受打击。

初出海外的"不测"之遇:无人相信中国科技产品

在准备大举进入的俄罗斯,华为迎面遭遇了海外市场第一击:国内的二道贩子、投机商人已经以劣质产品败坏了中国商品的名声,华为在无人知、无人识的情况下,就被贴上了"不可信"的标签。

1996年5月,华为第一次参加莫斯科通信展,布展员工就感叹:"到了莫斯科,我们才知道爱祖国、爱人民是多么重要,然而又是多么不容易的一件事!"

他们发现,一些中国小商贩在俄罗斯大量销售伪劣产品,做生意不讲信誉,当地许多商店贴着"本店没有中国货"的告示,以表示自己销售的产品货真价实,本地电视台也忠告市民不要买中国货,中国商品把俄罗斯市场搞得"乌烟瘴气",已经失去了俄罗斯人的信任。华为员工到别的展位参观,身边的人一听是中国人,就一脸鄙夷地走开了。

1997年派到乌法开办合资公司的华为员工周末去观看当地的大马戏团表演,小丑问观众,他扮演的角色为何物?观众说是一只鹅,小丑说不是,他只是穿了件中国产的羽绒服。几个华为员工内心深感羞辱,再也不去观看当地马戏团的节目。

面对这种未及预料的市场情形,任正非只能费力地向俄罗斯对外经济合作部官员强调:"以前曾有许多低层次的商人用劣质产品欺骗俄罗斯人,损害了中国商品的名誉,但他们不代表中国。而我们代表中国。"回来后,任正非在《赴俄参展杂记》一文中写道:"一切诚实的中国人都会大有作为,奸商就不要去了，败坏我们民族的形象。"

1997 年 5 月，任正非再赴俄罗斯参展，看到布展员工在现场辛苦劳碌，不禁感慨，华为在国际市场上与西方国家竞争，背负着中国伪劣商品的不良影响，不知道要用多少心血才能洗刷。

俄罗斯之外的情况也大体类似。在某东南亚邻国，长期以来两国边境非正常贸易发达，投机商们大量进口中国产的廉价摩托车，满足其庞大的中低端市场。但满街跑的中国摩托车让客户们经常问华为员工一个问题：中国摩托车的寿命只有其他国家产品的五分之一，怎么让我相信你华为的交换机呢？

即使对中国商品没有价廉质次的负面认知，华为员工也要应对市场开拓的另一不利情形：没有人相信中国还有高科技产品。

除了俄罗斯等邻近国家，当时整个西方世界对中国的基本认识，都还停留在 Jackie Chen（成龙）、中国功夫、旗袍和长城，诸如此类。在他们眼里，中国还是一个非常落后、传统的农业国家。

在拉美的哥伦比亚，华为员工向客户介绍自己来自遥远的中国，对方惊讶地看着他，指着远处的一座桥问："你们中国现在有这样的大桥吗？"其实那只是一座不到两百米长的桥而已。

即使在非洲，中国在本地人眼中亦是如此。比如在肯尼亚，其首都内罗毕的市政建设在华为员工看来是和国内地级市一个水平，但当他们乘坐出租车路过当地最高建筑肯雅塔国际会议中心时，司机会放慢速度指着问："是不是很像中国？"大家默然，"我们当时感觉到无法回答"。

所以，当华为工程师在产品宣讲会上介绍自家产品符合国际某某标准时，常常引来听众的一片哄堂大笑：中国公司怎么可能达到那样的高水平？"笑过之后一哄而散，留下尴尬的我们"，这样的情形，就发生在非洲某国。

因此，华为的海外客户经理们不得不花费更多的时间来向客户们解释：中国人现在已经很少穿中山装了；上海有一千七百万人口，北京有一千五百万；中国的男人只有艺术家才留长发；中国的计划生育政策是迫不得已；中国的人权状况是不错的，男女平等是做得最好的……大家义务做起了外交官的工作。

直到 2005 年左右，这种情形才有所改善。在埃塞俄比亚，当地人都知道

"海尔中国造",海尔的服务有口皆碑,华为员工为了说服客户,承诺自己的产品质量、售后服务不会比海尔差。

这说明,中国企业如果能够成组、成团地集体出海,互相帮助、提携照应,在国际市场存活会更容易。

但在 2000 年之前,华为只能靠自己。

坂田基地"大杀器""震开"海外市场

海外市场拓展的种种"怀才不遇",让华为意识到,要让海外客户认可华为的高科技产品,首先要从让他们了解中国开始,让中国的改革开放和发展成就为华为产品"背书",为此,海外市场部印制了介绍现代中国的精美画册,制作了英文公司简介和产品报告,发给海外的客户经理们,让客户了解中国和在深圳的华为。

但眼见并不为实,照片还不足以打动客户,海外市场部开辟了一条"北京—上海—深圳"交流之路,让海外客户经理一批批地邀请客户来访,不仅让他们亲身感受中国几千年历史和传统文化,也带他们亲眼看一看正在进行现代化建设、生机勃勃的中国大地。

而让"请进来、看一看"策略发挥强大效力、从根本上一举改变海外客户对华为印象的"杀手锏",是 1999 年初建成的华为坂田基地。

坂田基地开建于 1997 年。在此之前,华为"居无定所",伴随着快速发展,华为员工有过一段不停搬家的历史,十年间办工场地或生产厂区至少搬迁或调整过六次,因而内部有一个比喻:任总像一只"黑头大蜂王",每挪一次窝,一群蜜蜂就紧跟着迁居,重新筑巢,紧紧围绕公司这个中心。

1994 年,C&C08 机还在研发中,任正非在年度工作计划中首次提到,将在锦绣中华旁的海滩边上,建设新的科研开发区。这应该是深圳市政府批给华为作为基地园区的最初选址,位居深圳市区黄金地段,但因为面积不够大,无法支撑华为世纪末达到一百亿至两百亿元人民币产值的计划,最终,华为基地选址深圳特区梅林关外的坂田。

坂田基地占地 1.8 平方公里,面积足够大,但由于位居关外,出入需要特区通行证，地处偏远，公共交通也非常不便。基地开建前，还是一片荒草齐腰深的野地，后来华为建成入驻时，一度被一些"地头蛇"、小流氓欺负，上门寻衅打架，索要钱财，滋事不断。彼时的华为，虽然因高科技产业受到深圳市政府重视和支持，一般老百姓对其一无所知，也就是一个普通的民营厂子。

1999 年 1 月，坂田基地一期工程生产中心建成投产，二期工程行政和科研中心随即破土动工，于 2000 年后陆续竣工投产，最终于 2005 年全部建筑完工。

坂田基地的定位一开始就是作为华为"与国际接轨的桥头堡"，总体规划引入著名的建筑设计公司香港王董公司，共有八个园区，建筑风格多样，恢宏阔大，特别是行政中心 A 区，唐宫风格的大小建筑一字排开，中间有小湖点缀，其他科研和生产建筑的内部设施也非常先进，整个园区绿化优美，员工公寓即以"百草园"命名。这样的定位和设计，整体投资自然巨大，仅一期工程，就有六亿五千万元人民币。

据曾与我共事的一位老员工讲述，在坂田基地的建设决策上，内部争议很大，只有任正非一人坚持，其他所有高管都不同意。此事不知真假。

任正非是建筑科班出身，对建筑应该也有一些个人的梦想，这从 2010 年后东莞松山湖的欧洲小镇、坂田基地几座建筑翻新的一众作品，可以感受到一二，古典中式、传统欧式、现代工业化设计，华为都有尝试。2006 年，因对坂田基地培训中心一处建筑设计要求推翻重来，导致建设浪费，任正非被公司罚款四万元人民币，在内部公告栏公示。当然，作为老板，肯定是他自己主动认罚的。

但任正非力排众议，坚持建设坂田基地，显然不是为着实现个人对建筑的梦想，而是其当时"先生产、后生活"，为未来发展所做的战略性投资。有一份历史材料记录，C&C08 机研发成功后，华为曾临时借用别家企业的大厂房来展示新机器，邀请一批批客户前来参观，任正非亲自担任讲解员。经商做生意，形象还是很重要的。

而为气势宏阔的坂田基地"好马配好鞍"、大为增色的，是华为的客户接待流程。从国内市场拓展开始，华为就成立"客户工程部"，专门负责客户接待，根据不同类型、不同级别的客户，制定非常专业的接待程序，每段行程以分钟计，上下环节衔接紧密。在海外客户接待上，融入了文化、宗教习俗等差异化的国际元素，整个接待设计非常贴心、细致。来访客户往往刚到深圳，就因为华为礼宾车司机的专业礼仪和服务态度，先对公司另眼相看了，待到坂田基地，一圈考察下来，客户的内心就被强烈地震撼了。

一位担任非洲乌干达某运营商技术部门主管的白人客户，一向对中国存有深刻的偏见，一直对华为态度冷漠，甚至不屑。后经华为客户经理几番邀请，终于同意到中国看一看。在参观坂田基地过程中，他一语不发，参观结束后，他沉默了好久，最后说了一句"Feel bad！"（感觉很差）。晚上，他与华为客户经理首次进行了一番深度交流，说自己已人到中年，但这一天参观，全然改变了他的世界观和对人生的看法。这位骄傲的欧洲人一向认为自己国家做什么都比别国好，但当看到华为从建筑风格到日常运营管理，都可以与本国知名大公司相媲美，他相信华为一定能成为业界领先企业。回到乌干达后，在工作会议中，如果有人说华为的问题，他都会站出来帮助解释，与华为的合作关系大为改善。

2006年7月，华为终于打开了日本这个技术尖端、以封闭著称的电信市场，与本地3G运营商eMobile签署了商业合同。eMobile总裁在东京的新闻发布会上说："我有幸在一年前开始，几次访问华为公司在深圳的总部。坦诚地说，我访问过几乎世界所有的通信厂商，会见过他们的领导。但是，给我印象最为深刻的是华为公司的研发基地。华为公司的基地非常壮观，不论是研发中心还是行政大楼，所有的一切让我震惊。如果各位有机会一定请到华为的深圳总部去看一看，你一定也会感到震惊的。"

据传，任正非在拍板决策坂田基地建设时，曾说"要把客户震住，把单拿来！"如果其真有此言，十年之后，这句话在日本eMobile总裁这里得到回应。

出师不利，俄罗斯遭遇第二击，坚持就是胜利

1998年8月，在俄罗斯立足未稳的华为，又遭遇了第二个打击：金融危机。

1996 年参加完俄罗斯通信展回国后，任正非即决定在莫斯科开设代表处，派出梁国世担任首席代表。1997 年，华为在俄罗斯布良斯克州签下了一单商业合同，销售的产品是光传输，金额数万美元。但在此后，再无斩获。

1998 年初，华为派出市场得力干将李杰来到莫斯科代表处，加大力度开拓俄罗斯市场。半年之后，俄罗斯债务危机爆发。

这场危机源于 1997 年 7 月开始的亚洲金融危机，10 月份蔓延至俄罗斯，股市大跌，国家经济陷入混乱，国际投资者开始清算和抛售俄罗斯资产，俄罗斯政府宣布卢布大幅贬值，延期债务支付，禁止银行兑现外汇承诺。

这是走出国门的华为第一次经历全球化场景下的金融危机，对危机从金融到经济、从市场到投资的跨国传导效应，完全不了解，被打了个措手不及。

刚刚为卖出三十八美元的几个电源模块而高兴的俄罗斯代表李杰，突然间看到大地冰封，市场一片败走莫斯科的狼藉，各处的消息，是"有多少运营商即将倒闭，某某对手退出市场争夺，有在打官司的，有在清理货物的，官员们走马灯似地在眼前晃来晃去"。李杰形容自己由一匹狼变成了一头冬眠的北极熊："我不光失去了嗅觉，甚至视线也开始模糊了……眼前的所有景物都变得迟缓起来，除了那些正在极力挽救自己储蓄的人，似乎都在等待着什么。"

1998 年，三十八美元之外再无所获，1999 年，仍然一无所获。一些早期招聘的本地员工也离开了。在这一年的日内瓦 ITU 展会上，任正非对李杰说："如果有一天俄罗斯市场复苏了，而华为却被挡在了门外，你就从这个楼上跳下去吧。"李杰说："好！"

其实，当时在深圳总部曾经展开过激烈辩论：继续往俄罗斯市场投钱，还是撤离？但是任正非告诉李杰：海外市场，拒绝机会主义。在 ITU 展会上，华为也向俄罗斯客户郑重宣告：我们不仅还在，还要继续加大在俄罗斯的投入。

为了不至于在机会到来时自己去跳楼，李杰提前结束了"冬眠"，着手为"冬天"的结束做准备。代表处在俄罗斯继续招聘本地人才，送回深圳培训，这批人后来成为本地市场的中坚力量。代表处组建了正规的本地营销队伍，培训后派往各地区，打造了俄罗斯全境的营销网络。而李杰则带着团队，不停地拜访客户，结识运营商管理层，建立相互间的了解和信任，形成后来主要的客户群。虽然他们清楚运营商此时没钱买设备，但也如堂吉诃德一般，日复一日进行产品推广，寻找华为的"知音"。

为打开市场，李杰鼓励团队："海外的业务就像一个人到了一个大草原，没有路，在没有任何经验和条件的情况下，你可以选择一个方向冲，冲错了，回到原点，再找一个方向继续冲，直到成功。等待只有死路一条，工作都是在摸索中前进。"

"俄罗斯大地辽阔，可我们已无退路，后面就是莫斯科！"此时的华为俄罗斯团队，用苏联卫国战争期间本地军民广为传诵的名句，来激励自己。

进入2000年，俄罗斯经济缓慢复苏，经济改革进入实质性阶段。一直在那里的李杰和他的团队，终于守得云开见月明，一俟俄罗斯市场重启，立即抓住了机会，迎来坚守的收获。

首先是错过了国内2G市场的GSM产品"墙内开花墙外香"，在这里获得一系列突破。

2001年底，华为工程师叶树等人带着本地员工，将中国产的GSM设备安装在西伯利亚两座俄罗斯城市，其中一座城市位于北纬七十三度的北极圈内，安装过程极为艰辛，叶树后来写下了华为历史上著名的《北极圈内的华为GSM》一文。

2003年中，华为与俄罗斯通信运营商Megafon签订金额为五千六百万美元的GSM设备合同，到年底，华为GSM产品在俄罗斯应用突破五百万线。

在中亚市场，华为GSM设备也全面开花，签单不断。2000年底突破乌兹别克斯坦，2003年再获近四千万美元的扩容合同，同年底，华为在乌克兰签订近三千万美元的GSM网络建设合同，为其建设全新的、完整的GSM网络。

到2002年中，华为在莫斯科开通了第一个海外3G实验局。年底，光网络传输产品再次中标俄罗斯国家干线项目，获得了大规模应用。

在IT泡沫逐渐破灭时，俄罗斯和中亚市场的收获，为在"冬天"的华为送去了一丝暖意和曙光。

俄罗斯是华为在海外拓展的第一个大市场，虽然到2003年后，很多国家的销售都超过了俄罗斯，但俄罗斯为其他国际市场积累了宝贵的市场突破经验。而其中最有价值的心得，就是"坚持"，不管环境多么恶劣，即使别人都撤离了，华为依然与客户同在。

在以后的日子里，无论是为度过 IT 泡沫破灭后的"冬天"，还是面对战乱、疫病、天灾和各种经营困难，"坚持"这一信念，都为华为员工提供了强大的精神力量，支撑着"以客户为中心"的价值观实践，帮助华为在海外市场取得一个个胜利和成功。

贝托华为，唯一的海外合资生产，挫折中前行

海外本地化生产，是西方跨国公司打开国际市场的一种传统手段。二战之前，受限于跨洋交通运输、信息交流和跨境金融交易不便，全球化贸易规则框架也尚未建立，通过海外本地生产实现海外销售，是企业国际化的必由之路，甚至一度被作为认定现代意义上的跨国公司的唯一标准。

比如，一般认为，最早的跨国公司是美国胜家（Singer）缝纫机公司，因其于 1867 年在英格兰的格拉斯哥建立了一家缝纫机装配厂。[8] 另外也有人认为，德国拜耳在 1866 年收购了美国一家工厂，因而早于美国胜家，是第一家跨国企业。但从销售这一指标来说，美国胜家缝纫机公司在 1855 年就在法国设立分销机构，之后在英国、巴西、德国等建立了分支机构，1861 年，其海外销售就超过了美国本土。[9]

在通信设备行业，华为友商爱立信成立于 1876 年，其制造的电话机最初主要向北欧三国销售，不过在 1892 年，爱立信就向中国清政府销售了两千部电话机。

但爱立信在更大地理范围内获得稳定的国际市场，早期还是通过大量海外建厂。1897 年，爱立信首先在俄罗斯圣彼得堡开办工厂，组装电话机，1899年开始生产，本地销售。此后，爱立信在英国、美国、法国和匈牙利陆续组建了多家独资或合资工厂。[10]

但在华为的国际化过程中，仅在俄罗斯开办了一家合资工厂贝托华为，作为进入本地市场的钥匙。其成立背景，是俄罗斯政府要求引进和转让华为

C&C08 机的全部技术，以市场换技术。

1996 年，华为莫斯科代表处成立后，就向俄罗斯邮电部提出对 C&C08 交换机进行入网测试，以获得俄罗斯市场准入，但俄罗斯邮电部却迟迟不表态，直到中国驻俄罗斯大使亲笔致信表示支持，华为代表梁国世才得以约见俄方官员继续商谈。最终，华为承诺在俄组建合资企业，转让 C&C08 机全部技术，俄邮电部才同意进行入网测试。

1996 年 11 月，华为派出十余人的专家组来到列宁格勒邮电科研院，用一个多月时间完成其他西方公司需要半年的入网测试工作，紧接着，在彼尔姆市实验局，配合当地完成在线测试任务。

1997 年 4 月，在俄罗斯联邦巴什科尔托斯坦共和国首都乌法，华为与当地企业贝托康采恩股份公司、莫斯科电信股份公司签署合资企业组建文件，俄方占股份 53.5%，华为 46.5%，注册资本总额三百一十亿卢布，华为以现金五百多万美元和技术方式出资，贝托康采恩股份公司以厂房和基础设施出资，其曾生产过宇航和国防高技术通信设备，此次合资，算是军转民。而莫斯科电信股份公司入股，则是为保证获得合营工厂生产的 C&C08 机订单。

根据协议，贝托华为将首先用中国组件生产交换机，自行检测和调试所生产设备，并从事安装和试运营，对员工提供相关培训。在第二阶段，合资公司当地生产部分组件，到第三阶段则向俄方转让全部生产技术。

塔斯社记者对此报道说，"俄罗斯专家们对从传统的非电话普及化国家——中国获得技术这一事实并未感到不好意思，看来他们完全有理由认为，尽管中国商品的形象不是很好，但对华为的多次考察，他们认识到华为不一样，与西方企业一样重视技术与质量"，并强调，"尽管新的企业远不是第一家同外国公司共同生产电话交换机的合营企业，但所有其他合营企业主要是从事拧螺丝式组装。乌法项目的特点是合作伙伴保证完全转让数字交换机的生产技术"。

贝托华为也是当时中国在俄罗斯境内规模最大的工业合资企业。

1997 年 5 月，华为派出一队人马来到乌法，一个地处欧亚交界拉乌拉尔山区的小城，组建贝托华为。

1997 年 11 月，贝托华为与巴什科尔托斯坦共和国邮电部举行了 C&C08 机销售合同签字仪式，标志着合营企业独立营运。

1997 年底，在获得俄罗斯邮电部颁发的市话、农话交换机入网证后，华为第一个 C&C08 实验局在俄罗斯通信网上投入运行。1998 年 6 月，巴什科尔托斯坦共和国总统一行视察贝托华为，进行开工剪彩，并签订了十一万线 C&C08 机采购协议。

历经两年多辗转，贝托华为眼看要走上正轨时，俄罗斯金融危机却不期而至，一切项目暂停，华为人员撤离。

直到 1999 年底，贝托华为再次启动建设，依靠有限的投资本金和借款支撑，进行市场推广和业务拓展，经营状况非常艰难。由于卢布贬值效应滞后，员工工资很低，办公用品只保证笔和纸，以至于合资公司员工出差莫斯科到华为代表处时，会拿走几支笔带回乌法使用。

本地合资方提供给华为方派驻员工的生活条件也相当恶劣。这些员工住在合资方作为投资划拨的一幢家属楼的两层房屋。因年久失修，屋里蟑螂到处爬，水管跑冒滴漏，马桶水箱不能抽水，垃圾堆在楼道里，臭气熏天。后来经多次整治和装修，情况才有所好转。

外围环境也很不安全。本地青少年经常用雪球砸破中方员工房间玻璃窗和公司车辆挡风玻璃。此外，俄罗斯"光头党"在二十世纪九十年代后期也相当猖獗，常驻莫斯科的中方员工经常被打得头破血流，虽然乌法地处偏远，"光头党"影响不是很大，中方员工还是需要小心行事。

华为原本在俄罗斯就没有自己的品牌，加上俄罗斯各种各样的政策与限制，合资工厂即使能生产，也一时难以销售，而合作方的不合作态度，使华为团队在俄开展工作面临重重困难。合资公司自己在生产组织、设备和测试环境以及用人等方面也有不少问题，中方总经理五年里更换了四位。

到 2001 年，贝托华为的俄方股东因生产不正常、多年合作没有收益而存心拆台，准备打退堂鼓，乌法市地方当局也因其连年亏损，发出警告，打算宣布其破产，重要客户因交货脱期，威胁不再购买设备，贝托华为坐在了"火山口"上。

　　这一年9月，此前一直担任翻译、跟随华为开拓俄罗斯市场的沈庆鉴出任贝托华为中方代总经理。他曾任驻俄使馆科技参赞，了解俄罗斯国情，有语言优势，责任心也很强，到任后采取措施，用半年多时间基本解决了合资公司面临的重要问题，使之走出危机，到2002年初，彻底扭转连年亏损局面，盈利一百万美元，至此，贝托华为才算是走上正轨。

　　历史地看，贝托华为是在特定时期、为特定市场的特定要求而生，对华为以技术换市场进入俄罗斯的效果有限。俄罗斯市场的拓展，主要还是通过华为市场体系自己的努力。

■

　　从1994年至2000年，是华为在海外市场第一阶段的摸索尝试，更具实质性的全面探索应该是从1996年开始。华为内部对这一阶段的经历，一直以"屡战屡败、屡败屡战"来形容总结。这一时期的海外销售额到1999年开始才有记录，是五千万美元，2000年翻番过亿，达到一亿二千八百万美元。至于盈利情况，1998年初，任正非在一个对内谈话中表示，"现在市场出口已开始有一定盈余，因此整个出口会有良性循环"，据此推断，至晚到2000年，海外市场应该已经入大于出了。

　　不过经过这六年时间的探索，除了欧洲、美国、日本等高端市场外，华为已对其他目标区域的本地市场有所了解，站住了脚，为进一步拓展打下了基础。

　　这一时期，对华为后来海外市场的整体突破，最重要的价值是做好了思想认知、精神和物质上的准备：海外市场开拓，一定要让人走出去；无论如何艰难，都要以客户为中心；坚持就是胜利；打造了坂田基地这一市场营销"利器"。

🌐 2001—2004 年，"冬天"向死求生，从"农村"走向"城市"

外界对华为的国际化进程，一直有一种观点，认为是"华为的冬天"危机促使华为出海。实际上，华为的国际化是一种主动选择，技术研发的开放合作是其国际化迈出的前脚，C&C08 机研发成功后，拓展海外市场的后脚随即跟进。从 1994 年开始的探索其实为度过"华为的冬天"准备了一条现成出路，如果没有这六年的熟悉和铺垫，华为不可能贸然出海，更不可能在此后短短三年多时间，迅速突破除美国、日本之外的全球大市场。

但"华为的冬天"确实突然加速了市场国际化的步伐。之前还以"屡战屡败、屡败屡战"自我慰藉和激励的海外市场拓展，因为"冬天"的到来，成为"向死求生"之路，华为义无反顾地开启了大规模海外集体远征，国际化已再无退路。

"华为的冬天"，国内市场受压，转向海外"自救"

2001 年初，任正非发表《华为的冬天》，解析其 2000 年 10 月底提出的《2001 年十大管理要点》，开篇即以"公司所有员工是否考虑过，如果有一天，公司销售额下滑、利润下滑甚至会破产，我们怎么办？"这样的严峻提问，提醒全体员工要居安思危，警告"冬天"的来临不是危言耸听。

2001 年 3 月，从美国开始的 IT 行业泡沫破裂，使得大量互联网企业倒闭，引发行业危机，被称为"IT 的冬天"。此后，IT 行业危机进一步向通信行业传导，最直接的影响是出现产能过剩的光传输和数据通信领域。光传输领域的强势厂家加拿大北电开启破产之路，数据通信厂商巨头思科市值由一年前的五千六百多亿美元缩水至一千四百多亿美元，CEO 钱伯斯不得不做出裁员三千人的决定，声称"我从未想过在我一生中竟然要做这样的事"。[11]

与此同时，在 IT 泡沫中掀起的欧洲通信业 3G 牌照高价拍卖，使欧洲主要移动运营商在巨额负债下艰难经营，但 3G 移动网络建好之后，因一时没有出现苹果智能手机这样的"杀手级"消费应用，业务未能如预期快速发展，交叠着 IT 泡沫的破灭，进一步压缩了通信运营商在移动通信网络的整体投资。

因此，一般认为，《华为的冬天》是在世界 IT 与通信业还一片歌舞升平时，预告了 IT 行业泡沫破裂而带给整个信息通信行业的"冬天"，任正非对行业大势准确的感知和判断令人佩服。

但确切地说，"华为的冬天"是华为自己的"冬天"，其发生，更多是源于自身，只是在时间上，两个"冬天"有所重叠，但行业的"冬天"对华为自身的影响并不直接。因为，IT 泡沫破灭时，华为的主体经营尚在国内，海外销售收入只占整体 10% 左右，而国内通信行业还处在固定通信网络的大发展时期，受外部整体行业变化的影响其实有限，还迎来了小灵通数年的热火朝天。

"华为的冬天"的根子，埋在华为对技术标准的"误判"。

1999 年中国电信业改制，分拆出来的中国联通将引入高通 CDMA，这是中国当时"入世"的谈判筹码。对于联通将具体采用 CDMA 何种制式，华为认为将是技术更先进的 CDMA2000 标准，但 2000 年底联通宣布的却是 IS95。这导致仅开发了 CDMA2000 产品的华为在联通 CDMA 一期招标中，几乎全局覆没，唯有广西两个局点幸存。而"猜对"了这一结果的中兴则成为最大受益者，在国内市场得以快速增长。这一案例，显示了标准在移动通信产业中的决定性影响。

"误判"的根源，华为后来总结为其对技术领先的情结。2004 年底，孙亚芳在其首届董事长任期工作报告中写道："我们是国内企业中最崇尚技术创新的公司，崇尚技术驱动大于市场需求驱动的主观主义左右着公司的决策，因此遭受的打击也最大。"

而这一技术情结，也是当时华为决定不做"小灵通"的原因，从而错失了小灵通带来的短期但高额的利润收益。这本来是一个让华为在"冬天"可以过得暖和一点的机会。

被称为"无线市话"的小灵通，用的是日本已淘汰的 PHS 技术，华为认为其作为移动通信系统在技术上存在缺陷，3G 才是未来移动通信技术的主航道。但在当时的中国，移动通信资费还比较高，且双向收费，缺少移动牌照的中国电信看准了大量城市用户的移动通信需求，于 1997 年将 PHS 技术引入，嫁接到其固定网络上，在有限范围内实现移动通信，单向收费，一时间带火了通信市场。虽然小灵通的市场表现是"快上快下"，证明华为的判断在长期的技术演进上是对的，但在其短期财务收益上却是错的。

2006年，华为一位财经高管总结这一时期的各种决策失误造成的损失："由于对市场形势和发展判断失误，我们错失了很多可以获得收益和利润的市场机会；由于没有准确判断泡沫带来的低谷，对局部市场和产品盲目乐观，造成了五亿元的器件库存和积压；NGN至今亏损超过十亿元、3G至今亏损超过四十亿元，不知道什么时候才能收回投资。"

造成"华为的冬天"的另一叠加因素，是其开发的2G移动系统——"中国自己的GSM"。一方面，初期产品性能不稳定，入网后问题频出；另一方面，西方厂家吸取了C&C08机在中国推向市场后的教训，及时降价阻击，华为GSM在国内市场未能得到大规模应用。

由于移动通信市场有很强的"圈地"效应，即设备商产品进入通信运营商网络后，随着用户增加，网络需要扩容，除非运营商对现网设备的质量、性能、服务等方面极不满意，一般不会更换另一厂家的设备，以免浪费现网初始投资。这就好像我们买手机，内存不够用，以前是买个存储卡，现在是买云存储，并不会为扩容去换个手机，是一样的道理。

所以，华为GSM在国内失去了最初的规模进入机会，后续就很难再成为主营GSM网络的中国移动的选项。

由此，华为对CDMA标准的"误判"，在中国联通的招标上一脚踏空，而在GSM市场上的"错步"，又让华为在中国移动这里失去未来，整体上，华为在国内通信业从固定网络向移动网络转型的大好时局里，基本出局。

华为在固定网络时代以C&C08程控交换机开启的一段国内辉煌时期，就此结束。

2000年前，到华为参观、视察的国内代表团，可见记录每年至少有五个，最盛时的1996年，多达二十四个。而在2001年至2002年两年间，这个记录为零。在此期间只有尼日利亚、卢旺达和埃及的三位总统，以及俄罗斯的一个代表团到访华为。直到2003年海外市场有所起色，国内代表团的访问量才又有所增加。

而在此期间，华为持续投入大量资源开发 3G WCDMA 产品，也没有中断已经启动的 IPD 等管理变革，坂田基地还在建设中，开拓了四年的海外市场出多进少。此外，"冬天"来临之前，华为也跟着热潮"盲进、盲动"了一些，2000 年扩招了数千人规模的应届毕业生。这些都为华为带来极大的资金压力，增加了华为"冬天"的严酷性。

这场危机持续时间很长，发展至 2002 年时最为严重，这一年销售收入较上一年降低 7%，在遭受美国连续打击的 2021 年之前，这是华为历史上唯一的一次负增长。

在"华为的冬天"那几年里，人心动荡，员工流失。不少人离开时，带走核心商业机密信息，或者用于自己"创业"，或者有偿售卖给他人进行仿制，在市场上与华为正面竞争。而李一男、黄耀旭等多位研发高层主管则集体出走，自立门户，在北京成立港湾网络和钧天公司，成团、整建制地挖走华为大批研发技术骨干，并借助风险投资力量迅速做大，后来还成功合并，一时对华为构成市场威胁。

危机的另一个可能对华为而言不堪设想的后果，是后来才为人所知的，任正非一度患上了抑郁症。

2019 年 8 月，任正非在接受美联社记者采访时，提到自己当时的状态："几乎每天都会收到高管的报告，催促支持小灵通业务，因为越来越多的资金被投入到 3G 开发中。""这（3G）是在科学技术上押赌，有可能赌错。""万一华为公司真的由于我判断失误栽跟头，死掉了怎么办？""我每看到一次报告，就是一次内心的纠结折磨，痛苦得无以复加，可能抑郁症也是那个时候变得严重的。"

直到 2009 年初，中国政府在 2008 年全球金融危机中对三大通信运营商迅速发放 3G 牌照，任正非说"我们的心才真正放下来"，"幸亏赌对了，压力就释放了"。从中可见，他应该经受了相当长时间的心理折磨。但从后来华为一系列的自救行动来看，任正非的抑郁症没有演化为华为的整体危机。

将自己从抑郁症的泥潭里"拔"出来，需要一个人心理上超乎常人的强大内力。药物，只能使人产生长期的依赖性，陷于其中而不能自拔。

华为采取的自救措施，首先是为人所知的过冬"小棉袄"，2001 年，以七亿五千万美元卖掉华为电气，成为中国管理界经典的危机应对案例。

其次，华为及时对 2000 年扩招学生进行了有章法的处理，其后几年里一直缩招，到 2005 年海外市场大发展，人才招聘才逐渐放开。

然后是华为历史上著名的高管集体主动降薪。2002 年底到 2003 年初，由财经干部体系首倡，任正非、孙亚芳等高层领导响应，公司总监级以上行政干部三百多人集体申请自愿降薪 10%。这一行动，不涉及业务专家和骨干员工。

此外，在 IT 行业的"冬天"里，华为进行了"反周期投资"，从美国低价买入光技术厂商 OptiMight，开发出长距离、大容量无电中继的光传输产品，成为其"冬天"后撬开海外大国市场最有力的武器。

但"冬天"对华为发展最为重大的影响，是其加快了出海步伐，从受挫的国内市场迅速抽身，踏上海外征程。

2000 年底，华为组织"欢送海外将士出征大会"，号召员工"雄赳赳，气昂昂，跨过太平洋"，去开拓海外更为广阔的新市场。

"华为的冬天"，是华为发展历史上的第一场生存危机，内忧外患，内外交困。近二十年后，华为面临第二次重大生存危机，世界上最强大的国家向华为发起定点、精准打击。两场危机，都对华为的全球化具有重大的标志性意义，前者加速了华为的国际化，后者则是对华为的"逆全球化"。

但从华为在两次危机前积累的业务体量、组织规模和华为锻造已成的内在生存意志、精神力量来说，第一次危机对华为的杀伤力，远比第二次要严重得多。

在行业"冬天"里大举出海的洞察与行动

在中国之外，整个 IT 和通信行业都进入了泡沫破裂后的"冬天"，华为此时大举出海，又有什么机会呢？难道不是从自己的"冰窖"里，跳到别人的"寒窑"去吗？

其实不然，华为通过对市场形势的洞察，是看到了新的机会的。

在采取了一系列自救措施、战胜了最初对危机不可知的恐惧之后，面对整个行业的"冬天"，华为管理层冷静地认为，萧条并不是危机的唯一结果，每次危机都孕育着新生。因为危机正是重新洗牌、构筑竞争优势的最好时期。身处行业危机中的华为，正面临着在洗牌和重新划分地盘中取胜的机会。

在对世界通信行业整体情况进行分析后，当时主管市场营销的副总裁徐直军认为，此时的华为，海外市场机会大于国内市场。

一方面，各大通信设备巨头在此时纷纷裁员，又面临资本市场压力，不得不放弃其在亚非拉等"第三世界"国家的低产出市场，或者至少是降低了服务等级，相当于为华为让出了这些市场空间。而华为在此前的海外拓展中，正是在这些市场奠定了良好的发展基础，有组织、有人在，其低成本产品也有能力填补西方友商的缺位，满足这些市场的需求。华为在俄罗斯金融危机之后的成功，证明这一机会的存在和价值。

另一方面，欧洲各大通信运营商在 IT 热潮中，经过一轮轮 3G 牌照高价拍卖的"洗劫"，不少处于负债经营，如何低成本地优化网络，满足客户需求，是其首要考虑的问题。华为的低成本、高质量产品应是其优选方案之一，此时是华为进入这些发达国家市场的最好时期。

总体而言，"IT 的冬天"给了华为一个缩短与国际大公司间差距的最好机会，因为冬天使运营商更加看重质量好、服务好、成本低的供应商，而这些正是华为的优势。华为判断，"行业的冬天反而是华为最好的机会窗，也是我们走向国际化的最好时机"。

基于这样的市场洞察，华为对技术研发和市场投入策略都作了调整，为拓展更大、更高端的海外市场做准备。

在产品和技术研发导向上，基于对导致自己"冬天"的技术情结的自我批判，华为调整为以市场和客户需求为导向。

在 2002 年 ITU 全权代表大会上，孙亚芳以《如何在信息行业漫长的冬天里生存》为题发表演讲，她表示："技术创新是我们行业发展的核心动力，但当技术创新大大领先于客户需求时，它不仅不能给运营商带来价值，反而成为负担……我们提前准备了过冬的措施：以客户需求驱动优先于技术领先驱动。满足客户需求是企业生存的源动力，而技术是达到这个目的的工具或手段。我们通过客户驱动的产品研发实施这一战略。"

研发管理团队据此提出，要建立研发骨干短期到海外工作的制度，他们要主动走出去，与海外客户直接沟通，增进对客户需求的了解，研发工程师要像市场员工一样，哪里需要，随时奔向哪里，以国际化版本开发缩短进入国际市场的时间。要把海外产品线建成责任中心，建立奖惩机制，保证对海外市场的支撑。

这一产品技术研发策略调整和落地实施，产生了分布式基站和 SingleRAN 这些划时代的产品创新，分布式基站在 3G 时代成功撬开欧洲高端市场，而 SingleRAN 在 2008 年开启了华为 4G 在全球的光辉时代。

基于市场、客户需求的产品技术研发，此后成为华为的长期导向。在"冬天"将尽的时候，任正非在内部讲话中明确，华为未来的产品发展路标是客户需求导向，"客户需求导向与以前的产品导向有什么区别？就是先发制人和后发制人的区别……对我们公司来说，技术驱动公司前进的速度开始减慢，响应客户需求开始加快"。

而在海外市场开拓策略上，从之前着力于亚非拉的"农村市场"，转向同时拓展欧洲、中东的高端市场。

这需要向海外投放更多、更精干的人力。

在 2000 年底欢送海外将士出征大会上，公司党委书记陈珠芳首先做了动员发言，她说，提高华为全球性竞争力既是一个长远战略，又是非常紧迫的策略目标，而确保成为市场赢家的唯一条件是如何以最快的速度高效地满足更多客户的需求，公司看到，"国际市场上尚有众多的需求要我们去满足、去开拓"。

显然是针对发达国家、高端市场和客户，孙亚芳特别强调，出海员工要充分做好思想准备。最重要的思想准备是正视现实，要明白外国人对中国是"看不起"的，"中国的整个经济状况、变化他们看不到。要改变这种状况，就靠我们一点一滴地去证实中国的今天怎么样"，此外，华为员工到国外要学会做个"文明人",如果"还是用中国人的旧习惯,甚至是从小形成的陋习,那做海外市场几乎是不可能的"。

到 2002 年底,徐直军向高级干部发出呼吁,要带头奔赴海外市场:"海外市场经过多年的拓展,已奠定了一定的基础。但目前缺少对市场有'嗅觉'、能发现机会的主管。而高级干部由于具有多年的市场拓展经验,具备了发现机会、挖掘机会的能力和经验。如果有一批具有'嗅觉'的高级干部充实到海外一线市场,能为海外市场带来事半功倍的效果。"

2004 年中,海外市场整体呈爆发前夜,任正非年底在北京和深圳两地向员工喊话:"海外市场的迅猛增长,缺少一批了解市场的、成熟的干部,这次我们要从国内抽调五个可以提拔成副总裁级的干部,二十个可以提拔为代表处代表级的干部,一百个系统部主任级的干部和一百个客户经理级的干部补充到海外去。""不出去的人可以留在国内……但是我们要加快海外,特别是艰苦地区的员工培养、提拔,你们以后不要眼红就行。"

2004 年 11 月,香港代表处的彭博刚刚与客户 Sunday 签订 3G 扩容合同,突然接到公司电话:"我们在沃达丰那里可能会有一些机会,你要尽快赶过去。"几天后,彭博便登上了飞往欧洲的航班。临走前,他给香港客户留言:"我要去欧洲出一趟差,圣诞节再回来。"这一趟差,一出就是七年。

对华为的高级干部来说,去不去海外,此时已经没有选择,只有命令。

在"第三世界"复制"农村包围城市"策略

非洲、拉美这两大块大陆,以及中东大部分国家,属于全球化经济体系中的"第三世界",在华为眼中,相当于全球通信市场中的"农村",比较容易复制其曾在中国取得成功的"农村包围城市"策略,因此,这里成为华为此时准备大举拓展的主攻市场。

但即使在这些地方,华为发现,"放眼一望,所能看得到的良田沃土,早已被西方公司抢占一空",作为一个新进入者,就只能开发一些偏远、动荡、自然环境恶劣的地区。在这里,西方公司不屑于低产出,条件又过于艰苦,没有人愿意去，华为才有了一线机会。

虽然这里没有在俄罗斯遭遇的对中国产品质量的强烈质疑，华为依然因为没人相信中国有高科技，而不容易被接受，难以获得客户信任。

不过，对于在国内经历过与西方公司激烈竞争而取胜的华为员工来说，进入"第三世界"国家，内心里是充满自信的，"这是因为，我们在国内市场早已经做到了与国外厂商平起平坐"。他们相信最初遇到困难只是暂时的，"我们早晚会赢得客户的信任和关注的，这是我们当时的信念"。

此外，华为工程师大多数怀有一种技术情怀，当他们来到这些贫穷、落后、封闭的国家，看到当地人对通信的渴望，非常容易回想起二十世纪九十年代中国人对通信的强烈需求，对自己带来的技术能够改善当地人艰难的生存状况，有着极大的成就感和满足感。

比如，在非洲某国，当地水资源紧张，整个城里只有十多眼水井，取水都要排长队，华为员工去打水，本地人得知他们是在当地做通信工程的，总是让他们插队优先。华为员工感动之下，想到"我们能做的，就是尽早把这个当地唯一的通信网络开通，也算是对当地人民汲水之恩的一点点回报"。

华为的移动设备进入西非马里后，首都巴马科街头开始竖起了手机广告牌，当地小商贩们可以用手机打电话谈生意。华为本地员工骄傲地说："每分钟话费已从前两年的七百西非法郎（约十元人民币）降低到了七十西非法郎，虽然还是有点贵，但很多人都能用得起了。"

2003年底，一位华为 GSM 工程师从约旦驱车千里，赶赴伊拉克，在等待办理出入境手续时，从周围一群本地人中，居然传来一句中文："你是中国人吗？"当对方得知这个中国人是去北部苏莱曼城时，激动地说，"你一定是华为公司的！"这是一位库尔德人，曾经在北京学习过中文，知道是华为使他的家乡成为伊拉克第一个拥有移动通信网络的城市，华为在当地享有非常高的知名度。

在拉美一个偏远的原住民村落，每个站点开通，村民们都要进行庆祝，载歌载舞，孩子们露出欣喜笑容，争着用手机打电话，长者们用当地特有的美食羊驼肉配土豆招待远道而来的这些中国人。村民们视基站为村子里最宝贵的财富，有一次华为项目经理去查看一个站点，他惊讶地发现，铁塔被村民们用鲜花装饰一新，看上去仿佛是这里一个新增的景点。

这些在艰苦地区奋战的华为员工，每每为此心生感动："回想起这么多日日夜夜的工作，虽然苦过，累过，挣扎过，迷茫过，但当我们看到当地人民买到第一张电话卡，打通第一个电话时，我们的心里有莫大的震撼，豁然间开朗起来。我希望，在未来的日子里，我们历尽艰辛创造出来的天堂能够长青；也希望，生活在世界各个角落的人民都能尽享沟通的快乐，无论贫穷富裕。"

有的华为员工有着更高的精神追求。在非洲工作了五年的苏和，以英国著名探险家、传教士利文斯顿为心中偶像。利文斯顿不远万里、不惧艰险，横越非洲大陆探险勘探，发现了维多利亚瀑布和马拉维湖，呼吁拯救被贩卖的黑奴，传播救赎之声和文明之光。苏和认为这样的人才是强者，当他来到非洲，对偶像的崇拜转化对这块土地的热爱，希望以华为之力，为这块土地上的人们做点什么。

任正非对西方传教士也怀有深深的崇敬之情："我在非洲原始森林和撒哈拉沙漠里看到小小的教堂时，也是无限崇拜。"他认为传教士们为人类发展做出了历史贡献，"如果没有他们几百年的文化传播，非洲的语言不能通用化，今天开发非洲都很难实现"。任正非提到，他去过中国云南普洱一个拉祜族的偏远村庄，"一两百年前，传教士把吉他带进了这个村庄，这就是对一个小村庄的文化影响，这是一个音乐的村庄"。

2006年，与在非洲多个艰苦国家工作的员工座谈时，任正非鼓励大家，"那些来自欧洲的传教士，三百年前来非洲传教时，也许一离开家，就永远回不去了，那时还没有电灯、马路，甚至没有邮递员来传信，比我们现在差多了，他们为了一个信仰，抛弃了一切，来到这些不毛之地，想想他们又有多难。为什么我们说市场人员要有宗教般的虔诚，我们现在不是像当年传教士一样，在推广我们的服务吗？"

但是，即便有如此强大的精神力量和技术情怀，华为员工们也面临着在中国农村不曾面对的艰巨挑战。

在非洲，普遍流行各种令人闻之色变的瘟疫、疾病，一些地方水质恶劣，洗脸、冲凉后水会像油一样粘在皮肤上，热带和沙漠气候让人难忍，健康受到极大威胁。在非洲和中东大部分国家，战乱频仍，抢劫是家常便饭。交通工具破旧而落后，飞机大多数是超期服役的二手货，事故常发。

在拉美，外部基础设施、环境气候条件较非洲有如天堂，只有在玻利维亚、秘鲁一些地方，会让人产生高原反应，但高烈度地震对这块大陆情有独钟。这里虽然整体上民风热情、淳朴，都信奉天主教，但在一些经济落后国家和地区，抢劫和绑架也时有发生，华为员工戏称，"这里比非洲要好，要钱不害命"。

华为员工在海外经历的疫病、战乱、地震、飞机失事、交通事故等天灾人祸、安全事故，大多数发生在这几个区域。

在这些地方还有时差问题。特别是拉美，与中国刚好黑白颠倒，在华为一直享有"夜总会"盛名。地区部所在地巴西、墨西哥等国，与深圳机关交流频繁，工作周是从星期天下午开始，工作日正常工时通常是十六个小时，白天正常工作，晚上和国内同事开会，子夜时分，这里的办公室还是灯火通明，人声鼎沸。

语言是较海外其他地区更大的障碍。非洲以法语为主，个别国家说葡萄牙语，拉美除加勒比海地区几个岛国官方语言为英语外，以西班牙语为主，巴西说葡萄牙语。中国人在国内所学的英语，在这两个区域派不上大用场。

从 1997 年、1998 年开始，华为先后踏上非洲、中东和拉美的土地，面对艰苦的环境和后来者的挑战，华为人相信坚持就有收获，付出就有回报。

最初，华为从小产品、小运营商、偏远地区进入，于人所不至之处，克服各种艰难。

在非洲，华为于 1997 年从撒哈拉南部区域开始进入。1999 年 4 月，在东非肯尼亚一个非常偏远的小镇，华为在非洲大陆上安装了自己的第一台通信设备，是适合农村市场的 ETS450。由于肯尼亚电信技术规范和标准与中国不同，开局过程中经历软、硬件版本多次升级，在当时非常不便的国际通信条件下，负责开局的工程师汪宏在肯尼亚与深圳研发人员反复沟通，在非洲的偏远小镇上独自一人生活了九个月之久。

在西非产油大国尼日利亚，华为最初一年多销售一直为零，直到 2001 年底，才向当地国有通信运营商卖出了一千线的交换模块，合同金额不到两百万美元，这是华为早期的"交钥匙"（Turnkey）项目。由于没有任何经验，整个工程施工将近一年，算上人员投入，基本上是赔钱赚吆喝，但对华为在当地扎根、树品牌，发挥了重要作用，也为后来市场快速发展埋下了种子，一年后，这个项目换来了一个二十五万线的扩容合同。

在北非，华为在 2002 年 4 月从突尼斯获得了第一个 GSM 项目，在谈判过程中，华为员工充分领教了阿拉伯客户的行事风格，一个三百万美元的小合同，谈了有半年之久。

1999 年左右，华为以"七八个人、十来条枪"进入阿拉伯半岛的也门，在这个条件艰苦的国家，华为打破西方公司垄断，连续中标多个传输和光纤接入项目。2000 年 5 月开通的首都萨那至萨云的光传输项目，是也门南北统一十周年国庆献礼工程，总统专程为项目开通剪彩。2002 年，华为在此又获得一个数十万线的程控交换机合同。

在中东，1998 年底，华为市场销售员工乔小平就已进入战乱中的伊拉克考察市场，在巴格达经历了美国对伊拉克"沙漠之狐"行动的炮火空袭。2003 年，在美国对伊拉克战争期间，华为机关和一线团队紧密合作，经过近一年非常艰难、辗转的努力，终于获得 GSM 产品在伊拉克的规模应用，并在北部库尔德地区相对平静、安全的苏莱曼尼亚建立了一个小根据地。

在拉美，华为于 1998 年首先进入巴西，从美国 AT&T 在巴西分部的一个小运营商做起，2001 年 6 月，第一个 C&C08 交换机局在巴西顺利割接并入网运行。之后，华为从小客户到大客户，从小产品到大产品，从接入产品到核心网，不断拓展市场。自 2003 年起，华为在巴西每年都有至少一个战略性产品获得市场准入。

此外，拉美大国居多，华为的长距离、大容量光传输产品市场应用非常广阔，在巴西、委内瑞拉、厄瓜多尔等国都是进入市场的主打产品。

只要市场被打开，华为产品得到应用，当地被西方企业长期高价压抑的巨大的通信需求就会释放出来。特别是华为的无线和光网络产品，在这里找到用武之地，大展身手，两三年内，华为就成为当地主流通信供应商，市场销售迅速提升，其"农村包围城市"的市场策略，在海外"第三世界"的广阔区域，再次得到成功实践。

非洲：早期的海外粮仓和国际化干部资源库

在打开海外市场早期阶段，被喻为"上甘岭"的非洲为华为带来许多惊喜，这里一度是海外市场"大粮仓"，也是锻造、培养坚忍不拔、能征善战的优秀国际化干部之地。在很长一段时间里，非洲为欧洲等地高端市场输送了财务和干部两大宝贵资源。

在西非大国尼日利亚，华为最先发现自己"不小心踢到了一块金砖"，从2002年取得突破，到2004年底，华为设备从局部应用变为占据统帅地位，代表处业绩综合排名海外第一，成为著名的"产粮"大户。由于尼日利亚是非洲产油大国，在西非及南部非洲都具有重要的经济和政治地位，华为在这一通信市场的成功，迅速带动周边十几个国家市场拓展，形成了发展的"雁阵"效应。

华为在非洲取得成功，一方面，是其产品足够好。

比如在乌干达，最开始，第一大运营商高层宣称，你华为给我的竞争对手供货，我坚决不用你的设备。某天，他去一地开会，手机不通，而那些使用了竞争对手网络的手机却可以打通电话。于是这位高层提出来，让华为与一家西方厂商的设备在相同站址进行对比测试，结果显示华为产品的覆盖明显更好。其后，这家运营商将乌干达国土一半面积上的GSM基站都交给华为建设。

在阿尔及利亚，华为铺设了第一个CDMA WLL设备，这是一种类似于"小灵通"的无线嫁接固网的通信技术。这个国家丘陵广布，网络覆盖情况很难判定，华为产品又是第一次应用，布网时，华为和客户心里都没底。网络开通前，客户方负责人开车亲自做路测，开出五公里，信号很好，十公里，信号还是很好，二十公里、三十公里，到他开出去三十二公里，信号还是不错，通话质量也很好，这位精明的阿拉伯老先生当即断言"这是个好东西"。

另一方面，华为的服务"随时都在"，这是和西方厂商最大的不同。

2003年底，尼日利亚最大运营商的CTO希望圣诞节能多开几个站，以应对假日期间的高频通信压力。他首先求助于现网使用的西方设备供应商，这家公司只有一个员工常驻尼日利亚，但已经提前休假回国了。这位CTO只好转头找华为，华为告诉他："我们一年三百六十五天随时为客户服务"，立即组织工程队伍，在圣诞节前建好了站，开通了网络，如客户所愿按时提供了服务。

而这种"随时都在"的服务精神，在后来华为与客户一起经历疫病、战乱和地震等种种天灾人祸时，尤其得到充分的展现，让客户每每为华为"你们还在"而深受感动。

此外，华为员工融入当地文化的努力，"以客户为中心"的真诚，也是开拓艰苦地区市场的"独门秘笈"。

比如苏和，走遍非洲近二十个国家，了解当地风俗，学习当地语言，给自己起了好几个本地名字，在埃塞俄比亚，他叫FIKRE，是"爱"的意思，在尼日利亚，他叫FEMI，是"上帝爱我"的意思，在肯尼亚，他有四个部落的常用名字。与客户见面，苏和还能聊上一段当地部落的历史名人故事，有的客户打电话给苏和，会以为他是土生土长的非洲人。

苏和做销售，会对客户说："我们卖给你们的，一定是你们真正需要的，而不是利润驱动，因为你们能赚钱，才能付钱给我们。我们的方案如果不能让你们赚钱，让你们生存，我们也无法生存，更谈不上赚钱。""我们总裁经常告诉我们，华为成长依赖客户，只有客户成功，华为才能生存。"这是当地运营商不曾听过的"新奇"观点，对华为"以客户为中心"的营商理念就此有了认识。

华为"以客户为中心"价值观的实践成果，最能从客户的反应得到真实体现。我听过一个故事，某年，非洲某地区部总裁有一次和任正非一起，去机场接一位非洲客户高层，也可能是反过来，客户高层去机场接他俩，总之，故事的要点是，当这位客户高层见到两人时，不是先与任老板客气地握手，而是冲上来和好久不见的老朋友一通热情的"熊抱"。任正非要求华为员工"脑袋对着客户，屁股对着领导"，见此情景，他非常满意，认为这位地区部总裁的客户关系做得好。

此外，在非洲，只要市场打开，设备好用，华为就很容易见到总统、政府高官，建立高层政府关系，非常有利于市场的大规模突破。一方面，这受益于中国政府与非洲各主要国家长期政治交好，比较注重经营非洲；另一方面，华为的设备确实能为非洲政府带来本国通信条件的大幅改善。

2003年，在埃及这个旅游大国，华为为其打造了最大固定智能网，方便来自世界各地的游客使用预付费卡通信。这一项目，就是当时的埃及总统穆巴拉克2002年到深圳访问华为后促成的。

2004年11月，全国人大常委会委员长吴邦国率中国政府代表团对非洲进行友好访问，在肯尼亚、津巴布韦、赞比亚、尼日利亚等四国，吴邦国出席了华为与当地客户或政府的合作仪式，基本上都是在总统府，由总统亲自见证双方高层签字。

2004年12月，一个非洲十四国副部长以上官员为主的代表团，来华出席"中国-非洲国家电讯部长研讨会"之后，也专程到深圳考察华为，那些还没有与华为开展合作的国家都表示，希望尽快与华为建立合作关系。

到2004年底，华为在非洲已经设立了近三十个办事处，设备在四十多个国家得到应用，与各国主流电信运营商签订总价值超过四亿美元的多个大单，包括移动、固网、光传输、交换机、路由器等多个产品领域，华为成为非洲市场主流设备供应商之一。

自此，还处在"冬天"的华为，继俄罗斯越过天际而来的第一道曙光，又从遥远的非洲大陆，感受到一缕温暖的春阳气息。在此之后几年时间里，华为投入重兵但市场迟迟未能突破的欧洲片区，员工的奖金都是由非洲艰苦地区支援的。

在市场取得成功的同时，非洲也是华为早期海外干部成长的摇篮。在这种异常艰苦的环境里成长起来的干部，可谓是"穷人的孩子早当家"，其体能、心智、精神和能力都经历了高强度的打磨和历练，大多具备极强的自信心和坚韧性。任正非就认为，一个敢于奋斗、不怕艰苦、奋发有为的组织，最有可能在非洲大地成长起来。

事实证明，非洲不仅为欧洲、美国等高端市场输送了大量国际化人才，从这里走出的多位高管后来都身居要职，带领着华为在全球化路上稳步前行。

比如，成功开拓南非片区市场的邓涛，于 2000 年底调任欧洲，成为首任片区总裁，组建了欧洲最早的本地团队，在当时突破高端市场的极大压力下，提出定向打开关键客户的思路，初步建立了与英国电信和沃达丰、西班牙电信等跨国运营商的关系。2005 年，邓涛调回深圳担任公司战略营销部门负责人，2018 年出任新成立的华为云 BU 副总裁。

再比如彭中阳，2001 年外派也门，担任代表后，在反思下辖某国的丢单失败教训时，总结出华为著名的一线市场"铁三角"作战队形，将直接面向客户的客户经理、产品经理和服务经理三个角色的职责分工梳理明确，建立响应客户需求的密切协作机制。"三人同心，其利断金"，"铁三角"运作见效，成为华为代表处基层组织的标准配置。彭中阳此后担任北非地区部、中国地区部总裁和企业 BG 总裁等职。

尼日利亚高速成长的市场尤其令任正非意外和欣喜，他称之为"我们朝思暮想已经来到面前的天堂"，要求代表处要像延安"抗大"一样出干部。从这里也确实走出很多年轻有为的干部，其中最著名的是李健。其以能谋敢打出名，对市场有着大胆而精准的洞察，兼具极强的行动力。2004 年，李健作为一名普通产品经理来到尼日利亚，一年后即升任代表，两年后又直接任命为地区部总裁，也就三十出头。李健后来出任东北欧地区部总裁，调回深圳后，作为片区总裁之一，统协几个地区部。

海外干部的成长足迹，在很大程度上也映射着华为在海外市场从农村走向城市的发展轨迹。

中东：阿联酋 3G 第一单，突破海外 3G 市场

中东地区的电信市场极富差异化，虽然以多年贫穷、战乱的落后国家为主体，但也有沙特阿拉伯、阿联酋这样的海湾石油富国。华为在这一市场的开拓，也以"农村包围城市"的策略起步，但到 2002 年，将目光瞄向了石油富国的通信运营商，首先在阿曼和约旦等小国打开了光网络和无线的市场。

但在此时，3G 在海外能否获得突破，才是关乎华为生死的大事。

1998 年，自主研发的 GSM 才刚刚上市，华为就立即投入 3G 标准的 WCDMA 产品研发，希望能紧跟产业步伐，在 3G 时代摆脱 2G 落后于人的被动局面。到 2000 年，上千人从各地聚集上海研究所，展开 3G 产品研发大会战，次年就打通了整网解决方案，华为成为当时少数几家能够提供全套商用 3G 系统的厂商之一，第一次与世界巨头同步推出同代际的移动通信产品。

然而，国内 3G 牌照迟迟不发。"那个时候天天期盼中国发 3G 牌照，2000 年做产品计划的时候认为 2001 年会发牌，2001 年预测 2002 年会发，2002 年预测 2003 年总会发吧，上千人的研发队伍，每等待一天，就要多支出三百万元，心急如焚。"曾负责 3G 研发的高管万飚如此回忆这段望眼欲穿的日子。

华为在 3G 研发整体上所下的"赌注"，应该有六十亿元人民币，据说那几年任正非每次见到无线产品负责人就问：你们什么时候能够将公司的六十亿拿回来？2005 年，华为整个无线产品线首次实现累计盈亏平衡，但到 2006 年，华为高管对外宣称其中的 3G 业务仍然亏损，达到四十亿元。

对于身处"冬天"的华为，数十亿不是一个小数字。2000 年，华为收入不到百亿元，到 2006 年六百五十六亿元，利润每年也就几十亿元。华为以每年至少将销售收入的 10% 投入研发而著名，这几年的研发资源大部分投在了 3G 研发上。

但在 3G 系统开发完成后三年时间里，华为在这一产品上几近颗粒无收。

多年前，在 C&C08 机研发动员大会上，任正非曾经赌上自己性命："这次研发如果失败了，我只有从楼上跳下去，你们还可以另谋出路。"3G 研发，任正非赌上了华为在通信业的未来，跳楼都没法向上万人交待，自己深受抑郁症折磨。

海外市场就成了华为 3G 的救命道场。

华为现任常务董事汪涛出身于无线产品线，是当时开拓 3G 海外市场的"特种兵"之一，他对这一时期的回忆，是"做梦都想拿下一个单，前赴后继，不放过任何一个机会"，"当时任总也很着急，只要听到任何地方有 3G 项目，马上飞过去"。

而在中东，只有像阿联酋电信运营商 Etisalat、沙特电信运营商 STC 这样富有而激进的大运营商，才有财力和意愿使用技术更先进的通信系统。

所以，当 2003 年 12 月 24 日，阿联酋电信运营商 Etisalat 与华为签订了对双方来说都是第一个 3G 网络建设合同时，华为上下，群情为之振奋。

阿联酋地处中东地区交通枢纽，石油开采和港口贸易带来丰厚利润，使得移动通信业务发达而丰富。2002 年时，这里就已经平均每百人拥有七十部手机，每个用户创造的收入高达五十五美元，位居各国前列。Etisalat 是阿联酋唯一的移动运营商，世界五百强之一。

2002 年初，华为中东北非市场开拓先驱者王家定再次来到迪拜，与以往转机借道不同，这次他是孤身一人常驻阿联酋，进行本地拓荒。当时西方通信设备厂家多数已陷入财务危机，他认定，此时切入阿联酋市场，应该是不错的时机。

事实确实如此，当年 4 月，华为就作为八家候选人之一，获得 Etisalat 的 3G 实验局邀标，并从中胜出。7 月，王家定代表华为签署实验局建网协议，随后，一队无线研发骨干来到阿联酋现场支援，打响海外 3G 第一战。

这是一个蕴含着巨大希望的突破性项目，任正非亲自担任项目顾问，顶着沙漠的夏日骄阳，亲赴阿联酋 3G 实验局考察，遍访客户决策层表示诚意。华为项目团队则全力以赴，面对初期的不利局面，到一线支持的研发主管李慎琢、车海平和汪涛等人力主将实验局升格为公司级重大项目，以便全球协调资源。一线团队加强与客户交流沟通，多次组织培训和研讨，向客户表达竭尽所能的决心，对客户有求必应。

2003 年 10 月，华为和 Etisalat 同时参加日内瓦展会和海湾地区最大的通信展会 Gitex 信息展，华为主动向客户表示，愿意协助其参展并宣传 3G 业务。

在日内瓦展会上，华为工程师帮助客户搭建展台，调测设备，宁愿牺牲自己展台的布展和宣传，也要全力保证 Etisalat 的 3G 演示效果。在展会上，华为员工全程陪同客户，邀请各国业界同仁参观其展台，向他们宣传 Etisalat 已拥有 3G 网络运营能力，客户高层对华为在展会上的表现赞誉有加。

在 Gitex 信息展开展前十多天，Etisalat 突然提出要增加手机点播电视的演示功能，华为市场和研发团队迅速联动，很快就将新功能开发上线，客户因此放弃了原来采用两个厂家的设备进行比拼的计划，将其在展会上所有的 3G 业务全部安排在华为设备上演示。

这两次展会，Etisalat 都大获成功，展会一结束，客户专门设宴答谢华为，对华为工程师们的技术能力、敬业精神和服务质量都深感满意，而华为 3G 设备的良好品质和稳定性，也通过 Etisalat 的业务演示得以全面体现。借助这两个展会的组织，华为与 Etisalat 也建立了从普通工程师到高层的广泛客户关系。

之后，Etisalat 启动 3G 招标，首先向华为邀标谈判，最终华为以第四高价格开标，引发一片哗然。经过多轮谈判，在 2003 年平安夜这一天，Etisalat 召开新闻发布会，宣布华为独家承建其第一个 3G 通信网络，并立即开通了阿布扎比和迪拜两地的商用。

2004 年元旦，孙亚芳在阿联酋与项目团队共迎新年，之后马不停蹄地组建了全国商用网络的建设队伍，无线产品线负责人余承东担任研发开局组组长，何刚率领庞大的技术团队提供现场保障，进行工作协调，整网工程交付则交由华为三大"金牌项目经理"之一的王海暾负责主持。

华为与 Etisalat 的 3G 合同，启动了全球第七个商用 3G 网络的建设。在大多数内、外部记录中，作为华为 3G 历史第一单，被赋予扭转华为命运的里程碑式意义。其实在这一合同签署、公布前一周，华为与香港运营商 Sunday 就已宣布了一个价值八亿五千九百万港元的 3G 大单。这两个 3G 合同，哪个算第一，在华为内部是有些争议的。

Sunday 的 3G 合同也来之不易。华为团队在 SARS 肆虐香港期间，与客户进行密集沟通，谈判难度极高，副总裁徐直军亲自上阵，有一轮是从下午一直谈到第二天早晨五点。华为对此合同付出的代价相当不菲，Sunday 所有供货款均来自华为的融资协议，基本上是"空手套白狼"，而华为最后也从 Sunday 的供应商做成了股东。[12] 虽然这个合同公布时间早于与阿联酋 Etisalat 的 3G 合同，但不完全是凭借产品技术竞争力获得，开局商用过程也更为迟滞。

外界评述，华为与 Sunday 的 3G 合同，更像华为出钱买了一个大型 3G 试验场。[13] 的确，香港这样一个高楼林立、人群密集的现代复杂城市环境，是证明华为 3G 网络覆盖性能的一个无可替代的、绝佳的试验场，为此付出一些代价也是必要的。机会，总是有成本的。尤其是，香港紧邻内地，3G 网络建成后的运营示范效果，更容易展示给内地的通信运营商看。

Etisalat 的 3G 合同对华为打开海外市场的标杆作用就很快显现出来："今天是欧洲某运营商到迪拜参观，明天是海湾某国运营商总裁拜访 Etisalat，听取局方对我司 3G 的意见；某日，非洲某国电信董事长前往迪拜体验阿联酋 3G 网络，一周后，该运营商决定，华为承建其 3G 网络。"

3G 项目的成功商用，也奠定了华为与 Etisalat 长期合作的基础。之后，华为主要产品在阿联酋市场上遍地开花。2006 年，Etisalat 又将其沙特阿拉伯和埃及子网的 3G 网络建设合同授予华为。

分布式基站创新，打开欧洲 3G 高端市场

进入欧洲市场，对于华为来说，是迟早的事情。

一方面，这是美国之外最大的一个海外电信设备市场，又聚集了众多跨国运营商大 T[14]，在 IT 行业的"冬天"到来之前，对 3G 的高期待，也催生出对通信运营商的高估值，使欧洲成为一片火热的电信市场。

2000 年 3 月，从英国开始掀起欧洲 3G 牌照拍卖狂潮，经过一百五十轮竞价，五张牌照卖出二百二十五亿英镑，最便宜的一张，也超过四十亿英镑。7月，德国政府从 3G 牌照拍卖获得五百零五亿欧元，超过了英国。之后，从美国开启的 IT 泡沫破灭传导到欧洲，3G 热潮逐渐降温。虽然此后的 3G 建网投资因此受到抑制，但是，欧洲已然率先整体进入 3G 通信时代。

另一方面，在先期开拓拉美市场时，华为员工发现，这里除了墨西哥本土运营商美洲电信（America Movil，AM）外，基本上是欧洲跨国运营商的地盘，走到哪里，他们都是在和西班牙电信（Telefónica）打交道，还有总部位于卢森堡的米利康姆（Millicom）、英国的沃达丰，在拉美也随处可见。而且，这些欧洲大 T 在亚洲、非洲等华为的其他既定拓展目标区域里，也都有业务运营。所以，为进一步打开通信业的"农村"市场，华为也要从这几家大 T 所在的欧洲总部入手。

2000 年底华为产品落脚欧洲，但市场拓展缓慢。

2001 年 4 月，华为光网络产品首先进入德国市场，到 2002 年底，在法国和罗马尼亚获得两个光传输项目。2003 年初，借力于前一年从美国收购的光技术厂商研发的长距离光传输波分产品，华为光网络在全球迎来大发展，在欧洲，首先赢得法国第二大固网运营商的国家干线传输大单，此后，进入法国和瑞典铁路系统，在西班牙、奥地利等国也形成规模销售。

在英国，华为首先以数据通信产品作为主打产品进入市场。2002 年下半年，华为中低端路由器产品通过了英国电信准入测试，但随后受思科诉讼干扰，未能有进展。直到 2003 年 10 月，华为凭借高端第五代骨干路由器，在英国获得一家专门为金融行业提供数据服务的运营商 FiberNet 的合同。

到 2003 年底，经过两年拓展，华为还是没有进入欧洲主流通信运营商。移动通信产品中，除更适用于农村市场的 CDMA450 在葡萄牙获得一个基站子系统设备合同外，其 WCDMA 3G 系统在欧洲还没有得到应用，而 WCDMA 是由欧洲提出的主流 3G 标准。

打入率先进入 3G 时代的欧洲，是当时欧洲地区部的一项最重要的战略任务，为此，欧洲地区部启动了"轮子"战略。

"轮子"有两个。一个是人，意思是到处走、到处看，走到哪里发现了机会，就把欧洲地区部建在那里。

2003 年前后，华为在欧洲的员工每周都在各国之间飞行，寻找与第二或第三大移动运营商的合作机会，他们知道，在第一大运营商那里，自己根本无门可进。但即使如此，在其所到之处，也都吃了闭门羹。

为什么在欧洲卖 3G 产品这么难呢？虽然一如华为洞察，欧洲运营商此时饱受 IT 泡沫破裂和 3G 牌照拍卖打击，需要华为这样的低成本供应商，但他们不像中东新兴富豪运营商那么开放，老牌欧洲贵族们在心理上仍然比较傲慢，根本不相信中国厂商能够提供最新的 3G 设备，更不了解，或者不愿意接受一个不知名的新来者华为。所以，一年下来，市场拓展结果令华为欧洲员工十分失望，有时甚至绝望。

最终，华为的第一只"轮子"停在了德国中西部的一个小城杜塞尔多夫。2004 年中国"十一"国庆节假期，应该是通过中国移动的介绍，英国沃达丰集团的技术高管一行到深圳访问华为，会谈时向任正非表示，考虑启动对华为 3G 设备测试，并礼貌性地征求任正非意见："您认为放在哪里合适？"任正非自信而又骄傲地回答："放在你们认为最难、技术要求最高的国家吧！"带队的 CTO 是位德国人，非常严谨和认真，想了一会后回答："那就放在德国吧！"

因为沃达丰在德国的驻地位于杜塞尔多夫，华为后来就选择将欧洲地区部组织落在此地，而没有去柏林、波恩等大城市，除了地利、交通考虑之外，主要为的是与客户毗邻而居，沟通方便。

华为在欧洲的另一个"轮子"，是一辆带着真正轮子的"东方快车"，行游欧洲大地，进行 3G 产品营销。

2004 年 2 月，在 GSMA 举办的戛纳电信展上，华为进行了 3G 业务演示，引起欧洲运营商的关注。4 月，华为从西班牙马德里开出一辆"东方快车"，挂着"Your Profit，Our Goal"（你的利润，我的目标）标语，装着 3G 设备和演示器材，行程几千公里，历经波兰、德国、英国、法国、捷克等多个国家，进行巡回展览活动。华为以欧洲古老的吉卜赛人的生存方式，向各国运营商展示：3G 时代，你们多了一个来自中国的新选项。

在这一路的巡回展览活动中，华为接待了欧洲十几家运营商的五百多名客户，包括众多大 T 高层和部门经理，其 WCDMA 3G 产品以高性价比和系统的端到端解决方案，让欧洲客户在惊讶中认识了这个来自中国的新面孔。

而"Your Profit，Our Goal"这一标语，呼应了华为对 WCDMA 3G 在业界"高而不贵"的宣传，高不高用了才知道，不贵是真的，这切中了身处电信冰川之上的欧洲运营商的心思，这个时候，利润是他们最大的追求。

不过打开欧洲 3G 市场，是基于客户需求创新的 3G 产品"分布式基站"，并不单纯是凭价格。

2004 年初，华为在欧洲本地招聘的华人员工陈海军通过在欧洲通信行业的关系了解到，在荷兰四家通信运营商中最小的一家 Telfort，他们可能有一个机会。

Telfort 当时面对的难题，除了高额 3G 牌照拍卖负债外，原来使用的 2G 机房空间太小，已经放不下更多基站的机柜了，而室外站点获取困难。荷兰是一个填海造田的低地国家，大部分建筑物地基承重有限，要将那些沉重的传统宏基站吊装到室外屋顶，需要对地基进行加固，费用极其昂贵，在城市人口密集区，还要申请封路。如此多的限制，导致 Telfort 的站点租金、工程施工等建站总成本太高，需要一种既节省机房空间，又能快速实施部署的全新解决方案。

此前，Telfort 已经向现网设备商诺基亚求助过，未获响应，转而找到爱立信，以全网置换为条件，请求提供解决方案，爱立信为其做了一个要价高昂的商业计划，Telfort 的股东没答应，其 3G 建网计划就此搁置，但不在政府规定的时间里完成网络建设，花钱买来的牌照和频谱就会被政府收回。

长期得不到本土主流设备商的优质服务，Telfort 在走投无路之下，愿意给找上门来的华为开一条门缝儿，一起谈一谈。

陈海军与 Telfort 高层初步交流之后，为表示对客户的重视，他将欧洲地区部总裁邓涛从德国请到荷兰，两人与 Telfort CEO 再次面谈，华为表达了诚意和决心，Telfort 从中感受到华为对自己的价值。

深圳研发部门随即向欧洲派出李昌竹率领的技术团队支持，为 Telfort 项目设计网络部署方案，虽然他们知道 Telfort 只是抱着试试看的态度，但还是努力抓住这一线机会，三天里总共睡了六个小时，夜以继日地完成了方案设计，第四天就向 Telfort 高层演示，这给 Telfort 留下非常好的印象。

之后，无线产品线总裁余承东也加入欧洲一线团队，在业务现场，他与客户工程师直接沟通，卷起袖子进入客户机房，爬到楼顶站点实地勘察，被形容"像考古学家一样捕捉现场真切的零星信息，再有机地联系在一起"，以至于客户私下向华为本地客户经理确认了好几次："这人是你们的产品线总裁吗？"

基于对现场情况的详细勘测和计算，余承东提出了"分布式基站"的创新解决方案，即将基站进行功能拆分，参考分体式空调的设计思路，室内部分体积只有 DVD 盒大小，其余功能部件都放到室外，这样就节约了室内空间，基站重量也大为减轻。

Telfort 对这一设计半信半疑："你们说得这么好听，基站说分就能分，说合就能合吗？"华为拍拍胸脯："给我们一个机会，我们可以做到。"

八个月后，这款被业界称作"架构型的颠覆性创新产品"在华为上海研发所诞生。

相对于传统的宏基站，分布式基站体积减少到原来十分之一，重量减少到十五分之一，所有部件都可以用手拎到现场，工程部署不再费时费力。

2004 年 12 月 8 日，在中国温家宝总理和荷兰巴尔克嫩德首相见证下，华为与 Telfort 签署了 WCDMA 3G 项目合同。这是华为获得的第五个 3G 合同，欧洲的第一个。

不过，Telfort 还是命运不济，一年多后就被荷兰第一大运营商荷兰皇家电信 KPN 收购，其与华为签署的合同也因爱立信是 KPN 的主要供应商而被直接废除。但分布式基站这一切中当时大 T 客户需求的创新产品一经推出，立即让业界刮目相看，在 2005 年巴塞罗那通信展上展出时，很多同行在华为展台前驻足、揣摩、拍照。2006 年 7 月，华为大份额中标沃达丰在西班牙 3G 商用网络建设，从此，华为 3G 开启了在欧洲和全球的爆发之路，取得了巨大的商业成功。

此后，分布式基站成为业界效仿的解决方案，各厂家相继推出，一直延续到 4G 和 5G。现在新建设的通信基站，95% 以上都是分布式设计，传统的机柜宏基站应用已经非常少见。

虽然与 Telfort 的合同没能执行，但对华为来说，与 Telfort 的合作最重要的价值，是获得了切身了解欧洲客户真实需求的机会。Telfort 给了华为以创新的灵感和尝试的勇气，而华为紧紧地抓住了机会，成功研发出分布式基站，成就了其研发"圣无线"的"第一跳"。

尤为值得一提的是，Telfort 的 CTO 对华为提出的分布式构想非常自豪，认为这是革命性的设计，他及时提醒华为在产品没有研发成功之前就申请专利，这于当时还未充分意识到这一划时代产品的价值的华为来说，非常重要。而余承东当之无愧地成为分布式基站专利的第一发明人。

2004 年，孙亚芳的第一个董事长五年任期结束，在其董事会工作报告中，如此描述此时的海外发展：

"完成国际市场布局,国际市场销售实现连年翻番式增长。目前,我司海外业务已经覆盖到七十七个国家和地区,全球已有二百七十四个运营商使用华为产品。世界电信运营商前五十强中,华为已经进入二十个。我们建立了八个地区部和五十五个代表处及技术服务中心……2004年预计海外销售突破二十亿美元,将占全公司销售额的40%以上。

"既定的目标市场实现全面突破,并打开了高端市场。我们确定的目标市场,如俄罗斯……等国家和地区,都成为公司的海外主要销售基地,并在本区域形成了辐射效应。

"我们不仅在发展中国家市场大步前进,而且初步实现了在发达国家的市场突破,为下一步的发展打下了坚实的基础。目前,我们已经进入了欧美十四个发达国家……进入了BT、Telefonica……世界著名的运营商。"

2005年初,华为员工自发制作的视频《华为时代》第一部发布。这个年度系列的视频段子是一群研发员工的民间创作,通过剪辑、拼凑不同电影的片段,配以搞笑的地方话对白,回顾前一年公司业务发展和关键事件,调侃管理政策,尤其是人力资源政策,充分展示了华为理工男们木讷面孔下的才情和创意。所以那几年,每到新年,华为中方员工都期盼着两个"发布",一个是股票分红数字,一个是《华为时代》。

2005年初,我入职华为,对第一期《华为时代》的最后一个场景印象深刻。电影《甲方乙方》里的葛优,站在新闻发布台前,脸露笑容,振臂一挥,华为配音激动地喊出一句:

"华为的冬天,过去啦!"

2005—2014年,确定全球市场格局,登顶行业No.1

3G突破海外市场,华为终于度过"冬天"。在这一过程中,华为凭借产品创新和成本优势,灵活利用金融手段,获得了客户合同。而为实现3G市场突破,几乎所有公司高管,从任正非到孙亚芳、徐直军、余承东,以及一众顶尖研发技术专家，比如李昌竹等人，悉数奔赴市场一线，在现场杀伐决断，指挥运筹。研发与市场在华为国际化过程中的"双轮驱动"作用，在此间充分体现。

2005 年，华为进入"春天"，整体销售收入年增长率接近55%，是 2000 年后的最高历史纪录。而在之后一年多时间里，华为在产品利器之外，又在欧洲和中东分别树立起"管理"和"服务"两个标杆：2005 年 4 月，华为入选英国电信（BT）的"二十一世纪网络"项目短名单；2006 年 1 月，华为在沙特哈吉节朝觐活动的通信保障首战功成。这两件大事，一时均震动通信业界。此后，华为海外市场全面突破，势如破竹，3G 厚积薄发，最终于 2009 年圆梦中国。

入选英国电信"短名单"，在高端市场登堂入室

进入 BT "二十一世纪网络"项目供应商短名单，是华为国际化发展的一个里程碑事件。其意义，不仅在于跨国大 T 们对华为产品与技术的认可，更在于他们对华为作为一个国际化公司的承认与接纳。这是因为，成为 BT 的战略供应商，不是仅通过其严格的产品技术考察就可以的，而是需要首先获得其全面、细致的供应商资格认证。

BT 是全球第九大电信运营商，2002 年，受 IT 泡沫破裂影响，经营压力增大，其 CTO 马特·布罗斯（Matt Bross）提出"二十一世纪网络"项目，计划把 BT 的传统电信网络转移到 IP 平台，以节省一百亿英镑的投资和运营维护成本。这一计划，在当时被称为"最具革命性的下一代网络改革方案"，整个项目为期五年，BT 董事会授权马特牵头执行。

项目关系重大，BT 需要为此选择战略合作伙伴，此时，马特将目光投向了亚洲，优选日本公司，也关注中国企业。当他在深圳考察一家公司时，经人介绍，决定到华为顺便看一看。当 BT 一行在华为发现，一家中国公司竟然有 IPD 这样的国际化研发产品开发流程，ISC（集成供应链）流程也在推行之中，惊讶之余，也感到欣喜，在他们看来，华为在企业管理上已经会说"国际语言"，可以和 BT "对话"了。华为就此进入了 BT 的战略供应商考察范围。

作为世界级老牌电信运营商，BT 极其注重合作伙伴的选择。其将供应商分为四类：普通投标者、供应商、战略供应商、战略合作伙伴，对每一层次的供应商都以数据或衡量指标来评估。除产品质量和性价比，BT 对战略级供应商特别关注其持续服务能力，背后就是企业的整体管理水平。

为选择长期合作伙伴，BT 制定了一套严格、全面的资格认证制度，对战略供应商的认证是四十个小时，对最高等级的战略合作伙伴则是两百个小时，有着极高的门槛，2002 年时，BT 在全球只有三个战略合作伙伴。

但一旦成为其战略级以上的供应商，就意味着获得了相对排他性的供货资格，后续业务合作和市场空间有比较稳定的保证。

比如，华为 2005 年 4 月进入 BT "二十一世纪网络" 项目短名单后，与日本富士通双双成为其接入领域优先供应商，和美国公司 Ciena 共同作为其传输领域优先供应商，华为获得订单的竞争程度就大为减小。

因而，成为 BT 战略供应商，对华为来说，就像一个穷小子追求贵族名媛一样，整个家族拿出全部家底，付出全部精力，以成就这场 "英伦之恋"。华为成立了由董事长孙亚芳为总指挥、常务副总裁费敏负责的 BT 认证筹备工作小组，按照认证内容，工作小组成员包括了销售、市场、供应链、人力资源、财务等诸多部门成员。

2003 年 11 月，BT 采购认证团对华为展开为期四天的认证，内容涉及华为业务管理十二个方面，从商业计划、客户关系管理，到企业内部沟通的纵向管理过程，和从需求获得、研制生产到安装的全过程。BT 认证团甚至还与华为工作组成员一起走访华为二级供应商，对他们进行评估。

这让华为管理层大开眼界，他们从来不知道，成为一家供应商，客户会对自己有这么多方面的关注。

比如，BT 认证中，有 "道德采购" 一项，其中一条是关注供应商对员工的人身安全防护，为此 BT 认证官甚至跑到员工食堂和洗手间察看，当他发现一段路面有一片水迹时，告诉华为工作组，这可能会导致员工摔倒，是安全隐患。

BT 在具体认证过程中也不与华为工作组事先沟通，会按比例随机抽查各层级员工独立访谈，并到业务部门工作现场观察，进行交叉验证，看看华为说的和做的是不是一回事情。

在考察华为流程质量管理时，BT 认证团队来到生产现场，正在此时，"偏偏"就有一位"勇敢"的华为研发员工走进来，没有采取任何防静电措施，从正在调试的机架上硬生生地拔出一块电路板，揣在腋下扬长而去。这一完全不遵守安全生产规范的行为，发生在 BT 专家眼皮子底下，让陪同的华为工作组人员尴尬不已，恨不能当场找个地洞钻进去。

经过一番细致、认真的"体检"，BT 给出了华为认证结果，综合得分刚刚及格。在基础设施、硬件指标上，华为得了高分，业务整体交付能力等软性指标上，分数较低，而在战略管理、道德采购两项上，不及格。

这一结果让最初对 BT 认证还比较自信的华为颇为汗颜。当时华为已经有了中国企业鲜有的企业管理规范《华为基本法》，也学习、引入了一系列西方企业先进管理实践，进行国际化管理变革，但经过 BT 的一番究问详察，华为认识到，这些管理优化依然是局部的、零散的，并不系统，自己在管理、流程、产品开发、服务交付等方面与业界一流还有很大的差距。和 BT 的合作，让华为懂得了什么是帮助客户实现商业成功，"以前华为可能觉得做出了一个很牛的技术就算成功，但那其实只是技术成功"。

考察认证通过后，华为对 BT 指出的问题进行了改进"急行军"，以"让硬件的国际化变成整体能力的国际化"作为努力方向。为此，深圳机关成立了一个名为"BT 业务支持部"的组织，由董事长孙亚芳作为赞助人，将各项企业管理活动按照 BT 的逻辑进行梳理，逐条分析，制订改进计划，并成立了各类专项工作组，负责具体落实。

2004 年 5 月，华为迎来 BT 由 CTO 带队的产品技术交流团，双方朝着正式开展市场合作，迈出至关重要的一步。其后，经过几个月高强度答标，2005年 12 月 22 日，华为正式宣布与 BT 签署合同，为其"二十一世纪网络"项目提供综合接入网和传输设备。

华为通过 BT 认证的消息，迅速传遍整个通信界，震动各方。对供应商要求如此严格的 BT 将华为纳入自己的供应商短名单，相当于给华为的产品技术和国际化管理水平做了一个背书，让欧洲大T客户对华为有了信心和信任。2005年后，欧洲通信市场向华为打开了大门，沃达丰、西班牙电信、法国电信等大T陆续成为华为客户。

这意味着，华为这个从中国走出的"穷小子"，穿上了燕尾服，成为上流社会的"绅士"，拿到了欧洲电信"豪门俱乐部"的入场券。

2006年底，华为产品与解决方案服务于全球运营商五十强中的三十一家，到2008年，这一数字是三十六家，2009年底，定格为四十五家，除美国之外，华为进入所有跨国大T的供应商之列，跃升到世界通信运营商的第一阵营。[15]

华为在BT"二十一世纪网络"项目的成功，因其初具国际化企业管理水平而入BT"法眼"，而BT项目本身又为华为带来了国际化管理的进一步提升。

为了进入BT的短名单，华为用了两年多时间，花费数亿元资金，用以改进管理，达成BT的要求。一位华为高层评价BT的认证，"这已经不仅仅是为了BT，而是为了真正接近世界级电信设备商的管理水平……所以华为被认证的过程，其实比认证的最终结果对我们更有意义"。[16] BT认证通过后，由费敏等人执笔，撰写了一份六千多字的《对华为的一次"体检"》报告，在其中，华为这样认识此时的自己：若将华为放到国际竞争的背景下来观察，从一个本土公司转变为一个国际性公司的立场来看，从满足国际主流运营商的要求这个视角，我们还很幼稚，还不成熟。此后，华为继续坚持在管理上持续改进，BT也每半年都来看看华为在其关注的领域是不是有进步。

在BT认证中，华为获得的一个具有深远影响意义的管理提升，是树立"业务连续性管理"（BCM）理念，华为成为中国较早具有BCM管理和布局准备的企业。

BT认证时提出要求，华为在提供设备的同时，还要把所有设计文档和源代码放置在他们可获取的第三方公司，即使因为不可抗力因素，华为公司不存在了，BT还能拿着设计源代码，找厂家生产设备，以保持其业务持续运营。这种"底线思维"带给华为强烈的震动。[17]

其实早在1998年的《华为基本法》中，华为就已提出"危机管理"的理念，并以"危机意识"和"预警与减灾"两个条目进行简略表述。此后的 2000 年 3 月，通信行业史上发生一起著名的 BCM 事件，飞利浦芯片工厂的一场大火，导致使用其芯片的爱立信和诺基亚两家手机制造厂商的不同命运，前者因缺乏 BCM 意识，对大火后可能造成的芯片短缺问题应对迟缓，而后者则反应迅速，积极督促飞利浦灾后供应和生产，保持了业务连续性。大火后，诺基亚从爱立信那里获得了更多手机市场份额，最终致后者剥离了手机业务。华为当时也关注此事，在内部转发学习，任正非要求"整个公司都要引入危机管理"。

但在 BT 认证之前，华为并不了解 BCM 是一个具备完整体系的标准化管理动作，也没有具体的落实责任部门和系统方法。

BCM 概念由英国人提出，相应的国际标准体系也已推出，BT 很早就在其供应链执行了这一标准。与 BT 合作之后，华为开始逐步建设自己的 BCM 体系，目标是提高企业的风险防范能力，在"黑天鹅"事件出现时降低不良影响，保证业务持续进行而不受破坏。早期华为的 BCM 管理主要在采购、供应链等部门有具体部署，比如建立分布在不同地域的生产线、器件的双供应商策略、数据中心的两地三中心备份等。[18] BCM 运作机制在后来的地震、疫情等灾情中启动、运作过，2011 年，华为成立企业风险管理部，对 BCM 进行了系统的部署和演练。

2019 年 5 月，美国实施一系列打压后，BCM 成为华为管理的一个核心词，为全体员工所熟知。通过采取一系列异常艰难但卓有成效的应对措施，从采购到研发、生产、物流，公司大部分力量都投入 BCM，华为确保了对主要客户的供应保障，客户在经历了最初的犹疑不安之后，很快从实际合作中获得了对华为持续服务和合作的信心，华为在美国的严厉打压下，稳住了市场阵脚。

沙特哈吉节保障，技术服务声名远扬

2006 年新年过后，华为在世界通信业界再次一鸣惊人，这一年，沙特电信公司（STC）的通信网络在哈吉节（HAJJ）朝觐区域，首次应用华为核心网设备，破天荒地没有宕机瘫痪。华为优质的技术服务和强大的网络维护保障能力由此高调出场，声名远扬。

沙特阿拉伯的麦加，是伊斯兰教的第一圣地，全世界穆斯林向往的地方。伊斯兰教的节日哈吉节，又名古尔邦节，是穆斯林信众朝觐节日。每年这个时候，圣城麦加会涌入几百万朝圣者，在十平方公里的朝觐区中，最密集处，一平方公里有一百八十万人活动。在五天的朝觐期间，朝圣者围绕克尔白，不间断地沿着同一路线，进行集体祈祷。

在缓慢的绕行移动中，他们会通过手机向亲朋好友发送自己的朝圣感悟和内心的激动，这种频繁而集中的电话、短信和邮件沟通，使得话务量高峰是平时的几十倍甚至上百倍，造就了世界通信业的一个极端场景，对承载数据和语音输入输出的核心网带来巨大压力，考验通信网络设备的承压极限。

全世界，大概只有中国除夕夜的通信网络状态可与哈吉节朝觐相比，但就持续时间、信息密集程度而言，除夕夜的状况远不能与之同日而语。

2005年之前，STC的网络每年都在哈吉节期间进入尴尬境地：频繁掉话、闪断，或者打通电话听不到声音，最后是令人绝望的宕机、网络拥塞，直至瘫痪。面对这一极端场景，似乎无人可解。

2004年，华为找上门来。对于STC来说，这是一家不知名的新厂商，但想想反正别家的设备都已经证明不行，那就试一试吧，不过有言在先：我们给了前两家公司各两次机会，都失败了。现在引进华为，只能给一次机会，不行你们就把设备搬回中国去！

华为拿来一试身手的产品，是其核心网的软交换方案。

核心网之于通信网络，就好像大脑之于人，存储了大量信息。通信系统要实现语音或者数据通信，需要一个核心网与基站传输系统之间的控制功能，这个控制功能对技术的要求非常高。譬如人在思考、说话时，如果信息量过大，控制不良，大脑就会"短路"，脑子转不过弯来，说话跟不上思考，这在通信网络就是宕机、崩溃，软交换就是通信网络实现这一信息交换控制功能的关键技术。

2004年10月，华为与STC签署了一份三百万线的GSM扩容合同，为后者提供十二套GSM核心网络设备，其中六套部署于圣城麦加。这是当时华为

2G 设备在海外销售的最大一单。

由于麦加圣地只允许穆斯林进入，华为遍寻无线研发的数千人团队，只找到两位技术上满足要求的穆斯林员工，将他们派往沙特，进入客户核心机房，进行项目实施。

按照原计划，华为设备在 2005 年的哈吉节前就要割接入网，但由于硬件安装施工质量问题、前一设备商提供的历史数据不足以及华为设备运行不够稳定，STC 决定推迟上线计划。华为派出的项目实施员工在此期间充分体验了哈吉节"网络无法接通"的状况，也获得了充裕时间，处理前一阶段施工中出现的问题，为 2006 年的大考做足准备工作。

2006 年 1 月 8 日，华为对 STC 的首次哈吉节现场保障工作正式开启，双方成立联合保障工作组，华为方以研发技术团队为主，工程交付维护团队为辅，调动全球资源，成立了"麦加—利雅得—深圳"三线联合作战队伍，麦加现场又增加了一位穆斯林研发员工，和前一年派出的两位同事一起进入圣城核心机房。上上下下，严阵以待，确保万无一失。

朝觐开始，几百万用户的话务集中于朝觐区的几台华为核心网设备上，由于人群移动，话务压力分布极度失衡，网络中任何一台设备，或者任何一个环节出现问题，都会产生连锁反应，导致整个网络崩溃。而上百万朝觐者一天内按同一路线在几个朝圣地点往返多次，几乎同一时间开机寻呼，通信信号如潮涌般给网络带来话务高峰冲击，系统设备之间随之进行上百倍的信息切换，网络负载"压力山大"。

在没有任何类似场景的保障经验，又缺少历史网络数据参考的情况下，华为保障团队准备了"三板斧"：专人实时监控 CPU 负荷、专人手工修改参数降低负荷、专人核查负荷调整结果。工程师们为此要每天十几个小时紧盯着电脑，来来回回不停地检查，就像股票市场的交易员紧盯股票数据变化一样，精神高度紧张。很多员工两天两夜没有合眼，维护保障组负责人连日指挥操作各项版本升级和补丁加载，长时间没有休息，在保障将近结束的值守间隙，直接趴在工作台上睡着了。

最终，驻守现场的技术保障专家王楠斌通过准确的话务趋势实时预测，和模块负荷手工均衡的"肩挑手扛"方式，将 CPU 负荷一直控制在了阈值以内，实现了核心网的"零故障"运行。

这一年，当麦加的朝觐者拿出手机拨出号码，做好了心理准备一次次掉线、一次次重拨，却意外地发现，手机里的声音竟然像在平时、在别处一样，清晰而持久。

在朝觐即将结束时，发生了预料不到的集体踩踏事件，话务量又一次突然激增，但是华为设备依然成功顶住了意外冲击，为沙特政府及时有效地处理突发事件提供了强有力的通信保障，也证明了华为核心网设备的优异性能。

首次哈吉节保障成功，大出 STC 意料，一俟朝觐结束，其副总裁立即发电祝贺："我们创造了电信史上的一大奇迹，华为在其中扮演了重要角色！"其后，STC 举行了盛大的庆功会，为华为颁发了"最高成就奖"，表彰其"帮助二百多万来自世界各地的移动用户，通过手机与家人分享麦加朝圣的喜悦和荣耀"。沙特国王对中国大使说："感谢中国高科技企业华为为穆斯林神圣节日所作的通信保障。"

第二年哈吉节，STC 主动提出，愿意为华为的专项保障付费，购买其优质服务。在之后的合作中，STC 也给了华为更多的话语权和办公空间，合作中出现问题，能够心平气和地讨论，还为华为员工开放了内部食堂，让他们享用阿拉伯美食。沙特政府也为此给华为签发了更多的入境签证。

在第一次哈吉节保障中，华为方研发是现场主力，大军团作战，多达数百人，到第二次保障，就交由交付与服务团队主导，通过制度化、流程化方式，实现保障常态化、规则化，这一年的哈吉节安然度过，沙特纳耶夫王子评价其为"平安朝觐年"。

从第四年起，华为对哈吉节保障已是闲庭信步，转为以一线主导、机关远程研发和技术服务支持为辅的方式。此后，华为在 STC 哈吉节保障中年年告捷，从未失手。

而在多次哈吉节保障中解决了关键问题并建立了保障机制的技术专家王楠斌，后来成为华为的服务 Fellow。

华为在哈吉节保障中的优异表现，让中国移动连续几年派出团队，到沙特向 STC 和华为学习密集通信保障经验，为 2008 年北京奥运会和 2010 年上海世博会的通信保障做准备。

此后，华为在沙特的业务全面爆发。2006 年，华为获得 STC 核心网移动软交换和分组域产品全部新增份额，传输、IP、软件等产品也逐步进入 STC 网络，哈吉节保障范围从核心网设备扩展至全部华为设备。2011 年，华为哈吉节保障服务覆盖了沙特三大通信运营商，他们几乎使用了华为的全部产品。

2000 年，华为初到中东，仅有十名员工，包括两名司机和一名厨师。2001 年，华为拿下 STC 的第一个三万线项目时，地区部总裁丁少华对团队说："这是我们在中东得到的一滴水，我们还需要继续努力得到一滴又一滴的水，最终要汇成一条河。"五年之后，这条河已然是滚滚洪流。

海外市场厚积薄发，中国 3G 时代"王者"归来

在华为面试时，招聘人员告诉我，公司每月最后一周周六上班，一年积下来有十二天事假，到春节时，公司会拿出一部分给大家统一提前放长假，这样回家可以避开春运高峰，和父母家人一起多呆些日子，也算是华为的一项人才吸引措施。2006 年，我在华为度过第一个春节，却没能享受到这样的长假，并且以后也没有享受过。

这一年年初，公司人力资源管理部按惯例发出春节提前放长假的通知，旋即就撤下了，再次上网发布的春节假期，只有全国统一的七天。据说，我们的总裁被老板批评了：国外不过春节照常上班，国内放这么长的假，占了半壁江山的海外业务，难道就让它停摆了？

此时，华为已经是一个全球化运营的公司了，所有的管理动作，都要基于全球来考虑。

从 2006 年开始，华为的发展就像深圳的气候，冬天过去，经历短暂的春天后，就迅速进入火热的夏天，整体销售收入五年复合增长率连续三年保持在 40% 以上，2008 年更高达 48%，直到 2010 年后，这一数据才又回落到五年前的 30% 以下。[19] 这一段，是华为历史上销售增长最快的时间，也是海外市场高歌猛进的时期。

夏天的旺盛生长，来自冬天的厚藏。到 2006 年，华为在海外市场经过十年拓展、深耕，已经向世界通信业充分展示了自己在产品、服务和管理上深厚、系统的积累，打响了自己的品牌。

华为的拳头产品光网络，此时已在一百多个国家和地区应用，自 2001 年起在亚太光网络市场排名持续第一，2006 年全球市场排名第二，长途骨干传输产品市场排名第一。2005 年、2006 年，华为蝉联通信领域专业咨询公司 Frost & Sullivan 颁发的亚太地区"年度光网络供应商"大奖，华为在光网络领域的品牌、地位得到市场充分认可。[20]

早期在国内以校园卡、神州行等预付费产品大出风头的华为智能网，也伴随着海外市场拓展脚步，走出国门。2006 年，华为智能网用户数全球第一，短消息量全球第二，服务彩铃用户数达一点六亿，居业界之首，服务全球六亿多用户。[21]

而持续亏损多年的无线产品线，此时在海外迎来市场总爆发。

2006 年，华为与英国大 T 沃达丰合作，在西班牙部署分布式基站，一战成名，从此，分布式基站在全球市场大规模突破，年度发货突破百万载频。

哈吉节保障成功，华为的软交换产品得到广泛认可，2006 年，移动软交换产品占全球市场份额 31.2%，固定软交换累计容量也已全球排名第一。[22]

GSM 产品在海外更是遍地开花，2006 年销售连续三年复合增长率 74.1%，基站累计出货占全球 GSM 新增市场份额 21%，排名第三。[23] 这一年，Etisalat 的巴基斯坦子公司 Ufone 授予华为全国 GSM 网络合同，金额超过五亿五千万美元，是华为当时有史以来最大一单合同，也是迄今为止公布的第二高金额的电信网络合同。

CDMA 产品在 2006 年销售收入同比增长 30%，EV-DO 新增商用合同数量居业界第一。[24]

在最重要的 3G 市场，到 2006 年，华为已成长为新一轮 3G 网络建设的首选供应商，从技术领先者一跃成为市场领导者。这一年，华为获得了二十八个 WCDMA 商用合同，新增市场份额排名第一，总份额占全球近三分之一，到年底，其 3G 基站出货量累计占全球 44%。E-MOBILE 选择华为部署了日本第一个基于 IP 的 3.5G 网络。3G 数据卡在我国香港和欧洲市场意外大卖，全年出货量超过一百万片，华为成为全球数据卡的领先供应商。[25]

而华为市场的夏天，最热烈的高潮，在外部环境的危机中到来。2009 年 1 月，在亚洲金融危机中，中国政府终于向三家通信运营商发放了 3G 牌照，中国移动获得中国提出的标准 TD-SCDMA，中国联通获得欧洲提出的主流标准 WCDMA，中国电信获得美国提出的标准 CDMA2000。

在 3G 上起了个大早的华为，苦等此刻已八年有余，并且吸取了 1999 年 "误判" 联通 CDMA 标准选择的教训，为了不押错宝，华为在 3G 的三种标准上都进行了产品开发，战线越拉越长，除了网络设备，华为也开始手机终端的研发。

而此时的华为，已成长为一个拥有近九万员工、分支机构遍及一百多个国家和地区的全球化大公司，今非昔比，并且突入爱立信、诺基亚的老家北欧，正准备为这里的第一大综合运营商挪威的 TeliaSonera 部署全球第一个 4G 商用网络。[26]

身携海外 3G 开拓积累的丰富市场运作和项目交付经验，华为立即从海外抽调精干人马，打回中国市场，启动中国区的 3G "三大战役"。

虽然最初在中国移动 2007 年的一期 TD-SCDMA 实验局招标中，代表华为系出战的华为与西门子合资公司鼎桥只竞得 13% 的份额，但华为迅速调整策略，组建了自己的 TD 运作团队，很快开发出相对有竞争力的产品，在 2008 年 7 月的二期招标中，华为独立获得 18% 的市场份额，扭转了 TD 战局。

到 2009 年 2 月，中国 3G 正式开战之初，华为已获得三大运营商在几十个城市的合同，最终，华为在 CDMA 市场份额达到 40.4%，TD 三期招标中份额接近 40%，WCDMA 市场份额超过 30%，高于排名第二的厂家近十个百分点。

随后，3G 网络建设在中国大地上如火如荼地展开。

华为应用在海外各国不同业务场景下学习、掌握的 3G 项目工程交付的优秀实践经验，比如项目管理方法标准化、站点工序标准化、站点管理工具标准化以及项目集群管理模式等，结合中国市场实际情况，针对不同场景，整体规划网络解决方案，快速集结资源，所有设备都采用分布式基站，与客户安装场景高度契合，整体工程交付质量和工作进度都让客户感到满意。

2009年1月初，中国移动TD-SCDMA项目交付启动，华为负责的九个中标城市在2月中旬就全部打通第一个电话（First Call）。2009年1月，华为在中国电信CDMA项目中，完成近三十个重要城市的上万个基站和数百套核心网设备割接入网，成功实现其全年的交付目标。2009年2月，中国联通WCDMA项目正式启动，3月初，华为负责的二十一个地市的First Call也已全部打通。

这一年"517"电信日前，华为按照客户要求，建设开通数万个3G站点，确保当日各运营商开展活动，展示自己的3G产品和服务。

2009年10月，三大运营商开启国庆六十周年庆典通信保障。在全网设备数量、种类、覆盖面都比2008年国庆倍增的情况下，华为借鉴沙特哈吉节、北京奥运会等重大项目保障经验，确保了各网络设备运行稳定，重点网络零事故。数亿中国网民第一次使用3G网络，顺畅享受了国庆庆典的网络直播。

2009年，华为中国区销售额历史性地突破了一百亿美元，无线成为首个销售突破百亿美元的产品线，无线接入设备的发货量、销售收入均位居全球第二。[27]

自此，华为无线终于圆梦中国，完胜3G时代。

被誉为"二十世纪最后一位散文家"的作家刘亮程写过一篇很有哲学意味的文章《干点错事》，说："干了错事的人，总想通过另一件错事补回损失，这样下去只会错上加错，一次次把错垛得跟草垛似的高高的，直到有一天，这些错突然全变成了对，这个人便大丰收了。"

华为在3G上的技术"赌博"，就是干了这么一件"错事"。不过，不是为了弥补，而是为了坚持，华为做了一件又一件"错事"：没有投资小灵通赚些热钱，没有停掉坂田基地建设省一点钱，没有中止一个个耗费巨资的管理变革……一次次的"错误"，像草垛一样，垛得高高的，压得任正非心生抑郁，华为失意本土，大步踏上去往他乡的路。突然有一天，华为发现，这些早年犯下的一个一个的"错"，全都变成了"对"，居然大大地丰收了。

"我们公司自始至终没有搞机会主义，这时就充满了机会。"任正非对自己战略选择背后的价值观，有着坚定的信心。

"东方不亮，西方会亮，南方不亮，北方会亮"，这是 2019 年众多西方媒体采访陷入外部困境的华为时，任正非反复说的一句话。

马电事件：面对客户新期待

2011 年新年到来，华为员工沉浸在一片欢天喜地中，公司公布的股票分红高达两块九毛八，创下历史纪录。正当大家满心期待着放假回家，过一个丰盛大年时，《华为人》报却突然刊出一篇文章《我们还是以客户为中心吗？！——马电 CEO 投诉始末》，题目让人赫然惊心，再一看，作者是徐直军、徐文伟、丁耘、姚福海等，一众高层大佬连列，文章来头不小。

全文两万多字，共分六章，占满当期四个版面，完整而详细地讲述了一个令人震撼而唏嘘的故事，被称为"马电事件"。马电即马来西亚电信，华为在马来西亚的大客户。文章用词激烈："客户的失望与愤怒""暗流涌动""滑向泥潭""一记闷棍""地雷先后炸响了""整个国家都在关注""悲剧在延续"……所有涉事华为人物，无论职位多高，全部直指其名，毫无讳隐，各人行事用语，亦无掩饰。

而文中最震动人心的一句话，是董事长孙亚芳所说："我们有些销售人员眼睛中的客户就像猎物，他们只关注与销售有关的话题。"

读完文章，华为员工意识到，对此事件报道更值得关注的，是公司对文章发布的处理。如此无情、彻底地自曝家丑、自揭其短的文章，竟然刊登在《华为人》报，而不是《管理优化》报上。

《华为人》报和《管理优化》报在华为内部统称"两报"，职责明确，各有分工。

《华为人》报负责对外宣传正面、积极形象，是传递企业文化的主要阵地，任正非诸多著名的作品，比如《我的父亲母亲》《北国之春》等，都发表在这里。虽然是一份企业刊物，但在中国通信行业有相当大影响。2006 年春夏之交，华为一位年轻研发员工因病不治，外部舆论借机发挥为"过劳死"，对华为"加班文化"大加挞伐。《华为人》报发表了《天道酬勤》一文，全面陈述自己在自主研发、海外拓展上的努力和付出，以及自立自强、追赶先进、天道酬勤的信念。虽然没有正面回应事件本身，但喧嚣一时的舆论就此平息下来。

《管理优化》报负责对内揭短，促进管理改进和业务优化，是华为"批判与自我批判"核心价值观的实践主阵地。早期纸质版仅面向内部一定层级管理者发放，所刊文章以暴露问题为主，文字朴实真切，问题描述直白无矫饰，涉及的相关责任部门要对文章反映的问题公开回应，分析问题原因，提出改进建议。这一阶段的《管理优化》报记录了华为在业务和组织管理上或轰轰烈烈，或点点滴滴的改进和成长，颇有看头。

再后来"两报"有了电子版，所有人可读，《管理优化》报版面也逐渐为领导讲话所占据，反映问题的文章也"八股"起来，干巴巴的没有多少人爱看，任正非让编辑部统计不读报、不写心得的管理者，时不常地晾晒一下，似乎效果也不佳。"心声社区"兴起后，大大小小问题暴露得更直接、更激烈尖锐，《管理优化》报就更少人看了。

但有关"马电事件"的如此重量级的文章，按中国"温良恭俭让""仁义礼智信"的人情社会价值取向，是应该发布在《管理优化》报上的，而选择发布在《华为人》报上，显示了华为管理层内在的开放与强悍：不如此公开、坦诚，不足以震慑人心。

因为，高调处理"马电事件"，是华为管理层发起的又一次思想大整风运动，是针对市场销售与服务组织体系发起的一次"批判与自我批判"核心价值观的重大行动实践，也是华为走向世界通信设备商王座的一个序曲。

"马电事件"事件发生的背景，是华为在马来西亚，甚至整个亚太市场，已经位居主流供应商地位，为各国主要通信运营商提供通信全系列产品和"保姆式"技术维护服务，而客户与华为的合作、对华为的依赖，也不再是一个普通设备供应商所能定义的。

在亚太这个近邻、同文化圈的市场，华为的开拓相对顺利一些。

1998年初，当时担任国内华东片区负责人的常峥被任命为"印巴"代表处代表，从印度和巴基斯坦起步，开始了对南亚市场的拓展。1999年，在应对"千年虫"的网络软件升级的市场机会中，华为在老挝签订了一个 GSM 合同，是无线产品在海外的第一单，紧接着，在柬埔寨拿到一个规模更大的网络项目，并且是部署在首都区域。

受益于地理近便和文化相近，华为在整个亚太市场的推进都比较快，尤其在泰国发展迅速。2001 年，华为进入由他信家族控股的最大通信运营商 AIS，2005 年初，华为从泰国另一家运营商 CAT 获得价值一亿八千七百万美元的 3G 全国网络项目，是当年数一数二的大额合同。

到此时，华为在亚太各国已基本站稳脚跟，与所有主流通信运营商建立了合作关系，全系列通信产品都得到了市场应用。

在这一时期，多位亚太国家政要来华为参观访问，包括泰国王室诗琳通公主、柬埔寨副首相诺罗敦·西里武亲王、越南国家主席陈德良、印度尼西亚总统苏西洛和泰国总理他信等。2005 年 4 月，华为在菲律宾获得一个 GSM 项目，中国国家主席胡锦涛和菲律宾总统阿罗约出席签字仪式。

2004 年底，华为向东南亚海啸中受灾的泰国、斯里兰卡、印度尼西亚、孟加拉国四国捐赠价值超过两千万元人民币的应急通信设备，公司和员工另外捐赠了两千万元人民币现金，帮助各国救灾，扶助灾区重建，也在本地树立了良好的企业形象。[28]

"马电事件"发生的市场背景，就是华为在亚太国家发展的一个缩影。

华为在马来西亚的业务拓展相对较晚。2007 年之前，华为获得的马电合同都是一些偏远地区的接入层小产品。2006 年，华为核心网产品在沙特哈吉节保障中的出色表现，促使马电考虑引入华为技术来演进自己的核心网，向全 IP 网络转型，以适应马来西亚宽带市场的爆炸性增长需求。

2008 年 6 月，华为与马电首先签署了一个核心网项目，此后，华为从马电陆续获得光传输、接入网、增值新业务和 IPTV 等更多合同，好几个合同都是为期三年的大项目。到 2009 年底，马电网络中已是"满街尽穿华为甲"，华为设备占据优势地位。

马电在授予华为 IPTV 项目合同后，就希望华为能将 IPTV 业务平台和宽带网络一起搭建起来，进行跨产品、跨项目、跨厂商的整网改造，支撑其 IPTV 业务转型。以华为在马电网络中的产品格局和存在地位，其自然是马电期待的整体解决方案提供者，应该在项目中发挥交付整合的领导作用。

而马电作为承担马来西亚通信基础设施建设的重要国企，IPTV 项目肩负落实国家政策的特殊政治使命，马电主席要直接向马来西亚首相汇报项目进度和交付成果，因而项目成败关乎马电身家性命，马电相关负责人的职业生涯也系于此间。

但是华为的表现辜负了马电的期望。

2010 年 8 月，马电在历经项目过程中种种失败、挫折和不满后，其 CEO 向华为董事长孙亚芳发去一封措辞克制但愤怒之情隐然其间的投诉信，称"华为的表现并没有达到我对于一个国际大公司的专业标准的期望"。具体问题包括发错产品、跨项目协同不到位、缺乏优秀专家资源等，还有产品质量问题。而在合作过程中，马电总感觉华为项目运作不透明，出了问题有一堆副总裁跑过来，但每个人都只关心他个人职责范围的问题，没有一个人能解决马电关心的整体问题。

这些问题造成的后果有多严重呢？马电把数千个不具备其定制功能的华为 Modem 发放到用户家里，发现发错货后只能挨家挨户上门更换。华为的技术服务工程师在做网络割接前，没有统一处理各个产品系统上的历史数据，上线后用户信息匹配错误，引发大面积用户投诉，使得马电一时成为媒体关注的热点。

马电 CEO 所投诉问题的发生，一方面，有华为人力不足的客观原因。这一时期，华为国内、国外市场大爆发，其网络产品线总裁最初就认为，"这不过是产品线几千个项目之一而已"。如此大量的项目交付，人力资源非常紧张，优秀项目经理被全球各项目频繁调用，奔忙于解决各国项目交付问题，应接不暇。

另一方面，是华为的营销习惯造就。错货产生，是华为一向"市场敢承诺，研发就敢做"的结果，不管产品有没有，市场先把合同拿下来，再找研发开发，分布式基站就是产品还没出来、凭一个设计概念就把合同签了下来的成功案例。但这一次由于人员调动，导致一系列内部信息传递错乱，研发没有及时开发出向客户承诺的新功能板件，而当产品开发出来，供应链又没能向市场把货发出去。问题发生后，华为才发现，具备客户定制功能的单板，还静静地躺在公司的仓库里。

但马电投诉的最主要的问题，是华为对多产品整网运作的协同机制缺位。各个产品线自管自的产品交付，各装各的"盒子"，很少内部交流，导致华为产品在客户网络中能与其他设备商的产品对接，却与自己的设备对接不通。

在面对客户期望自己能发挥系统集成作用时，华为还是按照旧有的孤立的单项目运作方式，来交付马电的整网系统解决方案。

而在对问题追溯和根究时，华为管理层发现，自己"以客户为中心"的核心价值观践行，在上上下下的员工这里，已经弱化或者走偏了。

从一线团队看，在市场销售人员眼里，客户就是一块肥肉，打了单就行，后面的网络交付情况如何，他就不关心了，"我可以为获取一个合同而凌晨四点睡不着，而从来没有为交付凌晨睡不着觉"。在交付人员眼里，客户就是自己负责的那一个产品，装到网上能实现其单项功能就可以了，不会去管它在整个网络中的作用。客户在华为眼里，是一个碎片化的存在，而华为在客户眼里，缺乏集成交付能力。

从高层看，表现也差不多。华为按不同产品线任命了四个不同的项目赞助人（Sponsor），这个角色负责协调资源、推动进展，结果发现，Sponsor 基本上名存实亡，最重要的 IPTV 项目的 Sponsor，是在投诉发生后才知道自己身上还背着这么一个项目。

华为各方人等在马电 CEO 投诉后的表现，也令孙亚芳极其失望。当她着手溯源时，找公司各部门高层，要么不清楚情况，要么是推诿他人，只有一位领导跑去了问题现场。为追踪发错货问题，孙亚芳最后不得不给当时人在国外的徐直军发信息："小徐总，我得求你了。你帮我查一下吧，我已经对现在在座的人失望了。"

而一线主管则在研究怎么写回复邮件，对投诉虚以应对。当孙亚芳决定请客户采购另一家西方厂商产品以应对华为发错的货，以便让客户的业务运作起来时，马来西亚代表说，"孙总，几百万美元哦！这是我们花了很大资源争取的，千万不能让出去啊。"

当孙亚芳拜访马电 CEO 后，才发现更严重的问题："我感觉特别不舒服的是很多东西我要从客户的嘴里才知道。我们自己的人在拼命捂盖子。"

在孙亚芳强力介入下，华为一边组织人力解决马电的问题，一边同步开展事件追溯和反思，提出改进措施。最终在新年到来之时，向自己当头棒喝了一声：我们还是以客户为中心吗？华为人，你如何选择？

历史地看，"马电事件"，是华为从单产品设备供应商，向综合解决方案供应商转型过程中，对客户新的期望没有及时跟上，对自身的角色没有清楚认知而发生的必然事件，是华为业务管理和组织成长的一个转折点。

从事件处理结果看，华为顺利渡过了这一转折点。在内部，华为发起了系统性管理改进，工程交付领域启动了集成服务交付业务变革项目，产品行销体系更加注重整体解决方案设计，成立了横向的跨产品线解决方案联合团队，纵向打通一线与机关解决方案端到端组织协同机制。在外部，马电 CEO 投诉之后，华为及时应对，处理得当，事件并未影响后续双方的合作，而各国大客户也没有因"马电事件"对与华为合作产生疑虑。坦诚的、公开的自我批判和反思改进，换来的是更多的信任。

2017 年，华为总裁办电子邮件发出轰动一时的文章《华为之熵，光明之矢》，虽然大多数员工没有从中读懂物理学第二定律在企业管理中的哲学意义，不过也大概明白一个意思：生命不息，折腾不止。世间所有事物，在自我发展中，如果没有熵减，最终会归于沉寂而消亡，人类社会的终极归宿是寂静、封闭的小国寡民。任正非一直担心华为没有"熵减"，会很快走向"熵死"。华为发起一次次思想整风运动，是其"熵减"行动之一种。

不过，不幸中的"幸运"是，华为身边有一个"克星"一直如影随形：美国政府。十几年来，美国政府对华为一直打压不止，这也让华为生生不息。2019 年，美国让华为经历了一次最剧烈的"熵减"，将其时已然堕入大企业病的华为再次猛烈地激活，进入一段新的生命旅程。

拉美：大国市场复杂多样，扩展、经营困难重重

以"农村包围城市"策略，华为很早就进入了拉美主要国家市场，但在此

后的深化拓展中，华为在拉美并没有像在"第三世界"其他地区那么顺利，到 2004 年底，拉美市场整体规模和进度均落后于亚太、非洲、中东等同期进入的海外市场，而相对于欧洲，也一直缺乏标杆性项目突破。

2005 年 11 月，华为与西班牙电信签署 3G 和宽带领域业务创新的战略性合作伙伴协议，双方将携手拓展拉美地区市场。签约仪式由中国国家主席胡锦涛和西班牙首相萨帕特罗共同见证，华为希望借助欧洲跨国大运营商，加快打开这里的广阔市场。

但是一直到 2006 年底，这一期望并未能实现。市场仍然集中在巴西，产品以固网、光传输为主，还有一些小的智能网和路由器项目。巴西之外，华为在委内瑞拉于 2005 年初中标了最大国有电信运营商 CANTV 的全国传输骨干网项目，首期金额近七百万美元，算是比较大的一个合同了，而此时其他地区部已出现了过亿美元的大单，千万美元的合同已属常见。在拉美其他国家市场，华为基本上是一穷二白。

2007 年，任正非来到拉美，巡视各国，与员工座谈。在墨西哥，他问当时的片区负责人张顺茂，"为什么喜马拉雅山上的水就流不到墨西哥？"意思是华为有那么高质量的产品，西欧都突破了，怎么在墨西哥就不行？[29]

墨西哥电信市场由本土电信巨鳄美洲电信 AM 旗下的 Telcel 垄断，份额接近 70%。而在整个拉美电信行业，AM 也有广泛影响力，其以 Claro 品牌在加勒比地区和南美大陆十多个国家都有运营。华为自 2000 年进入墨西哥，已有七年，但对本地如此重要的区域跨国运营大客户，都还没有突破。

任正非批评拉美片区是当时全球最落后的、最小的一个。

为了打开 AM 的大门，拉美片区将总部从巴西搬到了墨西哥，办公室位于 AM 总部所在同一栋楼，华为要集中资源和人力，服务好这家重要的本土客户。

AM 先给了华为一些难啃的"骨头"，试验其是否真的能服务好自己。

在加勒比海的牙买加岛，华为首先获得 AM 一个包括四百多个基站的无线项目，合同不算小，但是工程交付历尽艰难，用了将近两年时间才将网络建成。

牙买加岛上以山为主，地表铺满硬石，华为需要在这里新建三百多个基站，建站要立铁塔，开挖土建，工程已经非常艰辛，但上山没有路，华为还需要修路，而因事先不了解岛上的地理环境，这笔钱并没有算进合同里，华为要自己出。

建站过程中，华为经历了当地黑帮、混混儿的重重阻挠，有的要钱，有的抢东西，工程队请出当地警察协助，现场看到警察和黑帮打起了枪战。而岛上土著看到异族面孔，以为是几百年前入侵的西班牙殖民者又打回来了，扛着大刀、镰刀和锄头驱赶他们，华为不得不请客户出面向土著解释，这是中国人来帮助他们建设通信网络。待到网络建成，华为工程师开车跑路测，进行网络优化，又遭遇当地人抢车，追着路测车开枪，很多汽车中弹。[30]

华为在整个过程中的努力，AM 看在眼里，相当认可，又授予华为巴拿马一个更大的项目。

经过几场工程交付硬仗，华为逐渐打开了 AM 在墨西哥主战场的市场。2009 年后，华为 SingleRAN 产品得到 AM 高度认可，获得了更多新市场份额，华为逐渐成为 AM 第二大合作伙伴。此外，从另两家本地运营商那里，华为也获得了一些项目，在墨西哥市场算是扎稳了营盘。

但在最早进入的巴西，因复杂、恶劣的营商环境，华为身陷"玩不转"的营商规则，加上早期"野蛮生长"留下的诸多问题，业务经营一直非常困难。

华为在巴西曾成立过五家子公司，雇用数千人，收入规模达到十几亿美元，但规模的扩大并没有带来盈利增长，业务经营需要不断克服当地政治、经济、法律环境的挑战，尤其是复杂的税法和苛刻的劳工法，即使是西方外企，在巴西也经常因此面临巨额罚款或高管被拘。在这种严峻的外部合规形势下，内部运营复杂，华为进入巴西十几年，一直处于亏损边缘，到 2013 年，差不多要关门大吉，员工工资都发不出来，代表处向公司财委会申请追加预算，一度不获批准。

在巴西营商，最令企业负重难行的，是一种"货票同行"交易规则，即卖方发货和提供服务，都必须要有发票，这意味着发货必须开发票，只要开发票，就要交税，合同、货物和税务，三者必须百分百强耦合，称为"以票控税"，运作成本非常高。

与此同步加重企业经营负担的，是巴西的复杂税制，有联邦税、州税、市税，各个州、各个市的税率都不同，华为业务涉及的设备税金，是互为税基，税上加税，按照每次百分之十几的税率，仅纳税一项，就要比合同价格高出一截。这导致华为在巴西的纳税额和整体税率常年居高不下，最多时巴西一国的纳税占整个公司海外纳税的三分之一，华为当地服务子公司的纳税曾经占据注册地所在城市的最大纳税户的宝座。

复杂的交易规则和多重税制，导致华为从 2004 年启动的海外 ERP（企业资源规划）项目在巴西前后推行了三次，最终于 2011 年艰难上线，实现了该项目的全球推行。即使如此，还有两百多人负责开发票，而一年也才能开出十几万张发票，错误率还很高，经常造成客户退票、多交税等各种问题。

而制定于二十世纪五十年代的巴西劳工法严格保护普通劳动者利益，让外来投资者望而却步。华为的中低层级员工离职后，几乎百分之百会起诉自己的原雇主，理由很简单：加班。员工只要拿出非工作期间收发邮件的记录，就是加班的铁证。

签证合规也一度严重困扰着当地的日常运营。作为 2006 年前的片区总部，巴西一度是华为员工最多的国家之一，人数过千，但巴西政府每月只给华为十个商务签证，这导致从深圳和周边国家过来出差支援非常困难。另外，由于巴西工作签证办理速度可堪媲美蜗牛爬行，而华为项目交付通常以快速取胜，代表处有时就让外派员工先申请商务签证出差工作，再转工作签证，这属于签证不合规行为。所以那几年，巴西警察突击上门抓华为签证违规、员工被遣返的消息，伴随着各种现场令人苦涩的"笑料"，传到深圳。

在如此复杂的环境下，华为进入巴西市场之后，开始"野蛮生长"，在没有良好、完整的运营支撑能力的情况下，进行大规模市场扩张，最终产生了极高的错误成本。

2006 年，华为在巴西获得一个 GSM 大项目，要在短短五个月时间交付三千个基站，其中大部分是"交钥匙"工程，因没有本地化生产，几乎所有设备、部件都是从中国运输，又因时间紧、距离远，一部分走空运，带来极高的物流成本，而大部分走海运，装船运输多达十艘，以至于巴西客户跟华为团队开玩笑说，如此大批量运输，连美军情报系统都注意到了，因而有"三千基站进巴西，惊动美国中情局"的掌故。[31]

为保证现场交付，华为交付采取了比较高的冗余策略，客户需要十个站，华为发十二个站的设备和物料过去，到现场打散后再装，最后这些冗余货物都形成烂账和存货，票账无法核对。在之后的巴西仓库搬迁清理过程中，代表处向国内运回了一百六十多个货柜，装满各种无法核对的设备物料，根本无从知晓是哪个项目、哪个合同要的货。

2013 年 6 月，任正非来到巴西，与员工座谈，开场以片区一众领导轮流登台自我检讨作始，与会员工大感惊异。任正非说，巴西有这么多困难，就是因为管理团队不敢把严重亏损的情况告诉全体员工，代表处只有开放，才能使全体员工的智慧发挥出来，才有可能扭转困境。最后，任正非鼓励巴西全体员工："我理解你们奋斗的痛苦，我理解你们改进需要一个过程。只有上甘岭才能产生英雄，巴西现在不就是上甘岭嘛。""巴西这个地方是百炼成钢的，是出英雄的！"

此次座谈之后，巴西代表处放弃规模扩张，练好内功，通过业务端到端流程变革，提升经营能力，2014 年开始，代表处当年利润转正，直到 2018 年，华为进入巴西二十年，才终于实现历史累计利润转正。

阿根廷是拉美第二大国，以农业为主，地广人稀，一半人口集中在前十大城市，华为从 2001 年来到此地，市场规模一直不大。到 2009 年，阿根廷又比较早地遭遇了汇困问题。2008 年金融危机爆发后，阿根廷货币贬值和通胀，外资撤离，政府采取了外汇管制，不允许美元汇出，但不同于一般国家在此情形下采取的通用外汇管制手段，阿根廷政府还同时进行了进口管制，要求没有出口就不许进口，严格控制其外汇储备。因此，企业经营就面临着货进不来、钱出不去，而钱出不去、货也进不来的"死循环"，没法做生意。华为阿根廷代表处的经营一度陷入困境。华为尝试以货易货，2010 年成立莫塞尔公司，从阿根廷进口红酒和牛肉供应内部员工消费，但对解决汇困问题无济于事。

2012 年，阿根廷代表处在前一年经营较好的情况下，制定了比较激进的市场目标，但受制于汇困，未能完成，造成资源浪费，数千万美元货物积压在海关，利润大跌，薪酬冻结，一时间士气低落。2013 年中，任正非也来到阿根廷，明确指出代表处经营要"量出为入"，目标为"聚焦盈利"，根据汇困进口审批能力，倒推订货收入规模，代表处经营有所改善。但阿根廷的汇困问题到 2014 年后依然存在。

在拉美另一个大国，靠石油致富的委内瑞拉，华为于 2002 年进入，2005 年后业务和市场规模开始快速增长，委内瑞拉代表处一度成为拉美地区经营最好、收入利润最高的代表处。但在 2011 年，华为在这里发现并查处了一起管理团队和代理商内外勾结、延续时间相当长的重大贪污窝案，涉案金额惊人。华为对委内瑞拉代表处管理团队进行了"一锅端"式的干部置换。发生如此严重的腐败行为，基层员工甚至感叹"委内瑞拉的天空是灰色的"，令公司高层一时震惊和震怒。

到 2013 年，委内瑞拉总统更替，国内局势动荡，而长期受美国制裁封锁，以及国际石油价格下行，经济繁荣不再，华为在委内瑞拉的业务进入收缩阶段，地区部将委内瑞拉本地团队中的优秀员工向阿根廷、智利等周边国家进行分散转移，保留人才，为未来的业务复兴做准备。

虽然在几个国家遇到了各种各样的内外部经营管理问题，但自 2010 年片区组织归整、优化后，华为在拉美整体市场的业务开始有所起色。2011 年、2012 年美洲区域的营收占全球比重分别达到 15% 和 14.5%，接近于亚太区域在全球的占比。[32] 华为的美洲区域包括了北美的两个国家，但这两国的营收基本可以忽略不计，主要还是拉美各国的贡献。

■

从 2005 年到 2014 年这十年时间，是华为海外市场发展的"长夏"，可谓草木蕃秀，万物华实。

在此期间，运营商网络设备业务的海外市场得到纵深发展，SingleRAN 继分布式基站后在 2008 年横空出世，赢得众多跨国大 T 的认可，至 2013 年，全球四百多家移动网络运营商选择了华为的 SingleRAN 解决方案。在市场格局上，除对美国在 2012 年国会听证后放弃努力，华为完成全球布局，实现对一百七十多个国家的业务覆盖，于次年销售收入超过爱立信，成为全球通信设备商的 No.1。消费者业务在 2011 年成为一个独立 BG，手机从运营商定制转向打造自有品牌，以华为和荣耀双品牌运作，2014 年 Mate7 大火，开启华为在高端智能手机全球品牌榜上的"望二追一"之路。与消费者 BG 同时成立的企业业务 BG，将华为通信网络业务的客户面扩展至所有类型的企业，打开了一个巨大的新市场。借助华为的全球市场格局，两大新 BG 自成立起，业务即面向全球市场运作。

这一时期，华为经历的重大事件是 2008 年的全球金融危机，这是其进入全球化时代遭遇的第一次世界性的外部危机，华为反应极为迅速。危机一发生，即终止了终端公司出售计划，为后来消费者业务大发展保留了"种子"。对内，以提升组织效益为牵引，梳理海外中方外派员工回国，进入为此专门组建的后备干部资源池，以一种缓冲方式，进行人员规模柔性收缩。但金融危机带给华为的是巨大的市场机会，延宕多年的中国 3G 终于发放牌照，在新一轮国内通信投资热潮中，华为利用在海外 3G 市场多年积累的技术和市场经验返攻中国，最终取得国内"三大战役"胜利。此后，其国内和海外市场销售格局趋向均衡，母国本土市场成为华为全球化的稳固底盘和坚强堡垒。

扩展海外市场三招助力：营销、融资和竞合

华为在海外市场取得一个个突破，主要依靠满足客户需求的产品创新与低成本，而随时都在、快速响应的贴身技术服务，是华为令通信运营商对自己无法割舍、长期依赖的法宝。以此二者，华为得以在各国扎下深根、扩大战场，形成市场拓展的正循环。

在此过程中，研发团队冲在海外市场一线，与市场销售团队协同作战，直接倾听客户需求，穿上客户的"鞋子"，实地考察产品在网络的应用场景，提

供客户化产品与技术解决方案。其中，无线研发的"特种兵"队伍，从中国香港到阿联酋再到荷兰，转战全球各地，快速复制成功项目经验，突破一个个3G市场，打开海外局面。4G时代，华为研发以大军团作战，成功研发出SingleRAN产品，成为全球移动通信市场的潮流引领者。研发团队也为前方直接服务客户的技术交付与维护团队提供有力支援，协助其快速定位网络运行故障，给出问题解决方案。研发与市场更紧密、更深度的结合，也表现在华为在国际标准组织中的地位不断提升和能量发挥，技术专利开始为市场拓展保驾护航。

在前后方密切协作中，华为长期坚持"艰苦奋斗"文化，将中国与海外的时差转化为其与西方厂商的"差异化"竞争优势，为华为在产品创新、技术性能优势之外，增加了商用的时效性领先。

研发与市场的"双轮驱动"模式在华为海外市场拓展中，产生了巨大动能，而作为一个市场新进者，这种动能在技术转型时期很快转化为势能，华为海外市场从而有"春天很短，夏天很长"的表现。

当海外市场铺展开来，仅靠技术研发、销售与服务来拉动全球市场，就有些吃力了，面对竞争摩擦、市场运行障碍等，华为还需要"润滑剂""助燃剂""阻尼器"等辅助工具。这些工具包括市场营销策划、销售融资和与友商的"竞合"。

市场营销策划，销售"功夫在诗外"

市场营销策划这一着，最早还是华为在"家门口的国际化竞争"中，对身边的西方友商近距离观察而学习掌握的。

1997年初，在"市场部集体大辞职"后，时任公司副总裁徐直军写了一篇反思文章《别了，"猛张飞"》，回顾其1994年初入市场销售岗位时的"猛张飞"行为：凭着一股子热情和冲劲，全身心地奔杀于市场，相信只要跑得勤，没有做不好的市场。可是就算他跑遍所有省会城市，做了几十场技术宣讲，结果还是负多胜少，负责的产品市场并没能打开。

困惑之下，他将目光投向西方友商，观察他们是怎么"做"市场的。当学习了某西方公司一举拿下西北五省合同的一个案例后，徐直军深受震动。这家公司提前半年了解到五省邮电管理局将召开电信工作会议，通过大量公关活动，争取到为会议做一天讲座的机会，而为了这一天的讲座，其市场营销团队进行了长达半年的精心策划和准备，讲座当天，他们将各省网络建设可行性分析、技术方案、设备配制、经济环境和经营分析等一系列客户最关心的问题，在会议上呈现，一时震动在座各方，拿下合同就是顺水行舟。

这让徐直军领会到什么是市场营销策划，台上一分钟，台下十年功，看起来他们是一天拿下了合同，实际上为此付出了半年的心血。

徐直军自此认识到市场营销策划的重要性，寻找相关书籍阅读学习，结合自己的经验和教训，进行思考和整理。在之后的 114 电信平台市场拓展中，这些总结和思考得到实际应用。经过一番市场分析和洞察，他制定了市场拓展总体营销策划方案，打造"样板点"，然后通过邮电系统专业媒体推广，邀请各省、市邮电局参观"样板点"，四十多批参观过的客户全都购买了华为的 114 系统。

由此，华为市场拓展活动从传统的个体客户关系公关，向整体市场营销策划转变。

进入海外市场，华为将这一套在国内市场练就的营销打法照搬照用，应用自如，并在形式、内容上一路创新，从已经运用娴熟的"样板点"工程、拉客户站台帮自己推广产品，到自己尝试搭台子、与合作伙伴一起"唱戏"推动产业发展、做大产业"蛋糕"，从市场营销走向品牌营销。

这背后，是由徐直军创建、主导的华为战略与 Marketing（营销）这一组织的建设、成长和发展。当然，其职责并不仅在于市场营销策划，更注重对市场空间、技术趋势的战略性洞察，发挥为市场一线"抬头看路"的作用，进行产业引领。

在海外市场刚刚起步时，华为营销主打"样板点"推广牌，步步为营，扩大战场。

在 2003 年 10 月埃及电信的固定智能网项目、2004 年 4 月文莱电信全网

NGN 改造开通仪式上，华为都抓住组织仪式活动的机会，与客户共同举办相关业务的研讨会，不仅客户高管、本国电信管理高层出席，还邀请相关地区、国家的数十位运营商客户、专业咨询公司顾问等，进行技术和商业应用演讲，探讨产业化发展等议题，华为借机进行自己的技术产品介绍和业务推广。

2004 年中，英国通信运营商 FiberNet 被行业机构评为"2004 年度欧洲最佳以太城域网供应商"，其于前一年应用了华为数据通信产品，对构筑自己网络的核心竞争力发挥了作用。年底，华为与 FiberNet 在伦敦共同举办数据通信论坛，四十多家运营商的上百名主管参会，交流 IP 网络建设和运营思路，FiberNet CEO 对华为的产品与合作给予了高度评价。

在打造商业成功"样板点"进行客户界面推广、在市场上攻城拔寨的同时，华为也开始着力构建自身技术引领产业的品牌形象，组织各种专业技术论坛、研讨会议，打推动产业发展的牌。产业蛋糕做大了，自然会有更多的份额可以一起分享。

2004 年 4 月，华为在深圳组织承办了国际 CDMA2000 450M 大会——这一产业链有史以来规模最大的一次会议，与 CDMA 标准技术所有者高通公司和行业组织一起推动 CDMA 技术的产业发展。2007 年 8 月，华为和高通在印度尼西亚万隆再次主办了"第二届全球 CDMA 运营与发展论坛"。

2005 年 4 月，华为在北京组织了一场移动软交换专业技术论坛，来自四十多个国家和地区的近百家运营商的高层和专家参与。2007 年 6 月，华为又主办了"IP 承载网技术国际研讨会"，同年 7 月，在上海组织了 GSM-R 铁路通信技术的全球研讨会。

在这类专业技术领域的品牌营销活动基础上，华为发展出两个主要的品牌营销活动，一个是 MBB（移动宽带）论坛，一个是 Broader Way（百老汇）论坛。

MBB 论坛源于 2008 年华为无线品牌部在德国慕尼黑组织的一个用户交流性质的大会，会议邀请了很多客户介绍自己的建网和运营经验，在互相交流中共同提升。这次会议组织成功，各方反应积极，激发了华为自己举办技术专题品牌活动大会的信心。

此后，MBB 论坛每年在各国举办，到 2013 年，MBB 论坛更名为"全球移动宽带论坛"。论坛云集了相关产业角色，包括政府机构、标准组织、分析师机构、芯片厂商、内容提供商、媒体以及传统行业代表等，聚齐了端到端产业链上的一众玩家，逐渐成为通信业界最具创新力和影响力的产业大会，这显示华为正在逐步转变为引领行业发展的领导者。

华为另一个颇具规模的品牌营销活动"百老汇"，是其作为联合国宽带数字发展委员会成员，响应联合国千年发展目标峰会提出的"消除数字鸿沟，构建人人享有宽带的未来"的号召，而组织的"国家宽带建设论坛"活动。

百老汇，是 Broader Way 的汉语音译，其意译是"更宽的路"，寓意电信宽带。2012 年启动后，百老汇论坛在西班牙、波兰、委内瑞拉、土耳其、南非、德国、印度尼西亚等多个国家举办，吸引了各国政府机构、国际组织、运营商、互联网服务提供商、业界智库、主流媒体的广泛参与。华为在其中宣传其"管道"战略，推动各国国家宽带建设。论坛结束后，华为会发布《国家宽带建设白皮书》，为当地政府提供详细的国家宽带发展建议，构建华为在各国的技术领导力和品牌影响力。

在华为手机品牌打响之前，一般消费者对华为非常陌生，很多人并不了解手机通信的背后，还需要一套网络系统设备。但其实，华为在通信行业内，从一开始就是非常高调的，从早期频繁参加行业展会，在国际展馆竖起唯一一面五星红旗，打出引人注目的标语，到走出海外，向西方友商学习，举办各类技术研讨会，进行大规模的品牌营销活动，华为一直奉行"低调做人，高调做事"的原则。这些市场和品牌营销活动，是华为扩展市场、巩固市场的"诗外功夫"，起到了"无用之用"。

金融借力，利用融资促销售，实现三方共赢

华为财经体系是后方各专业职能平台中，国际化建设起步早、国际化管理水平比较高的一个组织。这是由于，相对于其他职能组织，比如人力资源、行政和公共关系等，财经与市场销售的结合更为密切，其表现之一，就是融资成为市场销售的有力辅助工具。

　　在国内市场发展时期，华为就通过引入国际通行的买方信贷交易的融资模式，创造性地解决了当时邮电局客户的资金难题，为自己的产品打开了国内市场。买方信贷本来是国际贸易中出口信贷的一种，是指出口方银行贷款给进口商，以促进出口商拓展市场，并解决进口商资金困难的问题，是银行和进口商、出口商"三方共赢"的交易。1996年之前，华为曾与招商银行总行合作，后者为购买华为设备的国内邮电局提供贷款，用于支付华为货款，这一举措深受当时的邮电市场欢迎，开展一年多，就有五个省三十多个市、县局受益。时任深圳市委书记厉有为对此给予很高的评价："不仅繁荣了内地的电信事业，而且是我市金融界具有突破性的一项改革，具有深远的意义。"

　　当华为进入海外市场，更是主动、积极地应用这一通行国际交易方式，同时带动了中资银行开拓海外市场和业务。

　　华为历史上最早的一个出口信贷记录，是在2003年12月，中国工商银行为俄罗斯某电信公司的华为项目提供买方信贷，创造了当时华为从第一批发货到全额回款的最快纪录：三个月。

　　2004年2月，中国进出口银行与华为签署六亿美元出口信贷框架协议，支持其海外市场开发和拓展。华为在报道中称，在其进入海外市场初期，就得到了中国进出口银行等中国金融机构的大力支持。2004年底，国家开发银行与华为签署开发性金融合作协议，在未来五年内为华为及其海外客户提供一百亿美元的融资额度，共同拓展海外市场，在合作中实现双赢，并探索中国企业"走出去"的合作机制。

　　国家开发银行和中国进出口银行两家中资银行对华为海外市场开拓可谓助力良多，前者是中国最大的开发性金融机构，海外融资经验丰富，后者是承办对外国政府和企业贷款的唯一政策类银行。此外，中国银行和中国工商银行，也都是华为海外中长期项目融资的主力合作者，前者有悠久的海外业务经营历史，后者近年出海意愿强烈。除融资信贷业务外，中国出口信用保险公司也为华为提供出口信用保险的金融支持。

　　在各类金融合作中，买方信贷对于华为拓展海外跨国大T和新客户非常有效。大T市场规模巨大，建网资金投入非常高，通常需要通过融资进行滚动建设。而新客户往往刚拿到电信牌照,网络建设资金有限,又还没有用户、市场,其要与现有运营商竞争,存在经营风险,华为向其供货,不一定能收回全款。而银行在评估市场风险方面,较华为有更多的信息和专业能力,又具备资金实力。因此,引入银行融资,既有利于帮助新客户启动市场,又可让客户因融资协议而将业务发展与华为强绑定。

华为在波兰打开3G市场就是成功应用买方信贷拓展新客户的一个典型案例。

2006年,一家名为P4的运营商拿到了波兰第四个3G牌照,希望利用3G转型之机,实现弯道超车。而华为在欧洲3G业务刚刚起步,也需要树立一个样板点,于是双方走到一起。但P4作为新网新牌,"家境贫寒",不但需要华为提供技术方案,也没有充裕资金启动网络运营,融资是必须的。但是,P4的股东仅仅是两家私募基金,无法获得强有力的母公司担保,其一切业务都从零开始,经营中不确定因素太多,因此,一般的商业银行都不愿意为P4提供融资贷款。此时,华为与国家开发银行签署的一百亿美元战略合作协议发挥了作用。

2006年10月,华为、国家开发银行和P4三方签署了首期商务合同和融资协议,P4开始快速布网,次年3月投入商用,短短一年时间,P4获得了超过3%的市场份额,而华为在波兰得到了与新客户共同成长的机会。2008年6月、2011年10月,三方续签了两期商务合同和融资协议,P4在这一过程中业务迅速增长,到2013年底,获得超过15%的用户市场份额,实力增强,逐渐获得了当地资本市场的认可,2014年初,P4通过本地资本市场成功发行了企业债,一次性提前还清了国家开发银行的全部贷款。

在拓展国内融资渠道的同时,华为也将目光转向海外银行。相较于中资银行,西方外资银行对华为有着独特优势和价值,包括对本地市场和本地货币走势更为专业的判断力、更加熟悉本地客户、更加理解本地业务,以及能够提供全方位专业咨询和创新解决方案设计等,因此,外资银行能够补充中资银行所不能及,从而形成有效联动。

2004年11月,华为在香港宣布获得三亿六千万美元国际银团贷款。此国际银团由澳洲联邦银行、荷兰银行、汇丰银行和中国银行（香港）牵头，另外有来自境内外国家和地区的二十五家国际知名银行参加。这是一笔无担保、无抵押信用借款，用以支持华为国际市场高速发展，加快国际市场开拓步伐。

此后，华为在英国伦敦、新加坡建立了海外融资功能平台，加大与海外各大银行、保险和多边金融机构的合作，融资结构更为多元化。

2012 年后，华为在国际融资领域长袖善舞，在 CFO 孟晚舟的主导下，开始组织举办自己的电信金融论坛，邀请全球电信运营商和世界各大银行、金融机构共聚一堂，架起促进三方合作交流的"彩虹之桥"。

首次论坛在新加坡举办，邀请了一百多家金融机构和十九位通信运营商客户参加，其间华为组织了三十多场双边和三边会谈，为双方投、融资需求牵线搭桥，效果显著，甚至有客户和银行在现场就达成融资合作意向。

受此鼓舞，此后数年，华为相继在迪拜、伦敦、纽约、日内瓦和墨西哥旅游胜地坎昆举办自己的"ICT 金融论坛"。

2014 年的纽约论坛，华为成功邀请了美联储前主席格林斯潘，借助其强大号召力，吸引了全球四十六家金融机构的一百多位金融高管与会，创下参会机构数量的历史纪录。2015 年的日内瓦论坛，华为组织了一百一十多场双边、多边会谈，成功签署九份融资协议。

借助这一电信金融论坛，华为一方面加强了运营商客户与其进行战略合作的意愿，促成或催化了多个电信项目；另一方面通过与国际大型金融机构的沟通和交流，学习财经、税务等方面的业务管理经验，拓宽国际视野，提高专业水平。

负责市场融资这一专业领域的销售与融资部，是华为财经体系一个专业水平极高、人员构成非常国际化的组织。

当然，与海外银行金融机构合作，也存在潜在风险。2018 年 12 月孟晚舟被扣留加拿大事件，就是长期与华为合作的汇丰银行在背后作祟，配合美国政府，对华为进行构陷。

与友商的"竞合"，减少市场竞争摩擦

从华为、中兴等中国企业崛起、通信行业进入移动时代开始，通信设备行业越来越趋向"寡头化"，市场竞争基本上是短兵相接。但通信设备产品谱系很广，因其具备的标准化属性，各家的市场天然是全球化的，所以，在产品组合、地理空间上，各设备厂家之间也存在着合作机会，形成了既有竞争又有合作的局面，因而有"竞合"一词。作为一种商业生存手段，"竞合"指的是在竞争中的合作。在华为内部，将竞争对手称为"友商"，也是着眼于双方合作的一面。

华为与友商的"竞合"，最初是在技术方面进行合作开发。早在 2000 年 5 月，孙亚芳与新员工座谈时就提到，华为和西方公司开展广泛合作，已经与朗讯、摩托罗拉和 IBM 等十几家公司建立了芯片研究的联合实验室，面向未来的技术加大合作，双方在竞争中发展合作，在合作中推动竞争，她告诉员工，"竞争迫使我们不得不创新，有效提高了创新的效率"，"不要把竞争对手当成敌人，是他们天天在教我们如何活下去"。

而与友商在商业方面的合作，最早应该是在 2000 年 7 月，华为与摩托罗拉签署协议，共同在中国和亚太地区销售 GSM 设备和端到端解决方案。这一合作的基础，是双方互通有无，各取所需：摩托罗拉有市场，缺产品，华为有产品，但需要订单。

在移动通信的 1G 时代，摩托罗拉以其起家的模拟对讲系统的技术积累，成为市场的绝对"王者"。但当进入 2G 时代，摩托罗拉却成为一个"异类"，其他厂家的 GSM 系统都包含了基站和核心网等成套设备，摩托罗拉只有基站系统，这是由于其此前没有开发过交换机，因而没有由此技术发展出的核心网产品。因此，在面向客户销售 GSM 系统时，摩托罗拉就需要与其他厂商合作，才能配齐整个 GSM 系统。此前，摩托罗拉曾与西门子为此合作。

摩托罗拉与华为签署的协议，也是这样一个合作销售。摩托罗拉购买华为 GSM 交换机及相关产品和服务，与自己的 GSM 基站系统相结合，共同为中国和亚太地区客户提供完整的 GSM 网络系统。而华为则看中摩托罗拉已与

一百四十五个国家的三百多个 GSM 运营商签订的 GSM 核心网合同，借此合作，向海外市场销售自己的核心网产品。

2004 年 2 月，华为与另一设备制造商西门子移动合作，成立合资公司鼎桥，专注于 TD-SCDMA 技术及产品的开发、生产、销售和服务，西门子占 51% 的股份，华为占 49% 的股份。这一合资的目的，是为中国 3G 市场做准备。由中国提出的 3G 标准 TD-SCDMA 技术中，TD 部分来源于西门子。在 TD-SCDMA 标准启动初期，华为还处于"冬天"，倾全力于 WCDMA 标准的产品研发，并无余力独自开发 TD-SCDMA 系统，因此选择和有一定技术储备的西门子合作，以一种联合体方式，进行市场投标。

此后，华为和西门子也在数据通信产品领域进行合作销售。2004 年 10 月，双方达成协议，华为为西门子的企业网通信解决方案提供路由器和交换机产品。为此，华为联合西门子举办了欧洲地区产品巡展，向西门子的欧洲客户介绍华为及其数据通信产品。

此外，为曲线进入美国市场，华为也曾于 2006 年初与加拿大通信设备商北电成立合资公司，合作研发和销售宽带产品。但由于北电很快陷入破产境地，最终这一合作协议并未实施。

2005 年后，华为明确提出"向拉宾学习，以土地换和平"的市场战略，声言要与友商共同发展，形成既是竞争对手也是合作伙伴的关系，共同创造良好生存空间，共享价值链利益。华为认为，2000 年 IT 泡沫破灭后，行业发展趋于理性，市场增长逐渐平缓，各家设备商增长空间有限，不能为争夺市场份额打价格战，把行业整体利润压低。特别是在海外市场，华为表示要通过提供高质量的产品和服务来获得客户认可，不做市场规则破坏者，不扰乱市场，以避免西方公司群起而攻之。

这一思路，一直贯穿到华为后来的通信运营商市场策略中。特别是与爱立信，双方在长期的市场竞争和合作中，形成了相当高的默契。在 2019 年后美国对华为的打压中，爱立信数次表态，美国不应该封杀华为，限制行业竞争。甚至在其本国政府表示要禁用华为 5G 设备时，也站出来反对，声称"瑞典需要华为"。[33] 显然，这是基于其在中国市场继续存在的关切之举。

🌐 美国市场"金瓯缺",屡战屡败终成憾

华为在美国市场二十几年屡战屡败的努力,最能体现其"坚韧性"这一基因性质的素质,但美国市场最终成为华为全球化的"金瓯缺",不过,这样的市场格局,并不能否定华为的全球化体格,实际上,这一格局正反映了今天全球化的真实图景,也许,只能用一种诗意的语言来表达这个真实图景:残缺的,才是完美的。

这一图景,是全球化发展中"国家"这一角色发挥作用的一个必然结果,在根本上,是不同的社会制度、文化,在全球化中不同的地位、追求和作用所致,超出了华为自身的能量。

市场干将入美,确定初期市场策略和主攻产品

从 1993 年在硅谷建立兰博公司、1998 年引入 IBM 进行 IPD 和 ISC 变革,在来来往往不间断的考察交流、与供应商沟通、参观各种高科技展会的几年里,华为对美国信息技术、通信行业已经相当熟悉了。美国不仅是世界信息技术高地,引领着先进技术发展的方向,还是通信行业一个成熟的、统一的、高利润的庞大市场,是所有通信设备商的必争之地,对于华为来说,亦是如此。

几乎与进入欧洲市场同步,华为在 2000 年底将成功开拓了亚太市场的常峥派到美国,研究在这里能卖点儿什么。经过一番考察,常峥选择在得克萨斯州的达拉斯市成立美国代表处,注册子公司 Futurewei。达拉斯有美国当时著名的本地电信运营商 MCI WorldCom(世界通讯公司)、SBC(西南贝尔电讯公司),华为的友商爱立信和加拿大北电也在此地,近郊的理查森市是一个高科技企业聚集区,有北美"电信走廊"之称。

经过几年在亚太海外市场探索和拓展,常峥对华为国际化发展已经有了相当深入的思考。2001 年初,似是呼应半年前杨杜教授的《世界级领先企业之路》,常峥也发表了一篇文章,认为国际化是实现"世界级企业"宏大愿景的

必由之路，并对实现国际化提出了一系列扼要建议，大部分建议都在华为后来的国际化发展实践中得到应用和实现，包括以全球化为终极追求目标，学习西方"游戏规则"，要敢于让人走出去，打造国际化队伍，建设全球IT平台和共享组织，克服地理距离和时差等，是华为历史上对国际化建设难得一见的系统性思考。

在其颇具远见的国际化蓝图设计中，就市场开拓策略，常峥的建议是先走"农村包围城市"的道路，但同时也要关注"城市和城郊"的发展，因为城里人也会经常出来看看，所以要在城郊多设点，让城里人慢慢感受这些变化。

华为在美国的早期市场拓展就是采用在郊区设点的策略。2002年，一家小运营商LeapWireless使用华为提供的全网CDMA移动通信基站和交换机设备，在全美推出每月只有29.99美元的不限流量、不限时长的颠覆性话费套餐，一时成为美国广大郊区人民的最爱。同时，华为也与MCI WorldCom洽谈在其美国本土以外的"郊区"市场合作，提供IP网络产品供应和本地服务。2002年5月开始，华为在WorldCom美国实验室进行了长达九个月的入网测试，也通过了国际关口局应用下的业务测试。但在合作框架协议签署前一天，两家公司同时收到了思科的律师函，合作告终。

而在产品选择策略上，华为美国团队经过一段时间的市场下沉调研后发现，在这个高端通信市场，自己除了在CDMA领域，网络系统通信设备并没有适配市场的拳头产品，反而是数据通信产品QUIDWAY系列交换机和路由器具备市场优势。原因在于：一是华为产品推出时间晚，采用了最新的处理器，各项技术指标普遍好于市场霸主思科的产品；二是价格低，能为渠道商让利提供足够大的空间。

在当时北美企业网数据通信市场中，思科已将其之前的竞争对手3COM的份额挤压殆尽，市场上几乎只有思科一家，垄断带来的利润率高达70%，但其留给渠道商的毛利空间却非常小。华为美国团队在进行市场调研时，不少思科的渠道商反馈，年底一算账，毛利只有10%多一点，刚够给员工发工资。

在确定将数据通信作为美国市场主打产品后，华为从深圳派出一众数据通信产品线主力员工前往美国，代表处制定了拓展两级渠道分销体系策略，目标是半年内在北美三十个主要城市发展五十家左右的渠道分销商，提出了"唯一不同的是价格"的产品宣传策略。之后，市场拓展团队迅速行动起来，驱车奔波在美国广袤的东西两岸之间，几乎跑遍阿拉斯加之外的各州主要城市，与在展会上见过面的渠道商沟通洽谈，销售额迅速见涨。

为了进一步打开美国市场，华为在 2002 年又将突破东非市场的刘京青派往美国，负责西部市场开拓，其借力于一位非常优秀的本地员工老汤姆，拿下了 LeapWireless 的 CDMA 合同。2003 年，华为将国内市场一线营销经验非常丰富的干将徐展调入美国，成立美东分部，与东部宽带运营商也很快进入实质性交流，但之后受思科诉讼影响，美东市场开拓就此停滞。

2006 年，任正非在一个内部讲话中说，美国市场还没有实现真正的突破，英美的文化与管理基本是相通的，所以要将英国作为培养管理干部的基地，将英国的管理输出到全球重点市场。这个重点市场，应该是指向美国。但后来并没有清楚地看到这一人事策略得到实施。

2009 年，英国电信 CTO 马特·布罗斯离职，华为招聘其入职美国。马特曾主持英国电信"二十一世纪网络"项目，华为借此打开了欧洲高端市场。马特是美国人，华为对借助其打开美国市场寄予厚望，给予优厚的激励，但结果并不如人意，其于 2012 年在美国国会对华为举行听证会后离职。[34]

而越到后来，越多的非市场因素左右了华为在美国的存在。2010 年，华为派出曾成功突破中东市场、当时已任全球销售部总裁的丁少华前往美国，担任这一重要市场的国家代表，但到此时，华为在美国市场的形势发展，已非个人能力可为。

思科知识产权诉讼，华为从美国暂时收缩

思科在 2003 年对华为发起的知识产权诉讼，是通信产业史上的一个重要事件，对华为来说，尤为重要。虽然案件本身最终以双方和解告终，但华为数据通信产品就此撤出美国市场，标志着华为以直接方式进入美国市场的第一次努力以失败告终。

而诉讼案产生的更深远的影响是，从此之后，思科在美国市场对华为形成了一道无形壁垒，在美国政界一直发挥着遏制华为的影响力，此后华为在美国市场做出种种努力，但一挫再挫，形势不可逆转。

思科是 IP 与数据通信技术领域里的王者，通过二十世纪九十年代中后期的一系列并购，超越了之前的领先者 3COM 公司，成为新兴的互联网产业网络设备市场的霸主，其路由器产品具有绝对控制地位。

华为美国团队经过本地市场调研，选择数据通信作为主攻产品后，也就意味着要与思科在其"大本营"市场正面作战，华为在当地有影响力的媒体刊登广告："它们唯一的不同就是价格"，背景图案是旧金山金门大桥，这是思科的标志，其意自明。

采取这一进攻性策略，华为的信心源于其在中国数据通信市场对思科取得的节节胜利。

华为从 1996 年开始进行数据通信产品开发，经过数年积累，到 2001 年，已具备了完整的交换和中低端路由器产品系列，并开始规模销售。到 2002 年，华为在中国路由器市场占有率直逼思科，成为思科在中国最大的竞争对手。思科主动下调中国市场的价格，平均降幅达 15% 至 20%，也未能阻止华为的高歌猛进，只是稍微减缓了自己的下滑速度。在海外，华为 2002 年的数据通信产品销量同比增长 200%，当然这是在小金额和小基数基础上的大幅增长，但反映在思科的市场占有率上，2002 年前两个季度就从 80% 下滑至 73%。

美国的数据通信市场规模占全球 40%，作为思科本土市场，这里的销售占其整体销售额六成以上。华为进入美国后，市场团队快速、高效运作，以价格为利器，复制其在中国市场的成功，思科的"噩梦"正在到来。2002 年 6 月，亚特兰大通信展之后，华为数据通信产品在美国市场的销售就比上一年度增长了将近 70%。虽然这也是在一个小基数、小金额基础上的增长，但思科担心的是趋势。

思科挥起的反击华为的大棒，是美国高科技市场的常规武器：知识产权诉讼。

2002年12月中旬，思科全球副总裁从美国来到深圳，向华为正式提出知识产权交涉，华为拒绝承认侵权，否认抄袭思科软件，但还是选择息事宁人，主动停止在海外销售有争议的路由器产品。经过近一个月沟通，双方未达成任何协议，不欢而散。

2003年1月23日，中国春节假期前几天，思科在美国提起诉讼，指控华为及其美国子公司盗用部分思科源代码，应用在华为路由器和交换机的操作系统中，对思科专利形成至少五项侵权。对华为的指控涉及专利、版权、不正当竞争、商业秘密等八大类、二十一项罪名，几乎涵盖了知识产权诉讼所有领域。

诉讼之前，思科公布了一个在全球投放一亿五千万美元广告的计划，为诉讼华为制造有利舆论声势。其发起诉讼的目的并非为寻求赔偿，而是遏制华为的市场发展势头。

这一系列行动，思科用时半年，精心策划。

思科起诉后，华为成立了由郭平和费敏、洪天峰等数位副总裁主导的应诉团队，包括知识产权、法务、研发、市场、公关等多个部门，集中公司主要力量来应对这场可能影响公司命运的重要诉讼。因为知识产权可谓高科技企业"命门"，一旦败诉，被认定为侵权，对当时正在准备开拓欧洲高端国际通信市场的华为来说，形象就此崩塌，将是一个致命打击。实际上，这种影响后来确实是发生了，华为在英国的数据通信产品市场拓展就因思科诉讼而终止。

郭平只身赴美，停留近半年时间，是思科诉讼战的"前敌指挥"。他同时兼任与3COM公司合资谈判负责人，这一谈判已经进行了一段时间，此时基于诉讼需要，华为做了一些让步。在诉讼案首次开庭后仅三天，华为与3COM宣布，双方将组建合资公司。

经过一系列诉讼和舆论战，最终结果是，2003年6月初，美国法庭驳回了思科申请下令禁售华为产品等请求，拒绝了思科提出的禁止华为使用与思科操作软件类似的命令行程序。不过又颁布了有限禁令：华为停止使用有争议的路由器软件源代码、操作界面及在线帮助文件等。

2004年7月，双方达成最终的有条件庭外和解协议，诉讼案获得一个相对和谐的结局。

这一诉讼结果，大大好于任正非最初提出的"小输就是赢"的期望，华为没有背上抄袭、侵权的恶名。取得这样的战果，得益于华为对诉讼祭出的"三板斧"。

一是在对商业垄断极其敏感的美国市场环境中，华为找到了"反垄断"的反击点，认为思科通过私有协议获得市场高达70%的市场占有率和利润率，形成事实垄断，而思科诉讼华为的本质，是害怕竞争。华为也借此论点，在媒体上反击思科为诉讼"发动了一场散播错误信息的运动"，在舆论上扭转了最初的被动局面。

二是取得3COM CEO在法庭上的支持性证词，称双方在成立合资企业前，3COM公司已花了数月与华为公司的工程师会面交流，并测试了产品，在此过程中，他"目睹了华为公司世界级的工程能力"，"相信从合资企业运出去的产品在世界上将是独特的和有竞争力的，并且这些产品是在完全尊重各公司知识产权的基础上设计的"。

三是邀请斯坦福大学教授数据通信专家丹尼斯·艾利森（Dennis Allison），作为独立第三方专家，他详细比较了双方产品源代码的差异，认为思科对华为复制其代码的结论言过其实，在证词中也解释了部分相似可能来自相同的开源，或者其他商用软件组件。

华为无线研发专家曹江对思科诉华为一案有非常详细的事件回溯和专业分析，其最后总结颇具信服力：源代码抄袭肯定是没有的，因为路由器产品使用的嵌入式软件，其设计与硬件的相关性很大，抄袭并不节省开发的复杂性和工作量，此外，也有可信的人证予以证明。但用户界面的仿制是存在的，在很大程度上，这是华为考虑用户习惯了使用思科产品，换用华为产品时会更容易上手。

虽然诉讼判决在法律上没有禁售华为产品，但华为还是选择撤回了在美国销售的几十台路由器，此后也没有继续在数据通信领域在美国拓展，而此时，华为还没有更具优势的产品来打开美国这个高端通信市场，思科诉讼案打乱了华为在美国市场的拓展节奏。

当然，凡事有弊有利，思科诉华为，对华为也产生了一些积极的影响。对内，使华为更为注重知识产权保护，是华为在国际化过程中最早意识到学习西方"游戏规则"的重要一课。对外，则提升了华为在国际通信业界的知名度。

思科起诉华为时，思科已是国际知名通信设备商，数据通信业界的"大哥大"，而华为还在亚非拉"第三世界"的偏僻角落里苦哈哈地"刨"市场，在欧洲绕着电信"豪门俱乐部"的大门寻找间隙撬开一个门缝儿。由于华为刻意低调，甚至在中国，通信业之外，也没有多少人知道华为，这场中美之间的第一次高科技企业知识产权诉讼，一时令华为在业界广为人知：能让美国的知名企业举起大棒子敲，应该还是有几斤几两的，大象怎么会在乎一只蚂蚁呢？况且诉讼结果也证明，华为是有自己的技术实力的。

这样的广告效果，在2019年年中美国发动对华为的不对等打击中再次体现。任正非一开始就说，感谢美国，感谢特朗普，为华为在全世界打了一个大大的免费广告。

思科案让世界知道了还有个搞通信的华为，美国对华为的打击，让全世界都知道有一个华为，5G通信技术很厉害。

三种进入方式均告失败，"金瓯缺"终成定局

华为突破美国市场，前后使用了三种方式。第一种，直接进入；第二种，通过并购，曲线绕道；第三种，通过合资，继承市场。

直接进入方式是华为的首选，但第一次尝试以思科诉讼案暂告失败。

在通信产业史上，每一次技术更新、网络代际交替，都是设备商改变格局的大好机会。到3G时代，华为向美国发起了新一轮直接进入的努力，2005年3月，华为的3G分布式基站在欧洲和美国开启了一次拓展"双城记"。

2005年初，当华为3G分布式基站在荷兰Telfort网络开始实验网测试时，美国通信运营商T-Mobile技术团队也被这一创新的解决方案所吸引，与华为进行了多次互访交流，之后华为技术团队在T-Mobile美国实验室进行了技术功能测试，结果令客户满意。不过在进行网络规划分析时，华为一线项目组认为，如果能将基站射频拉远单元输出功率提升一倍，会更有利于赢得T-Mobile的合同，国内研发团队决定就此进行技术攻关，承诺2006年上半年提供样品

测试。

2005 年 11 月，T-Mobile 派出技术评标团队，分别对华为香港客户、深圳基地和上海研发中心全面考察后，决定"以 120% 的努力向高层推荐华为"，华为率先进入两家短名单，并第一个进入实验室测试环节。

在与 T-Mobile 客户的互动中，华为一线项目团队一直将关注点放在摸清客户关键业务需求、提升产品技术竞争力方面，对市场商务获得的信息相对模糊，商务决策由公司作出。

在实验室设备测试进行的同时，华为与 T-Mobile 展开了几轮商务谈判。2006 年初，T-Mobile 发来传真，没有选择华为，测试也随之终止。即使后来余承东出马，亲自前往美国做最后努力，也未获成功。事后有人回忆，余承东当时难以抑制自己的悲痛，哽咽着安抚备受打击、抱头痛哭的一线拓展团队。

同样的悲情时刻，在 2018 年 1 月拉斯维加斯 CES 展上再次上演。华为原计划在 Mate 10 系列手机发布会上宣布与 AT&T 已达成的销售合作，在最后一刻因美国国会议员出面阻挠而取消，余承东在演讲台上几经踌躇后，发表了一段充溢着悲愤与激情的即兴演讲。华为手机多年来为进入美国市场的努力也就此告终。

回头来看，2005 年与 T-Mobile 的合作应该是华为运营商网络设备进入美国市场最后的一次好机会，是一个比较单纯的市场交易，但华为与其失之交臂。

不过失之东隅，收之桑榆。美国 T-Mobile 技术团队对分布式基站价值的肯定，增强了华为对这一产品发展方向的信心。而华为研发团队致力于为打开美国市场而进行的射频技术攻关最终成功，成为一个意外收获，这使得分布式基站在性能上进一步优化，实现了从局部场景应用向全场景的突破，从而在 2006年获得了英国沃达丰的大额订单并进行规模部署，也使之成为华为拓展全球大、中、小不同类型的运营商客户的新武器。

进入 4G 时代，华为在全球通信业立足已稳，但美国政府对华为的忌惮和敌意已经非常明显，多次拒绝了华为在美国的企业并购和技术专利收购申请。

2009 年初，在巴塞罗那通信展上，美国最大通信运营商威瑞森（Verizon）

公布其 4G 供应商名单，华为作为六家竞标者之一落选。其 CTO 公开表示，最终选择爱立信和阿尔卡特朗讯两家设备商，是因为它们提供了合理的价格和条款。而外界认为，是因为华为缺乏大规模部署 4G 网络经验，提交标书时间也比较仓促。[35] 但其实，这已经不是 2006 年华为丢掉 T-Mobile 3G 合同那么简单的商业事件了。

这在后面的事件中可以得到证明。2009 年，美国国家安全局干涉华为与 AT&T 的 4G 合同。2010 年，美国商务部干预华为与 Sprint 公司价值五十亿美元的 4G 网络合同投标。虽然此时华为已经足够小心，为了进入 Sprint 供应商名单，与一家由美军参谋长联席会议前副主席创办的企业 Amerilink 合作，以打消美国的安全顾虑。[36]

至此，十多年过去，华为在美国主流通信运营商大 T 这里，没有获得任何突破。

不过在 CDMA 领域，华为与这一技术的发明者美国高通一直保持着密切合作，还有一些作为空间，但 CDMA 技术终究是一个被旁落的 3G 通信标准，产业链很快就没落了。

2004 年 12 月，华为获得美国 CDMA 通信运营商 NTCH 旗下 ClearTalk 品牌的移动网络合同，并成功商用，高通公司总裁兼董事长在商用启动仪式上到场祝贺。在 LeapWireless 这里，华为 2006 年后又陆续获得 3G、基站和调制解调器的一些小额合同。

2007 年，华为尝试转向有线电视领域寻找合作机会。2009 年初，美国第三大有线电视公司考克斯通信（Cox Communications）选中华为，为其部署基于 SingleRAN 的 CDMA 无线网络。

2009 年 8 月，华为协助运营商 Clearwire 部署美国首个全国性 WiMax 网络。WiMax 是由美国传统 IT 厂商英特尔发起的一个移动通信标准，但由于种种先天原因，并未形成全球产业链，热闹了几年就归于沉寂。华为在 Clearwire 的合同，也并未为其在美国带来更多市场机会。

此外，据行业分析师估计，美国宽带网络通信公司 Level 3 自 2009 年以来，从华为采购了两亿美元的光纤网络设备。[37]

华为对美国市场的第二种尝试，是通过合资迂回进入，但也命运不济，成效不大。

2003年3月，华为与3COM成立合资公司，简称H3C，双方分别持有51%和49%的股权。根据协议，合资公司在中国和日本市场以H3C品牌销售数据通信产品，在其他市场则以3COM品牌销售。这样，华为数据通信产品以OEM方式迂回进入美国市场。

但两年过后，3COM在北美市场却一直进展不顺，其品牌效应已经丧失。2005年11月，华为如约将合资公司2%的股权转让给3COM，后者获得合资公司控制权，华为得到的承诺是，原来由3COM负责的二十多个国家，包括北美市场将全部开放给华为。

但最终的市场结果证明，在与3COM的合资行动中，华为的最大收益，可能就是在思科诉讼案中获得美方的有利证词，合资本身并没有为华为海外市场拓展带来成效，反而给自己培养了一个竞争对手。2006年11月，华为将合资公司的剩余股权出售给3COM，完全退出H3C经营，从中获得了一定的财务收益。

第二个合资"借道"案例，是2006年2月，华为宣布与加拿大通信设备商北电合作，成立一家开发宽带接入产品的公司，北电将持有多数股份，总部将设在加拿大渥太华，合资公司开发的产品将由华为和北电包销，同时，北电可以开始销售华为现有的宽带接入产品。[38]

设立这一合资公司，华为试图绕道加拿大这个北美自由贸易区国家，曲线进入美国。但是，此时的北电，已是时乖运舛，经历了IT泡沫破灭后大幅裁员、股价大跌、技术演进方向判断失误、财务造假引发集体诉讼，正走向崩溃边缘，签约后数月，北电即宣布停止与华为的合作，其最终于2009年宣布破产。

值得一提的是，操办了这一次合资的北电一方CEO，是美国人迈克·扎菲罗夫斯基（Mike Zafirovski），算是华为老熟人。2003年，在其担任摩托罗拉公司总裁时，差点儿以一百亿美元出手收购了"冬天"中的华为。但由于签约前摩托罗拉高层人事变动，这桩收购没有被新任CEO批准，华为继续自力更生，活了下来。

合资不成，还可以考虑收购，以继承收购对象现有市场和客户，这是华为进入美国的第三种方式。

2007 年 9 月，华为联手贝恩资本竞购 3COM，开价高出 3COM 当时股价 44%。最初，3COM 同意了交易，但六个月后，CFIUS 以"危害美国政府信息安全"为由阻止了交易，贝恩资本退出，交易夭折。[39]

2009 年北电破产，2010 年摩托罗拉分拆，在两家公司资产拍卖过程中，均有消息传出华为试图参与竞购，任正非在 2019 年时对外界确认这两次收购意图："我们曾经想收购北电，最后因为商业考虑也没有做。没出价，双方谈论了收购方式。……过了几年，摩托罗拉垮了，华为反过来想收购摩托罗拉时，也没做成。"

北电的无线资产由爱立信购得，事后证明这是一个巨大的成功，爱立信自此成为北美最大的电信设备商，而美国市场从 2008 年仅占爱立信全球销售收入 7%、排名第三，到 2010 年即以 23% 的全球占比排名第一[40]，美国成为爱立信一个巨大的"类本土市场"。

至此时，美国市场已有三家通信设备供应商，华为进入的空间非常小。

到 2010 年，华为在美国市场"终局"已显。在美国商务部部长直接致电 Sprint CEO "表示关切"导致华为失去 4G 大单机会后，华为内部对进入美国市场已不抱希望。而美国政府对华为的各种阻挠行动越来越频繁，提出各种"莫须有"的指责，包括华为非上市公司，股权、运作不透明，任正非有部队工作背景，华为受中国政府控制可能进行间谍活动，等等。2011 年 2 月，华为副董事长胡厚崑发表一封公开信，澄清长期存在的不真实谣言和断言。

2012 年 10 月，在经过一段长时间的调查后，美国国会对华为和中兴两家公司进行国会听证。听证会之后，美国众议院情报委员会发布报告称，华为和中兴产品威胁美国国家安全，并警告美国电信公司不要采购它们的设备。至此，美国政府对华为设备与美国国家安全的关系，明确定性了。

2013 年 4 月，在华为分析师大会上，华为轮值 CEO 徐直军表示："华为运营商业务未来主要的增长市场是发达国家地区，但不包括美国。"外界解读，华为正式放弃在美国通信运营商市场的努力。

华为与美国，一个匪夷所思的现代商业"奇观"

华为对美国市场的错失，始于一桩知识产权诉讼，虽然在之后的努力中，有华为自己的决策失误，但终究是基于商业的误判，然而事情却一步步走向一国政府对企业家施以个体的政治"绑架"和对企业的一场商业"谋杀"，虽然背后有思科这只"看得见的手"的推力，但最后演变的结果，可以说是近代世界商业史上一个令人匪夷所思、叹为观止的"奇观""异事"。

一个世界上最崇尚自由竞争、靠实力说话的市场，却不允许一个依靠自己的技术实力、通过激烈竞争走出国门、在全球立足并进而领先的公司，进入这个市场。

一个吸引了全世界优秀人才，创造出半导体、计算机、互联网等先进技术的国家，让全世界享受这些技术发明带来的巨大便利，却不允许应用了这些技术而创新、制造的产品来造福自己国家的人民，让他们享受优质而廉价的通信服务。

多少年来，美国的优秀跨国企业、专业咨询公司，纷纷远渡大洋，来到中国，指导华为如何经营、发展自己的跨国业务，管理自己的全球员工，助力了华为的壮大，而美国政府却势要将华为消灭于无形。

美国倾举国之力不对等地持续打击华为，其目的从一开始的令人费解发展到后来的昭然若揭，而任正非对美国的认知也在逐渐发生变化。

从 1992 年第一次访美，任正非对美国技术的先进和美国人的敬业精神的赞赏就溢于言表。此后随着华为与美国在技术、企业管理、市场拓展等各方面的交流日增，任正非对美国的认知也日益丰富和切实。

比如，对美国是一个开放的、自由竞争的市场的认识，任正非曾提到，华为早先进入美国市场时，总是担心自己一家小公司是否会受到排挤，但 AT&T 在华为测试设备时，就告诉他们，"美国是最不保守的，谁的东西好就用谁的"。

对美国在技术上的创新、引领作用，任正非说："我们要重视它对未来标准的认识。如果美国不用 TDD，它就不可能成为国际标准；如果美国推动 WiFi，WiFi 就能进攻这个世界。"美国是一个创新力井喷的地方，"第一，美国保护创新……；第二，美国人不怕富，人不怕张扬，否则哪有乔布斯？美国对乔布斯很宽容……他的早期是不被认同的，没有早期哪来晚期。我们要学习美国的创新精神、创新机制和创新能力"。

美国最为任正非称颂的，是其人才吸引和使用机制："美国就是利用它的机制把全世界的人才拉到那里去，到那里去以后，都在美国生蛋。"华为从美国好不容易"买了两个蛋回来，一打开才发现是中国蛋。为什么不把中国鸡留在中国生蛋？为什么中国的鸡跑到国外去？……我们要超越美国就要向美国学习"。

任正非以美国为榜样，学习美国的一切优秀之处，来强壮华为。虽然早在1997 年他就已经认识到，"未来的信息产业最终是中美两国的对抗"，但这种认知还是基于技术层面的，并不是经济、政治和意识形态上的预判。

对内对外，任正非都极少表达对各国政府和公共政治的态度，其自身定位就是一个企业家，对国家的贡献在于税收，与国家的关系在于遵守法律，任正非要求员工绝不参与政治活动。而他除非出于商业需要，并不与政府官员有交往。

但对美国政府的态度，任正非在 2010 年逐渐有所表达。在一次谈到"开放、妥协、灰度"文化时，他以美国作为反面警示员工，"看着华为慢慢地也强大起来了，我们有些干部生长的骄娇二气，越来越像美国，霸气也在我们的干部中滋长，我们要学会示弱"，并说明，这句话是他几年前对美国一个政治家说的，"主要不太赞同美国的单边主义，太强势、太霸权，也许它弱势一点，不仅世界和平，而且拥护它的人更多。大家都往后退一些，才能够形成稳定的结构"。

2010 年美国商务部干预 Sprint 与华为的 4G 合同后，任正非对美国态度大变："我们提出了新的历史使命，在信息领域里与美国公司正面竞争。我们过去的观点是比较韬光养晦，尽量回避与美国公司正面竞争。"但现在，"我终于放下精神包袱了，终于敢于直面和美国公司正面竞争了，不再顾忌什么了，不再向它们妥协了。以前总一直抱有希望，美国这么优秀的国家，会公正的……

我们最后的希望没有了，美国的傲慢与偏见，反而使我们挺起了胸脯，直面竞争了"。

此后，华为高层内部意见统一，提出要"潇洒走一回"，敢于与美国正面竞争、超越美国公司，"最多就是输……垮了也无怨无悔。只要努力奋斗就能潇洒走一回，我们要敢于拼搏。大时代变化太快，华为这种后发的优势已开始体现出来，我们要敢于领先、超越、驾驭这个时代"。

到 2016 年左右，华为已经意识到自己作为一个国际化企业，在中美两国竞争中的敏感地位和潜在风险。在当年的一个内部讲话中，任正非提出要强化合规建设，认为华为的市场已覆盖一百七十多个国家与地区，法律遵从是企业在全世界生存、服务、贡献最重要的基础，明确"我们不仅要遵守各国法律、联合国决议，而且在敏感地区视美国国内法为国际法。不然，我们就不可能全球化"。

2019 年，美国对华为发起精准、定点打击，任正非在接受加拿大媒体的采访时明确表示，"5 月份以后，我们认为美国的最终目的是要消灭华为公司，孟晚舟事件只是起头"。他认为，美国不会取消"实体清单"，这并不是因为华为犯了什么错误而受惩罚，而是美国想要消灭华为，美国对华为是"欲加之罪，何患无辞"。

但即便认清了美国的最终目的，任正非也坚持向美国学习。2020 年 7 月，在与中国各高校的交流座谈中，他提到美国的打击，"一个大棒打下来，把我们打昏了，开始还以为我们合规系统出了什么问题，在反思；结果第二棒、第三棒、第四棒……求生的欲望使我们振奋起来，寻找自救的道路"。但任正非说："无论怎样，我们永远不会忌恨美国，那只是一部分政治家的冲动，不代表美国企业、美国的学校、美国社会。我们仍然要坚持自强、开放的道路不变。你要真正强大起来，就要向一切人学习，包括自己的敌人。"

在坚持向美国学习的同时，任正非一以贯之地坚决反对民粹主义，反对狭隘的民族主义，要求全体员工要正视美国的强大，看到差距，坚定地向美国学习，"永远不要让反美情绪主导我们的工作，在社会上不要支持民粹主义，在内部不允许出现民粹，至少不允许它有言论的机会。全体员工要有危机感，不能盲目乐观，不能有狭隘的民族主义"。

■

2003 年，华为差一点把自己变成一家美国公司，以一百亿美元卖给摩托罗拉。任正非后来提到华为这次不成功的"卖身"，感慨地说，"历史是一场误会"。

华为与美国的纠葛、恩怨，表面上看，似乎是一串接一串的由企业到国家、由商业到政治、由内而外、渐积渐累的一场大大的"误会"。人类历史发展中很多重大变化都源于一场"误会"，但是，正如后人细究，很多"误会"的发生，又都显示着某种"历史的必然"。华为在美国的遭遇，其实也是一种"历史的必然"。

二战后的全球化，是西方世界，尤其是以跨国公司主导的全球经济的一体化。在此过程中，全球资源重新分配，带来国家、市场利益调整，进一步导致国家力量的不平衡，特别是美国的一国独霸逐渐失去其绝对优势地位，而中国经济快速崛起，凸显出与西方相异的政治运作体制的巨大优势。国家间政治体制与民族文化的差异，并未因经济、生产的全球化而弥平、消失，反而因国家力量的不平衡进一步割裂和对立，使得这些差异更为显性化。在国家与民族的对立、纷争表面之下，底层的文化价值观差异发挥了深度割裂的作用。因此，当经济和生产的全球化发展到相当深度时，全球化中的另一个主体角色"国家"开始出手，对全球化进行再平衡，进行"逆全球化"。"逆华为的全球化"，就是其中掀起的一朵巨大的浪花。

这是今天深度全球化后显现的一个"大坑"。率先走出中国、实现全球化的华为，"身先士卒"地掉到了这个"坑"里。那些还没有或者刚刚走出中国、实现国际化的中国企业，只因其在代表先进性的科技领域和代表安全的国防领域里领先，预示着中国"国家"力量的崛起，它们和华为一样，也一个个落进了美国的"实体清单"里，成为美国对全球化"再平衡"的行动对象。

华为在美国的故事，并不匪夷所思。

第三章

国际化管理为全球化发展
储备能量

如果说，从华为全球化历史发展中，人们看到的持续创新的产品技术研发、坚韧不拔而厚积薄发的海外市场开拓，是华为的"面子"，国际化管理则是华为的"里子"。正如一个人的长寿取决于五脏六腑的健康和均衡运行，一个企业内部的组织管理水平，决定了它能否基业长青，在面对外部环境的种种动荡和激烈市场竞争时，能否应付裕如。华为倾数十年之力，向西方持续学习，打造的一整套内部组织管理体系，正是其以"国际化"为目标而进行的"二次创业"内涵之所在，为华为产品、市场"双轮驱动"的国际化发展，储备了内在能量。

向西方学习企业管理，打造"世界级企业"

1998 年 2 月，任正非的第二篇访美纪行《我们向美国人民学习什么》发表，吹响了华为引入 IBM、进行业务流程变革的号角，也开启了华为学习西方企业管理的"洋务运动"新篇章。

其特点有三：一是坚定不移、集中精力，认准 IBM 一家公司，持续、系统地学习其业务流程化管理。从 1999 年开始的 IPD、ISC，到 2014 年结束的 IFS，三大管理变革项目先后进行，持续长达十五年之久。二是 IBM 顾问团亲自下场，来到深圳，与华为员工组成项目组共同工作。三是华为穿上 IBM 的"美国鞋"，业务流程变革"削足适履"，先僵化，后优化，再固化。

引入一家并非以管理咨询为主业的美国高科技工业企业，复制其正在运作的业务流程和管理机制，十几年里坚持不懈，全面改造、系统优化自己的内部业务管理和组织，华为开创了中国企业学习西方管理的独特方式，其本身，就是一种管理创新。而结果也证明，这是华为发展史上最具影响力的决策之一，华为从一家小公司成长为一个大公司，从国际化走向全球化，实现任正非打造"世界级企业"的终极梦想，IBM 在此间厥功至伟。

其中，IPD 项目使华为产品研发从之前依靠个人天才和集体突击，偶尔能产出优秀产品的小作坊式开发模式，进入可以持续推出有竞争力的产品和解决方案的"规模化、流程化、可管理、可复制"状态，不仅缩短了研发周期，也提升和稳定了产品质量，为华为身携产品利器、打开各类国际市场，发挥了巨大作用，有力地支撑了任正非"三分天下有其一"的产业地位目标。

IFS 项目则构建了全球端到端打通运作的几大主干业务流，使华为的组织向 IBM 前总裁彭明盛定义的"全球整合企业"（GIE）演进成型。更为重要的是，IFS 项目将企业在全球化运作中对各种"游戏规则"的遵从要求，包括海关、贸易、税务、劳工、签证，以及外汇风险规避、客户承诺与信用管理等跨国交易安全保障，嵌入各业务流程运行之中，将外部规则"内在化"，熔铸了华为全球化组织平衡、稳健运作的坚实肌体。IFS 管理变革，是华为从一个国际化企业"化蛹成蝶"，变身为一家实质意义上的全球化企业的关键历程。

而穿上 IBM 的"美国鞋"，只是华为向西方学习管理、上下求索多年的结果之一。罗马不是一天建成的，华为的国际化管理也并非仅靠学习 IBM，毕其功于一役。在此之前，自此之后，华为一直都在通过各种途径，从"走出去"，到"请进来"，利用所有资源，在各个业务领域，引入西方成熟、先进的企业管理，或大处剪裁，轰轰烈烈，或小处着眼，点点滴滴，致力于在管理上与国际全面接轨，建设任正非心目中的"世界级企业"。

"走出去"，主动学习、考察西方先进企业管理

从 1993 年开始，一批批华为研发专家、管理者走出国门，考察西方先进技术研发和生产制造。在此过程中，他们认识到，在西方技术先进性背后，是其卓越的企业管理。管理逐渐成为华为赴海外考察的内容，尤其是对美国高科技企业的管理，从最初的稍带观察、顺便探讨，到后来作为主题专程访问、学习。此外，出国访问多有不便，华为也前往西方企业在国内的分支机构登门求教。

"走出去"学习西方管理，关注人、信息与 IT 建设

这种"走出去"学习西方企业管理的活动，多属各个业务部门自发为之，初期主要在人力资源、IT 系统建设、信息安全等领域，改进活动立足于本部门业务运作，相对散点化。但在具体改进之外，这些学习考察活动为华为提升管理理念和认知打开了一扇扇窗，后续华为引进西方管理咨询顾问入场指导，也就顺理成章。

在"走出去"学习管理过程中，华为最先关注的是对人的管理。

人是企业管理最基本、最核心的内容，尤其是对于作为知识经济重要载体的高科技企业而言。

1994 年 7 月，华为派出一个七人研发考察团赴美，在一家规模、文化诸方面都相似的高科技公司，双方就研发人员的管理进行了讨论，包括弹性工作制和基于信任的经理负责制下的绩效考核。

1995 年初，任正非一行前往当时国内最大的程控交换机厂商上海贝尔，商谈技术和商务合作，也参观了上海贝尔下属的三家制造工厂，任正非对其生产线工人的高强度技术培训和稳定、积极的工作心态印象深刻，也注意到贝尔为客户提供昼夜服务的远程技术支援中心这一全球化运作服务组织。

1997 年 10 月，华为人力资源部等三部门人员访问了惠普和 IBM 在广州的分公司，对两家公司重视员工培训、将培训作为人力资源增值的重要途径之一

颇有共鸣。在 IBM，他们学习、研究了职位体系和员工评价管理。

1997 年底，孙亚芳带领两位人力资源主管前往英国，接受了为期两周的英国国家职业资格（NVQ）培训，之后，华为引入任职资格认证机制。

1998 年中，华为一个高级行政管理干部培训团队前往摩托罗拉大学（中国）进行交流互访，详细学习了摩托罗拉公司的培训体系，包括价值观、培训理念、课程体系和培训交付等。

与对人的管理同等重要的，是企业的信息系统管理。

胸怀国际化的华为很早就认识到，面对竞争日益加剧的全球化市场，企业信息平台建设是提高竞争能力的有效途径之一，将此置于极为重要的战略地位。早在 1995 年，华为全面使用甲骨文公司（Oracle）的制造资源计划（MRP II）软件，是国内第一家引入 Oracle 系统的用户企业。华为负责企业信息系统建设的部门名为"管理工程部"，在这一管理领域向西方企业学习的结果，是实实在在、看得见的。

1995 年，一个研发考察团赴美参观 AT&T 时，就为其网管中心控制室所震撼。他们看到一面由七十五块屏幕组成的影像墙，每隔五分钟显示 AT&T 全球通信网络运行状况，监督信息巨流的吞吐，检查网络的运作是否正常，"中心控制室犹如人的大脑，有条不紊地管理整个网络的资源"。

2000 年，华为坂田基地的公司数据中心建成，所有获准参观的访客，也像当年进入 AT&T 网管中心控制室的华为员工一样，震惊于迎面而来的巨幅大屏而止步不前。在这个占据两层楼高、数十米宽墙面的屏幕上，实时显示着连接华为全球组织的 IT 网络系统的运行状态，各色指示灯布满巨大的世界地图，星星点点、或明或暗地闪烁不停，屏下散坐着几位身着白色工服的技术人员，对公司全球信息网络系统进行不间断监控，确保其二十四小时运行正常。

1998 年初，管理工程部和研发部门一行六人前往美国，走访了惠普、Sun、IBM、飞利浦等近十家公司，看到了世界一流公司在信息技术应用方面的发展，也意识到自己在 IT 建设上的巨大差距。参访的 IT 系统负责人欣喜地发现，自己为解决办公地点分散而构想的 IT 系统维护热线已在美国公司中广泛采用，并已有成熟的商品化软件，即 HelpDesk 支持。1998 年底，IT 热线在华为正式运营。

此外，信息安全是华为考察团特别关注的管理点。

这既是因为，他们是考察行程中信息安全管理对象，有切身的体验，也是由于，华为自己的知识产权保护意识比较强。

从 1996 年一个研发人员的访美纪行中可以看到，他们所拜访的各大公司，无一例外都在指定的会议室、由专门接待人员负责交流讲解，厂区参观也是在一个特定区域里进行，由此可见国外公司对技术保密的重视，反观自己，"经常可见参观的客人或器件供应商在开发部内随意走动、交谈，而毫无戒心的开发人员有时是有问必答，两相比较，反差是明显的"。

此后，就高科技企业安全系统和保密管理，华为派人专程赴美国进行了为期两周的考察，走访、参观了甲骨文、思科、惠普、AT&T 等九家高科技企业。华为搬入坂田基地后，在信息安全管理上执行的颜色分区管理、启用门禁系统、访客随身陪同等严格措施，应该与此次考察学习不无关系。

2000 年，华为知识产权处向美国某著名电脑芯片制造公司在中国的分公司了解其安全管理，重点学习了网络安全管理，对其日常出入门禁、垃圾处理和文档销毁、安全事件调查程序，以及安保人员管理等进行了细致的研究。

在亲自登门造访、实地参观学习之外，华为"两报"和编委会也经常摘录或翻译外部商业管理期刊文章，介绍西方管理学界的研究理论或观点，并以当时美国最领先的高科技企业，如 IBM、英特尔、微软等，作为标杆，学习它们企业管理的各个方面，尤其是人力资源、市场营销等，算是一种纸面上的"走出去"学习。这一类学习对象，也包括那些华为不便去登门造访、参观的西方友商，比如爱立信、思科等。

任职资格认证机制是"走出去"学习西方管理重要所得

1997 年，华为在人力资源管理领域引入英国国家职业资格（NVQ）认证制度，由此建立了员工任职资格认证机制。

华为引进 NVQ 制度的最初缘起，是任正非提出要建立秘书的职业发展体系。1997 年 6 月，华为获邀成为劳动部中英合作项目"英国国家职业资格"的两家在华试点单位之一，在孙亚芳带队赴英学习之后，英国专家又应劳动部之邀访问中国，来到华为进行了三天培训，详细讲解了英国行政管理资格标准及考评方法。之后，华为首先在秘书体系应用任职资格认证，对打造一个高度职业化的秘书队伍发挥了极大功用。此后，任职资格认证机制陆续推广到管理者和人力资源其他专业领域，实施效果并不明晰。

NVQ 认证制度是英国工业发展繁荣稳定后标准化、规范化的产物，其以具体职业工种的操作标准为基础，形成人员的上岗能力证明，是英国政府和产业界根据对社会中各职业的功能分析和产业部门的实际需要而制定。华为应用任职资格认证机制的初衷，是通过岗位任职标准来牵引员工在本岗位的工作能力提升。这一认证机制特别适用于有确定性岗位职责输出要求、有可评估的行为标准和量化结果的任职者，有助于提升这一类员工队伍的职业化水平，秘书就是其中的典型，所以应用效果最佳。而在二十世纪九十年代中期华为内部组织、人员管理处于混沌、无序的扩张状态的现实情况下，应用任职资格认证在规范化管理和平衡各方利益方面也发挥了一定作用。

但就其本身特性来说，基于 NVQ 制度而引入设计的任职资格认证机制并不适用于高科技企业中那些无法事先准确定义结果输出、没有明确程序标准的创新型工作和人群。

任正非本人对任职资格认证有清晰的认识。在 1999 年这一机制还没有在华为大规模推行时，他就多次表示，这无助于创新："我们的任职资格是从英国捡来的……我今天讲英国，是要讲英国的规范化管理，英国的管理条理十分的清晰。英国现在为何渐渐衰落了？原因在于没有创新。""我们有一套任职资格管理体系，但现在看来也未必很好，英国与我国现在情况是很类似的，很规范，但没有生命力。"但当时他认为，华为薪酬体系将采用美国合益公司的设计，富有美国的创新意识和机制，英国的规范管理加上美国的创新激励，华为还是有生命力的。

但任职资格认证随后被华为管理层认为是提升员工能力的"灵丹妙药"，随着应用范围越来越广，标准越来越细，这套认证机制反过来变身为对员工个人能力和水平的评估工具，功能就本末倒置了。尤其对那些实际无法定义任职标准的新业务岗位和创新型工作，任职标准的描述成为一种文字游戏，也使得对人员任职能力的评估走向主观化，进一步引发了一系列潜规则和暗箱操作，那些有个性、有创见的员工根本不参加繁文缛节的认证，或者很难通过认证，隐性地抑制了华为在技术和专业领域的创新，而海外本地员工根本无法理解这一机制运作的目的和价值，任职资格认证的覆盖率一直很低。

到 2010 年，华为人力资源管理体系进一步强化了任职资格认证的结果应用，将其与员工个人职级晋升捆绑，不认证个人职级就无法晋升，而反过来，个人职级晋升不到任职资格结果对应的级别水平，又无法参加认证，形成一个嵌套的"死循环"，导致广大员工甚至基层 HR 都普遍认为，任职资格认证就是公司为了控制员工升职级、加工资。任正非在此不久之后即提出"破格升级"，是在规范之外的破局之举。此是后话。

任正非 1997 年对 IBM 的访问是"走出去"学习管理的最重要行程

1997 年圣诞节前，任正非率队拜访 IBM 等几家美国高科技公司。此次考察行程结束后两个月，任正非就撰写了《我们向美国人民学习什么》一文，相较而言，其 1992 年首次出访所写的《赴美考察散记》是在行程结束之后一年多才发表，两篇文章的标题也对比鲜明，前者直奔主题，后者以"散记"为体，略具闲情。由此可见，任正非此时对改进企业管理的迫切需求。

这种迫切性，从文章开篇即已体现："1997 年岁末，在西方圣诞节前一周，匆匆忙忙地访问了美国休斯公司、IBM 公司、贝尔实验室与惠普公司。美国人都在准备休假，我们却要在这么短的时间，横跨美国大陆从东向西访问。这些大公司的许多高级人员都等着我们，给予了我们热情真诚的接待，着重介绍了他们的管理，我们得到了许多收获。"

这种迫切性也能从一行人的学习积极性看得出来，他们在 IBM 整整听了一天管理方面的介绍，任正非说"从早上一直听到傍晚，我身体不好，但不觉累，听得津津有味"。在美国处处万家灯火的圣诞节假期，他们把自己关在硅谷的一家小旅馆里，三天没出门，消化学习笔记，整理出一厚叠简报，准备带回国内传达。

如果说 1992 年首次赴美考察，任正非是带着对美国巨大的好奇心而去，1997 年底的这次访美，则是在华为的快速发展中，任正非面对组织管理的巨大压力，将目光再次转向美国，寻求解决之道。

在这两次访美之间的短短五年时间里，华为已经从一家产品销售"青黄不接"的小公司，变身为拥有一系列自主研发产品、在中国数一数二的通信设备行业强力竞争者。而美国科技业界也发生了许多变化：昔日信息世界巨无霸IBM，让一些小公司"作弄"得几乎无法生存，差点解体之际，幸得郭士纳空降IBM，精兵简政，完成转型，但王安公司已经消失得无影无踪，而创立个人电脑的苹果公司，也几经风雨飘摇，任正非当时怀疑"我们还能否吃到下世纪的苹果？"

此次访美，任正非看到，美国的信息科技市场是"一批一批的小企业，成长为参天大树，大树又遭雷劈。不断的生，不断的亡"，在这背后，是美国的创新机制与创新精神，任正非说，"这种从国家立场上来讲的宏观力量，永恒地代表美国的综合国力"，"美国在这种创新机制推动下，风起云涌、层出不穷的高科技企业叱咤风云"。

他认为，正是在这种创新机制推动下，高强度市场竞争"逼出了美国在科技管理上的先进"。IBM用一本书、一天的时间，教给华为的"是付出数十亿美元直接代价总结出来的，他们经历的痛苦是人类的宝贵财富"。

学习IBM被"逼出来"的先进科技企业管理经验，就是任正非此次访问的目的。IBM由于长期处于胜利状态，造成冗员、官僚主义，运作困难重重，管理混乱，"聪明人十分多，主意十分多，产品线又多又长，集中不了投资优势。又以年度作计划，反应速度不快"，几乎令IBM解体，"华为会不会盲目乐观，也导致困难重重呢？这是我们访美的目的"。

访美行程中，他们还考察了一些小公司，也让任正非感受到学习美式管理的重要性。这些小公司与华为几乎是同时起步，年产值已达二三十亿美元，而与华为差不多规模的公司产值都在五六十亿美元以上，是华为的三到五倍。任正非认为，华为发展不快，既有内部原因，也有外部原因。内部原因就是不会管理，华为没有一个人曾经干过大型高科技公司，从开发到市场，从生产到财务，在所有领域，全都是外行，是不谙世事的学生一边摸索一边前进，高层管理者大量的精力用于员工培训，而非决策研究。"这次访美我们重在学习管理。

学习一个小公司向规模化转变，是怎么走出混沌的。"

　　但华为选择向美国学习企业管理，入门求正，立志须高，任正非所瞄准的，是 IBM 这样的大公司的管理。"华为一直想了解世界大公司是如何管理的，有幸 IBM 给了我们真诚的介绍。回公司又在高层进行了两天的传达与研讨，这一百多页简报激起新的改革火花。"

　　1998 年 8 月，IBM 作为管理顾问进驻华为，亲授其"世界级企业"的管理之道。多年后，其中的一位 IBM 顾问约瑟·斯密（Joseph Smith）回忆说，当华为找到 IBM 求教企业管理时，他们深感异常，却也误读了形势："我们看到了中国的开放……我们认为中国人对这类管理知识的需求，会是一个巨大的市场。事实是我们大错特错，只有华为才有这种思维方式。"同样，任正非当时也曾希望，IBM 通过华为在中国建立样板点，会拓展其管理咨询市场，"我们将全力以赴推广"。但 IBM 在华为指导企业管理变革，在中国不仅是一场"首秀"，也是一段"绝唱"，当时的中国，没有几家公司像华为这样，视管理为企业的"核心竞争力"，并愿意为此花费高昂的价钱、付出巨量心血和精力，专注于业务流程和组织管理的持续优化。

"请进来"，购买管理咨询服务，提升专业领域管理水平

　　在引入 IBM 顾问团"下场"指导、进行管理变革之前，华为已经与西方专事管理咨询的顶级顾问公司展开合作，购买其顾问服务，帮助自己在专业职能领域进行管理优化。

　　在当时的中国企业界，尤其是民营企业，像华为这样花钱购买外部咨询服务，提升自己管理水平的做法，也是极为罕见的。1993 年，波士顿咨询公司（BCG）在上海落地，是第一家进入中国的西方管理咨询公司[1]，但在很长一段时间里，其客户还主要是在华外企，即使到二十世纪九十年代末、二十一世纪早期，向波士顿咨询公司寻求管理改进帮助的中国企业，也只是个别的大型国企。

　　但在华为这里，从 1997 年开始，一众世界知名的西方顶尖管理咨询公司

都找到了发挥自己价值的机会。从当年人力资源管理领域的"四大"——合益（Hay）、美世（Mercer）、翰威特（Hewitt）和韬睿（Towers Perrin），财务管理领域的"四大"之毕马威（KPMG）和普华永道（PwC），到战略管理咨询公司波士顿咨询、埃森哲（Accenture）和贝恩咨询（Bain）等，多年以来，它们一直与华为保持着密切的合作，活跃在华为各大管理变革项目中，帮助华为在各个领域改进管理。这些西方管理咨询公司向华为输送了各专业领域国际化管理的概念、语言、思考架构和思维模式，是华为在管理上与国际接轨的一股重要的中介力量。

首先进入华为提供专业顾问服务的，是人力资源管理咨询公司

1997 年 7 月，由中国人民大学六位教授[2]主导起草的《华为基本法》经过四轮讨论告一段落后，华为管理层决定，下一步全面推开职能工资和岗位考核制度，为此，将聘请对工资、考核富有经验的外国顾问公司，以"将人大教授们的宏观思维体系和西方咨询公司的微观操作体系结合起来"。

华为考察了几家西方咨询顾问公司，最终选定了美国的合益。1997 年 11 月，任正非与合益的一位负责人韦女士进行了一次兴味盎然的交流，谈话间各种比喻随兴而发：狼啊狈啊，蚂蚁钻进大象耳朵里，大象最怕是老鼠，还有香槟、茅台、伏特加，双方相谈甚欢。合益显然是有备而来，这位韦女士既研究了华为发展历程，也阅读了尚未定稿的《华为基本法》，还学习了任正非写的一些文章，表现出极强的合作诚意。

而华为对与合益的合作也寄望颇高。任正非告诉韦女士，自己面对的最大挑战是内部组织建设和文化导向建设，认为"只要我们的内部机制充满了活力，管理有序且有效，文化导向与目标一致，那么我相信，我们一定会获得一个较大的发展机会"。面对这一挑战，任正非称，"我现在有了一个好朋友，您知道是谁呢？ Hay ！"

他希望，合益能够帮助华为建立一套干部选拔机制。这样一套机制，要既能吸引、培养并寻找更多具有灵敏嗅觉、强大进攻力且能群体作战、不怕牺牲的"狼"，也能发现和培养一批善于统筹、能够建立综合管理平台的"狈"，支持狼的进攻，形成"狼狈""合抱"之势，一起扩张产品和市场。

这是任正非第一次提出"狼狈"的人才理念，但后来广为人知的只剩下一匹"狼"，华为文化也被描述为"狼文化"，当华为走出国门打开一片天地时，又从"土狼"变成了"狮子"。

其实任正非使用"狼狈"的比喻，是取其"团队合作"之义。对此，他做过说明：狈是一种很聪明的动物，但它前腿很短，后腿很长，没有独立作战能力，必须要和狼结伙，才能猎食。狼有敏锐嗅觉，看到猎物时会奋不顾身地进攻，狈在狼冲锋时抱着狼的后腰，如果看到方向错了，屁股一摆，狼就对准了进攻方向。这是汉语文化中塑造的一个"狼狈为奸"的贬义故事，任正非却从中看到了一个优质的团队协作。只是"因为中国五千年社会是保守的，不喜欢进攻，这种积极进攻精神就被否定成为负面名词"，2019 年 10 月，在一个北欧国家媒体的采访中，任正非如此解释自己的比喻为什么在国内会被误读。

合益也确实不负期望，从 1998 年至 2000 年，在合益的专业指导下，华为逐步建立起一整套人力资源管理运作基础架构体系，包括职位职级结构、与之相适应的工资薪酬结构和绩效考核机制，这一套体系成为华为企业文化发挥效用的机制性底座，起到了"物化"华为文化的作用。比如，华为以责任结果为导向，激励向高绩效员工倾斜，就是通过宽带职级设计，在同一职级内拉大工资差距，以高工资、低福利的报酬结构，避免平均主义；华为强调团队合作，因此，只有基于团队绩效的奖金，没有基于个人的销售提成等。

这一整套人力资源管理体系一直沿用近二十年，其间没有进行过结构性调整。直到 2019 年，华为在原有的职位职级架构中新增了一个职类序列，相应地，对此职类所属人群的薪酬激励设计和考核导向也有所区别。

合益对华为的重大贡献，是引入其素质模型理论

在与华为的合作过程中，合益公司也介绍了自家的"看家本领"素质模型理论，指导华为于 1998 年开发了自己的人才素质模型，应用于人员招聘甄选，这对华为 2000 年前人力规模快速且有质量的增长发挥了重要的历史作用。

素质（Competence）模型也称为胜任力模型，是哈佛大学心理学家麦克利兰（David C. McClelland）的研究成果。在与多家大公司长期合作研究后，他发现，传统的知识、技能测评并不能预测一个人的工作绩效表现和职业生涯的成功，真正在个人成长中发挥决定性作用的，是人格特质、动机和价值观这些深藏于一个人内在的"素质"，但难以测评。1973 年，他提出素质模型理论，认为对个人素质的测评、开发或改变，能够使一个组织更为有效，这一理论使对人才的评估标准从之前的智力测评走向对素质和能力的测评，成为"以能力为导向"的人力资源管理的基础。

此后，麦克利兰成为国际公认的素质模型理论权威，创办了一家公司来推广、应用自己的理论。二十世纪八十年代中期，麦克利兰的公司与合益合并，在合益的大力推动下，素质模型引领了人才管理热潮，大部分美国五百强企业都建立了自己的素质模型，比如华为此前在国内考察过的摩托罗拉，就将其素质模型应用于员工技能培训。

2015 年合益公司被顶级猎头公司光辉国际收购后，管理咨询业界曾悲叹"一个时代的结束"，标志"素质模型理论的没落"。[3]

2005 年，我加入华为后接受的第一项海外出差任务，就是以英文培训海外业务主管如何在面试考核中应用华为素质模型，招聘符合华为价值观、适应华为企业文化的优秀本地人才。

在最初拿到华为素质模型时，我是非常惊讶的。在国外学习人力资源课程时，老师重点介绍过素质模型理论，我清楚地记得他在课堂上说，只有管理成熟的大型公司，才有能力开发自己的人才素质模型，因为开发过程非常复杂，需要足够的数据积累，心理学理论知识要求也很高。而华为，一家并不很知名的中国公司，早在 1998 年还不到万人规模时，就已经有了自己的素质模型，并且实际应用多年了。

华为素质模型开发，有其历史背景，体现出管理层的深谋远虑。

1997 年，华为面临一个"跳跃式"大发展的局面。1998 年，中共十五大后第一年，国家决定全面推进国民经济信息化，从 1996 年开始的扶持民族通信产业发展的倾斜政策在加速形成，国内通信设备业从"七国八制"，进入全国产"四大家"向准国产"五大家"全面开战的局面，中国民族交换机工业正在中国通信市场中崛起。而随着 C&C08 机大卖，华为占据了国产程控交换机优势地位，并陆续在交换机技术平台上开发出更多有竞争力的产品和技术，比如接入网、智能网、电源、光传输等。到 1997 年下半年，华为已经预见到，1998 年将是中国局用交换机市场的"华为年"。

面对千载难逢的大好机遇，华为需要增加人力，扩展队伍，抓住时机，扩张规模。1997 年中，华为员工将近四千人，而高层管理者担心，这四千人承载的公司在短短十年里凝聚而成的核心价值观，将会被汹涌而至的新员工群体稀释，进而被冲垮。华为需要一个工具，在招聘新员工时，可以帮助公司识别谁是具备或至少认可公司核心价值观的人，入职后能够很快融入华为大集体，而非破坏已有的价值观体系。合益的素质模型理论正好适时地应对了这一诉求。

华为的人才素质模型，本质上是对华为早期优秀员工职业成功要素的提炼和结晶，整个开发过程历时八个月。1998 年，华为在合益的指导下，选取了市场销售、技术研发、技术服务三大主要职类中工作表现最优秀、职业发展最成功的数百位员工，由人力资源体系组织大规模访谈，原汁原味地记录、汇总这些员工所讲述的自己工作中成功或失败的经历，以及过程中他们的所思所想。之后，由香港科技大学一位在读心理学博士根据合益素质模型辞典中对各项素质的定义，将访谈故事中表现出的关键行为进行专业解码，提取出相关素质项，再基于不同素质项在三类人群中出现的频次进行排序，排在前六位的素质项，组合成为相应职类的人才素质模型。

由于这三大职类人群占了华为员工八成以上，总体就构成了华为的人才素质模型。具体展示如下：

	技术研发	市场销售	技术服务
1	思维能力	影响力	客户服务导向
2	成就导向	关系建立	坚韧性
3	团队合作	人际理解力	思维能力
4	学习能力	成就导向	影响力
5	坚韧性	坚韧性	责任感
6	主动性	客户服务导向	关注秩序

这张表，可以说是华为早年三大员工群体的三张"脸谱"，一个经典的描

绘是这样的：

技术研发员工：有一张皱着眉头不停地思考着问题的脸（思维能力），有一颗总想着整出个石破天惊的技术、惊掉世界下巴的激越的心（成就导向），出了问题会拼死相救（团队合作）。

市场销售员工：一张爹亲、娘亲不如客户亲的甜嘴巴，让你听了不得不信他（影响力）。两只听话会听音的耳朵，从你一句话能琢磨出七个长、八个短来（人际理解力），头一次见面就能跟你扯上几辈子的亲（关系建立）。

技术服务员工：客户面前骂不还口、打不还手（客户服务导向），面对网上问题，一边赔着笑挨着骂，一边脑子飞转定位问题，寻找解决办法（思维能力），不搞定问题绝不回家（坚韧性）。

华为素质模型主要应用于招聘面试考核。在华为早期三大职类面试考核表上，分别列明了各自前四到六个素质项的考察要求，每项素质分四级评估，每级有明确的行为指标说明。针对无经验、有经验、高端候选人群体，HR 对每个素质项都提供了典型面试问题，持续培训面试官使用行为结果面试法，探察候选人是否具备华为优秀员工的素质，并评估各项素质的行为表现之强弱，从中选择素质组合与华为素质模型最接近的候选人。

如果仔细研究华为素质模型表，可以发现，坚韧性，是三个员工群体中唯一共同出现的素质项，区别只在于出现的频次。可以说，坚韧性是华为员工的基因性素质。

合益的素质模型辞典中对"坚韧性"的定义是：能在艰苦或不利情况下，克服外部和自身的困难，坚持完成所从事的任务。一个具备高坚韧性素质的人，能够在艰难的工作环境下保持充沛精力，面对敌意时保持冷静和稳定的情绪状态，遇到困难时按照自己的意见和计划，坚持将事情做下去。"坚韧性"背后是自我控制力、意志力和乐观主义精神。

当年我去海外授课，在讲解"坚韧性"这一素质特性时，常常会引用公司早期开拓海外市场的案例故事，其中所展示的乐观主义、自我激励，正是华为屡败屡战的精神力量。唯如此，华为才能在任何艰难环境下，坚持、坚守，为客户服务，这是全体员工强大的精神基因。2019 年后，面对美国一轮又一轮的强力打压，华为上上下下所表现出来的那种强健、沉着的气度和行为，显示出"坚韧性"这一素质在华为一直没有消减。

在面试甄选之外，华为素质模型没有应用到其他人力资源管理实践上，比如培训与发展，但其实也在隐性地发挥作用。有一年我去巴基斯坦代表处"送课下乡"，授课结束后，一位本地主管站在旁边思考了好久，走上前来对我说，素质模型的培训不单让他知道招人面试时问哪些问题，怎么问问题，他自己也从培训中了解到公司对员工的行为期许，知道自己应该如何行为、做事，才能成为优秀员工，在华为获得好的职业发展。

2006 年后，随着华为的全球化迅速推进，人员大规模增加，面对突然而至的海量招聘，HR 无法在短期内培训大批新增面试官学习、应用华为素质模型，而员工群体的多样化，也使得素质模型应用颇为尴尬：日益增多的平台职能类员工没有一套素质模型，应该如何在这个框架下考核？因此，素质模型在面试考核中的应用在华为迅速式微，只有那些资历很老的主管有时还会提一嘴，后来的主管也会跟着用，但大多数已经只知其名不知其义了。

这一结果，一度让我颇感遗憾，在华为工作日久，也越来越有点"林子大了什么鸟都有"的感慨。但后来学习任总的"耗散"理论后，我想明白了。素质模型在当时的应用，为华为巩固了承载其核心价值观和集体精神要素的人才"大坝"，素质模型开发完成后，员工数量在一年间增加近一倍，达到九千人，结果证明，这种人员的翻番增长并没有冲垮华为的核心价值观。

但是，如果一直强调华为素质模型这个"模子"，用这个"模子"去筛选人才，最终华为会成为一个高度同质化的人才聚合体，这会抑制创新。创新一定是在多元、异质的群体中，在边缘地带产生。任正非提倡"喝咖啡"，就是让具备不同素质的员工能够在彼此的边缘产生碰撞或连接，激发创新。

华为素质模型的历史价值，就是起到了凝聚核心的作用。只有凝聚核心，才能放开周边。

继合益之后，美世也在 2000 年成为华为人力资源管理顾问，为华为设计以客户为导向的组织变革方案，任正非与美世的美国顾问也进行了面对面沟通。同一时期，韬睿就内部员工持股制改造，也向华为提供过咨询服务。

财经体系引入西方咨询公司，实现账务"四统一"，建立海外财经管理基础

1998 年 7 月，任正非在与财经体系干部座谈时，提出要尽快建立起统一的账务体系，做到在制度、流程、编码、监控上的"四统一"，以此形成财务管理基础。

建设这一体系的目的是向基层授权，任正非要"改变以前大一统的管理思想，让有能力的人管理好财务的基础工作，使财务工作不断简化"。但授权的前提是加强审计，要实现较高程度的自动审计，就必须以上述四个"统一"为基础，否则，审计无法审查各个分公司、子公司的账目，实现全面、有效的财务管理。而当时的情况是，华为 1998 年销售接近一百亿元人民币，已在国内外设有多家合资子公司，但各家子公司使用着不同的账套，有的甚至还在用手工记账凭证，有效的财务预算、核算、成本控制都难以实现，监控更是无从谈起。所以，"四统一"中最重要的是统一的账务编码体系，这是保证财务原始数据准确性的基础，其将影响到"四统一"其他各环节，因为"单证的审计是最基本，也是最重要的工作"。

为建立这样统一的账务体系，华为面向社会广泛招标，一时得到很多西方管理咨询公司的关注，多家公司参与投标，最终毕马威公司凭借其"世界级财经服务"方法论，赢得华为信任。1998 年 9 月，毕马威在华为启动了账务"四统一"管理优化项目，按照其"世界一流财经"标准，优化和固化华为的账务核算体系。

1999 年，结合摩托罗拉、IBM 等国际化公司的实践，毕马威顾问与华为项目组一起设计、统一了华为的账务 COA 编码，于 10 月成功切换上线。编码规则按产品、客户群、区域、部门、项目、业务等多个维度进行区段设计，实现了分层次、分模块、多维度的会计核算。虽然当时华为主要业务在国内，但已经在区域段预留了海外国家的备用段。为确保项目实施成果长效存在，毕马威顾问也设计并指导华为实施了"四统一"维护机制，详细规定了编码的审批、发布和归档程序。

"四统一"项目实施之后，华为主要财务报告出具时间由 1998 年的十四天缩减至 2000 年的三天，国内驻外机构账务也可以做到日清日结，账务数据可获取性明显改进，对资金和资产的安全监控显著加强。

毕马威在与华为的第一次咨询合作中尽心尽力，展示了专业能力，"四统一"变革成效显著，为其日后成为华为的外部独立审计师打下了基础。

而追溯历史，"四统一"管理变革项目，应该是华为从管理机制设计入手，向一线授权的起点。

向一线授权，是贯穿华为二十多年管理变革历程的主题，从 1998 年的账务"四统一"，到后来几次大规模业务流程化变革，IPD、ISC 和 IFS，再到 2013 年的子公司监督型董事会建设、2014 年的"项目型组织变革"、2018 年的"合同在代表处审结"，都是围绕"授权"做努力。"让听得见炮火的人呼唤炮火"，是向一线授权的目的。

在此之前，华为的授权是基于任正非对下属团队和个人的信任，在 2021 年出版的《华为访谈录》中，受访的多位华为高管对此都有所表述。而任正非自己是这么回顾的："在华为成立之初，我是听任各地'游击队长'们自由发挥的。其实，我也领导不了他们。前十年几乎没有开过办公会类似的会议，总是飞到各地去，听取他们的汇报，他们说怎么办就怎么办，理解他们，支持他们。也许是我无能、傻，才如此放权，使各路诸侯的聪明才智大发挥，成就了华为。"

但这种状况随着华为规模的扩大难以持续，任正非说，"那时公司已有几万员工，而且每天还在不断大量地涌入。你可以想象混乱到什么样子"。无序的放权和信任，结果是，"到 1997 年后，公司内部的思想混乱，主义林立，各路诸侯都显示出他们的实力，公司往何处去，不得要领"。

当时华为也起草了非常多的文件来规范、约束，这是用中国传统的行政命令的方式来管理企业，不但运作无力，任正非也觉得"这些文件不规范，不利于华为成长为大公司"。

任正非看到了向一线授权的组织收益，但随着组织成长、规模扩大，华为需要改变授权的方式。财务"四统一"项目之后，IBM 又为华为带来了业务流程化的理念，流程化成为实现华为向下授权的主路径，被确定为企业管理的目标。从 IPD、ISC 到 IFS，都是为了打通业务流程之间的运行，明确业务规则，使用标准化模板，并根据业务流，重新设计部门组织间的关联关系，让一线获得权力。

但无论以何种方式向一线授权，其前提，或者至少同步要做到的事情，是确保管控和监督。在华为，对业务进行监控管理，既包括审计、稽查、子公司监督型董事会这类组织，也包括内嵌于业务流程运作的内控机制和业务规则设计。而让这些运行了管控规则的流程得以流畅运作并发挥监督作用，就要求其中的数据，特别是财经相关的数据必须要准确。

财务"四统一"变革项目中，最重要的历史成果，就是一套 COA 编码的创制，这使得财务数据在一个标准化的、结构化的系统中记录、保存和分析，为获得准确财务数据提供了基础条件。十年后，由财经引领的 IFS 项目，数据准确依然是整个变革所围绕的核心主题，只是不再限于财务的数据准确。

财务"四统一"项目在 2000 年完成在国内全面推行后，海外的推行工作就与 1999 年底启动的"海外财务项目"（OFP）结合进行，这是由另一家财务咨询公司普华永道负责的一个华为财经管理变革项目。

OFP 是华为最早专门面向海外业务进行的组织管理变革项目。在当时大力拓展海外业务的战略下，华为意识到需要建设一个先进、高效的国际财务管理体系，以支持海外市场发展需求。这些需求包括：灵活的外汇资金管理，高效、及时、优质的财务服务，对海外强有力的财务监控，以及满足将来进入资本市场融资的需要等。

OFP 的主要输出成果，是在财经国际化管理背景下，将此前成立的香港华为变身为华为管理海外各子公司的财务控股机构，在其下设立财务服务中心（FSC）和能力中心（COE），前者面向海外集中提供高效、及时的会计核算和财务服务，实现集中控制与分散决策的原则，后者聚集财经各专业领域专家，向公司管理层与海外机构提供财务决策支持，包括管理报告、投资管理、资金管理、税务安排和风险分析等。通过一套标准、规范的组织、流程与制度设计，财务服务中心使海外机构专注于开展本地业务，而能力中心的专家团队加强了财务中央控制能力，提高了决策支持水平。

在人力资源和财经管理专业领域之外，西方专业管理咨询公司在华为的制造、生产业务领域也提供了诸多顾问服务。1999 年，制造部与德国 FhG 公司合作，设计了坂田基地生产中心的厂房布局和自动化仓储系统。2000 年 3 月，为改进单板产品工艺水平和制造能力，华为与新加坡一家名为 CCF 的顾问公司合作，致力于建设一个达到国际"竞争级水平"的制造工艺体系，包括建立一整套简单易用的制造设计规范、工艺规范、设备规范、品质规范及其管理制度，以及高效生产方式和相应的培训体系。

1998 年后，花钱聘请西方管理咨询公司帮助自己进行业务改进，在华为内部似乎成为一时风潮，带来混乱和纷扰，比如有三个部门分别与麦肯锡（McKinsey）公司签约做项目，彼此之间没有沟通。《管理优化》报也摘引外部文章，质疑聘用管理顾问的效用和真正目的，指出与管理顾问合作有许多"陷阱"。1999 年初，孙亚芳责成管理工程部出面规范，统筹管理，避免变革项目内容重叠或者冲突等问题，要求各部门的管理改进要从公司整体出发，评估聘用顾问公司的必要性和优先级。

IBM "另类"管理顾问，引领华为迈向"世界级企业"

1998 年下半年，IBM 以一种"另类"的管理顾问身份进入华为。和那些西方专业管理咨询公司一样，它们都是华为花钱"请进来"，帮助自己改进管理的。但二者在改进内容、教习方法上，有着诸多不同，而 IBM 带给华为的改变，没有一家专业咨询公司能与之相提并论。

IBM 在华为的特殊存在

相较而言，专业管理咨询公司专长于某一特定业务领域，咨询内容基于业界最佳实践和背后的理论研究，一般项目范围小，项目目标、预期收益比较明确。而 IBM 向华为提供的管理咨询依托于其自身企业管理的成功实践，基于华为确定的发展目标，进行大型的、系统化的管理变革项目。

在工作方式上，前者对华为类似于大学老师带学生。他们通过与华为高级管理层直接沟通，告诉华为"做正确的事"，并输入其专业的、领先的管理理念和方法论，但具体改进设计和实施则主要由华为自行组织，比如合益主导的职位职级评估、素质模型开发过程中的一系列访谈和解码工作，都是由华为的人力资源管理团队按照其方法论自行组织开展，外部顾问提供相关培训。

而 IBM 对华为，是像一个老师傅"手把手"地教徒弟，更注重教导华为"正确地做事"。IBM 派遣其相关领域具备实际业务经验的专家来到深圳，与华为各级员工组建项目组，一起设计具体业务流程，共同组织实施落地，甚至会以独立第三方身份直接访谈华为客户，了解客户对华为的真实看法和意见，在变革项目中，IBM 不但授华为以渔，也授华为以鱼。而为确保变革效果，IBM顾问还会协助华为管理层进行变革宣传、意识教化，推动变革落地，可谓既有言，也有行，还追求果，这在 IPD、IFS 项目中表现得尤为显著。

而且，IBM 在财经、采购、人力资源等各专业职能领域也向华为提供管理咨询服务。

除了 IPD、ISC 和 IFS 这样的大型管理改进项目，作为"同吃同住"的老师傅，IBM 顾问在华为的管理咨询项目拓展可以做到"兴之所至"。毕竟，像华为这样一个规模巨大而又在快速增长的企业，需要改进的地方实在是太多了，IBM 顾问们可发挥之处俯拾皆是。他们在华为长期保持着高度的存在感，在 IFS 项目前后十多年里，华为机关各职能部门的员工普遍有一种习惯，有什么疑难困惑、想了解业界实践，找 IBM 的专家们"问一下"，往往一问就能问出一两个"项目"来。而那些专业管理咨询公司就少有这样的机会，通常，一个项目结束人就撤了，只有前一个项目做得好，才有后一个项目的投标机会。

比如在 IPD 项目酝酿过程中，IBM 就向华为介绍了采购专家团（CEG）模式，这是 IPD 核心理念之跨部门组织运作在华为的最早应用。1999 年 4 月，华为任命了第一批采购专家团成员。作为一个跨部门虚拟组织，CEG 对分类采购决策承担责任，但其主要职责不在于具体的采购商务谈判，而是站在公司层面上，负责战略性地选择供应商、管理和评价供应商、制定减灾与防灾策略这三大任务。

财经体系的账务共享服务中心也是由 IBM 顾问引入华为的。在实施海外ERP、统一海外核算系统过程中，IBM 顾问向华为的账务专家们"声情并茂地"阐释了共享服务的概念，介绍了福特、惠普及自家等跨国公司通行的组织解决方案，这一共享服务理念远远超越了后者的认知，让他们"完全惊呆了，甚至连问题也问不出来"。在惴惴不安中，华为账务团队在 IBM 顾问手把手的引领下，开启了全球六大账务共享服务中心的建设。

在人力资源管理专业领域，IBM 在 IFS 项目推进过程中，也找到用武之地。2007 年底，华为与 IBM 联合进行"整合领导力开发"（ILD）项目，为华为构建一个领导力发展总体框架，规划一条实现卓越领导力的路径图，由此项目产生的"经理人反馈计划"（MFP）在华为得到长期实践。

MFP 以"人员管理有效性"为主题，各部门 HR 例行组织员工对上级主管进行现场反馈，帮助主管提高人员管理能力。其实，华为自二十世纪九十年代末就一直开展管理者以"批判与自我批判"为主题的"民主生活会"，其作用与 MFP 类似，但有所区别，MFP 主要是下属员工表达意见，没有或者较少有领导的自我批判。民主生活会有时会流于形式，有的华为领导正言若反的修辞水平比较高，诸如"我的缺点就是工作中过于追求完美"的经典自我批判之语，在员工中广为流传。不过，在 MFP 会议中，也不乏"领导要多注意身体健康"这类无助于主管提高人员管理能力的反馈。

华为引入 IBM 帮助自己改进管理，也不限于通过项目进行咨询、学习，还包括直接聘用 IBM 的顾问们。在华为管理变革项目中，IBM 提供的顾问有两类：一类是专职顾问（Consultants），一般是管理者出身，资历较深，年纪较长，对业务策略、管理方法和流程运作有深刻的认识；一类是实际从业者（Practitioners），在相关业务领域有丰富的实操经验，一般年纪较轻。华为项目结束后，那些面临退休或在 IBM 职业发展已没有太多上升空间的专职顾问，多选择继续为华为效力，有的入职成为正式员工，担任比较高的专业管理者职位，有的以独立顾问身份与华为签约，在其专业领域或者所负责项目的后续实施、优化中发挥余热。

对 IBM 长期的帮助和指导，顾问们的尽心尽力，华为心存感激。

2008 年 2 月底，在 IFS 项目启动之后，华为在深圳举办了一次高规格的晚宴，隆重答谢 IBM 的 IPD、ISC 项目顾问们，董事长孙亚芳以及一众高管费敏、郭平等人到会致谢，IBM 大中华区董事长周伟焜和一百多位曾经参与两次管理变革项目的顾问赴会。这次草坪晚宴据说十分奢华，来自世界各国高品位也是高价位的美酒佳肴，令一众 IBM 美国顾问们赞叹不已，从中切实感受到华为对他们的感恩之意。华为还给每位顾问颁发了具有历史价值的个性化纪念品。

当年负责两大变革项目的 IBM 顾问团领导陈青茹（Arleta Chen）此时已退休，在晚宴上深受感动，表示自己在 IBM 工作的二十三年职业生涯中，有六年时间在华为，对华为已经产生了深厚感情。其回顾了当年项目进展中遇到的诸多困难："我们是两国中相当有名的公司，大的方面讲，IBM 很关注员工的安全问题，当某宗国际事件被认为会影响两国关系时，美国来的顾问是否要撤离？如果顾问撤离项目该怎么办？""从小的方面讲，这么多外籍人士，他们在中国的衣、食、住、行怎么安排？如果生病不舒服，要住院，又怎么办？"在二十年前中国对外开放程度不足、物质生活水平与美国差距还比较大的条件下，这些事情确实都是"很伤脑筋的事"，"但因为华为人和 IBM 顾问们的良好合作，共同面对，走过来虽然不容易，但确实使我感到非常欣慰"。

华为向 IBM 拜师学艺，付出了巨大的金钱代价。

任正非曾经提到，在初期邀请 IBM 提供管理咨询时，顾问费每个小时是六百八十美元，那时华为员工的工资每月一般只有五千多元人民币，相当于顾问一个小时的工资。至于 IPD 等项目的总费用，有不同说法，口径也不一致。内部一个非官方资料说是一亿美元，外部传说 IBM 当时要价二十亿元人民币，任正非没有还价，让郭士纳肃然起敬。[4] 当时华为财务预核算机制还不成熟，估计没有一个确切的数字，总体规模应该有十多亿元人民币。在华为的"冬天"，最困难的时期，以亿计算的金额，不是一个小数目。

到了 2007 年开始的 IFS 项目，我的项目主管说公司付给 IBM 一个顾问的费用，是"一天一部比亚迪"。整个 IFS 项目前后进行了八年之久，每年平均有三百五十位华为员工专职投入，而 IBM 派驻华为的顾问在项目进展最高峰时期据说有五六百位，此时的华为也有条件为顾问们提供优良的工作、生活条件，住五星级酒店，上下班专车接送，每日两次精致的工间茶歇，中西方节假日、顾问生日等重要日子，项目组都会组织庆祝活动。整体 IFS 项目费用金额，应该有十亿美元之多。

IBM 于华为的特殊价值

那么，华为为什么要选定 IBM，在如此长的时间里，帮助自己进行管理改进？

一个主要原因，是 IBM 曾经历过失败，差点解体，而其自内部发起的管理变革成功拯救了自己，尤其是通过采用 IPD 进行流程重整，一举改变了 IBM 硬件产品严重亏损的局面，证明 IBM 的管理之道是有效的。这一点在任正非的《我们向美国人民学习什么》一文中有清楚表达。而郭士纳出任 IBM 总裁后提出四项改革主张，都与任正非的企业管理思想契合，包括保持技术领先、以客户的价值观为导向、强化服务以追求客户满意度、集中精力在电子商务产品上发挥规模优势。

华为选择向 IBM 学习企业管理来强壮自己，还有一个原因，是 IBM 与华为在业务上没有竞争性，双方合作基于商业利益，IBM 不用担心教会了徒弟，饿死了师傅，华为也无须顾虑 IBM 会留一手防着自己。在 IPD 项目动员大会上，任正非就说："IBM 是世界上很优秀的公司。华为和 IBM 之间的竞争性不是很强，但互补性很强，我们的合作对于两家公司都有意义。在利益驱动和各方面的驱动下，我们逐渐走得更加紧密一点，也使我们有条件、有可能向 IBM 学习好的方法。"而在多年之后的华为答谢宴会上，陈青茹就说 IBM 的顾问们"不只是用上了他们的时间、他们的精力，而且也掏了心出来为华为"，"我们顾问最大的欣慰是看见你们长大了"。

但 IBM 成为华为学习的榜样，最重要的原因是它是一家"世界级"公司，一家被华为称为"百年老店"的企业，是任正非实现其打造"世界级企业"雄心的一座"灯塔"。

1998 年 4 月，经过两年多反复讨论，《华为基本法》定稿发布，"成为世界级领先企业"列于其第一条，明确表述为华为的终极追求："华为的追求是在电子信息领域实现顾客的梦想，并依靠点点滴滴、锲而不舍的艰苦追求，使我们成为世界级领先企业。"

但是怎样才算是一个"世界级"企业，似乎一直没有明确的定义，更像是一个感性的概念。

在起草《华为基本法》的两年多时间里，任正非曾在多个对内、对外的场合中提到"世界级企业"一词："中国为什么从洋务运动开始的一百多年里，直到今天，还没有成长出一个世界级的企业来？""中国的经济发展到今天这种水平，中国的国家这么大，是到了出几个世界级企业的时候了。"

任正非心目中的"世界级企业"的标准，显然首先是规模要大，但大并不足以定义"世界级"，任正非看到，"现在的一种趋势是兼并、联合，可一些企业兼并后规模虽然做大了，但是效益还是上不去。所以这也是一个很大的问题"。

直到1997年底访问美国，"世界级企业"有了一个明确具象，那就是IBM。"IBM是一个具有八十年悠久历史的公司，也是一个具有丰富管理经验的公司……现在IBM站在一个相当的高度，它的坐标是世界级的，IBM指出我们的问题，我们要理解。"

自此，IBM成为华为建设自身的一座"灯塔"："华为公司的最低纲领是要活下去，最高纲领是要超过IBM"，是华为追赶先进的"航标"："我问过李一男，99年我们的计划怎么定……那样99年可能不能增长100%，那就少掉一年，也就是说我们赶上IBM又差了一年。那怎么样做我们才能赶上他们呢？"（99年指1999年）

综合来看，可以推断任正非心目中的"世界级企业"，既非西方学术研究的"国际化"或"全球化"的平面化概念，也非"世界五百强"的简单排名比较，而是一个综合的、立体的形象，应该具备三个看得见的标准：规模巨大、全世界范围存在、活得够久。在这三个标准背后，核心内涵是企业要有良好的管理机制，管得住大、管得了宽、经得起风风雨雨，才能活得够久。

因此，虽然任正非考察过的美国高科技企业，都有"世界级企业"的一点两点的特征，但较之IBM，又都差着那么一点两点，所以，华为选择拜师IBM，系统学习西方企业管理，并且立志从一而终，委身求得："我们立足与IBM合作，且最好就一家合作到底，一个模块一个模块地实现，要有勇气去削足适履。"

这一决策的另一层考虑，任正非也有解释："世界上还有非常多好的管理，但是我们不能什么管理都学，什么管理都学习的结果只能是一个白痴。因为这个往这边管，那个往那边管，综合起来就抵消为零。所以我们只向一个顾问学习，只学一种模型。""我们引进了一双美国新鞋，刚穿总会夹脚。我们一时又不知如何使它变成中国布鞋。如果我们把美国鞋开几个洞，那么这样的管理体系我们也不敢用。因此，在一段时间我们必须削足适履。"

《华为基本法》出台之后，华为从各个方向努力，向着"世界级企业"的目标前进。在技术研发道路上，中国人民大学的教授提出要参与制定标准的游戏规则，掌握通信技术制高点。在市场开拓上，市场元老常峥建议要经由国际化，走向全球化。在企业管理机制建设上，任正非选择向以美国为代表的西方学习。

但花钱将一众外国咨询公司和 IBM"请进来"，帮助自己改进管理，华为的这一行为在当时的中国是相当"异类"的，引发了广泛关注。

1998 年 10 月，一个由国务院发展研究中心领导带队的经济、企业界观察家团队来华为调研，其中一位专家评论："以我个人的经验，外国公司为中国做咨询，没一个成功的，国内企业要做的上层公关、用户公关等等，国外咨询公司全都不懂，他们自认为辛辛苦苦搞出来的东西，可能一点用都没有。"

他们也认为此时快速发展的华为"越大就越应当注意管理"，但其所说的管理，是"管理"好上层关系："首先是要理顺信息流，保证内外信息的顺畅，包括与国家部委、竞争对手的联系，建立起灵敏的信息反馈系统，而华为的上层公关似乎还没有到位；同时，对竞争对手的了解还不够。"

这是一个很有意思的历史记录，让我这个后来的读者生出若干遐思、联想。2000 年底，在中国联通引入高通 CDMA 的标准选择上，只有华为一家"猜错"了结果。此后，华为进入了一段漫长的"冬天"，被迫转战海外大市场。

这位专家当时也曾预言："华为现在提出是第二次创业，但我个人认为第一阶段应该到两年后再结束，因为这两年中竞争将会恶化。"

🌐 华为对管理的认知转变和思想根基

外部观察家们虽然准确地预见到了世纪之交中国加入 WTO、融入全球化经济后，中国企业在本土将面临更为激烈、恶化的市场竞争，给予华为以坦诚、实在的忠告，但鲜有人能认知和理解任正非以"管理为核心竞争力"，打造"世界级企业"的雄心。

这一雄心，源起于华为 1996 年后提出的以国际化为主旨、以管理为内涵的"二次创业"，发展、定型于《华为基本法》的起草过程。在实现这一雄心的实践中，华为经历了从自主改良到求教于人，从东方到西方的一番求索。

从"二次创业"到《华为基本法》，管理成为"核心竞争力"

华为的"二次创业"：全面与国际接轨

华为提出"二次创业"的概念，最早见诸文字，应该是在 1996 年 5 月，《华为人》报上的一篇文章《来自世界五百强的挑战》中明确写道："与国际接轨是我公司第二次创业的主要纲领。任何时候，我们都必须自觉地把自己放在世界经济格局和国际竞争环境中去，感受我们的差距、不足、危机和潜力，并把它们作为激励我们更加艰苦、更加创造性的工作的动力。"

这一文章的背景，是华为在 1995 年借力于 C&C08 机在中国市场的良好表现，销售达到十五亿元人民币，首次进入中国电子百强，排名第二十六位，标志着华为的"一次创业"，即从代理走向自研的成功。《华为人》报却如此评论："也许这是一个可以自豪的成绩。但是，看看世界五百家大企业的情况，就会知道我们与世界的差距有多大。"

文章引用数据来说明这个差距："1994 年世界五百强第一名，日本三菱（商事）财团，其销售额为一千七百五十八点三六亿美元，比中国五百强销售总额多两百三十点五九亿美元，而中国三家最大的钢铁企业 1994 年销售总额，只是当时世界钢铁行业老大意大利工业复兴公司（IRI，伊利公司）的 15.7%。""伊利公司是一家以钢铁为主、兼有造船公司及电子、航空航天工业等多角经营的大集团……这说明，一业为主、多元发展，跨国经营是世界一流大型跨国企业的方向。"

此后一年多里，"二次创业"成为华为的一个主题词，任正非对此多次阐述，说明二次创业的目标是国际化，内涵是搞好企业管理，全面与国际接轨。

1996 年初，主管市场的公司副总裁孙亚芳带头进行"市场部集体大辞职"，提出"烧不死的鸟就是凤凰"，开创华为"干部能上能下"的先河，这是华为历史上的第一次"批判与自我批判"价值观的行动实践。这一年 8 月，任正非在大辞职后的内部竞聘答辩会上，对"市场部集体大辞职"的历史价值予以肯定，就是将其置于"二次创业"背景之下。他说："当一个企业在初创阶段，企业家本人担负着多种角色，但是当进入到二次创业时，大量的优秀人才进入企业，要建立结构，建立制度，要程序化，要重新调整利益的分配格局，这样才能吸引更多的优秀人才到企业里来，成为企业的核心。"这说明，"二次创业"以搞好企业管理为内涵，目的是吸引人才、用好人才。

而对"二次创业"的目标，任正非说："一个企业达到股份化、国际化、集团化、多元化，也是进入二次创业的标志，二次创业是一个非常模糊的时期。"显然，对于华为来说，二次创业指向的是国际化，而非当时中国企业热衷的股份化、集团化或多元化。此时，C&C08 机已经走向世界，在多个东欧国家开局成功。

但任正非其志并不仅仅在于市场的国际化，而是提出要全面实现与国际接轨，华为要在十年之内分三步走，用三年时间实现管理与生产工艺的国际接轨，用五年时间实现市场营销的国际接轨，用十年时间在多产品、多领域的研究、生产上与国际著名公司接轨。这里的"接轨"，其含义就是各方面管理机制和能力达到国际先进企业的同一水准，华为能与之同日而语，平视而礼。

在这一设想中，"国际著名公司"还没有明确指向，"世界级企业"的概念也还没有出现。

华为"二次创业"的驱动力：基于规模的国际化

华为选择以"国际化"作为"二次创业"的目标和纲领，并不是当时整个中国热切期望加入 WTO、全社会呼喊着"与国际接轨"口号热潮中的"追风"

之举，而是基于自身产品与业务特点和企业生存与发展的需要。其国际化目标背后，是对规模的追求，既包括市场的规模，也包括企业自身的规模。

首先，规模是实现国际化目标的必需品。

通信技术产品的标准化属性，决定了通信设备企业对市场规模的追求是必然的。标准化意味着可复制，复制就能获得规模，规模可以获得优势，如任正非所说，复制品越多，产品成本越低，获取的利润越大，利润越大，就可以获得更多的优秀人才，有更多的钱用来建立良好的管理体系，从而保证企业在市场上领先，"因此我们必须看到我们所从事的信息通信产业就是必须要规模大"。

这一行业的标准化属性，又使得通信设备市场天然就是全球的，几乎所有的传统通信设备厂商从成立第一天起，其市场立足点就是国际化的，对华为来说，亦是如此，"中国的市场就这么大。因此，我们要把 08 机拷贝到俄罗斯……到欧洲、美洲去，这样拷贝多了，成本就下降了，而差额是我们的利润。因此，国际化是我们公司的必然选择"。1998 年，对将要开拔海外提供技术服务的工程师们，任正非如此阐述他们所负的使命。

其次，规模又是维持优势的必需品。大型通信网络设备的复杂技术研发和制造，要求企业把资源投入到长期的研究规划中去，但只有足够的市场规模才能保证长期的研发资源投入，而只有自身规模足够大的公司，才有足够的战略定力，进行长期的研发投入。在"华为的冬天"最艰难的 2002 年全面推行 IPD，孙亚芳就着力强调 IPD 的长期价值："为什么在硅谷的那些公司长不大？因为硅谷的公司大多数都是风险投资公司的产物，在风险投资公司的压力下，公司要迅速地赚钱，如果赚不到钱，它会很快倒闭，成功率不到 10%……大公司不能靠短期行为成长。"

在论述规模和企业战略二者之间的关系时，管理学大师彼得·德鲁克（Peter F. Drucker）说："一个企图在某一大市场（更不用讲在世界市场了）中起领导作用的企业，必须是一个大企业。"华为显然是一个有这样企图的企业。对规模的追求和认知，使得任正非在对"冬天"的危机进行回顾与反思时，对初期的冒进也不完全是否定的："当时为什么不冷静呢？如果当时冷静，不跟着潮水盲动，不抢占滩头阵地，我们到今天还会是几十个人的公司，个人收入可能比现在好一点，但公司永远没有规模，仍然是很小的公司。"

但基于规模的追求而进行国际化，对华为的管理提出了极高的要求。

首先，规模优势的获得以管理为基础。任正非认为"大规模不可能自动地带来低成本，低成本是管理产生的，盲目的规模化是不正确的，规模化以后没有良好的管理，同样也不能出现低成本……因此我们在管理上要狠抓到底"。

但是，规模与管理又是一对悖论，企业缩小规模就会失去竞争力，扩大规模，又容易滋生官僚主义，不能有效管理，则面临死亡，IBM 就曾经是这样的案例。

基于这一认识，华为提出了二次创业的"死亡谷"理论：当企业的管理还达不到一定水平时，企业不是越大越好，而是越大越糟，甚至会掉入死亡之谷。克服死亡谷的关键是管理的规范性、科学性、合理性和稳定性。

而当华为走向海外，开始国际化，其所面对的首要挑战，也是管理。有着留洋经历的中国人民大学的教授们告诉华为："国内企业与西方公司的差距往往不是技术和质量，而是表现在管理水平上。跨国公司强大的市场竞争力，来自其内部先进科学的管理机制和管理体系。构建以国际为市场的管理运作体系，构建适应国内与国际市场的业务运作体系与流程，这是中国企业进入国际市场必须解决的首要课题。"

其实对于自己在国内市场上的"一次创业"的成功，华为是有着清醒的认知的，并不是因为自己管理好，而是因为抓住了市场机会。孙亚芳在 IPD 项目培训会议上谆谆告诫："大家一定要有危机感，华为今天做到行业第一位，这是因为存在很大的背景：市场大，而且市场机会太好了，并不是华为做得很好，也不是我们真的有管理效率，真的很强……WTO 来了，市场开放了，以前的优势包括政策上的优势也不存在了。IBM 说我们的管理效率只有 20%，还有 80% 可以提高。"

对人的管理是华为国际化的核心，最具挑战性

在进入国际市场的竞争中，华为也很快地暴露了自己的另一大弱点：队伍的职业化、规范化不足。"我们的队伍年轻，敢想敢干……但面对国际复杂网、多网合一，我们年轻的队伍是否受得了？"任正非对此很担心。

此时，华为已经意识到，除了基于规模追求的国际化对管理提出高要求，人的问题，是管理所面对的最大挑战，而人的问题，又必须通过管理来解决。

人是组织管理的对象。彼得·德鲁克就明确，"管理是关于人类的管理。其任务是使人与人之间能够协调配合，扬长避短，发挥最大的集体效益。这就是组织的全部含义，也是管理能成为一个关键和决定性因素的主要原因"。其对管理的定性是"作为一种社会功能与人文艺术的管理，是一种博雅技艺"。[5]

当这种博雅技艺遇到知识经济，对于技艺的使用者就提出了更高的要求，知识经济体以高级知识分子为主，管理难度非常高。

1997年，华为规划年底要发展到接近五千人，其中博士、硕士占一半，本科生大概两千人，虽然任正非认为"这样的力量和国际上对比还是有很大差距"，但在当时的中国，华为应该是知识分子密度最高的一个组织，任正非也颇为骄傲，说华为"把大量的优秀人才积聚在一起形成人才的马太效应，人才越多，效益越好，效益越好，人才就更多，效益更好"。

但他也知道，人才也是原子弹，是座火山，一旦爆发也会"烧死人"，"这些高级知识分子要么不磨擦，一旦磨擦，就会是大的磨擦，将会很可怕"。中国人民大学的管理顾问们研究高技术企业的兴衰起落后发现，"拥有大量聪明人才的公司很容易退化成一个由傲慢的、极端独立的个人和小群体组成的混乱的集体"。因此，一个公司需要最聪明的人，但更需要这些最聪明的人是在一定的管理下，朝一个方向去努力。

虽然对人才的管理难度很高，但任正非清楚地认识到，高科技企业管理好人的重要性。

人首先是技术创新之源。1998年，在与中国电信和联通的干部工作交流会上，任正非说，我们这个时代是知识经济时代，其核心就是人类创造财富的方式和致富的方式发生了根本的改变，"创造财富的方式主要是由知识、由管理产生的，也就是说人的因素是第一位的"。而高技术企业不是一般的制造企业，"必须在控制有效的前提下，充分放权，激发人们的创造力"。

人更是高科技企业创造未来机会的最重要因素。

1992 年首次访美，任正非对中国人和美国人的行为和价值观进行对比后认为，"人生的成功，百分之八十在机会"。1997 年底访美期间，任正非与美国技术业界资深人士沟通，对"机会"是企业扩张的动力又有了新的认知："寻找机会，抓住机会，是后进者的名言。创造机会，引导消费，是先驱者的座右铭。"因为对机会的认识往往在机会已经出现以后，做出了正确判断，抓住了机会，才会取得成功，华为在中国市场的成功就是这样的。

而他进一步认为，抓住机会与创造机会是两种不同的价值观，这确定了企业与国家的发展道路。当华为走向国际市场，就要向世界著名公司学习，走上"创造机会"这一条道路。其中的关键还是人，因为"机会是由人去实现的，人实现机会必须有个工具，这就是技术，技术创造出产品就打开了市场，这又重新创造了机会，这是一个螺旋上升的循环。这四个因素中，最重要的还是人"。

随着 1996 年启动《华为基本法》起草，与中国人民大学的教授们进行互动和一系列研讨，华为对管理的认知提升，从基于规模化经营，提高做事的效率层面，更为重视和强调对人的管理有效。经营靠规则、靠流程，管人靠文化、靠价值观。二者有机融合，是为管理。但其中，管理有效的人，才是企业生存和发展的核心要素，"我们要逐步摆脱对技术的依赖，对人才的依赖，对资金的依赖，使企业从必然王国走向自由王国，建立起比较合理的管理机制。对人的管理才是最大的财富"。

从 1996 年 5 月提出"二次创业"，到 1998 年 4 月完成《华为基本法》起草，华为对管理的重要性认知逐步深化和升华。之前，国际化是目标，管理是跨越"死亡谷"必需的手段，之后，国际化是路径，管理才是让自己能够长期活下去的"核心竞争力"。任正非说：

"对华为公司来说，实现五百亿产值并不是重要的目标，我们真正需要做到的是逐步建立起一套内部合理的制度。

"比起提升企业核心竞争力来，我们宁可牺牲眼前利润。我们可以容忍几个亿的投资决策失误，但决不能容忍组织运行机制的退化和核心竞争力的下降。反过来讲，当我们的核心竞争力提升后，利润只是个自然的结果。

"对华为公司来讲，长期要研究的问题是如何活下去，积极寻找活下去的理由和活下去的价值。活下去的基础是不断提升核心竞争力，核心竞争力的提升的必然结果是企业的发展壮大。"

此时，任正非的"雄心"已经非常明确，不只是"三分天下"，而是要将华为打造成一个像 IBM 那样的"世界级企业"，不做"昙花一现的英雄"。华为选择了"进窄门"："进窄门，因为很多人走的宽敞的门和平坦的路，它们是通向崩溃的，而很少人走的狭窄的门和艰难的路，它们其实是通向永生的。"

"管理是世界企业永恒的主题，也是永恒的难题"，华为走进了"管理"这道"窄门"，一路走下去，从中国走向世界。

华为的管理改进：从东方转向西方，从自发行动转向求教于人

但任正非对管理的重视，并非仅仅是始发于"二次创业"、进行国际化竞争的现实需求，而是根源于任正非对自我价值的认知和对人生成功的追求。

任正非人生的第一次事业成功，是在部队服役期间的两项技术发明，这让他得以参加 1978 年第一次全国科学技术大会。1987 年 9 月，华为成立，最早注册的经营范围是"气体悬浮仪"开发，这个仪器就是任正非自己的发明，说明任正非的骨子里是有些技术情结的。[6]任正非自述亦是如此，"我刚来深圳还准备从事技术工作，或者搞点科研"，但身处一个知识爆炸的时代，他发现自己作为一个人们眼中的技术专家、中国的优秀青年，"竟然越来越无知……前程充满了不确定性"。任正非后来说，如果当初选择走技术专家这条路，自己"早已被时代抛在垃圾堆里了"。

任正非认识到，一个人不管如何努力，永远也赶不上时代的步伐，只有组织起数十人、数百人、数千人一同奋斗，才能"摸得到时代的脚"。当他创建华为时，就不再打算做专家，而是做一个组织者，"如果不能民主地善待团体，充分发挥各路英雄的作用，我将一事无成。从事组织建设成了我后来的追求"。

从事组织建设，就是做企业管理。相对于技术、财务这些专业知识，任正非对自己的管理能力还略有些自信，因为他说自己对技术和财务是"越来越不

懂"，但对管理还"半懂不懂"。但他也认识到，"如何组织起千军万马，这对我来说是天大的难题"。

面对这"天大的难题"，在管理的这道"窄门"前，任正非带领华为经历了一番徘徊和求索，并不是一开始就选择向西方学习，而是看向了日本。

发起两场自主改良运动，向日本学习企业管理

早在 1993 年，华为还在国内农话市场上打拼，任正非就向客户们表示，"我们在技术上瞄准美国，管理上学习日本，努力提高我们的技术工艺水平，提高我们的管理水平"。其提到当时改进管理的行动是正在推行 ISO 9000 标准，但对管理的认识已经着眼于企业效益层面："我们公司人员总体素质可说高于美国，但总体效益却低于美国，就是因为管理跟不上美国和日本。"

但华为当时选择向日本学习企业管理，而不是美国，有其原由。

一方面，二十世纪八十年代是日本电子制造业的黄金年代，美国企业都在以日本同行作为学习对象，反思自身管理存在的问题。对于刚刚打开国门看世界的中国来说，日本作为东亚同文化圈的科技领先者，对华为自然具有巨大的吸引力。

另一方面，日本人"做实"的精神特质与任正非的个人价值观相契合，"我这个人最大的特征就是从来都是踏踏实实地做事""我喜欢做实的人，我不喜欢那些冠冕堂皇不做事的人"。任正非描述日本人的管理"是非常繁琐的"："他们把每一个程序都分解得非常详细，甚至人和机器的操作过程都用高速摄像机把镜头摄下来，然后把这些动作一个个地分解，分解完了以后再进行测试再进行改进，虽然一开始非常繁琐，但后面的人用起这个程序来就十分简单了。"

在任正非"管理向日本学习"的号召下，华为先后掀起了"品管圈"（QCC）和"合理化建议"两场自主管理改进"运动"，但都种瓜得豆，最终偃旗息鼓。前者活动扩大化，成为"皇帝的新衣"。后者曾轰轰烈烈，但效果有限。

QCC 活动是由日本质量管理集大成者石川馨博士在制造业首创的质量控制方法，最初在企业的生产部门推行实施，后来逐渐扩展到制造企业的服务、行政部门，乃至服务业、建筑业等。

1995 年，华为生产部门最先启动了 QCC，确实有效地激励了生产线上普通操作类员工积极参与产品质量和工作质量改进，他们主动寻找问题，通过直接在作业岛上检验质量，及时发现生产中的质量问题，提升了生产效率，将任正非当时所倡导的"种庄稼、打粮食"的"做实"企业文化落到实处。

1998 年初，在轰轰烈烈的"合理化建议"活动热潮中，华为决定在全公司范围推动 QCC，为此颁布了具体的实施细则，明确了组织职责、活动方式、成果和发表、激励和表扬等，由合理化办公室负责执行落实。

但一年下来，QCC 在华为内部成为一项"苦兮兮"的事业，《管理优化》报的一篇文章《何不说说 QCC》，掀开全员质量改进运动化、形式化的"皇帝新衣"。

"QCC 像流行的旋风刮了起来，而且风势愈猛。为什么我却听到愈多的人说公司管理越来越走形式？"形式化的具体表现包括：每个小的改进都要全员参与，历经半年之久讨论，"像演讲似的公布给每个人"；申报改进成果，要填报许多表格，占用不少时间，其实大部分主题明明是部门本身必须完成的工作。"究竟是部门本身就应有的工作业绩，还是因为有了 QCC？"

QCC 活动的开展浪费大量人力和资源：每年数次培训，组织动员，班车接送，资料印发，免费伙食，上百人为此外出公干。"究竟有没有必要一年花费上百万元的经费？这么高成本的付出究竟值不值得？"大家在 QCC 活动里学习了一些新名词，之后就"乐呵呵拿着经费吃吃喝喝了"，不少人一直到品管圈最后注销，对 QCC 也还是"不识庐山真面目"。

还有看不见的成本："今年的圈长辅导员许多又换上了新员工，顾问公司再次的辅导是经验的浪费，还是财力的浪费？"顾问的讲解其实看书就可以明白，但大家却在昏昏欲睡中聆听着他"悠悠的深入浅出，讲述产品不强调'喝矿泉水不拉肚子矣'的当然品质"。有人质疑，"在众人哈哈的大笑声中，我怀疑大家究竟学到了多少 QCC 的管理经验？"

此后，QCC 活动走向低调，融入华为制造体系的精益生产过程和全面质量管理（TQM）体系建设。

在 QCC 活动过程中开启的"合理化建议"，也是在"向日本学习管理"的号召下催生出的一轮华为自发改进管理的运动，以"小改进、大奖励，大改进、只鼓励"的指导原则为外界广为人知。

1997 年 8 月，华为签发了管理优化活动实施办法，在管理工程部下成立"合理化办公室"，并为此编辑出版《管理优化简报》，以及时、公开报道管理优化活动和成果，合理化建议工作在全公司启动，《管理优化简报》是《管理优化》报的前身。

首期《管理优化简报》开宗明义地说明，"合理化建议"活动是受日本企业的启发："日本为什么 No.1？很多人都把日本企业的成功归结于低成本和产品处处体现为顾客着想的小创新，所有这些并不是空前绝后的惊人创举，而是集中了大量小改进的结果……日本能，我们能不能？公司在第二次创业的今天，有很多东西都值得反思"，因而提出，如果每个华为员工都有一颗把事情做得更好的心，能经常积极地思考，对日常工作小事不断改进，"勿以善小而不为，积累起来，都会产生巨大的成就"。

在不到二十天时间里，第一批合理化建议就收到五十九件，涉及公司行政管理、产品技术、办公、生活环境与服务改进等各方面，大的建议有"灵活生产体系"，小的有明确备用金报销时间、增加新员工强化培训教材等。不过大量建议却是与吃饭有关，比如增加套餐和快餐窗口，餐盘上加一个汤碗的位置，西乡生产部的辣椒酱味道更好，各地食堂都应该用那一款，还要用大点的玻璃罐装上供大家自取，诸如此类等。

合理化办公室对所有建议进行公示，相关责任部门需要回应是否采纳以及理由。对被采用的建议，发给建议奖一百元。到 1998 年年底，活动收到合理化建议一万多条，从采用的建议中评出个人奖十个，金奖一个，奖金三千元，铜奖七个，每个也有一千元。这在当时真的算是"大奖励"了，广东地区的大学毕业生起薪，一个月还不到两千元。

任正非对这场合理化建议活动高度重视，专门发表讲话说明其重要性，为确保合理化建议活动正常推行，他特别提出要保护提出合理化建议的员工，因为一些建议可能会影响一部分人的利益，提出者会被孤立。同时他也期望，通过合理化建议活动，可以考察、培训干部处理问题的能力。

对于为什么是"小改进、大奖励，大建议、只鼓励"，任正非解释，能提大建议的人已不是一般员工了，不用特别奖励，大的经营决策要有阶段性的稳定，不能每个阶段大家都不停地提意见，"华为有务虚和务实两套领导班子，只有少数高层才是务虚的班子，基层都是务实的，不能务虚"，小改进、大奖励，就是提倡要"做实"。

但合理化建议活动进行到1999年，也和QCC活动一样，逐渐暴露出"运动式"管理改进的种种弊端。一些建议，特别是跨部门改进建议提出后，迟迟得不到评议人响应，工作开展陷入单纯的催促状态，挫伤了建议人的积极性。

此外，合理化办公室也发现，大多数改进建议都是工龄不到一年的新员工提出的，说明新员工有新的思维方式，能够发现问题，寻求改进，但老员工的沉默，也说明了他们在此间各安其位、明哲保身的普遍心态。

随着1998年西方各家专业管理咨询公司和IBM先后进驻华为，开展系统性的、规模化的管理变革项目，合理化建议活动逐渐降温。1999年9月，任正非做出合理化建议工作重心下移的指示，改变活动初期集中化管理模式，而是与业务部门绩效改进和流程优化工作结合，融入各部门日常管理。

招聘本土MBA，"纸上谈兵"

在发动全员开展管理改良活动的这一时期，任正非对改进管理是寄望于自身的，他认为，"什么东西都是可以买来的，唯有管理是买不来的……是要靠全体优秀的华为员工才能搞出来的"。他对当时从西方引入的管理手段评价并不高：ISO 9000存在僵化、教条的东西，甲骨文的制造资源计划（MRP Ⅱ）缺乏弹性，所以，要通过自身在应用中不断地微观优化，使其管理更加合理。

而任正非对自家员工的高素质一直都怀有信心，说华为公司有这么一大批高学历、高层次人才，其目的就是要理解、接受、消化先进的管理，要抓好管理，需要先理解管理，这样的人才储备为管理提供了基础，他认为，"MRP Ⅱ做得好，是来源于华为公司员工的文化素质比较高，人家有理解，才能推得动"。

为加强自我力量提升管理水平，1997年，华为还特别招聘了一批本科学理工、研究生学管理的管理学硕士，即 MBA。这批员工入职后，任正非与他们座谈，说明加入华为正当其时，华为一次创业时期是一手抓产品开发，一手抓市场建设，现在是二次创业，要加强管理建设，这给他们提供了广阔的前景和极大的机会，因为华为需要一个职业管理层，把管理思想变成组织和具体行动。但他也强调，华为企业文化的特征是种庄稼、打粮食，"所以你们青年学生要从做实开始"。

华为非常重视新员工入职培训，每期培训结束都会安排公司高管座谈交流，但任正非亲自出面参加，这是唯一可见的一个记录，可见其对这批 MBA 员工的期待。

这批 MBA 员工入职后，主要在管理工程部工作，对公司各部门的管理流程、编码工作进行优化和重整。但他们既缺乏实际业务经验，又未能如任正非期望的"做实"，投身到各业务部门的实际工作中，而是照搬书本，生搬硬套，制定出一堆不合业务实际的流程文件，硬生生地向下推行。有一次他们给公司领导汇报工作，大家都听不懂，倒是一位在业务实战中成长起来的本土干部（华为早年俗称"土鳖"，这个词近年已不流行）去讲，才说明白是怎么回事。

任正非对此非常不满，批判这些 MBA 只满足于写文件、画流程，不考虑能否得到执行和落实，他们乐于进行新的管理方式和手段的研究，进行所谓"管理创新"，不关注实际业务问题的解决，这么做，是拿公司管理当试验品，是一种管理"幼稚病"。之后，管理工程部组织重整，多数员工被充实到各业务部门工作，华为此后也不再重视招聘 MBA。

至此，华为通过自身种种努力进行管理改进的行动最终都成效不大，向"日本学习管理"的号召也不再提倡。不过，华为后来邀请日本专家改进质量管理，尤其是生产制造领域，还是获益甚丰。

2004 年底，丰田生产方式创始人大野耐一带领其咨询公司顾问团队，来到华为进行生产现场精益改善，收效显著。从 2006 年到 2008 年，华为制造周期缩短了 79.1%，开局坏件率下降了 41%，体现生产效率的标准工时、万元发货制造费用、万元发货料本制造费用都有大幅降低。2005 年后，面对全球海量交付，华为意识到要以质量立命，不仅包括产品质量，还包括工程交付质量和服务质量。华为立志要成为通信业的"丰田"，组织开展 TQM 活动。

2016 年 3 月，华为获得中国质量领域最高政府性荣誉"中国质量奖"制造领域第一名的殊荣，为其"质量好、服务好、运作成本低、优先满足客户"的战略成功做了一个注脚。[7] 在新华社当年 5 月刊发的专访中，任正非提到，丰田的董事退休后带着一个高级团队到华为工作了十年，为其生产制造提供咨询顾问服务，"从生产几万块钱的产品开始，到现在几百亿美元、上千亿美元的生产，华为才越搞越好"。[8]

而合理化建议活动也不是完全没有意义，在此过程中提出的"小改进、大奖励，大改进、只鼓励"原则，成为华为企业文化的一部分，是任正非坚持改良主义的管理思想的一个体现："在管理上，我不是一个激进主义者，而是一个改良主义者，主张不断地管理进步，一小步的改进、一小步的进步。任何事情不要等到问题成堆，才去作英雄弹指间的'力挽巨澜'，而是要不断地疏导。""华为公司必须坚持改良主义，通过不断改良，实现从量变到质变的发展过程。华为在高速发展的过程中，轰轰烈烈地剧变可能会撕裂公司。"这一方针，此后不断写入自 1998 年开始发布的各年度《管理工作要点》。

学习西方管理，《华为基本法》奠定华为价值观基础

在"二次创业"背景下，华为发起自主管理改进运动，QCC 活动扩大化后走向形式化，"合理化建议"成为一场运动，找来一批 MBA，又纸上谈兵，不切实际。华为反躬自审，反思至深。

提出"二次创业"的初期，任正非还深怀历史责任感，认为"中国从洋务运动开始的工业化历程，历经一百多年，至今还没有成长出一个世界级领先企业，这个历史重任已经落在我们这一代人的身上"。

到 1998 年，他已经认识到，"中国五千年来就没有产生过像美国 IBM、朗讯、惠普、微软等这样的大企业。因此中国的管理体系和管理规则及适应这种管理的人才的心理素质和技术素质，都不足以支撑中国产生一个大产业"。

在转向学习西方企业管理经验时，他提出要"防止好于幻想的习惯，否则不可能真正学习到管理的真谛"。如此表述，似乎对能不能搞好大型企业的管理已经不抱信心了。而这样的认知，并非悲观。

中国的历史文化缺少滋养西方式企业管理的土壤

企业管理本身起源于西方。十九世纪工业机械化的大规模生产，出现了大型企业的组织形式，首先产生了基于效率的"科学管理"，到第二次世界大战结束，知识经济时代来临，以促进创新为导向的现代企业管理制度发展成形。"现代管理学之父"彼得·德鲁克认为，在不到一百五十年的时间里，管理改变了世界上发达国家的社会与经济的组织形式。[9]

对于发展中国家的管理者来说，彼得·德鲁克敏锐地观察到，他们面临的一个基本挑战就是，如何发现和确定本国的传统、历史与文化中哪些内容可以用来构建管理，确定管理的方式。这涉及管理与民族文化的关系，"因为管理涉及人们在共同事业中的整合问题，所以它被深深地植根于文化之中"。他的研究认为，日本经济的成功与印度经济的相对落后之间的差别就在于：日本的管理者成功地把国外的管理观念植入本国的文化土壤之中，并使之茁壮成长，而印度却没有做到这一点。[10]

对于中国来说，五千年的中华文化土壤丰厚，但其中并没有提供足以孕育现代企业管理的充分养料。在由传统农耕经济长期主导的静态社会中，古代中国为维持统治和秩序，发展出了极为完善和精细的官僚政治运作体系，儒家文化为其提供了理论支撑和思想基础。而自汉以来重农抑商、轻商的政治统治之术，也使得中国在商业价值体系、商业文化、商业管理等一整套商业文明方面，缺少积累与传承。

而商业管理在中国难以发育的一个基础性原因，是其赖以生存、生长的"组织"这一层"皮"，在中国传统小农社会中是没有的。

彼得·德鲁克对现代管理的定义，就是"使人们能为了共同的目标、带着共同的价值观，在适当的组织内，通过培训和开发共同开展工作以及对外界变化做出相应的反应"[11]。组织是管理赖以生长并为之存在的"皮"。

今天现代人的生存，从家庭走出来，大多数人首先是属于一个企业，或者一个单位，某种价值或利益共同体的组织，然后才归属于一个国家、一种社会。但在中国传统社会中，对平民的分类是"士农工商兵"，"士"与"兵"在人身上直接归属于国家，"学成文武艺，货与帝王家"，是其唯一命运。"农"是依附于田地、以家庭为单位的独立耕作者，"工"是手工小作坊的个体经营者，"商"是游走各方、重利轻义之徒。在儒家思想文化中，一个儒生的人生理想，是"修身、齐家、治国、平天下"，个人的生存空间，从自己和家庭的"私属"领域，直接跳到了国家和天下的"公域"，在"家"与"国"之间，并没有现代社会中"组织"这一中间层的存在。而没有组织，就无以产生对"人们"的管理，皮之不存，毛将焉附！

所以，中国传统文化所能提供给华为的管理上的滋养，主要是修身、齐家、治国等理念。比如，任正非在 2005 年曾借山西百年票号日升昌的"诚信经营"理念，强调财经干部的管理建设，属于个人的"修身"层次。《红楼梦》里王熙凤协理宁国府、探春管家的案例，予华为主管一些日常管理之道的启发，是"齐家"的内容。在"治国"层面，《管理优化》报曾摘引王安石变法失败的研究，认为是其用人之道的失误，引发了内部的腐败所致，这样的教训，华为要在管理变革中引以为戒。

中国传统社会的人情、关系特征则为企业管理带来一些消极影响。1995 年9 月，华为发起了"华为兴亡，我的责任"的大讨论，这应是其最早的企业文化建设活动。华为为此组织了一次主题为"有福共享，有难同当"的全公司辩论会，孙亚芳在辩论会最后总结发言说，中国是一个充满人情味的大国，长期的传统思想影响着我们的生活和事业，华为的发展是共同奋斗、患难与共、集体拼搏而赢得的。但是，新时期"有福共享，有难同当"是否能继续增强内部凝聚力、增强公司竞争力呢？"不能否认，片面强调这一观点会引起责、权、利不清，分配不公，限制企业发展。"责权利分配，是管理的核心内容，通过一系列规则来实现，一旦人情、关系的要素涉入其中，管理动作就会扭曲，分配就会变质，腐败就会滋生，最终管理名存实亡。

因此，对于任何以从事组织建设为人生追求的中国人来说，管理都是"天大的难题"。中国人对企业管理，直到晚清的"洋务运动"引入西方工业化生产才开始有所认知，但在之后的乱世中，并没有产生适合中国的企业管理模式和理论。新中国短短几十年现代化工业进程中，最初于二十世纪五十年代全面引进苏联的企业管理，出现了"马钢宪法"[12]，到六十年代，为中国人自创的"鞍钢宪法"所代替。[13] 在十年"文化大革命"时期，整个经济发展总体较为缓慢，更罔论管理创新。

到世纪之交，中国的改革开放全面展开，经济社会发展进入新的历史时期。国营企业运作厚重而低效，民营企业初生求存却灵活，但整个企业界对管理的观念都非常薄弱，而"关系"的存在是中国企业的基本组织特征。1999 年初，IBM 大中华区总裁周伟焜接受媒体访谈时就指出，"现在国家下大力气抓国企改革，我认为改革不外乎两个事情：一是科技，二是管理……目前很多企业重视关系强过重视实力，我希望这个观点能够一步步转变。随着市场的不断发展，我认为将来拼的是实力而不是关系"。

经过一番上下求索，华为发现，企业管理还是要向西方学习，向高科技发展最先进、企业运作机制最具生命活力的美国学习，才能将西方管理观念植入中国的文化土壤之中，发展出自己的管理。

《华为基本法》起草为华为学习西方企业管理做好了思想和文化的准备

要换下自己穿着没感觉的鞋，换上一双"夹脚"的"美国鞋"，甚至要"削足适履"，跛足前行，并不容易。这不仅需要心理上的耐受力，还要有精神上的信念支撑，要让大家相信穿上这双鞋，习惯用这双鞋走路，才能踏上成为"世界级企业"的大道。《华为基本法》就起到了这样的作用，其统一了全公司在发展愿景和前进方向、核心价值观等关键要点上的认知，使上上下下达成基本共识，首先明晰化、建构了自身企业文化核心，为华为引进一众西方咨询顾问和 IBM 来指导自己，学习在不同文化、观念背景下发展出的美式企业管理，先期做好了思想和文化准备。

《华为基本法》的起草发端于华为提出"二次创业"的 1996 年。当时《香港基本法》正是热点，在一次会议上，任正非提出："华为也要有自己的基本法"，他对于《华为基本法》的期望，"是华为公司在宏观上引导企业中长期发展的纲领性文件，是华为公司全体员工的心理契约。要提升每一个华为人的胸怀和境界，提升对大事业和目标的追求"。

如此高远的要求，又没有先例可供借鉴，公司总裁办整理的初稿被任正非否掉了。在"基本没办法"的情况下，当时在华为组团提供培训和管理咨询的六位中国人民大学副教授和博士，应任正非要求，就地组建为《华为基本法》专家组，由此产生了华为发展史上的"人大六君子"。[14]

人大教授组成的写作班子经过反复讨论，提炼出三个问题：华为为什么成功？支撑华为成功的关键要素有哪些？华为要取得更大成功，还需要哪些成功要素？为《华为基本法》写作定下了基调，确定了主旨。[15]

之后，他们通过查找历史资料、员工访谈、组织调研和讨论等方式，从里程碑大事件，到坊间野史掌故，追溯华为成长路径。起草初期，任正非与专家组有过一次连续三天的长谈，述其家世、童年、求学、参军、退役，一直到创办华为以及公司的艰难成长历程。[16]

从 1997 年 5 月的第一期开始，《管理优化》报陆续发表了任正非与专家组的四次会谈纪要。人大专家组还按任正非要求，撰写了六篇辅导报告，说明起草《华为基本法》的背景、目的、关键思考点和价值逻辑。《华为基本法》前后共迭代了七稿，公布出来供全员讨论，按任正非要求，让"每个员工都投入到《基本法》起草与研讨中来，群策群力，达成共识，为华为的成长做出共同的承诺，达成公约，以指导未来的行动，使每一个有智慧、有热情的员工，能朝着共同的宏伟目标努力奋斗，使《基本法》融于每一个华为人的行为与习惯中"。

1998 年 3 月，华为召集公司副总裁以上干部和人大教授四十余人，召开《华为基本法》审定会，审议第八稿，历时三天，最终审定通过的版本于 1998 年 4 月公开发表在《华为人》报。

在审定会上，任正非说："《基本法》通过之时，也就是《基本法》作废之时。"的确如此，相比于起草过程中连篇累牍的会谈纪要、阅读心得、辅导报告等相关的文章，《华为基本法》发布后一年多里，"两报"只有为数不多的几篇学习文章发表。这是因为，《华为基本法》输出的只是一个文本，两年多的起草研讨，本身就是一个灌输、认同和信仰的过程，其精神内核在此过程中已经内化于华为员工的头脑之中了。在企业文化建设意义上,《华为基本法》起草过程的价值大于结果的输出。

任正非对《华为基本法》起草过程的评价也非常高,他在 2012 年时撰文回忆,"到 97 年后,公司内部的思想混乱,主义林立,各路诸侯都显示出他们的实力,公司往何处去,不得要领。我请人民大学的教授们,一起讨论一个《基本法》,用于集合一下大家发散的思维,几上几下的讨论,不知不觉中'春秋战国'就无声无息了,人大的教授厉害,怎么就统一了大家的认识了呢? 从此,开始形成了所谓的华为企业文化,说这个文化有多好,多厉害,不是我创造的,而是全体员工悟出来的"。

参与起草了《华为基本法》的吴春波教授说,在华为这么多年,很少听到任正非表扬人,对人大教授的表扬也少之又少,在这一评价里只用了"厉害"两字,惜字如金。[17] 其实任正非对《华为基本法》起草过程和结果的描述亦是如此精简:"几上几下""无声无息",但简洁而生动地说明,《华为基本法》的起草统一了当时华为全体员工的思想、形成共同的文化价值观,构建了自身企业文化基础。搞清楚了"我是谁",华为才大步迈向西方,学习其企业管理制度。

《华为基本法》所奠定的核心价值观和思想共识基础,确保了华为在接受一套外来的管理理念和制度体系时富有成效,不致引发思想认知的混乱、纷争,甚至自我怀疑。而在学习、引进外来管理机制过程中,批判与自我批判作为一种精神力量,推动着华为在任正非"改良主义"思想引导下,持续不断进行管理变革和优化,在过程中注重平衡发展,强调妥协与"灰度",并没有发生巨大的管理撕裂或剧烈的人事冲突。这使得华为即使穿着"夹脚"的"美国鞋",也能够不断调整并适应,在国际化的道路上越走越快。

《华为基本法》内容概要

《华为基本法》共分六章,一百零三条,一万六千四百余字。第一章"公司宗旨"包含了一般所理解的狭义的企业文化相关内容,包括核心价值观、成长基本目标、价值分配,以人为喻,这部分内容说明了"华为是谁"。之后四章是公司管理内容,包括经营政策、组织政策、人力资源政策和控制政策,系统地梳理和界定了华为经营管理的边界，完整地表述了何所向、何所为和何所不为，以及如何作为。最后一章是接班人和基本法的修改。这部分是华为在各关键方面的行事主张。

虽然《华为基本法》的过程价值在于华为的企业文化建设，但就其文本内容结构来说，是华为企业文化和未来发展总纲的一个综合文本，"是公司宏观管理的指导原则，是处理公司发展中重大关系的对立统一的度"，也因此，《华为基本法》被一位国家领导人评价为"随心所欲不逾矩"。

《华为基本法》第一章第一条，首先明确华为的远大追求，是"成为世界级领先企业"。

随之，是一系列关于企业价值认知和价值定位的内容，回答企业对内、对外必须要说明的问题。

首先是对人的价值认知："认真负责和管理有效的员工是华为最大的财富。"然后，是对华为所以立身的原因——技术的认知："在独立自主的基础上，开放合作地发展领先的核心技术体系。"

其次，在商言商，明确对利益分配的价值主张："华为主张在顾客、员工与合作者之间结成利益共同体。我们决不让雷锋吃亏，奉献者定当得到合理的回报。"

再次，明确作为一家企业，华为对国家、对社会的价值贡献："爱祖国、爱人民、爱事业和爱生活是我们凝聚力的源泉。华为以产业报国和科教兴国为己任，以公司的发展为所在社区作出贡献。为伟大祖国的繁荣昌盛，为中华民族的振兴，为自己和家人的幸福而不懈努力。"这也是任正非个人深厚的家国情怀的表达。

最后，高度强调了企业文化的重要性，这是一段源于任正非本人的著名句子："资源是会枯竭的，唯有文化才会生生不息。一切工业产品都是人类智慧创造的。华为没有可以依存的自然资源，唯有在人的头脑中挖掘出大油田、大森林、大煤矿……精神是可以转化成物质的，物质文明有利于巩固精神文明。我们坚持以精神文明促进物质文明的方针。"

上述部分共七条，构成了"华为核心价值观"条目，是整个《华为基本法》定义华为企业文化的纲领性表述。

后续部分，还是体现了《华为基本法》的实义，即明确各方面的具体行事原则。一些在当时令人耳目一新但深具洞见的经典表述引述如下：

"我们强调人力资本不断增值的目标优先于财务资本增值的目标。"

"我们认为，劳动、知识、企业家和资本创造了公司的全部价值。"

"知识资本化与适应技术和社会变化的有活力的产权制度，是我们不断探索的方向。"

此外，明确了华为在各方面的选择方向和行动要求："要么成为领先者，要么被淘汰，没有第三条路可走。""华为的市场定位是业界最佳设备供应商。""成功并不总是一位引导我们走向未来的可靠向导。我们要严格控制进入新的领域。""日本产品的低成本，德国产品的稳定性，美国产品的先进性，是我们赶超的基准。""我们保证按销售额的 10% 拨付研发经费，有必要且可能时还将加大拨付的比例。"

"华为将始终是一个整体。这要求我们在任何涉及华为标识的合作形式中保持控制权。"

《华为基本法》对内、对外均产生了广泛而深远的影响

虽然任正非说"《基本法》通过之时，也就是《基本法》作废之时"，但从后续华为发展来看，《华为基本法》还是相当全面、深远地影响了华为的经营管理。

其中，在当时就极具争议的一条，"为了使华为成为世界一流的设备供应商，我们将永不进入信息服务业"，直到今天仍然困扰着华为，进入数字化时代，数据就是石油，不进入信息服务业，就意味着与数字化时代的疏离。但无论这一条在商业价值上是否合宜，其背后的逻辑"通过无依赖的市场压力传递，使内部机制永远处于激活状态"，体现了一种极为强悍的生存哲学，是任正非对人性消极面的深度洞察和把握。

《华为基本法》在当时还有一个实际产出，是依其所确立的"民主决策，权威管理"的决策制度，华为于 1998 年 7 月发布了一个"子法"《华为公司委员会管理法》，正式建立了集体决策的组织形式，明确了"委员会务虚，部门首长办公会议务实。委员会是决策做正确的事，部门首长办公会议是正确地去做事"的分工原则。

而由《华为基本法》确立的"实事求是"的行为准则和"民主决策"原则，逐渐生发、演化出华为"批判与自我批判"的核心价值观，催生出华为员工普遍的强烈的学习新知和不断改进的欲望，是华为开放引入、主动吸收西方先进管理制度的精神力量。

学习西方企业管理，是华为管理建设的起步，任正非最终的目的，是要为中国建立一套现代化管理机制的"样板"，华为学习 IBM，为的是建立一个清晰的管理结构，但不是简单照搬，而是建立华为自己的管理模式，这要从自我批判开始，"如果我们成功了，我们也为国家做了贡献，为中国建立了最早的现代化管理"。

《华为基本法》面世之后，就引起中国政府相关部门的关注。1997 年 6 月，曾参与中国《企业法》制定的中国企业家协会会长袁宝华专门听取了《华为基本法》起草工作的汇报，认为中国企业的发展，不是物质包袱太重，而是精神和思想包袱太重，建议华为的人大专家组要给更多的企业讲一讲《华为基本法》。1998 年 10 月底，华为在北京昆仑饭店召开了一百多位专家参加的《华为基本法》研讨会，《人民日报》做了相关报道。

随着华为在全球通信市场步步崛起，中国各行业企业掀起了学习华为管理的热潮，从市场营销到人力资源管理，从项目管理到流程变革，相关书籍自成一系。而 IPD 在华为研发的成功应用，也使得一批以 IPD 咨询为主业的咨询公司在中国应运而生，今天中国的大部分科技企业都应用了 IPD 理念和研发机制，其中，很多成功企业如海康威视、阳光电源等，已在各自的行业领域、在全球市场与华为颉颃相进。

而华为自己，自 2014 年 IFS 落幕，在管理改进和变革之路上并没有止步停歇，但已很少借助外力。此后启动的影响较大的管理变革，比如项目型组织建设、"人才堤坝"建设、合同在代表处审结等，其变革方案的设计、推行方法和具体实施落地，都由华为团队自行完成。西方管理咨询公司和 IBM 已经完成了在华为的历史使命，它们帮助华为搭建了一套现代化管理机制的结构框架，华为继续在其基础上丰富自己的管理内容，应时、顺势，调整自己的管理方向和手段。

🌐 IBM 在华为的三大"集成"项目

参与起草了《华为基本法》的吴春波教授在其一本书中提到，任正非曾说，没有《华为基本法》，华为会崩溃；没有 IBM，就没有华为的国际化，评价"人大教授们对华为的最大贡献，是告诉我们做企业还需要管理，而 IBM 的最大贡献，是给华为带来了流程语言"。[18]

IBM 对华为国际化发展的贡献，就是以"集成"为核心要义的三大企业业务流程管理变革项目：IPD、ISC 和 IFS。

IPD："集成"路上的首次成功实践

IPD 直译为集成产品开发，是企业进行产品开发的一套模式、理念与方法，其思想源于美国一家管理咨询公司 PRTM 于 1986 年提出的产品及周期优化法（PACE），1992 年，PRTM 公司出版了 PACE 一书，具体阐述集成开发产品的思想，即 IPD。

IPD 的核心理念在于"集成"。集成的"锚点"是"市场需求"，即产品开发要基于市场需求和竞争分析，开发出的产品要能有用、能卖得出去，因此新产品开发要作为一项投资决策，审慎立项，在开发过程中要进行阶段性评审，而研发要对产品的可使用、可维护、成本与质量负终极责任，但产品开发并不是研发部门一家的事。

因此，围绕产品开发进行跨部门协同，是必需的组织保障，所跨部门包括：为产品开发立项提供前端市场需求的市场销售部门，为产品使用提供后端工程交付、售后维护的技术服务部门，以及产品生产过程涉及的采购、供应、制造等一系列部门，因此，IPD 的运作要求企业内部要有较高水平的团队合作文化，以及导向团队合作的绩效考核机制。

IPD 还包括具体的产品开发工作方法，主体是流程化运作，以及为提升流程化运作而设计的异步开发模式和使用的标准化模块开发，前者旨在提高开发效率、缩短开发周期，后者有助于降低成本、稳定产品质量。

IPD，从 IBM 来到华为

西方企业中，最先将 IPD 理念付诸实践的是 IBM。1992 年，IBM 为扭转其面临的业绩和生存危机，率先采用 IPD 对整个产品开发业务流程进行重整，五年时间，效果显著，表现在产品开发周期显著缩短、产品成本降低、研发费用占总收入比例降低、人均产出率大幅提高、产品质量普遍提高，以及浪费在中途废止的开发项目上的费用明显减少。IBM 的成功实践验证了 IPD 理念、方法的有效性。

1997 年底，任正非在 IBM 美国总部听了一整天的管理介绍，内容就是 IPD，IBM 一位副总裁还送给他一本书，就是讲述产品及周期优化法的 PACE，华为后来采购了数百本回来学习。

任正非一行访美归来后，华为研发部门依据 PACE 书中阐述的理念和方法，以及从 IBM 学习获取的一些资料，自己尝试着进行研发改革，但很快就感觉到，这么做是隔靴搔痒。书中提供的只是宏观的理念，并不是一个菜谱式的、可以指导实践步骤的指导书，华为在实际运作过程中涉及许多微观的、操作层面的事情，或者需要一些经验者才能把握的事情，还很难找到答案。对此，任正非也曾有过反思，"当初想靠一本书就能变革成功，的确很幼稚"。

正如任正非后来所说，"在管理上，有时候需要别人带着我们走路，就像一个小孩，需要靠保姆、靠幼儿园的老师带着走路一样"。1998 年 8 月，IBM 顾问团作为老师，正式进驻华为，首先启动了信息战略和规划（IT S&P）项目，组长任正非，副组长郭平。这是一个为华为未来管理变革设计总路线图的项目，以提升业务流程和人的效率为核心，从业务视角，审视和设计华为业务流程重整和运作变革。

1998 年 9 月底，IBM 顾问出具对华为管理问题调研的第一阶段"诊断"报告，认为华为产品研发的"病情"严重，共有十大"症状"，包括缺乏准确、前瞻性的客户需求关注，反复做无用功，浪费资源，造成高成本；没有跨部门的结构化流程，各部门有自己的流程，但流程之间靠人工衔接，运作过程割裂；组织存在本位主义，部门墙高耸，各自为政，造成内耗；产品研发依赖个人英雄，而且这些英雄难以复制；项目计划无效且实施混乱，无变更控制，版本泛滥；等等。

IPD 之前，研发是华为的一支"后矛"

对 IBM 报告所发现的管理问题和由此产生的结果，其实华为自己早有痛彻心扉的切身经历，包括严重的客户信用危机事件，宝贵的市场机会丧失，和触目惊心的研发"呆死料"浪费。

1998 年 4 月初，任正非前往北方某市与一位重要客户交流，由于华为产品的不稳定性，谈话中客户不时打断任正非说话，一再质疑和强调华为设备和工程问题，并以此要求降价。任正非只好顾左右而言他，大谈公司管理与培训，靠频频许诺未来的改进以增强用户信心，在沟通中处于极为被动的应付局面。

次日回来，任正非安排中央研究部组织全体员工听这一场谈话录音，激起了一场"灵魂的震撼"："我们研制的产品不能成为任总的骄傲、成为谈判桌上最有力的砝码，我们的产品没有理直气壮地说话"，"每个中研人都应对此感到惭愧、汗颜，也更应该知耻而后勇"。这应该算是华为历史上的"马电事件"1.0 版，或者说"国内版"。

研发部门就此事件分析了一系列原因，其中就包括 IBM 诊断出的问题，比如需求和市场脱节，产品设计总体功能考虑不足等。华为当时给自己开出的"药方"是，让研发员工轮换到市场销售岗位。1998 年 8 月，第一批中央研发部员工转岗至市场一线，孙亚芳前往送行，要求开发人员必须参与从研究开发一直至售后服务的全过程活动，这样才能贴近客户，更好地了解客户的需求。这一"药方"虽然有助于解决产品的市场需求理解问题，培养懂产品、懂技术的销售人才，但也说明，华为此时仍然将产品问题归因于研发。

而更为严重的是，虽然任正非在 1997 年底的访美行程中认识到"创造机会"比"抓住机会"更重要，但华为此时却因为产品质量和稳定性差，眼看着大好的市场机会白白流失。

比如最早开发的 C&C08（两千门）机，突破了华为程控交换机从农话到市话的市场定位，作为第一代产品，性能不稳定是肯定的，华为原计划用一年半时间将产品稳定下来，但最终花了三年时间，不仅在销售额和市场竞争力上未达预期，还使研发部门无力去开发更具市场前瞻性的产品。

另一案例就是"起了个大早、赶了个晚集"的 GSM 产品，1998 年开通了实验局，通过了鉴定，在市场有了销售，但随即网上问题爆发，直到 1999 年，华为 GSM 产品还在进行大版本切换，小版本软、硬件升级不断，一出现问题就换单板，大部分单板试产前投板三次以上，有的甚至达到了六七次。

这种情况不仅仅存在于个别产品，而是研发的普遍状况，由此造成了巨量的研发"呆死料"，带来严重浪费，每一个数字，即使现在来看，仍触目惊心。

1998 年，某地电信网络中普遍出现"乱拨号"现象，有一位农民还因此被当地警察扣押起来，因为他的电话端口在不停地乱拨 110，事后才查明，是网络中华为的某块单板在"作祟"。华为进行批量更换，前后投入上万块单板用于周转，过程中大量库存积压，经济损失近一千五百万元。另一种单板被发现是网上串杂音的主要故障源，研发部门先是对单板硬件改造后全网更换，之后又对单板软件频繁改动、升级，最后还是搞不定，只好将使用了这一单板的所有产品进行全网置换，几番折腾下来，产品加服务，损失达一千多万元。

1998 年，华为由于产品技术更改、版本升级等各种原因，免费为用户更换板件四万多块，更换软件三万五千多片，直接物料成本约四千万元，更换服务费用数百万元。

1999 年 8 月，供应链为处理市场退货、生产退库、研发退库的各类"逆向"物料成立了一个"待处理品中心"，短短两个月，接收了价值近七千万元的物料，包括呆料、次品、废品等，每周以五百万元的价值持续增加。仓库的场景是"塞满几十辆中转车的密密麻麻的五千多块不同种类的单板，一摞摞塞满各种各样的元器件的纸箱，叠了一层又一层的电脑终端，还有横七竖八躺着的低版本大机柜、包装破损的大彩电……"，令人叹为观止。

缺乏过程管理的研发，成为华为的"后矛"，"质量是我们的自尊心"成为研发的一句宣传空话。任正非对研发管理改进的迫切需求，由来于此。

IPD 项目，首次变革不易

1999 年 3 月，作为 IT S&P 项目规划的八个业务变革项目之一，IPD 项目正式启动。

IPD 项目变革计划由 IBM 顾问设计，分为关注、发明和推行三个阶段。"关注"阶段即对华为的产品研发进行现状调研，通过访谈、问卷调查和研讨会等多种手段，深入了解华为产品开发过程以及相应的支持组织和 IT 技术，再应用 IBM 的方法论进行分析、评估，确定重整产品开发过程的切入点、重点与范围，确定下一阶段目标。"发明"阶段就是根据 IBM 的"最佳实践"，对华为研发流程进行重整设计。"推行"阶段是将新的流程在实践中落地实施。IPD 变革最初的计划是两年到两年半左右完成。

按照 IPD 运作理念，华为从市场、研发、生产、财务、采购和 IT 等部门分别抽调员工，组成"IPD 项目核心组"，负责与 IBM 顾问沟通合作，组织项目各阶段工作，推动进展，并对项目内容进行说明和宣传，增强全员对变革的理解，提升思想认知。

作为第一个业务流程重整变革，牵扯了大半个公司，推动 IPD 项目变革的任务是繁重而细致的。周边部门认为这是产品研发的变革，与己无关，参与积极性不高，学习、研讨时人在心不在。而研发体系，甚至个别高管也对 IPD 变革相当抵触，认为研发是一个创新的过程，需要自由发挥，IPD 用一套固定、僵化的流程来运作、管理这个过程，会抑制创新。为此，任正非、孙亚芳等华为高层和 IBM 项目负责人，纷纷上阵，和 IPD 项目核心组一起进行变革教育和宣传，既有通报批评、调职处理的"大棒"，也有苦口婆心的劝谕、逻辑说理以释疑，关键时刻，IBM 高层会从美国飞赴深圳，现身说法，晓以利害。

2000 年 9 月 1 日，华为召开历史上著名的研发"呆死料"颁奖大会，在六千名员工面前，任正非把数年来产品研发过程中产生的"呆死"物料和外出"救火"的机票等作为"奖品"，亲手发给研发几百名骨干。这次以"从泥坑中爬起来的人就是圣人"为主题的颁奖大会，是 IPD 推行过程中的一次大规模思想整风和变革动员，也是华为"批判与自我批判"价值观的第二次大型行动实践。

IPD 变革推进到 2000 年 5 月，启动了第一个试点。试点项目承担着产品成功与流程实践的双重职责，为更多的试点传递经验，为 IPD 全面推行做准备，因此对项目成员都进行了高配，由当时的无线系统部总工程师侯金龙担任试点组长，确保出现问题时能高效协调解决。IBM 顾问全程参与指导，保证各项流程点及文档得到正确的理解和执行。

试点进行了五个多月，项目组感受到明显收益，大体上实现了新增角色、组织重设和 IPD 流程设计所应发挥的预期作用。2001 年，IPD 扩大推行范围，实现 30% 的项目覆盖，为 IPD 全面推行积累经验，树立信心，也培养了一批流程推行的"金种子"。2002 年起，IPD 进入全面推行阶段，所有新立项产品研发都按 IPD 流程化运作。2003 年下半年，华为进行研发组织变革，各产品线都按照 IPD 的流程设计重组部门，这就将 IPD 流程固化于组织运作中。

在 IPD 全面推行的同时，从印度研究所引入的软件 CMM 管理流程也在推进。CMM 是针对嵌入硬件产品的通信软件开发过程进行质量管理和控制，所以在 IPD 启动之初，研发内部曾有 IPD 派和 CMM 派之争。到 IPD 全面推行阶段，华为在研发流程上把 CMM 和 IPD 做了一些融合，称为 IPD-CMM 2.0 流程，此后不再单独提 CMM，还是以 IPD 流程为主。

随着研发组织按照 IPD 流程设计完成重整，意味着 IPD 变革项目基本结束。从 1999 年 3 月启动，到 2003 年底，IPD 项目在华为进行了四年，超出了最初计划的两年半左右时间。2005 年，在徐直军领导下，华为研发又开展了一波巩固 IPD 运作的管理优化，强调对 IPD 理念的落实不应停留在组织设置的"形似"，而应更关注过程执行上的"神似"，包括加强重量级产品开发团队（PDT）建设，各种"代表"不能经常换来换去，以确保角色职责落实到位，以及禁止绕过流程或后补流程等。

华为对 IPD 流程本身也一直在持续优化，前后演变了七个版本。随着数字化时代到来，2018 年底华为启动了 IPD 2.0 的升级，重点强调软件安全的可信和创新。

IPD 带给华为的价值

在华为严酷的"冬天"开展的 IPD 变革，历时如此之久、耗费精力如此之大，究竟给华为带来了什么价值？

2016 年，时任华为产品与解决方案总裁丁耘在其文章《从个人英雄到群体英雄》中，谈到 IPD 在华为产品研发上的历史价值，有一段形象而详细的说明：“早期华为的产品开发，跟很多公司大同小异，既没有严格的产品工程概念，也没有科学的制度和流程，一个项目能否取得成功，主要靠‘英明’的领导人和运气，靠的是‘个人英雄’。换句话说，产品开发能否成功，有很多不确定性和偶然性。”IPD 使华为产品开发从“小作坊”的模式走向规模化、流程化、可管理、可重复。“华为以前每个个体的能量都很大，每个人干活都很拼命，但是‘布朗运动’，这时候需要有一个‘堤坝’去管理和规范个体的能量，把所有发散的能量导向同一个方向，形成一股合力。IPD 就是这样的一个‘堤坝’，把大家的力量从‘布朗运动’变成了一个比较有序的运动。”“IPD 从商业投资的角度看待产品开发，强调产品组合管理、聚焦和取舍、端到端、团队运作和管理，强化了把能力建在组织上，确保把一个产品的成功开发复制到其他产品，而不再靠运气了。”

在产品研发之上，IPD 对华为管理改进的当期作用，任正非在变革结束的 2004 年就已有正向评价，认为 IPD 按流程理顺了工作关系，提升了运作效率，IPD 落地后，任正非说，“我到海外，无论在哪里走，都能有明显感受，公司和前方的关系理顺多了”。这一年，华为重启“冬天”里冻结的人员招聘，员工人数增多，但华为人均产值效益没有降低，虽然华为的人力成本比友商高很多，但利润是它们的好几倍，任正非认为，原因就是管理效率提高了，“这几年 IPD、ISC 等管理变革有非常大的贡献”。

从更长远的发展看，IPD 使研发的产品技术创新获得了持续性和稳定感，流程化运作使产品研发能够规模化产出，且质量可控，在此条件下，华为才有可能成长为一个能够应对全球市场的大公司。任正非认为，如果不是坚持进行 IPD 变革，华为不可能成长为大公司，“有可能就成为一个产品、一个小地区搞成一个小团队。小团队能不能活下去呢？也可以活下去，也就是苟延残喘两三年，小平台一定不能对付高水平、高质量、优服务、低成本”。因此，他认为，在华为的“冬天”坚持改革到底，支付巨额顾问费，走通了流程，改革基本成功了，"尽管现在还没有及格，但为我们公司未来的商业模式已经提供了巨大的支持"。

在 IPD 即将结束之时，任正非对内明确表示，华为公司未来的建设，将秉持"产品发展的路标是客户需求导向，企业管理的目标是流程化的组织建设"的理念，这既是华为经过"冬天"后对自己产品研发技术情结的反思，更是 IPD 项目给华为带来的重要启示。

通过 IPD 项目，IBM 还教给了华为一套管理变革的方法论，即关注—发明—推行的"三阶段"，这在 2007 年启动的 IFS 变革中进一步细化，"三阶段"拆分为"五步骤"：现状调研（As-Is Study）、最佳实践学习（Best Practice Benchmark）、华为差距分析（Gap Analysis）、未来流程重设（To-Be Design）和推行实施（Launch）。IBM 的变革管理本身也是流程化的，与之对比，华为之前自行发起的管理改良活动是一哄而上、群众运动式的，过程不可控，效果无法保证。此外，IBM 要求变革方案都要先在小范围试点，验证纸上的设计在实际业务环境可以运行，才全面推行，这一重要经验，在华为此后的管理变革中都得到应用。

ISC：国际化路上一个早产的"半成品"

紧接着 IPD，IBM 于 1999 年 6 月在华为启动了另一个管理变革项目 ISC，即集成供应链，华为希望通过变革，对企业供应链中的信息流、物资流和资金流进行设计、规划和控制，确保在正确的时间把正确的产品送到正确的地方，实现供应链的两个关键目标：提升客户满意度、降低总供应链成本。

ISC 之前，华为的"货梗阻"顽疾

ISC 启动之时，供应链不能正确地发货，已是华为当时的一大顽疾，具体"症状"表现多样，包括不能及时发货、发货齐套率低、发错货、多发货、漏发货、重复发货、无款发货等，林林总总。一个乌龙记录是，1999 年 4 月，两只装满四百五十三个配电盒的货柜从广东漂洋过海到了海南某项目部，让现场收货人员大吃一惊，因为项目安装只需要三个配电盒。出错原因是产品开发部

在录入配置清单时，将物料编码录错了，而后面六七个环节都没有发现错误或提出任何质疑。

上述"症状"被形象地概括为"货梗阻"，不仅造成工程交付窝工、停工、延期，使客户对华为服务产生不满，也为"待处理品中心"仓库源源不断地"贡献"了"呆死"物料，带来巨大损失。结果体现在供应链管理指标上，就是超长的库存周转周期（ITO），意味着物流周转慢、现金流动慢，运营资金占比高，都沉淀在运输中和仓库里，制造了极高的财务风险。

为治疗"货梗阻"，华为于1998年初成立了一个名为"发正确的货"的专职工作组，还派出党委书记陈珠芳和"两报"主编跟进报道小组工作进展，算是督军作战。

工作组调研分析问题根因，既有流程不顺、上下游服务不良、IT系统中信息不准确这类工作流程问题，也有人的责任心问题，还有研发为配合一线急于占领市场反而欲速不达的情况。虽然大环境是华为当时市场发展太快，后方跟不上前方的节奏，但归根结底，错货是管理混乱的表现。

针对发现的问题，工作组开出了一些"药方"，包括重组订单业务流程以简化操作、提升效率，将物料编码系统一体化，对负责最终发货的部门进行整改，将前端销售和生产制造的IT系统进行对接等。还组建了客户投诉中心，专门接听错货投诉电话，对问题进行分类、转发和跟踪、落实。

这类"药方"还是头痛医头、脚痛治脚的招数，并不能系统地解决问题，有些整改措施也被消极应对和质疑，"发正确的货"工作组毕竟是一个在常规组织之外搭建的班子，其施展的能力有限。

ISC变革项目被寄予厚望。

ISC项目，"冬天"里半途而止

和IPD一样，ISC也涉及华为内部非常多的业务流程，包括销售计划和预测、研发、采购、生产、物流和仓储等，ISC项目需要拉通这些功能业务流，建立部门间合作机制，实现前后端信息互通。但和IPD不同的是，ISC还涉及华为外部供应商，包括原材料、零部件生产商和物流、运输服务商等，所以，其管理跨越了传统的企业间的"高墙"，集成、协作的要求更高。

基于业务内容的复杂性，ISC 项目制定了一个"三步走"变革路标：第一步是构建供应链内部的计划、采购、制造、订单、物流等核心基础能力；第二步是在公司内部，实现供应链与 IPD、销售、服务交付的集成；第三步是实现华为供应链与外部客户、供应商的全面集成。这一规划体现出华为通过持续变革来达成最终目标的变革思想。

ISC 项目启动时，华为的海外市场业务量还很小，也没有面向海外专门的发货流程，虽然海外特性化发货问题也已有所报道，包括英文标签和手册说明、不同的技术规格、海关验收、国际贸易法规，以及迥异的交付环境对配套设备的差异化要求等，但并未引起太多关注。

ISC 项目变革方案设计是基于当时的业务状况：销售主体还在国内市场，基本不涉及海关及复杂退货，只有深圳一个工厂，工程安装主要由客户和合作方完成。因而，变革的出发点就不是一个面向国际化发展的管理变革，针对海外物流及 IT、本地制造、本地采购、外配套及直发等供应模式，ISC 项目基本上没有考虑。因此，项目规划的第一步变革目标是"构建面向国内市场，单一工厂供应模式下的供应链内部计划、采购、制造、订单、物流的基础能力"。

2003 年，ISC 项目按照 IBM 的"软件包使能业务"的变革方法论，完成了 To-Be 设计流程以及组织变革和 IT 方案，于 2 月份上线了 Oracle 的 ERP 新系统，研发的产品数据管理和 ERP 实现集成，在技术层面上完成了 IPD 与 ISC 主流程的汇接，基本完成了第一步变革任务。

但是，相较于 IPD，ISC 项目在具体的组织、宣传和推进上，远不如 IPD 开展得有声有势。一方面，可能是同时启动两个大的管理变革项目，高层关注度不足，ISC 项目也缺乏一个 IPD 核心项目组那样重量级的项目推进团队。另一方面，IPD 是 IBM 的成功实践，但 IBM 在集成供应链的管理上并非业界最佳实践，因而缺少相关方面的专家资源，很多顾问都是 IBM 出面从其他公司请来的，其经验和投入度自然不能与 IPD 项目相比。

上述诸般因素，再加上当时华为身处"冬天"的艰难环境，ISC 项目没有按照规划路标继续向第二阶段推进。

海外市场大发展，ISC "化整为零" 再实施

2004 年下半年，华为海外市场开始放量增长，2005 年初，一位工作十多年的供应链员工惊呼："从来没见春节期间这么多的合同要履行！"随之而来的是，供应和发货问题再次成为《管理优化》报的投诉重灾区，先有连续两个空的机柜远渡重洋去了南美和独联体某国，后又把巴基斯坦的货发到了阿联酋，ISC 之前国内 "货梗阻" 顽疾再现，由于跨国长距离运输和沟通不便，又拉长了处理问题时间。南部非洲某项目需要一批用于架空光缆的挂钩，在国内工程交付时是就地采购，在公司采购系统中没有这一辅料的编码，但南非项目组在当地和周边国家找了一圈居然都买不到，一个小小的挂钩，需要从国内发货，却因为在系统中配置新的物料编码，整个要货流程从采购的最原始节点开始，半个月都没能走完。

供应链管理面临国际化的重压，表现在各项绩效指标上，海外合同履行与国内结果差距巨大：及时、齐套发货率和及时到货率都低十多个百分点，合同更改率高出五十个百分点，签订到发货的周期不加算运输周期，还多出十余天，而错货率更是高三倍。管理层认识到，这种情况下，海外喷涌的销售将不是华为的财富而是灾难。到 2007 年，一个记录显示，华为因 ITO 超长造成的库存成本浪费超过二十五亿元人民币，主要是由海外供应产生。

2005 年，华为在供应链领域陆续规划、启动了一系列管理改进，在全球供应环境和业务模式下，进行供应链基础能力建设，对供应链的业务、组织、流程、IT 进行优化设计，相继建立了欧洲、巴西、墨西哥、印度供应中心，以及迪拜、荷兰、中国区等供应节点（Hub），基本完成了全球供应网络布局，支撑了华为全球市场拓展。这些变革相当于 ISC 项目第一阶段路标的延伸。

与此同时，华为还启动了客户电子交易、供应商电子协同等项目，解决供应链与周边流程集成及与客户、供应商协同的诉求，这部分内容属于 ISC 项目规划的后两个阶段的设计。最终，历时多年，华为通过集成计划体系的持续运作，实现了全球供应链的端到端贯通，打造了一个 "钢铁供应链"。

回头来看，ISC 项目为华为的集成供应链设计了一个完整的蓝图，但项目本身是华为管理国际化进程中的一个 "早产儿"，在 "人和" 欠佳情况下，又遭遇"天时"不利，ISC 项目没能像 IPD 项目"一气呵成"，成为一个"半成品"。任正非曾说管理变革项目要坚持推进到底，不然就会"像饼烙煳了，不可能再烙一样"，ISC 项目更像是一张烙得半熟的"变革饼"，对华为海外业务大发展没有发挥出管理的储能作用。

IFS：华为全球一体化整合的业务流程"集大成"者

2007 年 6 月，IFS 项目正式启动。这是一个由财经牵头但席卷了整个华为、历时长达八年之久的管理变革，规模和时长都远超 IPD 和 ISC 项目，是华为最后一次向 IBM 学习系统性管理变革，一举奠定了华为的全球化流程运作的基础架构。

准备了三年的财经管理变革

对财经的管理变革，早在 2004 年 IPD、ISC 项目结束后不久，任正非就已经在谋划了。但对财经的变革，任正非是奔着打造"世界级企业"终极目标去的，更具主动性，不像 IPD 和 ISC 项目，是在当时产品研发和供应发货的生存压力下进行的变革。因此，任正非对财经变革的价值定位很高，言谈中也是与 IPD 和 ISC 项目相提并论，不过当时计划用一到两年完成，这可能是因为，华为有了 IPD、ISC 变革的成功经验，财务改革的困难就不会像 IPD、ISC 那么大了，任正非也说过打算邀请"国外很好的顾问公司参与"，也没有明确是 IBM。直到 2007 年 8 月的 IFS 项目汇报会上，任正非才提到，"三年前，IBM 就要来给我们做财经变革"。

任正非用了三年时间来为财经变革做准备，并没有在 IPD 和 ISC 项目结束后就紧接着启动，一个原因是，他看到华为当时患上了"变革亢奋症"，自家员工都还很年轻，"他们着急的很，希望能在一个晚上把公司推到世界第一，从而证明自己是世界领袖"。另一个原因是，财经部门还没有准备好充足的干部和人才，也没有对内部环境进行充分的培训和松土，所以，任正非当时指示财经体系要大量进人，"管他是什么人，都先进来"。（原话我记得是"泥沙俱下"，这是我第一次现场听任总讲话，对其直白切中要害但形象生动的话语风格印象深刻。）之后三年里，华为招聘了七八百个财经专业的毕业生。

在自身业务范围内，财经体系在这三年里还是继续做了一些管理优化，主要是海外 ERP 推行和全球账务共享中心建设，但论项目规模和影响面，都不能与 IPD 和 ISC 相比。

而在 IFS 项目长达三年的酝酿时间里，华为的市场形势发生了巨大的变化，从 2004 年终于渡过艰难的"冬天"，到 2006 年海外市场大爆发，快速进入火热的"夏天"，在市场的地理覆盖上，华为已经是一个全球化公司，进入了一百多个国家。在品牌形象上，华为已展示出一派国际化大企业的风范，换上了稳重、大气的新 Logo，2005 年开始发布英文版年报，对外披露经营财务数据，展示企业社会责任承担。

财经首当其冲，面临全球化运营的新挑战

2005 年，华为选取了海外八个国家试点实施 ERP，以支撑全球集成供应链，打通人、财、物的管理。谨慎起见，首批应用只选择 ERP 系统的财务模块，推行工作由财经体系主导，孟晚舟挂帅督阵，一年下来，六个国家成功上线，俄罗斯和巴西则由于两国非常特殊的财经管理法律法规而失败。2006 年，ERP 海外推行升级为公司级项目，实施范围从财务系统扩展到供应链、采购、交付的备件管理等业务领域，经过三年努力，华为才完成一百五十多个国家的覆盖，但俄罗斯是到 2008 年底才成功切换系统，而巴西则再次失败，一直到 2011 年初艰难上线。

从 ERP 实施的艰难经历，华为切身感受到，国际化管理不再是仅仅理顺企业内部组织之间、人与人之间协作的事情，还要做好内部管理与外部国家法律和法规、本地营商环境的协调和顺应，而这些在每个国家都各不相同，机关进行全球化思考不易，一线在本地行动更难。

面对全球化运营挑战，原本身处经营后方的财经此时发现自己首当其冲。一位财经管理部领导写过一篇题为《活着》的文章，谈道："我们不得不面对日益激烈的商业竞争、交付压力，还要考虑通货膨胀、货币贬值、外汇管制、代理公司破产清算、客户信用、存货及周转、税务遵从等等外部情况，稍不谨慎，都会给公司带来损失，有时甚至会是巨大的损失。"

同时，市场的全球化也意味着业务的多元化，包括客户需求的多元化、商业模式的多元化、产品解决方案的多元化等等。华为认识到，自己迫切需要提升两种关键能力：平台职能支撑能力的专业化、作战能力的协同化。而财经作为平台支撑角色，自身要求具备极高的专业能力，又直接参与一线销售和交付的作战，具有联络各方协同作战的关键作用，是华为全球一体化管理能力提升的焦点。

当然，作为业务监控最有力的抓手，财经在全球化运营中也更显关键。任正非提到审计部有个报告，某地区财务有非常多明显的大漏洞，运作了数千万美元，但"没有人作案，没有人搞名堂钻漏洞。我说有两个原因：一个是他（财务主管）不明白，二是他品德好……不要说人家不明白，我估计人家是明白的"。任正非看到，财经各级主管经过十几年的锻炼、成长，建立了信任和值得信任的团队文化，但管理漏洞是管理者的责任，必须要解决，全球那么多国家，那么远的距离，在多元而复杂的经营环境下，不可能单纯依赖人的诚信。他要求财经部门基于全球进行管理，"普天之下，莫非王土，每个地方都要管好"。

作为 IFS 项目华为方总负责人，孟晚舟从另一视角理解这一项目对华为的历史意义，她认为，这是华为从规模经营转向效益经营过程中，公司对精细化管理诉求的一个响应："长期以来，我们较多地倚重'武'的精神，凭借扩张、灵活的'游击队'风格，实现了公司的高速发展。在企业初创时期，这是灵活、高效而且适宜的，而且公司多年来的有效复合增长已充分说明了这一点。随着公司规模扩大和市场份额持续提高，企业经营慢慢进入到平稳增长时期"，孟晚舟引用西汉政治家陆贾"逆取而以顺守之，文武并用，长久之术也"之语，认为华为此时只有"文武并重，攻守兼备"，才能使企业经营稳如磐石，长盛不衰。因此，文武并用，将成为华为管理变革的重心。

海外市场的一段"野蛮生长"将华为迅速带进了全球化时代，国际化管理要及时地跟上来。IFS 变革项目就是华为此时要迈出的一大步。

IFS：华为全球化必由之路，卷入全公司的变革

肯定是因为 IPD 项目中 IBM 顾问团的尽心表现和 IPD 带给华为管理和成长的收益，而 IFS 变革的复杂性绝非一家专事财务管理的咨询公司之力所能及，2006 年底，任正非亲自写信给 IBM 总裁，请求其派出顾问团再赴华为，继续执行 1998 年 IT S&P 项目确定的财经变革计划，主持 IFS 项目。

IBM 顾问在项目启动之初，就确定了 IFS 的历史地位：这是华为全球化的必由之路。

IBM 展示给华为的全球化未来，是其时任 CEO 彭明盛提出的"全球整合企业"（GIE）。在此模式下，在一家企业内部，"美国的放射科医生把 X 光片送到澳大利亚判读，加拿大的客户服务中心受理美国境内购物者有关保修的咨询，马尼拉的采购中心为全世界大大小小的公司集中处理公司采购决策服务。无论身处何地的公司现在都抱在一起互相共享商业和技术标准，才能使得业务真正参与到全球生产体系之中"。一家企业得以如此行事，背后是一个个全球打通的业务流程在无时无刻地运转、使能。

因此，任正非在项目一开始就说明，IFS 是华为公司的变革，不仅仅是财务系统的变革，要求每一个高层管理团队都要介入其中，"哪个业务部门认为能够不需要支持就能完成变革，那我认为可以理解成能够不需要费用就创造利润。这个业务主管是没有后续成长能力的"。同时也要求，财务部门不能关起门来，以为不需要业务部门的参与、不需要向业务部门去宣讲、不愿意去听业务部门有什么意见。

为确保变革顺利进行，任正非向 IBM 明确提出，要提供优秀的项目经理和顾问，以足够的资源，全力以赴保证 IFS 项目成功，"不合适的顾问不予录用"。这显然是吸取了 ISC 项目的教训。但对内，任正非再次强调，要坚定不移地以谦虚、认真、扎实、开放的态度，向 IBM 学习，"高于 IBM 的把'头'砍掉，低于 IBM 的把'腿'砍掉"。

变革最重要的事情是推行落地，项目还在筹备阶段，任正非就指示要提前配置充裕的人力，"如果一个项目需要五个人，就配他八个人，以备项目变革完成后，一部分人留下执行，另外一部分人员做培训，或参加另外的项目，为后续变革增加生力军，以免不能付诸实践而导致变革失败"，因为，"变革完成后，如果没有有效的传承，理解不够，项目就不是成功的"。

由此可见，任正非对 IFS 管理变革的重视程度和准备之充分，远超 IPD 项目。他希望，通过 IFS 变革，最终使华为财经管理运作提升到全球认可、接近业界领先的水平，使华为成为一个具有长远生命力的公司，这是 IFS 项目的愿景。

IFS 项目变革目标

要实现 IFS 项目变革愿景，落实到具体行动目标上，第一步是"加速现金流入、准确确认收入、项目损益可见、经营风险可控"。

实现这一变革目标，IFS 项目以财务"数据准确"作为集成"锚点"，既要支撑业务经营目标达成，也致力于有效监控全球业务运作。

财务数据要确保准确、真实，是企业健康经营的基础。IFS 之前，华为的财务数据是什么状态呢？我在华为工作的头几年里，时不常在公司公告栏上看到一种"到款寻源"的通告，意思是有笔款项打进了公司账户，但是财务不能确定这钱从何而来、为何而来，所以发出公告，寻找了解钱款来源信息的业务部门。虽然不懂内情，看着很奇怪，不过有钱进账，总归是好事，钱进不来才是大问题，而这在当时也是真实发生的。有一次，任正非拜访沙特客户，离开时，客户忍不住问：华为公司为啥只干活，不收钱？在另一个公开场合中，印度客户也"表扬"华为干活很努力，还不着急收钱，说最喜欢和华为做生意了。

更为普遍地困扰着财经管理的问题，是一线并不在流程系统里及时、准确地确认实际业务进展，比如华为和客户签订了一个亿的合同，实际交付只发了三千万的货，在财务的应收记录里，就一直躺着一个亿。此外，就算业务及时确认合同履行进展，但由于财经和业务对同一个交易数据的定义不同，各说各话，财经的数据还是不准确、不真实。当时流行一个说法，各业务流程系统里的数据是"Garbage In，Garbage Out"（进去的是垃圾，出来的也是垃圾），据此出具的财务报告就是虚假的，分析的业务状况是扭曲的，通过财经实现监控也无从谈起，实际上，前后端信息"断流""错配"的漏洞确实引发了一起又一起的业务造假事件。

这些问题说明，财经是站在业务的后面，做着一点簿记工作，而一线业务什么时候干完了活，干了多少活，是不会及时告诉财经的，财经和业务的流程没有握手，数据没有标准化，无法对接。但如果财经自己不跳出来，一线各方作战团队并没有动力提供准确的数字，他只负责把活儿干完，让客户满意，完成自己岗位的 KPI，拿到奖金。

而要让一线人员按照财务的定义，提供准确、实时的数据，要么使用行政命令强制要求，这么做肯定不能长久，也难以收效；要么使用华为管理擅长的 KPI 考核，但那么多数据，KPI 管理成本实在太高。只有打通业务流程，让数据在流程运行的各种业务应用场景中，被记录、被调用、被上下游环节校验和核对，才能保证最终的财务数据准确。

为此，IFS 项目就要理顺、整合或打通内部各业务流程之间的关系，在此过程中，要纳入与外部的客户、上下游供应商、外包合作伙伴的合作要求，建立合理、顺畅、高效的内外部协作、沟通机制和业务规则，这些业务规则就包括外部的法律法规的遵从要求，都一起嵌入到内部业务运作的流程当中，确保全球业务稳定、安全运营。

IFS 项目做的所有工作，一言以蔽之，就是"以规则促进公司可持续可盈利的增长"，并非财经管理的变革。

这是一个规模庞大而浩繁无比的工程，可以说是华为的一次业务流程系统重装。没有一种矢志不渝、坚忍不拔的精神，难以成就其功。从 IFS 项目涉及的业务范围的广度、整合的深度和流程之间关系的复杂度，可以领略其挑战之巨。

IFS 项目整体规划和设计

2006 年底，IFS 项目已经启动了为期半年的筹备工作，最初规划了二十一个子项目，在后来运作过程中有所调整和合并。这些子项目分为流程类和管控类两大类，分别从业务流程运行的纵向贯通、握手，从组织与业务管控的横向连接、打点，进行系统性、网络化的管理优化。所以，IFS 项目实际上是一个项目群集合，由于子项目众多，根据项目间的相关性，分两批于 2007 年和 2008 年启动。

流程类项目中，最重要的是两个最大的端到端连通多个业务流程的子项目：机会点到回款（OTC）和采购到付款（PTP）。

OTC 子项目关注的是怎么顺利地把钱挣回来。从最初的抓住市场机会点，到将机会变成标书、变成合同，再处理订单、发货、安装交付，管理阶段性应收账款，到最后一步回完尾款，落袋为安，是华为与客户签订的合同的一段完整的生命之旅，行经多个业务流程，牵动市场销售、产品研发、运作与交付三大体系，涉及财经和账务等十二个一级组织。

PTP 子项目关注的是怎么安全地把钱花出去，加速资金流动，让钱能快速造物、生钱。它横跨多个业务流程和环节，包括采购需求管理、供应商认证与选择、采购订单管理、验收、核销和支付等环节，涉及采购、生产、销售和服务，以及财经和账务等部门。

这两大主干业务流程管理着钱的一进一出，可谓华为的"任督二脉"。

IFS 项目的另一重头戏，是项目经营管理（PFM）。

市场部门签了合同，采购部门付了钱买来物料和服务，研发和生产部门做出产品，供应链把货发给客户，还需要技术服务交付团队通过一个个工程项目，为客户完成设备安装、调测，待网络开通运营，或者扩容成功，客户完成验收，华为才能收回全款。整个公司的收入就源于这一个个工程交付项目，公司盈利也建立在每个项目盈利的基础上，就像人之生命系于每一次呼吸吐纳一样。

但是，项目交付过程极其复杂，货进货出，人来人往，随时发生诸多无法预计的问题，特别是海外"交钥匙"项目还要挖沟上塔、填土埋方，并非华为作为一家技术公司所擅长。各国、各项目交付环境差异极大，需要因地制宜，灵活变通。项目组还要管理各种分包商，跟踪工程进度，延期会被客户罚款，而分包商的行为、交付质量往往不可控。所以，充满诸多不确定性因素的过程，结果无法预料。当时，一个工程交付项目能不能挣到钱、最后到底挣了多少钱，华为经常是算不清楚的，任正非说他听一个项目的汇报，"一开始说亏损五千万美元，后来又说亏损三千万，最后告诉我不亏损了，到底哪句话是真的哪句话是假的，不知道"。

PFM 子项目就旨在通过执行项目的计划、预算、核算和决算，管理项目中的人、财、物，归集和跟踪每个项目的收入和成本，提升项目经营管理水平，也汇聚多个业务流程，涉及投标、产品行销、交付和服务、物流和供应，以及财经管理。

除上述涉及多业务流程性项目外，还有另外九个流程类子项目，包括总账、成本与存货管理、资金、关联交易、资产管理、报告与分析、税务、薪酬以及共享服务，是以财经的专业化管理为依托，其他业务流程配合打通，或者将这些项目中梳理、明确的财经或法务专业规则应用于其中。

管控类子项目有三个，包括业务控制和内部审计、授权和政策与流程。

为支撑整个 IFS 变革项目落地，还有三个基础能力类子项目：数据、IT 和变革管理。

这些子项目之间彼此关联、交错，每个子项目下，又有很多个业务相互关联的下级项目。比如，在"薪酬"子项目下，有"费用"、"发薪"和"员工国际派遣"三个分支，我负责其中的"员工国际派遣"。

为了统筹这个规模庞大、内容复杂的变革计划，华为专门组建了一个位居一级部门的实体组织，名字就叫"IFS 项目组"，相较而言，IPD 项目的核心组只是一个临时的虚拟组织。此时，华为规划的变革时间，已经不是最初谋划时的一到两年。不过当时似乎没人知道项目要进行多久。

IFS 项目案例：员工国际派遣

由于其他项目内容过于复杂和专业，在此就以我所在的"薪酬"这个 IFS 最小的子项目为例，以小见大，说明 IFS 项目的实际运作和带给华为的价值，特别是 IBM 顾问所发挥的作用。

"薪酬"是 IFS 项目群中唯一的人力资源管理子项目，作为第一阶段内容在 2007 年底启动。这个小项目的组建源于财经一直困扰于向员工支付的钱的数据不准确。钱的数据产生于两个通道，一个是人力资源管理的发薪（Payroll），即公司例行支付给员工各种报酬，包括工资、岗位津贴、补助、奖金、加班费等，另一个是财务报销，即公司日常支付给员工因工作需要产生的差旅等费用。因此，这个项目包含"发薪"和"费用"两个分支项目。

但钱的数据问题集中于中方外派员工这群人身上。他们在全球流动，人来人往，钱进钱出，而基层 HR 当时并不能说清楚一个地方有多少外派员工、一个员工何时开始或者结束派遣，相应地，从何时切换外派员工的考勤方式、按哪个常驻城市的艰苦标准发放或终止各项派遣补助、如何授予探亲机票配额，以及如何操作本地发薪、缴纳本地个税等，都是一笔糊涂账。"员工国际派遣"这一项目分支就要在"发薪"和"费用"方面帮助解决人的流动数据问题。

IBM 派了两位顾问给"薪酬"这个最小的子项目，一位是有管理经验的资深顾问，曾任亚太区域 CFO，另一位是年轻的国际派遣业务实操专家，曾在宝洁公司的国际派遣员工服务部门工作，2004 年经由 IBM 与宝洁公司签署的人力资源外包服务协议，加入 IBM。

两位顾问首先进行华为现状调研，即 As-Is Analysis。

当 IBM 顾问了解到华为没有一个专责部门管理国际派遣员工时，前 CFO 发出第一声惊呼：Oh...Huawei is a miracle!（华为真是一个奇迹！）

外派员工是跨国企业的一个特殊员工群体，针对这一群体的管理是国际人力资源管理的独有活动。除了外派员工选调和派返岗位安置、外派薪酬福利、跨国发薪、税负平衡这类具有"跨国协同"复杂要求的人力资源管理活动外，公司还要为员工和其家庭提供全方位支持，包括本地住宿、配偶陪伴、子女教育、健康和安全保障等，还涉及出入境签证、个税等外部法律遵从性管理要求。

由于这一人群管理的特殊性和复杂性，在大多数西方大型、成熟的跨国公司，都是由一个专门的人力资源组织负责管理外派员工，该组织具备全面的专业能力及较高的服务和协调意识。

但华为没有。人员选派和派返安置，是由各业务部门根据业务需求自行决定，按照员工调动流程操作，薪酬福利和发薪由薪酬管理部负责，个税在财经部门，外派员工在派驻国家的一应本地事务，包括吃、住、行、签证、安全健康保障等，都由各派驻国人力资源管理和行政部门自行负责，如此组织分散，流程不衔接，信息不共享，必然会带来很多问题。

但就是以这种与西方跨国公司传统管理迥异的方式，华为还是能把人派到全球一百多个国家去，支持海外业务高速发展，所以，在他们眼中，确实是一个奇迹。

而当了解到华为的第二个 As-Is，有几千号外派员工时，IBM 顾问发出第二声惊呼：你们是怎么搞到这么多工作签证的？

签证合规是国际派遣员工管理所有法律遵从的基础。外派员工应持工作签证，以本地雇员身份为其所派驻的当地子公司工作，按本地收入额在本地缴纳个税。

但大多数国家为保护本地就业，通过工作签证签发来限制外资企业的外籍雇员数量。一般是八比一，即一家外资企业雇用八个本地员工，才配发一个外国人工作签证，有的国家为吸引外资，签证配额政策会宽松一点，有的国家会结合本国产业或技术发展所需，只向那些本国无法获取的外籍人才签发工作签证。海湾石油富国需要大量输入"外劳"，工作签证签发相对宽松，但也与跨国公司在当地的投资规模挂钩。

2005年后，华为海外市场业务量迅速增长，但出海不久，本地团队能力还没有培养起来，而华为向来以高效响应客户需求和贴身服务取胜，就需要让大量中方员工去海外支持。有的是先出差后就地转为外派员工，申请工作签证有一个过程，为保证不影响业务，员工就会持用出差时申请的商务签证继续工作，这造成签证不合规。但很多情况下，也是知其不可而为之，在一些市场规模较大的国家，以华为的外派量，是不可能让所有外派员工都拿到工作签证的。因此，在这些国家，比如巴西，或者欧洲各大国，华为办公室经常被当地移民局突袭搜查，员工因签证合规问题被遣返回国。

而即便是那些持用工作签证的外派员工，也由于签证信息不能通过签证流程及时、准确地向发薪流程传递，HR不能正确地操作本地发薪和扣缴本地个税，而存在税务遵从风险。

在IFS项目之前，华为并没有建立起签证与发薪、与个税之间的合规遵从的关联认知。签证只是作为一种支撑一线业务的差旅行政服务。通过国际派遣项目，IBM顾问帮助华为将签证的认知提升到合规遵从、安全运营的价值高度。

在项目进行过程中，由美国次贷危机引发的金融风暴，又让华为HR第一次了解到，管理外派员工，还有一个常设机构（PE）风险需要应对。这是一种跨国公司才会牵涉其中的公司税风险，但与外派员工所持签证种类和商业交易行为相关。在当时华为外派员工签证合规不尽到位的情况下，触发 PE 风险的概率很高，任何细小的员工不当行为，都可能被当地政府认定为 PE，比如，使用了与员工所持签证法律身份不符的通邮地址、名片或者邮件落款等。全球金融危机爆发后，各国政府都缺钱，对跨国公司的 PE 问题的关注度骤升。

PE 风险规避不仅是国际派遣项目需要考虑的，还涉及海外合同签约模式，OTC 子项目就此建立了一整套业务规则，比如要根据合同类型，是设备合同还是服务合同、是全球框架合同还是本地销售合同，由不同公司具备相应签证法律身份的员工签署，这些规则嵌入到 OTC 流程中。IFS 各子项目之间都存在着这样千丝万缕的关系，由此可见国际化管理的复杂性。

完成对 IBM 最佳实践的学习和华为的差距分析，"员工国际派遣"项目组参照 IBM 最佳实践，设计了华为的 To-Be 流程。

这个过程也留给我很多有意思的回忆。IBM 派来的业务实操专家是一位菲律宾华裔姑娘，非常聪明，一直不认为 IBM 的国际派遣管理实践是业界最佳，宝洁的才是。开会讨论，偶尔会和前 CFO 持不同意见，但通常会以沉默相对。前 CFO 是一位马来西亚华人，管理者出身，慈眉善目，和蔼可亲，深具长者儒雅风度，面对年轻的临时下属无声的消极抵抗，一时尴尬地笑着，寻思着合宜的应对表达。整个场景展现出儒家文化熏陶下的人们沟通交流的典范，虽然大家说的都是英语。我坐在旁边，看着这一老一少之间隐秘的"对峙"，轻叹一声 Life is not easy（人生不易），年轻姑娘就不好意思了，按着前 CFO 的意见去画流程大图，她下手干活确实是又快又好。

IFS 各子项目的 To-Be 流程都是由 IBM 顾问和华为方一起商量确定的，既要应用 IBM 的最佳实践理念，也要考虑华为的业务实际，各个项目组之间华为方的诉求也存在不一致甚至冲突，整个设计过程充斥着各方的争吵和妥协，很多时候，会场上的气氛并不那么"儒家"，但最终，或者基于短期快赢（Quick-Win），或者从长计议，矛盾得以解决。

在此过程中，IBM 顾问也教给华为员工流程设计的知识，比如，如果数据的状态在某一流程环节中没有得到改变，那么意味着这个环节是冗余的，需要去除，简化流程。更重要的是，他们还带来了一整套通过流程实现业务监控的基本理念和方法，包括职责分离（SOD）基本原则，即会计和出纳不能为同一人；流程要有关键控制点（KCP），比如在员工国际派遣的 To-Be 流程中，签证申请就是一个确保合规的 KCP；对流程运行要进行例行的遵从性检查（CT）。

此外，流程设计还要考虑对流程运作的管理，对于一个全球化公司来说，流程要分层设计，以实现全球一致性和本地灵活适配，不同层级的流程有相应的流程责任人。各级流程责任人要对流程运作中重要业务规则的遵从性进行例行审计，除了 CT 之外，还有 SACA（半年度流程审计）。

嵌入流程运作中的这些重要的业务规则，既有为确保运作安全和监控之需的内部规则，也有外部法律法规的遵从要求，也就是国际化"游戏规则"。在 OTC 流程中，有与签约和交易相关的海关、贸易、税务等规则；在 PTP 流程中，有与支付相关的外汇、税务等规则；在员工国际派遣流程中，有劳工、出入境、个税等规则。这些业务规则，由 IFS 的资金、税务、关联交易等专项子项目梳理、确定，输入到全球贯通的业务流程中。

华为全球化的"软实力"，就是通过这样的方式，扎扎实实地构筑在日常业务流程运作和组织管理中。

这些国际化"游戏规则"的学习积累，既来自华为过去十年里海外市场开拓中经历的失败和教训，也包括 IBM 顾问们的口传心授。作为全球化企业的领导者，他们对这些"游戏规则"及其作用知其然，亦知其所以然。

IFS 项目实施与收益

对于 IFS 项目的华为员工来说，人生之不易来自变革项目的实施落地。

IFS 组合了二十多个变革子项目，主要子项目设计的业务流程本身既长，又新增了许多业务规则，流程之间彼此连接、交错，IFS 就不可能像 IPD 那样，按一个个流程独立推行落地。

经过多轮讨论、分析和识别，IFS 项目最终将变革推行按照"合同、项目、责任中心"三个层面，对纷繁复杂的子项目成果进行整合，形成三个集成解决方案包（IDS）。

IDS1 主要由 OTC、PTP 等子项目成果构成，是整个 IFS 变革成功的基石。从 2009 年 8 月开始试点，经过三年、十五个推行团队的不懈努力，解决了之前"开不了票、回不了款"的老大难问题，可谓打通了华为的"任督二脉"，加快了收入和支付速度，带来了实实在在的利润和现金流改善。

在IDS1方案中，设计产生了一个新的共享业务组织"合同履行和交易共享中心"，负责集中地、端到端地管理合同的履行，既提高了流程遵从率，也节约了大量费用，还提升了合同质量，管理了业务风险。

IDS2以项目经营管理为核心，通过明确项目经营管理的"四算"，即概算、预算、核算、决算，建立起一套项目经营管理体系。2013年3月，IDS2方案试点成功，之后在全球落地。自此，华为建立起"一致、可重复"的项目经营流程和经营管理运作机制，使项目经营管理从"零散"走向"有序"，实现从"偶尔经营好一个项目向制度性批量经营好项目"转变，让华为的业务运营"呼吸"均匀。

IDS3以责任中心为对象，落实经营单元的经营管理责任。2013年第四季度，IDS3启动推行，支撑华为全预算编制工作，强化了预测工作的效率与效益，有效支撑经营分析及决策。

基于三个阶段的解决方案，IFS项目设计开发了集成统一的财务信息系统（iSee），管理经营过程中所需要的数据及报告。

自此，华为财经体系具备了战场上"观察员"的能力，同销售与服务、产品线等业务体系这些战场"狙击手"紧密合作，提高在市场上的"狙击"命中率，有效地降低了狙击手的伤亡率，华为由单兵作战变成狙击小组共同作战，实现财务和业务的融合。

2014年8月，历经八年的变革历程，IFS项目在一个火热的夏天华丽地落下了帷幕。

与IPD比较，除新建了一个合同交易共享组织，IFS变革并没有引发大规模的组织重整，但在整体上，大力提升了CFO这个专业团队的能力建设，凸显了CFO角色在经营管理中的地位。当财经与业务的流程拉通，各种业务规则得以明晰化、显性化，并固定于流程和IT系统中，数据的准确性得到改进，财经不但得以深入地介入业务经营，从幕后走到台前，也有了更强的话语权，特别是对于资金、外汇、客户信用的专业化管理，强有力地支撑了业务的发展，降低了经营风险。同时，也使得各业务领域有经验的员工可以比较容易地转身进入财经专业团队。IFS 变革之后，财经体系组织了多个 CFO 培训专班，从各业务体系吸收、培养了一大批资深业务员工转身成为 CFO。项目财务经理（PFC）团队也迅速培养、扩展，让工程交付项目的经营更有信心。

时任华为财经委员会主任郭平有个形象化比喻，IFS 变革之后，华为自身组织的发展从之前的机会驱动转为效益驱动，海外业务发展从"狩猎型"走向"农耕型"。到 2016 年，IFS 变革的管理收益已经可以清晰量化，郭平谈道，"我们通过 IFS 变革，用十年的艰苦努力，建立起了全球化的财经管理体系，在加速现金流入、准确确认收入、项目损益可见和经营风险可控等方面取得了根本性的进步。财经现在已经能够支撑公司每年一万亿美元的资金流量，支撑上万个项目的精细化经营。这些进步的背后蕴藏着巨大的管理财富，是财经与业务真正融合后产生的价值"。

但从华为国际化发展整体而言，IFS 项目基于准确的数据，集成、打通几大主业务流程，在全球端到端运作，流程中应用一致的业务规则，落实通行的国际合规遵从要求，使得华为业务在全球一体化流程架构下高效、安全地运作。华为成为一家真正的全球化整合运营的公司，实现了 IBM 顾问在项目之初的规划设计。

IFS 项目也成就了孟晚舟。作为项目总负责人，其全盘参与各大流程的集成业务设计，全程推进各方案包全球落地，八年里勠力前行，坚忍不拔，在此过程中升任集团 CFO，有其专业实力、管理功力在。

结语

华为国际化的外部环境因素
和内在驱动力

一件大事做得成功，中国人习惯从天时、地利、人和三个方面的外部环境因素进行分析，是所谓"时势造英雄"的传统认知的反映。西方人则更强调探究事件背后的驱动力，将其归于个体的内在动机和采取的行动。

华为走上国际化之路并取得成功，当然有其特定的时代、地理和人文等因素，就背后的驱动力而言，也有其基于自身市场扩张的商业动力，但其中发挥决定性作用的，是任正非个人内在的驱动力，包括企业家的雄心壮志和始终如一的创业精神，而这内在驱动力的源泉，是任正非作为领导者，其深厚的家国情怀。

华为国际化的外部环境因素

身为一家高科技企业，华为国际化的"天时"，有经济和产业两大"利好"。

经济环境方面，中国加入WTO，整个中国启动了融入全球经济一体化发展进程，华为从中及时地看到了一个打开的全球通信大市场，主动走出去，利用C&C08数字程控交换机，开启了拓展海外市场的机会。

产业发展方面，通信技术行业进入了移动通信时代，全球互连互通的技术要求，令华为敏锐地看到了技术标准对产业发展的主导作用，积极参与国际标准组织，长期坚持投入 3G 标准产品研发，抓住了产业升级换代的机会，实现了后来者的弯道超车，进一步扩展并维持了国际市场。

在"地利"方面，华为据有中国和深圳一大一小这两个地理优势。

中国是世界最大的通信市场之一，甫一开放，世界通信设备商巨擘们纷纷到此，群雄逐鹿，形成"七国八制"局面，华为自出生之日起，就面临"家门口的国际化竞争"，虽然背靠着空间巨大、极具潜力的本土市场，局面却十分不利。各外商合资企业拥有国内税收减免等优惠政策，具备大规模生产能力、成熟的管理体制和优秀的职业化人才队伍，在中国通信网络中占据着高层、骨干网，各自割据一方，封闭外来对手，阻击新入场者。华为最终从激烈的市场竞争中胜出，不啻于虎口拔牙。

但对于华为来说，其所面对的西方公司不仅是竞争者，更是自己的老师和榜样。它们让华为在自己的家门口就领教了国际化竞争，见识了什么是真正的世界先进。华为从它们身上学习到了先进的营销策略、职业化素养和商业经营品德，从中获得了不少教益，在学习中成长，在竞争中壮大。家门口的国际化竞争，客观上促进了华为的快速进步和管理成熟。而更为重要的是，华为由此建立了面对全球范围的国际化竞争的自信心。

美国著名竞争战略权威、哈佛大学教授迈克尔·波特（Michael Porter）在研究了日本和韩国的国际竞争力之后，提出一个重要观点：国际竞争力实际上是在国内竞争中培养出来的。华为是这一论断的又一力证，只不过，其在国内的竞争，最有力的对手就是国际强敌。

当然，在家门口的国际化竞争中，作为本土厂商，华为也受益于当时国家信息技术产业管理部门对民族产业的倾斜政策和扶持。其中特别值得一提的，是在国产交换机研发实现群体突破后，邮电部分别于 1996 年 3 月和 1997 年 7 月两次召开"全国国产程控交换机用户协调会"，要求通信运营商企业在满足现网要求、性能价格比相当的情况下，优先选择国内设备商产品。这一行动促进了国产自主交换机的技术成熟化和市场化，是华为在母国市场所享受到的地利。

另一特定的地理之宜，是华为身处深圳这个特殊的地方。

　　首先，深圳紧邻香港这个高度国际化的发达之地，华为从这里既获得了具有历史意义的第一单境外合同，也招聘了第一批本地员工，建立了第一支国际化队伍，学习了第一手的国际化"游戏规则"，香港华为更是其切入全球通信产业链的第一个楔子。

　　深圳对于华为国际化的另一价值，是其作为经济特区的特殊地位。这里是中国改革开放的前沿阵地，为"摸着石头过河"，探索市场化经济运行，深圳拥有自主制定灵活、高效、简便的政策的权力，更重要的，是深圳当时有一批敢想敢干、胸怀宽广的主政官员，为华为的发展提供了"政通"和"人和"的良好环境。华为早期的国际化，离不开当时深圳市各方面主管领导切实、有力的支持。

　　1993年6月，时任深圳市市长厉有为带着主管科技、经济发展、国土和人事的十多个市局领导以及中国人民银行深圳分行的主管，来到华为现场办公。厉有为在调研后当即表态，希望华为"在现有基础上更快地发展，去占领国际市场，形成规模效应"，对华为面临的一系列具体问题，指定各主管部门大力支持。

　　比如，对华为大规模发展所需的土地问题，厉有为当场表示，"可以给它四万平方米地建立科研生产及配套设施"。对华为的人才引进，指示人事局将华为作为计划单列办理，之后，深圳市特批了华为七十个干部和九个工人调入指标，让华为在一年里就接收了一百多位博士、硕士、本科毕业生，全部得以落户深圳。华为要国际化，人要"走出去"，在当时中国还比较严格的出入境管控政策下，1996年，华为获批为深圳市出国审批计划单列企业，由此获得了更多的一年多次出国、出境证件指标，证照申请条件也得以简化。

　　此外，国内银行对华为早期产品出口提供买方信贷等金融支持，背后也有深圳市政府领导多方奔走协调。1996年6月，时任国务院副总理朱镕基带领中国人民银行和四大国有商业银行行长或副行长，以及国家外汇管理局、税务总局、海关总署等部门负责人视察华为。在详细了解华为的技术开发，尤其是芯片设计等进展后，朱镕基副总理郑重表示："只要是中国的程控交换机打入外国，一定提供买方信贷。"据相关当事人回忆，此次高层视察，就由当时已任深圳市委书记的厉有为努力促成。

当然，深圳市对华为积极、主动的切实支持，也与当时中国政府大力推动本土企业"走出去""与国际接轨"的开放态度下的大环境有很大关系。华为是高科技企业，拥有自主研发的产品技术，走出去，可以在世界上代表中国的新形象，因此，在国家层面，相关决策层领导也同样关注并支持华为走出去。

1995年6月，国家科技委员会主任宋健视察华为，鼓励说"你们的成就就是我们科技界的光荣，也是我们国家的光荣。市场也要多元化，能向外打，就向外打"，还教华为以销售之道，"要学习外国人无孔不入的精神，哪儿有钱赚，就派人住在那儿，你不见我，就等你一个礼拜，直到买卖做成。爱立信就是这样做的"。1998年7月，国务委员吴仪视察华为，非常关心其海外市场拓展情况，表示自己主管的外经贸部门会给予必要支持。国家对华为更为实际的支持，就是采购C&C08机作为援外物资，帮助其进入海外市场。

"人和"是华为国际化发展另一至关重要的因素，中国低成本、高质量的人才供应为华为在不同发展时期提供了人才红利。

二十世纪九十年代初期，中国高等教育每年产出的知识人才只有几十万，大学生都是由国家出钱培养，学费、住宿费全免，毕业后工作由国家统一分配，一般优先安排政府机构和国营企业。作为民营企业，华为当时是没有资格分这宝贵的一小杯羹的。但深圳经济特区的快速发展，灵活的人才政策，吸引了大批有力不得伸展的人才"孔雀东南飞"，各路英雄俊杰麇集于此，任正非以其特有的人格魅力汇聚了一大批技术精英。

到九十年代中后期，中国高校大规模扩招，每年培养上百万毕业生，国家也不再负责工作分配，由学生和就业单位双向选择。自此，中国各大高校每年稳定地、源源不断地向华为输送大量优秀毕业生，华为的人才来源从之前的社会招聘为主转向应届生招聘为主。

正是由于拥有丰富的低成本、高质量的技术研发工程师，华为在C&C08机成功研发的技术平台之上，能够在很短的时间里实现多个产品拓展和开发，比如光网络、智能网等。在每个新产品领域，华为都能以绝对的压强投入，迅速完成产品系列化开发，在与西方公司的市场竞争中领先一步。

华为国际化所享受的中国的人才红利，不仅是在数量上，也体现在人才的品质上。

华为大规模走出去时期的员工，以六零、七零后青年为主体。这两代人在童年时期都经历了物质条件的极度匮乏，此后，他们进入了中国经济改革和对外开放的"黄金八十年代"，社会生机勃勃，人们活力迸发，特别是七零后这一代，他们的人生价值观是在一个总体向上发展的大环境里形成、定型，整体心理基质乐观积极，对人生未来会更好不加怀疑，个人奋斗意识强，相信付出就有回报，组织服从性比较好，是沉默的一代，也是行动的一代。

尤其是华为所瞄准招聘的员工，大多数人出身农村，"一贫如洗、胸怀大志"，对落后的物质条件习以为常，对艰苦生活的耐受力比较强，改善自身经济状况的欲望强烈。因此，当华为拓展国际市场，从贫穷、落后的亚非拉"第三世界"国家起步，这些最早一批出海的华为员工在心理上比较容易适应，能以极强的意志力克服艰苦的工作和生活条件，取得成功。

任正非的个人驱动力和家国情怀

2019年6月，在美国将华为列入其"实体清单"、实施第一轮打压和技术封锁后，华为迅速启动了"天才少年"招聘计划，任正非发出"华为要拖着这个世界往前走"的豪壮之语。

"拖"这个动作，不仅需要使出全身的力气，还要站在众人前面，看准前进的方向。

这一个"拖"字，让我想起入职时我的导师，一位在华为已工作八年的老员工，说过类似的话："华为是任总一个人一直在朝前看，奋力拖着公司往前走。"当时听了，并不以为然，华为几万人，他一个人拖得动么？难道华为也搞个人崇拜？

当此回望华为三十年全球化发展历程，不得不承认，的确，是任正非在一直连拖带拉，驱动着华为，从迈出国门第一步，到踏上国际化之路，最终将华为构建为一个真正的全球化企业。

这里面，既有任正非个人"三分天下"的产业雄心、打造"世界级企业"以探索中国式组织管理模式的成就个人事业的志向，也有其自始至终不曾消减的创业精神。

　　这种创业精神表现在，在技术研发上，坚持自强自立，长期保持高强度研发投入，掌握核心技术和通行国际标准，广泛开展国际化技术合作。在企业发展中，居安思危，审时度势，及时调整，在"冬天"里大举出海，获得了新的市场生命力；持续多年、行之有效地向西方学习，有节奏地开展管理变革，让国际化管理及时跟上技术的国际化合作和市场的全球拓展。而面对美国对华为5G技术在通信领域应用的全球围剿、海外市场收缩，七十六岁的任正非身着防护服，亲自下煤井，主导设计了"军团"组织新模式，他要为华为5G技术寻找新的行业应用场景，为公司的发展打开新的市场空间。

　　从九十年代初由代理销售转向产品自主研发，到九十年代中期以国际化为目标开启"二次创业"、从国内市场转战海外，再到华为在2021年创立"军团"的组织形式攻坚作战——可以说是其历史上的"第三次创业"。每一次创业，都是一场图存求生之战。

　　但是，相较于个人雄心、成就导向、个性品质这些合益的素质模型理论所定义的动机类要素，其背后，还有着一个人更深层次的情感性的原动力，那就是任正非深厚的家国情怀，这是其雄心壮志、创业精神生发的渊源和根基。而作为创始人、奠基者，任正非的家国情怀也为华为赋予了情感特质，为华为的企业文化涂上了精神底色。

　　家国情怀是中国人精神谱系中一种特殊的力量，维系了中华文明数千年延续不绝。自三千年前"宅兹中国"，生活在这片土地上的人们，就将个人、家庭和民族、国家连为一体，同声相应、同气相求，把个人的前途发展与国家、民族的命运寄托于一处，休戚与共，同命相依。经历了千年兴亡苦难的民族深知，有国才有家，这里的每个人既愿承担兴家乐业的义务，也自负有济世救民、匡扶天下的担当。

　　家国情怀的表达，首先是作为个体，有以身为中国人由衷的认同感和自豪感，而这并不与国家的强盛或弱小相关。

　　无论是"华为"的命名，还是C&C08机名字中寓含的China，华为都清楚地表达了自己身在中国、身为中国企业的归属感。1994年第一次参加北京国际通信展览会，在西方竞争对手云集的国际展馆里，华为升起唯一一面五星红旗，以先进的产品让世界同行惊叹：中国人赶上来了！华为毫不掩饰自己作为中国企业的自豪感。

任正非本人对这种自豪感的表达则是含蓄的。1998年5月，他对研发干部员工做"希望寄托在你们身上"的讲话，当谈到"科学的入口就是地狱的入口"时，他自问自答："什么叫做一个中国人？当你在海外，当你在飞机上，当你在世界的某一个角落，你拿着报纸看到中国的伟大成就你落泪时，你就是中国人。"

但任正非的家国情怀，从另一个方向有更强烈而直白的表达，即其对国家和民族发展强烈的忧患意识，这最能在他的外访行程中被触发。每到一处，看到外国的发达与强盛、人民生活的优越和富足，任正非就会触景生情，想到中国面临的种种发展困难，尤其是基础教育、环境保护这样的百年大计、根本问题。

1992年底，任正非初次访美，看到美国优美的自然环境，就感慨中国的国土与美国大致相等，但西部的高原、荒漠、大山占去大部分，余下不到一半的土地养活着十几亿人民。教育经费缺少，文化素质低下，为了生存，"连田边地角都挖光了，如何还有山林、草地"。

对"发达国家用一些硅片，换走了我们大量的花生米"的"不平等交换"现象，任正非考察后认识到，这并不是掠夺，因为，"美国的教育文化水平很高，科学技术比较发达。不发达国家付出了大量的初级产品，只能换取发达国家的少量高技术产品。前者是随处可买的，价格是有规律的，后者是独特的，价格是随意的，用以偿还开发生产中的风险投资及优秀人才的酬金"。

由此，任正非第一次发出教育兴国的声音："我国教育条件还十分困难，人口一天天增长，受教育的机会与水平均低于发达国家，在高速发达的信息社会里，低文化素质就像一条链，拖住了整个经济的发展。我们触景生情，有此感慨，同样大声呼出教育救国。"

1997年底任正非赴美学习西方企业管理，再次发出科教兴国的呼吁，认为只要在自主开发上逐步努力提高，中国下世纪有望进入经济大国的行列。所以科教兴国是中国走向富强的必然之路，只有坚持党的十二大提出的"提高全民族文化素质"，中国才会有希望。

此次考察中，任正非看到，科学技术对国家经济发展的推动作用已大为显现，中国要大力投入技术研发，过剩劳动力会因此获得更好的收益。他认为，中国的九亿农民由于缺少教育，文化水平普遍低，如果电子业向他们提供充足、理想的网络服务，通过网络让他们得到各种培训与商业交流，提高文化素质，劳动力将获得解放，"那时中国大量过剩的优质劳动力在相当长的时期内，仍然比较便宜，中国在加工业上会永远有较强的国际竞争力"。

二十年后的中国，无处不在的互联网服务应用便民利民，足以供应全世界的制造业，让中国在全球经济中立足稳固，不能不说，任正非在这种忧患意识下对未来发展的预想，是何等高远。

2001年春，在"华为的冬天"的艰难时节，任正非前往日本，学习日本人民渡过冬天的经验，写下了《北国之春》。当他看到，日本在过去十年间经受了战后最严寒和最漫长的冬天仍然保持了一样的宁静、祥和、清洁、富裕与舒适，他心系华为，"就不知道华为人是否还会平静，沉着应对，克服困难，期盼春天"，但也想到中国的种种问题、当下面临的困难，又一次提到环保和教育：

"中国经济正在兴起，不说西部，就说东部基础设施也十分不完善；东部的环保还不知要投入多少，才会重回青山绿水；不说西部还有尚未脱贫的人，就是东部下岗工人，都有待生活改善；十二亿人民居者有其屋，以及良好的公共交通体系，不知要投入多少才能解决。全国十二亿人受教育，提高全民族文化素质的工程就十分巨大。减轻农民负担，由国家来建设多媒体的农村中小学，就需要数千亿元……"

任正非呼吁教育兴国，华为以实际行动支持教育。1998年前，华为已在全国多所高等院校设立奖教金、奖学金和贷学金，在陕西安塞、甘肃永靖等贫困山区捐建了三所希望小学。1998年，华为设立"寒门学子基金"，向国家教委提供总额为两千五百万元人民币的奖（贷）学金基金，每年五百万元，分五年发放，这是当时中国最大规模的奖（贷）学金基金。此后多年，华为一直通过其员工组织"爱心协会"，捐钱捐书捐电脑，默默地支持和资助各地的希望小学。

　　作为一家企业，华为的家国情怀更体现在，其将企业文化植根于本民族的文化价值观。在起草《华为基本法》过程中，华为清楚地认识到，"一个企业不可能凭空构想它的核心价值观体系……华为公司的核心价值观赖以建立的基础是我们的民族精神，是我们社会价值观体系中最富有生命力的部分"。

　　其实，在行动上，华为自初生之日，就抱持着为国家强盛、振兴民族工业贡献一己之力的愿望，主动将自己的发展和命运与国家的建设需求紧密相连。

　　1994年3月，在一个各省客户参加的C&C08万门机技术研讨会上，广东省邮电管理局一位处长总结发言说，"如果我们国家真有这么好的交换机，作为用户来讲是非常高兴的，因为我们国家现在是七国八制，在引进谈判中也感到用人家的机器总不是个办法，你要提个要求，打个补丁都很困难"。这位处长又引用一位西方设备企业总裁对自己说过的话，"一个国家没有自己的程控交换机，就等于没有自己的军队"，他希望华为的C&C08机能做到世界第一流，"这个目标也增强了我们的志气"。

　　客户的这一段表述，深刻地影响了华为对自己的价值认知，"华为尽管还处于成长阶段，也应具有符合民族根本利益的强烈的社会责任感和历史使命感"。

　　1994年底，华为召开务虚会议，反思公司发展历程，认为六年来艰苦创业取得初步成就，是乘着国家改革开放的东风，抓住了中国通信业持续高速发展的市场机遇，才具备了一定的科研、生产和市场营销能力，产品获得社会的广泛接受与承认。华为由此自问："面对激烈竞争的市场环境，面对国外垄断集团的强大压力，我们华为人能做些什么？如何利用优势，为伟大祖国、为中华民族的振兴，为自己和家人的将来做些什么，而再创华为的辉煌？"

　　这一自问，一直贯穿华为对业务的战略选择，是华为持续成功的关键因素，既是任正非"方向大致正确"之"方向"的价值判断，也是华为成功后不至于走飘的思想根基。

　　2021年，华为选择煤矿、港口、海关、公路、智能光伏、数据中心能源等六大行业领域，以"军团"组织形式，集结技术研发、行业解决方案、交付服务和行业生态建设于一体，致力于5G通信技术在非通信行业的应用，将传统行业的蓝领工人变身为白领工作者，以信息化技术提升物流、能源等基础经济部门的生产效率，这可以说是华为面对美国打压逼出来的"求生欲"，但是面对生存困境，华为没有选择去科创板上市圈钱，而是再次背起行囊，开进偏僻山林，下到地底深处，来到支撑中国经济发展最基础的地方，其心仍然如一：作为一家企业，商业利益的算盘是要打，但要与国家的发展和民族产业的需要相结合。

在世界经济、生产全球化到来之际，先期踏出国门一步的华为，以其家国情怀，也已在努力思考中国在世界所应有的位置，探索中国民族工业的立足之地。

1997 年，在《华为基本法》的研讨中，华为曾自问："在改革开放的条件下，中国的民族工业到底怎样发展？""我们喝的是美国的可口可乐，出去吃的快餐是麦当劳，我们看的是日本电视，这样下去，中国的利益在什么地方？全球化难道就是这种全球化吗？难道就是这种国际化吗？""问题是在改革开放的条件下，中国的民族工业怎么发展？"华为公司在探索这条道路。

2000 年底，在欢送海外将士出征大会上，任正非发表《雄赳赳 气昂昂 跨过太平洋》的讲话，表明华为的出海远征是这一思考的结果：

"随着中国即将加入 WTO，中国经济融入全球化的进程将加快，我们不仅允许外国投资者进入中国，中国企业也要走向世界，肩负起民族振兴的希望。

"在这样的时代，一个企业需要有全球性的战略眼光才能发愤图强；一个民族需要汲取全球性的精髓才能繁荣昌盛；一个公司需要建立全球性的商业生态系统才能生生不息；一个员工需要具备四海为家的胸怀和本领才能收获出类拔萃的职业生涯。

"所以，我们要选择在这样一个世纪交换的历史时刻，主动地迈出我们融合到世界主流的一步。这，无疑是义无反顾的一步……难道它不正是对于我们的企业、我们的民族、我们的国家，乃至我们个人，都将被证明是十分正确和富有意义的一步吗？"

自此，年轻的华为员工，放下对出生之地的眷恋、对父母家人的亲情，舍弃自己的小家，远离组织的怀抱，撒落到世界的角角落落，在一个个陌生的国度，面对各色各样的人群，开启不一样的人生之旅。

走出国门的华为和华为人

总述

对海外员工的管理促进
华为全球化组织发展

2000 年底，在不无悲壮但激昂的动员令中，大批华为员工奔向海外，前赴后继，从广大的亚非拉"第三世界"，到欧洲、美洲的发达国家，去开拓新的市场。

使用过代理，尝试过合资，经过对海外市场多年的探索、考察，华为此时已清楚地认识到，必须要让自己的人走出去。只有人走出去，才有可能找到客户，了解市场的真实需求，为客户提供贴身服务，实践"以客户为中心"的企业价值观。此后的经验也证明，只有人走出去，华为才有机会从实战中学习国际化"游戏规则"，用外部规则牵引内部的规范化管理，用海外实践经验和教训反哺公司的国际化管理，华为才能成为一个真正的全球化企业。

而当人走出去，他们面对着一系列生存问题，最基本的是吃、住和出行；在艰苦国家，人身健康和生命安全保障是突出问题；当各种天灾和人祸突然降临，他们需要及时、快速应对各种意外；在人生地不熟的异域他乡，面对语言和文化差异、不同的行事规则，他们需要不断地学习、适应，融入当地环境。在国内积累的生存经验，不仅不足以应对这种种挑战，有时反而会带来负面的、不利的影响。

随着华为海外市场的发展，在前后方的关注下，由人力资源政策牵引和支持，靠行政资源的持续投入，人在海外的诸般问题逐步得到解决和改善。这是一个漫长的自我探索、自我成长的过程，在不同阶段，呈现出不同的特点。

从 2001 年到 2004 年，是华为海外业务发展的"草莽"时期，市场主要在落后、艰苦的非洲、亚洲国家，中方外派员工以市场销售、工程交付和技术服务类员工为主，一线团队在打项目、拿订单的任务驱动下，自我成长，快速发展。研发技术员工以出差方式在全球流动，加入海外市场拓展行动，开启了技术与市场的"双轮驱动"的前进模式。

这一阶段，海外本地组织的完备性、专业化落后于市场和业务的快速发展，财经、行政、人力资源甚至供应链等职能平台专业人员外派还比较少，员工的吃、住、行等后勤事务由一线团队自力更生、就地解决，机关对海外业务管理也相对开放，一线行动自由度较高，专业度欠缺。

2005 年，海外市场销售首次超过国内市场，并展现出无比广阔的发展空间，华为开始着力于国际化管理建设，几乎所有职能类别的中方员工都被派往海外，提供本地专业支持，海外行政后勤平台建设快速推进，员工在当地的工作、生活条件逐步得到改善。海外业务对机关管理的诉求牵引、促进着机关的国际化，机关与一线的互动更为频密。

2008 年，中方外派补助政策结构化调整，强力刺激了中方员工的外派意愿，外派人数剧增，促进了海外本地组织、平台能力全面、持续提升，员工在海外的生活、健康和安全保障从政策到实施都得到全面加强。同时，机关发起的 IFS、LTC 等业务流程变革在全球推行落地，华为具备了全球化业务管理能力，到 IFS 结束时的 2014 年，以运作效率为导向的全球化企业组织基本成型。

这一历程十四年，是华为全球化组织的青春期和成年期，华为由外到内，炼就其全球化体格、能力和气质，为此后深耕发展和转型升级打下了稳定的根基。

华为的国际化，也向数万中方员工展示了广阔的职业发展前景，为他们展开了全新的人生画卷。一群从来没有出过国门、不知道世界有多大的毛头小伙子，"包着白头巾，走出青纱帐"，从坂田"码农"成长为一个个"国际人"，他们学会了流利地说英语，走遍了地球上的千山万水，见识了人类生活的参差多态，体会了"这个世界是平的"，但这一过程，充满了坎坷、艰难与危险。

如果说华为在海外市场取得成功，是坚持了其"以客户为中心"的核心价值观，在这成功的背后，则是走出国门的华为员工继续发扬艰苦奋斗精神，凭借强烈的学习欲望和极强的学习能力，努力应对和克服了国际化道路上的种种困难和挑战。

作为领导者，驱动了华为国际化的任正非在这一过程中发挥了关键作用。在十多年里，任正非频繁地飞赴海外各国，与客户沟通，与员工座谈，与主管交流。由此，他得以深入体察、切身感知员工们人在他乡的身心需要，审时度势、及时解决他们在海外面对的种种问题，大到中餐食堂建设、住宿条件标准制定、人身健康和生命安全保障体系建设，小到灭疟蚊、请保姆、在餐桌上插上一束野花儿。

在任正非的强力领导下，走出国门的华为坚持"以奋斗者为本"，调动其强大的组织运作和学习能力，在海外市场取得成功的同时，逐步、系统地解决了员工们在海外面对的一系列困难和问题，市场扎根，人心安定。

而对在一百多个国家常驻、在全球频繁流动的数万中方员工的管理，极大地丰富了华为国际化管理的内涵，与端到端的全球化业务流程和规则一起构筑了华为全球化的丰盈肌体。

第四章

海外生存"三要事"：吃、住、行

在《华为的冬天》一文中，任正非说自己十年来天天思考的都是失败，对成功视而不见，这样华为才存活了十年，在"冬天"的危机中，他号召"我们大家要一起来想，怎样才能活下去，也许才能存活得久一些"。那些随之奔向海外寻找华为"生机"的员工们则无须思考，一落地就要现实地面对让自己活下来的问题：白天能填饱肚子，晚上能安稳地睡觉休息，出行在外，能平安归来。

从争取"活下来"，到"有质量地活下来"，是华为员工在海外三十年的基本生存历练，也是华为在全球化进程中一再面对的一个主题。

🌐 吃：在海外可以每天吃中餐

吃是华为员工走出国门面临的第一件生存要事，但吃的问题又不仅仅是满足一个人口腹之欲的生理问题，更是一个深切而复杂的情感问题。在华为，以"理性与平实"课程阐述华为发展和管理哲学而知名的管理顾问陈培根曾写下一段感性文字，谈到"吃"带给华为国际化的挑战："对谁来说美不美都是家乡的水，香不香妈妈的餐。要把他乡的水当作家乡的水来喝，把他乡的音当作家乡的音来听，把他乡的餐当作妈妈的餐来吃，没有几十年、几代员工潜移默化的心理调整和身理调整，怕是很难实现的。"

确乎其言，在中国人的胃里，藏着对家与国的温暖惦念，保留着一个民族久远的基因记忆。而舌尖上的中国，不仅孕育了中华民族几千年丰富的文化，也让中国人的胃特别地挑剔，必须要用中国饭来慰养。

中国人的胃，化不了外国的食

早在 1992 年底赴美考察，任正非就意识到中国人走出国门最大的问题就是吃不惯，中国人有一个不那么国际化的胃。当时，他一出发就生病了，从香港机场开始呕吐，连续二十多个小时的时差反应，一直折腾到美国中部城市达拉斯。到纽约中国领事馆，吃了几顿玉米糊，任正非十分感叹：是如此的香！他由此认识到，"在美国最大的问题是吃不惯"。

此后华为在俄罗斯拓展市场，翻译沈庆鉴回忆他们当时对中餐的渴求："在饭店用西餐贵得出奇，也不习惯……要想吃中餐时，就不得不走近半小时的路程。寒冬腊月在莫斯科街道上迎着刺骨寒风奔走的滋味确实令人憷头。即便如此，如时间许可，我们还是愿意走远路去吃中餐的。"所以，当 1997 年 5 月贝托华为成立时，华为从中国派去乌法的七人团队中，就有一名中餐厨师。

但 2000 年后前往"第三世界"开拓市场的中方员工们鲜有条件享受这样的待遇，他们多数是两三个人负责一片区域，平时要在各国跑动寻找机会，左冲右突，走到哪里，吃到哪里，本地餐是填饱肚子的生存必需，而这也成为他们在异国感受到的第一波"文化震惊"，各种本地食物，从色、香、味到吃法，带给他们心理上强烈的冲击，尤其在非洲。

在东非国家埃塞俄比亚，本地人常吃的食物是"英吉拉"，一位中方员工形容吃起来"像小时候家乡的酸浆水，酸得有点诡异，又像面饼放久了发了馊。接着越嚼越酸，酸得我两腮发疼，难以下咽"。不仅味道奇怪，吃法更让人备受心理考验，客户会亲手把英吉拉包上羊肉和蔬菜，捏了又捏，热情地喂给华为的工程师。面对此景，后者不无戏谑，"看着捏好的英吉拉和满脸诚恳的客户，我们也满心感动，这是特殊的美食和待遇啊！就这样，我们一步一步完成这艰巨的任务！"

在非洲撒哈拉地区和阿拉伯半岛各国，本地人流行吃一种用调料汁拌的米饭，不同国家的调料汁原料不同，颜色也不同，但相同的是，人们会坐在一起用手抓着米饭吃。其中，也门"绿油油的手抓饭"最让早期出海员工印象深刻，在华为留下了丰富的文字记录，画面极具视觉冲击力：

"吃的第一顿就是手抓饭，热气腾腾的炖鸡和米饭，当然也少不了'土制'面包——HOPS，当时还上了一道菜Molohiya——一种树叶捣成的汁，绿油油的……大家席地而坐，徒手操作，抓把米饭在手里捏一捏再放进嘴里。也门人对中国人都很热情，他们会用粘着米粒的手撕一块儿肉给你，有人吃完肉后还要把手指舔一舔，看着一只只绿油油的手，周围还有许多苍蝇，那顿饭我除了吃了一点HOPS外，什么也没有吃。"

2000年5月，光网络工程师李隆兴来到也门开局，为也门南北统一十年国庆献礼，也记下了他到这个国家的第一餐："羊肉的味道还勉强，但看到那种绿色、黏糊糊、好像唾液一样的调料，我和卢鹏都觉得十分恶心，顿时没了胃口，好不容易将自己填饱。"后来两人去偏远镇子里安装设备，在路边餐馆吃到的手抓饭里还有不少沙子，但也只能往肚里咽，李隆兴写道，"我现在的第一想法就是，我一定要活着回去，所以即使再难吃、再恶心的东西我也要吃，只要能给我能量！"

在西非马里，华为客户经理杜现军为了和客户套近乎，取得其高层支持，也是"硬着头皮"和对方一起吃当地的手抓饭。

有的华为员工因为这不忍直视、难以下咽的"绿油油的手抓饭"，到非洲两个月就打道回府，有的员工则想办法应对，让自己吃起来没有那么艰难。一位在塞内加尔工作的工程师给新来的同事热情地分享他的经验技巧："要提前下手，先将自己的分量拨到一边，就可以避免吃其他人的手抓过的米饭。"

面对本地食物，中方管理者考虑的就不是吃不吃得下、吃不吃得饱的事情了。中国人讲究"民以食为天"，食物在任何民族的文化中地位都是一样的，吃什么由本地出产决定，但如何吃则体现了一方人的文化和价值观，因此，他们必须勇敢地和本地客户高层一起吃，还要愉快地用他们的方式来吃，以此来表达华为对当地民情风俗的欣赏和积极融入本地的态度。

所以，北非地区部总裁彭中阳会在"一立方米内有一百到两百个苍蝇的地方，和客户席地而坐，一起吃绿油油的手抓饭"。东南非地区部总裁李大丰常常受邀参加客户的传统婚礼，宴席的主食就是一盆"油米饭"，一桌人围在一起，伸手抓一把，揉捏成饭团边吃边聊，当他第一次看到很多只手抓向油米饭时，第一感觉是反胃，但随后就渐渐被人们的热情感染，也抓起一把饭团放进嘴里，看到"身边的黑人因中国人的努力融入而欢呼"。

中国人的胃对落后地区的本地食物无福消受，对西方发达国家的传统食品也并不都能欣然接受，奶酪即是其中代表。华为员工最先在拉美与其相遇，最初闻到那股子又酸又臭、直冲鼻子的味儿，有的人甚至会忍不住要吐，但也有一位中方主管挑战自己，以学会吃奶酪作为与本地团队打成一片的手段。他先是屏息而试，慢慢地，早餐面包夹着奶酪吃，再后来，拿奶酪当零食，最后，甚至能和本地员工探讨各种奶酪的品质、味道和产地了。

不过，在拉美这块丰饶之地，让中国人的胃不适的本地食物非常有限，更多的是美味的享受，醉人的红酒、香醇的咖啡、肥美的牛肉、丰腴的海鲜，玉米饼里乾坤大，卷入万物皆 TACO……包括我在内的许多曾外派拉美的华为员工，常常在一起怀念在各国的寻味之旅，念念不忘。

在印度和伊斯兰国家，华为员工面临另一种饮食挑战：素食和穆斯林的斋戒。

2001 年，初入印度的员工谢浩在班加罗尔吃到的素食是"一张小饼、一盘白饭，再加几勺素菜"，加起来约合当时的人民币两元钱。为加快项目进度，谢浩坚持和本地合作商一起这么吃了几个月，白天工作千头万绪，晚上经常饿得睡不着觉，听着肚子咕咕叫，心里默念着孟子的"故天将降大任于斯人也，必先苦其心志"，他不禁感谢上古先贤的至理哲言"总是在我们最需要的时候放射出智慧的光芒"。

在伊斯兰国家，外派这里的华为员工平常吃素，偶以牛羊禽鱼肉调剂，肚子倒也不是太亏欠。但斋月期间，一些与客户一起工作的中方员工为表示合作诚意，也主动禁食，饿得实在受不住了，就趁着客户祈祷空隙，跑到卫生间用水打湿嘴巴，来缓解一下饥饿感。

野外作业，想方设法吃到一口热饭

"食不厌精，脍不厌细"的中国胃，还喜欢吃热的、软的食物，"汤汤水水"是我们对一日三餐的美好期待，但对于华为那些经常要野外作业的项目交付工程师来说，吃上一口热的，就是一种奢望。

移动通信工程的项目交付和维护服务工作大部分是在野外进行，包括勘测站点，安装无线基站或微波天线，调测设备开通网络、跑路测，下站点给油机加油，以维持基站不间断工作。交付与服务工程师们经常要连续多天开车到荒无人烟的地方工作，早出晚归，披星戴月，他们只能带上桶装水和压缩饼干、面包这些东西充饥解渴。

对于风餐露宿的野外作业，在国内经历过"农村包围城市"的华为技术服务工程师们已经习以为常，但在国内，干粮面包吃久了受不了，还可以在当地随便找个小馆子，吃上一顿热汤软饭，最不济，也能要点儿开水泡一碗方便面，到了海外，很多时候连开水都要不到，他们就有了各种别样的生存体验和人生感悟。

在非洲很多地方，野外作业只能吃一些当地出产的水果来调剂。华为在尼日利亚为某运营商开通第一个 CDMA 网络时，由于从驻地到很多站点来回路上要花四个小时，中方员工郭修彬中午只能和客户维护主管一起吃香蕉，这么一个月吃下来，大家见面就互称 Monkey（猴子）了，由此倒也和客户建立了亲切的友谊。有的中方员工也会跟着本地黑人同事，一起去摘一种当地人吃的树叶来祭自己的五脏庙。

有时候，外出作业的工程队员们也能找到小餐馆，甚至可以钻进人家后厨，就着现成的食材自己动手做点合口味的饭菜吃，另有一番野趣。有一次，一个在非洲某地负责交付的项目组下山后，发现路边有一个农家餐馆，院子里养着几只鸡，他们就想买鸡蛋炒来吃，但没人知道如何用当地土语表达"鸡蛋"这个词，一位员工尝试用肢体语言交流，指着鸡，模仿鸡生蛋的姿势，但是比划了半天，对方也看不明白，最后是打电话向本地秘书求助，才买到了鸡蛋。

还有一些相对复杂的小型工程项目交付，需要几个人到偏远地带呆上十多天甚至数月，这时，他们会带上电热杯或者电饭煲等简单炊具，自己解决每天的吃饭问题。

2001 年底，工程师叶树和赵立国来到俄罗斯西伯利亚北极圈里的一个城市，安装华为的 GSM 设备。由于处于极夜期间，每天只能工作四个小时，加上设备调测中发现功能问题、物流问题，项目进展拖延，等结束任务回程时，又遭遇暴风雪机场封锁，他们在那里困了好几周。

最初，两个人用一个小电热杯煮饭。小赵为避免饭煳，加很多水，结果就煮成半生不熟的稀饭，吃了经常拉肚子。叶树为吃到干一点的米饭，每次都煮煳，饭一煳，电热杯上就腾起一阵烟，招引来楼层管理大妈。后来，又一位同事小杨加入支持，带了一个电饭煲，这让三个人在北极圈内的生活有了"质的飞跃"，叶树"发明"了用电饭煲煮菜，虽然每天的菜谱就是单调的咸熏鱼或鸡肉，但大家一起买菜、煮饭，热乎乎地吃饭，让他们觉得"能吃到这样的米饭，能大声地说中国话，就是再好不过的事情了。原来快乐来得这么简单和实在"。

另外一位技术服务工程师小韩，因为能用电热水壶把土豆煮熟，让客户高层认为中国人很聪明，而愿意和华为合作。"吃"这件事，以另一种非关文化的意义，参与了华为在海外的客户关系建设。

2001 年，华为拿到了吉尔吉斯斯坦电信的合同，在当地著名风景区伊赛克湖地区部署电信网络，负责设备安装和维护的小韩在这里孤身一人坚持了一个冬天。当地没有燃气供应，冬天风景区没有游客，商店都不开门，小韩每天只能吃冷冰冰、硬邦邦的馕，馋得不行的时候，就去附近农家买几个土豆，但他只能用烧水的电热水壶煮着吃。

项目交付结束，在为小韩举办的送行宴上，专程赶来的客户负责人向华为领导敬酒，说："我们这里原来有很多欧洲的通信设备，但我们现在很喜欢中国的东西，除了你们的设备性价比高外，我还喜欢你们的年轻人，很聪明、很能干……你知道我为什么夸他聪明吗？因为他能用电热水壶煮土豆！……这绝对是高难度的，因为水一开，就跳闸，而土豆肯定还不熟。但是，华为的小伙子就有这么聪明，不仅能用电热水壶煮熟土豆，而且煮得还特别好吃！"

海外为主，机关辅助，解决吃饭问题

随着海外各国市场拓展有所起色，华为外派员工逐渐增多，很多国家都有几十号人常驻，中国人的胃的问题日益突出。中国人常说"吃饱肚子不想家"，员工肚子吃不饱，如何安心在海外做项目？

最初的解决之道，是国内、海外同使力，双管齐下。

一方面，深圳行政管理部门向海外大量寄送中国食材和食品，香肠腊肉老干妈，榨菜豆酱方便面，让外派员工们能经常吃到浓缩的中国味儿。其中，老干妈在大家心目中地位最为崇高，对它的用词从来都不吝啬：

"国内带来的老干妈辣椒酱是代表处的珍品，它可以把西餐变得中式一些。"

"在国外过的第一个春节是 2002 年春节……当时代表处总共四个人，开了一瓶珍藏的老干妈。"

"为了建设第一个站点，项目组全部前往沙漠中的一个小镇做保障，整天吃酱油煮饭。老干妈和方便面？那是留给病号的，平时由老胡专人保管。"

"运到埃塞俄比亚的老干妈、方便面我们都舍不得吃，就打包送到索马里去。"

不过老干妈也只能以"珍品"相待。在阿尔及利亚，华为工程队外出做交付，找到一家餐馆可以让他们自己做饭，也能轻松地买到鸡蛋，于是每天一顿蛋炒饭。"用老干妈下饭，一般一周后大家都开始便秘，马上牛黄解毒片又成了畅销品，连当地员工与司机也同时喜欢上老干妈和牛黄解毒片了。"

2004 年后，华为凭借阿联酋 3G 项目打开了中东北非的市场，交付工程项目众多，地区部总裁田峰此前担任过人力资源部门主管，深知搞好员工"肚子工程"的重要性，针对技术服务工程师野外作业的吃饭问题，他组织开办起"野战食堂"，成立了"生活委员会"，亲自把"野战食品"送到各工程项目组去，包括一种当时的新型野战食品"自热米饭"。[1]

野战食堂建设得到任正非的赞许和推广，他要求各国根据当地供应条件和项目规模灵活安排，深圳行政管理部门组建了驻外服务部，向海外提供野战食堂建设支持，包括邮寄简易餐具、方便面和中餐食材、调料等。

另一方面,各海外代表处因地制宜,自己动手,各显神通。

自己动手,就是一帮技术工程师三两结伙,下班后和周末在宿舍自己炒菜做饭,国内寄来的中餐调料和食材让大家操练厨艺也有了更高的积极性,有的人就此练成了"大厨",走到哪里都大受欢迎。有的项目组还尝试教本地保姆学做中国菜,宿舍院子里有空地的,会种点儿蔬菜,不仅为生活增添了一抹绿色,也间或能尝到新鲜的青菜。外部条件允许的国家,代表处找当地中餐馆签约,提供送餐服务,也有在其他中资机构的食堂搭伙吃饭的。

但员工自己做饭,作为周末的团建娱乐活动还可以,瓶瓶罐罐、烟熏火燎的厨房毕竟不是大多数技术理工男愿意挺身而上的战场。2005年华为海外市场销售超过国内,进入全球化发展新时期,海外市场拓展和工程交付业务量大增,外派员工工作压力巨大,还要自己解决吃饭问题,辛苦自不待言,而出差海外的员工也逐渐增多,住在酒店、旅馆里,他们的吃饭更成问题。对海外伙食用餐的讨论和投诉也开始频频出现在《管理优化》报上。

比如某代表处使用外包的送餐服务,连续几个星期不能按时送到。"司机送餐迟到,看似小问题,却至少造成了以下影响:第一,员工长期无法按时就餐,损害了员工的身体健康;第二,影响了团队气氛,中午餐厅外的聚集成了传播小道消息和发牢骚的最佳场所;第三,也影响员工工作士气,员工每天中午挨饿,情绪低落,加上休息不好,下午的工作效率当然要打折扣。"

根本地解决海外中方员工的吃饭问题,还是要靠代表处自建中餐食堂。

海外中餐食堂为华为国际化立大功

其实华为从创立之初,就十分重视员工食堂建设,将"吃"置于保持内部安定团结、上下沟通的高度,即使在坂田基地建成前经常"搬家",华为在每处也都建有内部食堂,为员工提供丰富的免费三餐和夜宵,还定期组织厨师烹饪技术大比武,提高食堂供餐水平。

而任正非本人早期则常常被员工误认为"食堂大师傅",有老员工回忆排队打饭时会看到任老板站在餐线旁吆喝:"我看谁打肉多的,谁就是新来的。"一个流传更广的故事是,C&C08机研发攻关正酣时,任正非午夜十二点领着几个人推着餐车来到实验室，招呼加班员工喝鸡汤，一个"胖胖的大师傅"是新员工对他的第一印象。

不过，"食堂大师傅"也算是任正非的人生底色之一，二十世纪六十年代大学生工作前要先接受工人农民再教育，任正非从重庆建筑工程学院毕业后，一开始就在贵州某建筑工地做了两年炊事员。一些创业早期的华为老员工也回忆，当年公司业务小有突破，老板确实会亲自下厨炒几个菜，一起庆祝，鼓励大家。

正是在"食堂大师傅"出身的任正非高度重视和强力推进下，华为海外中餐食堂建设成效卓著。

以 2008 年初中方员工外派补助政策调整为分界，海外中餐食堂建设经历了两个阶段。

前一阶段，各国代表处自主行动，因陋就简，基本解决了外派员工对中餐的需求，让大家"吃饱肚子不想家"。后一阶段，公司人力资源政策强力牵引，资金充裕，食堂建设全面提升，海外中方员工伙食大为改善，以至于任正非呼吁大家要"珍惜生命，多运动"，因为他发现，"伙食改革的结果是大家都养成了胖子"。

华为海外的第一间中餐食堂是 2000 年在俄罗斯建成的。当时代表处业务迅速扩大，员工猛增到八十人，行政主管肖秀林自己动手，从寻址、装修、电路改造、采购灶具餐具、招聘本地厨师，全程一人操持完成。食堂开业，代表处领导很高兴，因为"弟兄们终于可以吃饱饭了"。

此后，非洲、拉美很多国家的代表处纷纷自建员工食堂。

在海外自建中餐食堂，要解决两大问题，一个是食堂本身，这是硬件，一个是厨师，这是食堂的灵魂。

食堂的第一个硬件，是场地。要找到合适的场地，并不容易。

首先是不能离办公和住宿地太远，主要是为着方便，节省员工上下班通勤时间。在一些国家，还要考虑安全，拉美某国就曾发生过整车员工被劫持、物品被搜刮一空的事件。劫匪们踩点发现，这辆公司班车每天在固定时间、按固定路线接送员工去食堂用餐。

而找地方最麻烦的事情是，中餐炒菜油烟大，气味浓烈，西方人普遍对此非常反感。在欧洲各国，华为员工在宿舍里炒菜做饭，经常被邻居投诉。委内瑞拉代表处的中餐食堂从2005年到2007年，就搬了三个地方。第一个地方在一栋住宅楼内，油烟味很快引起邻居们不满，集体写了抗议信贴在食堂大门上。第二个地方在一处商厦的一间商铺，没有店面，到饭点只能在门外摆开桌椅让大家用餐，周围商家认为这影响他们做生意，向大楼物业交涉。代表处行政人员最终找到一处合适的地方，几番讨价还价，租金一个月近一万美元。

代表处自建食堂，经费也是一个大问题，这一时期的海外代表处大多数收入、利润都有限，办后勤要考虑省钱。比如俄罗斯代表处的食堂最初是建在一间地下室，租金便宜，但必须做好排风，小功率排气扇不顶用，大功率的又太贵，肖秀林在二手市场转了好几次，才找到一台大功率抽风机，以新机十分之一的价格买下来，这让他高兴了好几天。

食堂的第二个硬件，是厨具装备，这就不是单靠钱就能解决的，在非洲很多地方，用来炒中国菜的家什，比如圆底铁锅、切菜刀、剁骨刀、炒勺等，很难买得到。制办齐备，需要费一番心思。

2005年，西非科特迪瓦代表处筹建食堂，厨师史建负责采购厨具。他带着本地法语秘书来到市场，靠着花样百出的肢体语言与秘书沟通，秘书再基于自己的理解，向店家翻译，为一把菜刀，店员拿过斧头、柴刀、铁锹等好几样，最后只买到一把大一点的水果刀，差堪可用。本地实在买不到的厨具，就由史师傅或员工回国出差买了带过去，过海关时要费许多口舌解释。消毒柜当地买不到，也没法带进来，厨师采用"高温消毒"土办法，用大锅烧开水沸煮碗筷，倒也让员工没有因食品卫生问题生过病。

硬件设施齐备之外，中餐食堂最核心的要件，就是厨师了。厨师，是食堂的灵魂，"饭勺也是生产力"不假，但饭勺是掌握在厨师的手中。

厨师在海外有多重要呢？2006年底，华为在埃塞俄比亚丢了一个五年框架的大单，代表处人员规模缩减，人心离乱。新任代表范思勇到任，当务之急是重振士气，他很庆幸从乌干达过来时带了一名厨师肖师傅，"大家为伙食的改善而欢欣鼓舞"。

大多数情况下，海外自建食堂的厨师是从当地中餐馆挖角而来。以前中国人去海外自谋生路的第一选择，是开中餐馆，特别是非洲，二十世纪五十年代到七十年代中国大力援非，也把中餐馆带到了这里，所以厨师的来源不是大问题。此外，深圳驻外服务部也从坂田基地各食堂供应商里，挑选优秀厨师派到海外，作为补充。

但本地招聘的厨师，从个体经营中餐馆来到华为这么一家公司，从只接单炒菜的专业厨师的简单角色，转身成为一间内部食堂的主理人，有的厨师还要负责把食堂从无到有地建起来，平常不仅承担食堂日常运作，招聘、管理本地帮厨小工，还要接受代表处对食堂的监督管理，包括内控、采购验收、出入库查验等，这是他们此前没有经历过的，一时自我感觉不被华为信任，会有一个适应过程。

此外，由于本地聘用，代表处与厨师签订的工作合同并不很规范，华为当时也不是知名中资企业，厨师队伍稳定性一般。而随着海外市场迅速发展，代表处需要将厨师调派去不同国家支持，有时也难以如愿。

总体而言，2008年之前，华为海外中餐食堂建设水平参差不齐。亚非拉艰苦国家的外派员工生活受到公司特别重视，市场也已经开始产粮，代表处中餐食堂伙食相对较好，其间的参差优劣，取决于厨师水平。

此时欧洲国家代表处大多还没有自己的食堂，这些地方虽然外出用餐比较方便，但是员工们表示吃不起，尤其是北欧国家，随便一餐就要几十欧。当时的外派补助标准全球统一，没有反映各国生活消费成本差异，也撑不起欧洲的高水平。因此，在发达国家，中方员工过上了"坐着豪车啃面包、住着别墅吃泡面"的生活。

而根据当时的外派补助政策，如果员工不去食堂吃饭，可以现金领回伙食补助，所以，即使代表处建有中餐食堂，大家就餐的积极性也不高，很多人选择自己做饭，不会做饭的随便对付，既影响工作，也不利于身体健康。

2008年2月，华为出台了新的中方外派员工补助政策，其中的伙食补助标准根据各国生活消费水平分为三档，最低一档每人每天十五美元。但这笔钱不发给员工本人，而是补贴给食堂。

经费充裕，且有来源保证，各代表处自建中餐食堂积极性大增，员工们也更愿意到食堂就餐。新政策规定，随外派员工一起生活的家属在公司食堂吃饭，享受员工标准一半的补贴，家属"随军"意愿也大为提升，食堂用餐人数随之增加。而厨师们发现自己的厨艺发挥有了更大的空间，其中一位就感慨，"咱们厨师班子也很高兴啊！以前一顿饭只能出四个菜，现在咱们能出八个；以前只吃得起虾米，现在咱们偶尔也能来顿龙虾啦！"外派员工的伙食水准得到天翻地覆的提升。

尤其是很多艰苦、落后国家，本地生活消费水平很低，每天十五美元根本吃不完。在一些非洲沿海国家，龙虾、螃蟹、深海鱼这些在国内昂贵的水产品，本地人不怎么会烹调处理，吃得不多，市场供应丰富，价格也不贵。这些地方的外派员工，不仅三餐丰盛、营养充足，业余生活也变得丰富多彩，因为吃不完的伙食补助结余会用来周末开 Party，搞团建，大家经常一起包饺子、打火锅，或者外出野营、搞烧烤，阿拉伯国家的烤羊排就此美名传遍华为。任正非在多个内部讲话中声称，也门饭是自己吃过最好吃的饭，据考证，这个"也门饭"是烤羊排，不是"绿油油的手抓饭"。

所以，当任正非在伙食改革一年后到八个艰苦国家转了一圈，看到员工一个个都吃成大胖子时，他像一位老父亲一样，絮絮叨叨地论证了一番肥胖和各种疾病的关系，谆谆告诫大家要多运动："这胖子也是有害身体健康的，高血压、高血脂、糖尿病等都是从肥胖开始的……你不运动，脂肪存积在血管中就是高血压、心脏病。那么糖尿病、高血压、心脏病带来什么呢？就是脑溢血、心衰竭、肾衰竭。平时，你们应少吃一些油水，多吃一些蔬菜……生活清淡一些。也许你们去山上装铁塔、基站也是运动运动，但平时大家也要经常锻炼身体、出去玩一玩……生命在于运动。"

"饭勺也是生产力！"厨师是华为国际化的幕后功臣

随着海外中餐食堂大规模建设，深圳行政管理部从国内大量招考各大菜系厨师，通过华为下属服务子公司慧通派往海外各地。考试不只是考厨艺，还考验在艰难条件下解决问题的能力和积极心态，比如一位厨师的面试题目是："如果没有任何炊具，怎么把腊肉炒熟？"他的回答是"把腊肉的皮弄下来做锅"。在派出海外之前，厨师们还要接受入职培训，对华为企业文化有一定的认知、理解，对公司的认同感、归属感就比较高。

与此同时，之前各国代表处本地招聘的厨师们已几经锤炼，留下来的优秀成员也陆续转入慧通公司，待遇有所提升，成为"华为系"员工，他们的归属感也大为增强。

厨师队伍整体水平提升，是华为海外中餐食堂建设成功的关键。厨师们发挥自己的专业技能，为海外中方员工提供营养可口、丰富多样的中餐饮食，保证他们吃得饱、吃得好，在中餐食堂营造出在国内的生活气息，让外派员工们在海外有家的感觉。特别是那些野外作业的工程师，当他们一身疲惫回到驻地，不管多晚，食堂都会留一份热乎乎的饭菜，或者有等在那里的厨师为他们专门下一碗面条。

一些用心的厨师还会想方设法利用本地条件，变着花样满足来自国内五湖四海的员工的口味和诉求。比如，印度代表处食堂的蒋师傅会去市场买来新鲜萝卜，把叶子摘下来晒干，代替当地买不到的梅干菜，做出一道香气扑鼻的梅菜扣肉。在科摩罗这个印度洋上的火山小岛，没有肥沃的土壤、充足的淡水，无法种植蔬菜和水果，厨师老王用心调制，将当地特产金枪鱼开发出十八道不同菜式。

那些有"金牌厨师"驻场掌勺的食堂，不但让外派员工在此地乐不思乡，也让华为的客户和出差员工念念不忘。在立陶宛，一位穆师傅以其精湛的厨艺和"讲究"的匠心，让中餐食堂成为客户关系建设的"利器"，华为员工请客户吃饭，客户都会要求去华为食堂，一位客户CTO就感叹，自己在这里吃到了此生最好的中餐。

厨师们的价值，不止于挥舞一柄饭勺，为华为创造一份生产力，在战乱、危急的关键时刻，厨师们与代表处共进退，让留守员工没有后顾之忧，支持着他们为客户坚守。

2010年底到2011年初，科特迪瓦政局动荡，代表处撤离了部分员工和家属，留下二十几名员工坚守，厨师史建也主动申请留下来，每天偷偷摸摸地做饭，以免引来武装分子。后来战火烧到了社区，子弹在宿舍院子里横飞，在如此危险境况下，史大厨还瞅准机会"猫"出去，抢购了足够坚守一个月的米、面、油和煤气。

2014 年，塞拉利昂发生令人闻之色变的埃博拉疫情，华为办事处只留有一名中方员工龙峰和厨师张付玉。虽然龙峰多次告诉张师傅，如果他想离开，公司会随时为他订机票，张师傅总是朴实相告："你不走我就不走，总得有人做饭吧。"

华为充分认识到厨师队伍对于海外业务稳定发展的重要性，给予他们极大的认可和激励，机关行政部门每年组织评选"十佳食堂""金牌厨师"，向优秀厨师颁发"胜利护航奖章"，及时重奖那些危难时期与员工一起留守的厨师，并在公司内部广泛宣传。员工们对厨师的感谢，也总是由衷而热烈的，一位做过国宴的厨师长要轮岗调动，代表处三百多人在其微信上依依送行，甚至希望跟着他调过去，而其将调入的代表处的员工们则欢喜雀跃。

很多厨师在华为工作十余年，听从指挥，转战各国，也意识到自身的价值，将自己融入到华为的海外业务发展中，他们说："每周我都能从员工那里听到很多大家如何奋斗、签单的故事，让我很是激情澎湃，我觉得我能把饭做好，其实就是帮华为签单出了力。""虽然我没有谈过一个销售合同，没有建过一个铁塔，没有签过一个单，但我能坚持为华为员工烧好每一盘菜，做好每一碗汤，让他们吃好了就不想家，我的人生就是和华为前进的战车捆绑在一起的！"

如果说华为的礼宾车司机是其市场营销中触动客户的一张漂亮名片，遍布海外的一百四十多间中餐食堂的厨师则是稳定其国际化队伍军心的幕后功臣，他们让中餐食堂成为一道华为国际化的"旋转门"，中方员工通过这道"门"，轻松地完成了国际化所需的身理和心理的调整，每天，他们从这道"门"里走出去，去面对异乡的人与事，当他们回来，走进这道"门"，吃上一口热的饭，品味一道家乡的菜，安慰了胃，也安稳了心。

"一人，一厨，一狗"，是在科摩罗岛上常驻六年之久的叶辉辉向高层管理团队分享的故事标题。这是一种对现实的诗意表达，任正非说，这代表了华为精神。

🌐 住：艰苦国家里住"豪宅"

住，是华为员工走出国门直面的第二个基本生存问题。

对"住"的最简单要求，是晚上有个地方能安稳地睡一觉，更高的需求，是在一个地方能安定地居家生活。住宿问题不仅直接关系人身健康和安全保障，更关乎外派员工对家庭的情感慰藉需要，如果在常驻地有一处独享的居处空间，他们可以将配偶、子女接到海外陪伴生活，小家庭团聚，心中挂念就会少许多。

虽然住宿问题不像饮食需求那般，涉及民族、文化的差异化诉求，解决起来比较费心，但安居才能乐业，对华为来说，中方员工在海外的"住"是与"吃"同等重要的事情，也考验着组织的适应能力。

早期海外艰苦的居住条件逐步改善

在 2004 年之前，华为员工在海外的居住条件因陋就简，经历了一个逐步改善的过程。

工程交付团队野外作业的"住"是最简化、也是最艰辛的，夜晚露宿山林野地是常有的事，各地的体验差别只在于气候，拉美相对较好，非洲和南亚国家则疫病相加，最为恶劣。

在阿拉伯半岛上的也门，夏季里白天烈日当头，早期来到此地的华为员工们，曾经睡在地窖里以消暑，夜晚，沙漠里温度骤然降低，又寒冷难敌，他们把自己埋在沙窝里，去山上安装站点当天下不了山，就睡在山洞里。在埃塞俄比亚，工程队的车子在去站点的路上抛锚，前不着村后不着店，他们在装运机器的空木箱子里过夜。初冬的尼泊尔，微波工程师孔令波一个人负责交付高山站点，一跳微波两个点，往往要走一整天，晚上就借住在站点附近的农户家里，通常是睡在草堆里取暖。

乡间的小旅馆和帐篷能为奔波在外的工程师们晚上睡觉提供一点遮蔽。在非洲的穷乡僻壤，他们住过客户号称"当地喜来登大酒店"的小旅馆，那是本地传统的圆形茅草屋，一晚十元人民币，早上起来每人都会给跳蚤咬出几十个包。找不到旅馆，帐篷是常用解决方案，里面没有床，没有透气的窗口，夏日里闷热难挨，"但在星光和不知名动物的叫声中，我们依然能倒下即睡"。在刚果（布）最北部边境区域，曾有一个华为的项目组为这里交付整个网络，有时走到一片人迹罕至的原始森林，有各种猛兽威胁和大马蜂、飞蚂蚁等昆虫滋扰，帐篷不能用，他们就以汽车为舍，在森林里过夜。

基站的机房算是野外作业最体面的休憩之所。传输工程师王伟平曾在利比亚一个方圆三百公里全是沙漠、没有一户人家的站点机房里度过一夜，"没有代表文明的灯火，远离都市的喧嚣，静谧的夜空中布满明亮的星星"，这是他在三个月里奔袭四千公里的"拉练"式勘测的行程中，睡得最为踏实的一个晚上。

某年在巴格达，华为交付伊拉克中南部的第一个网络，基于安全，客户把机房选在巴格达机场的一块空地，周围没有任何生活设施，客户运来的几个集装箱是工程队的临时居所，队员们白天在里面办公，晚上把桌椅搬出去，打地铺睡觉。巴格达日间温度通常在摄氏五十度以上，经常会刮沙尘暴，他们个个活得像行走的兵马俑。在如此艰苦的环境中，客户土生土长的工程师都受不了，呆不上三天就要求调走，而华为的工程师们则住了有半年之久，一直到把工程交付完成。

至于代表处驻地，早期的员工宿舍大多数也仅能满足躺平睡觉的最基本需求。埃塞俄比亚的员工形容自己宿舍房间非常小："睡觉时两个人如果面对面，膝盖都能碰到膝盖。"而唯一不方便的是，整间屋子里面只有一个洗澡间，下面是一个茅坑，上面吊一个淋浴，新来的同事会收到友好提醒："洗澡一定要小心哟，要是不注意脚下，洗洗就掉下去了。"

在华为进入较晚的非洲国家苏丹，外派员工先驻扎在南部一个城市，以客户核心机房为中心，工作与生活于一处，一间矮矮黑黑的小屋子，上下铺七八个人挤在一起，房间前面就是客户的营业大厅，大厅里预付费卡卖完了，客户员工向后面屋里吆喝一声，华为的员工立即做数据配置。一切生活需用都是就地取材，自力更生解决，吃水很金贵，他们找人在院子里打了水井，洗澡用的淋浴花洒是用废弃矿泉水瓶子手工剪裁制作，厕所也是自己挖出来的茅坑，晚上睡觉以扇子避蚊，以防被叮咬患上疟疾。

在中亚国家塔吉克斯坦，相对于原始古朴的非洲，这里的外部基础设施要好一些。2002 年，华为几名外派员工来到此地，住进了首都杜尚别的三间大House[2] 里，从外观看，算是当地很不错的高宅大院了，但当地能源供应不稳定，电压不足，灯光如萤光烛火，忽明忽暗。冬天异常寒冷，但这里的暖气设备就是个摆设，热水供应时有时无，空调和电暖气因为电压不足，使不上劲，晚上睡觉个个缩在被子里当"团长"。

到 2004 年中，华为在俄罗斯、非洲主要国家的市场一片光明，在诸多艰苦国家基本站稳脚跟，全面改善这些地方外派员工的工作和饮食、居住等基本生活条件，在当地建设完善的行政支撑平台，吸引更多国内员工前往常驻，稳扎稳打，拓展更大市场空间，成为管理层亟须解决的问题。

2004 年 9 月，任正非来到尼日利亚，与员工座谈交流时说，"这次我们去看了地，想给大家盖房子，搞一些好的设施"，但在海外买地自建园区操办起来比较复杂，任正非告诉员工，他们在当地也要因地制宜，自己设法改善生活。

2006 年中，任正非前往苏丹、刚果和贝宁几个非洲国家代表处探望员工，公开表扬华为在塞内加尔的国家负责人"很好"，因为他把整个比利时旧的大使馆租下来了，"那使馆是多么的漂亮啊！"这为海外艰苦国家外派员工的住宿问题给出了一个高效的解决方案，也设定了一个高标准。

同时，他还要求艰苦国家代表处要加强本地"小环境"建设，提升员工生活质量，说"男孩子不喜欢洗衣服，我们就请保姆……请她们来洗衣服，洗完用熨斗熨……床铺也洗得干干净净的，床头也可以每天都插一枝花"。他还要求，将来租宿舍楼，要租个带大一点花园的地方，"每个人种一棵果树。前人种树后人吃果嘛，坐在这个院子里面，晒着太阳吃着甜美的水果，这就是享受生活……"

此后，艰苦国家外派员工居住条件迅速得到改善，大多数住上了当地的"豪宅"，代表处行政团队尽可能提供全方位的生活服务，让他们过上了堪称当地"富豪"级的生活。

在西非国家马里，华为员工 2007 年搬进了新住地，那是在首都巴马科坐落于尼日尔河中绿洲上的一栋两层小楼，集办公、居住于一体，前有花园，后有游泳池，一楼有厨房、食堂、培训室、会议室和大办公室，二楼是外派员工宿舍，平常有保姆收拾房间，为员工熨洗衣服。

在北非阿尔及利亚，华为中方员工宿舍是在首都阿尔及尔的"山中别墅"，一幢半山之上的四层小楼，推开窗户，风景怡人，"远方高高的三叶塔直映入眼帘，底下的房子层层叠叠的排列，楼群中间有一条浓荫的树木组成的线，似乎那里隐藏了一条流淌着的河流……各种花朵盛开，将那里装扮得生机盎然"。

西南非洲的纳米比亚素有"欧洲后花园"之称，条件不算特别艰苦，市场拓展初期已有外派员工携家带口一起生活。一位员工家属回忆她在此地的美好时光："公司宿舍坐落在全城风光最好的山顶别墅区，这里是俯览全城风光的最佳观景点。每天傍晚下班回家，在阳台上看落日，夜幕降临的时候，看天上的繁星和城市的灯光融为一体，凉爽的小风吹过，和自己的爱人依偎在一起数星星，浪漫无比。居住在这样的环境里，我想应该能够化解一些对家乡和亲人的思念吧。"

高质量的居住环境，对那些经常外出进行艰苦的交付作业的工程师来说，是一种莫大的安慰和心理补偿。一位技术服务工程师在几内亚出了一周的差，行程近两千公里，一路风尘仆仆，当他结束任务，"回到首都宿舍，走进高大上的海边别墅里，感觉眼泪汪汪的，回顾过去的一周，像是搞了一个星期的野外生存"。

在亚太、欧洲外部环境、生活条件较好的国家，外派员工宿舍就没有如此豪华气派，不过大都是离办公室较近或者交通便利的住宅或公寓，当地行政部门提供基本居住生活设施，但少有保姆、清洁这类生活服务，以员工自理为主。欧洲很多国家代表处为节约成本，会将外派员工宿舍中一时空置的房间释放出来，安排出差员工住宿。公司差旅政策也提供小额住宿补贴，鼓励员工出差时住当地宿舍，以提高其利用率，节省酒店差旅费用。

艰苦国家的高标准住宿

2011 年 5 月开始，在亚太、欧洲等当地社会治安良好、外部房屋租赁市场相对规范的国家，华为对外派员工住宿逐步实行"宿舍货币化"改革，即由员工自己租房，代表处根据单身合住、家庭独立居住等不同标准，按略高于市场租金价格给予租房补贴。这一解决方案，既是对这些代表处普遍面临的宿舍管理压力进行减负，降低行政管理成本，也是为外派员工和家属提供了更为自由和独立的生活空间，有助于他们融入当地社区生活，体验本地文化。

但在大多数艰苦国家，仍然由代表处租赁宿舍，安排外派员工集中居住，尤其在外部安全形势严峻或环境恶劣的国家，大都是集办公和居住生活于一体。

两种住宿解决方案并存，体现了华为国际化管理的灵活和成熟。

在华为，"艰苦国家"是有明确的定义的。2008 年 2 月，新的结构化外派员工补助政策增加了"艰苦补助"一项，并对"艰苦程度"进行了量化标准定级，根据影响人类生存条件的各种艰苦因素，包括治安、传染性疾病、水电基础设施、时差和距离、自然环境（包括气候和海拔）和历史自然灾害等，华为对海外一百多个有业务经营和员工常驻的国家或地区的环境状况进行综合评估，分出六个等级，整体条件越艰苦，等级越高，补助标准金额越高。五至六类国家被统称为"艰苦国家"，共有六十多个，其中四十多个位于非洲，其他零星分布于拉美、中亚、南亚和中东等区域。非洲条件最好的国家，比如南非、毛里求斯，也才达到三类国家标准。

"艰苦国家"对华为具有特殊的历史地位和精神价值，被以"上甘岭"代称。2006 年，任正非在探望苏丹代表处等的外派员工时表示，"应该说这十年来，你们的奋斗，挽救了公司。如果没有你们的奋斗，公司现在可能已经不存在了，公司是非常感谢你们的"，他特别感谢那些从事工程交付和技术服务的工程师，他们进入的区域遇到的困难要超过其他人，特别是在那些我们的知识结构还不够了解的不毛之地，他们克服了前所未有的艰险。

那些在"第三世界"国家的不毛之地上开拓、扎根的华为员工，正是凭借着艰苦奋斗精神，克服种种困难和艰险，打开了国际市场，为华为走出"冬天"带来了希望。没有这种艰苦奋斗的精神，仅凭着技术情结，华为无力在这些地方立足、扎根。

但对艰苦奋斗精神的理解，任正非强调是"思想上艰苦奋斗，而不是在身体和生活上艰苦奋斗，能解决的困难一定要解决"。因此，虽然这些国家外部大环境极为恶劣，华为内部"小环境"却尽可能建设得安全、舒适、优越。外派员工在艰苦国家的"豪宅"化宿舍，是华为以其务实方式来倡扬和维系艰苦奋斗精神的一个最显性化体现：要鼓励雷锋奋斗，但不能让他穿破袜子，要肯定焦裕禄的苦干，但不能让他累出肝病来。

2014年，深圳机关负责全球市场管理的"片区联合会议"组织成立了"艰苦地区及岗位管理部"，作为海外艰苦国家代表处的"娘家"，负责针对艰苦国家业务和人员发展，调研、开发相关政策保障。在"娘家"的特别关照下，2015年，华为向艰苦国家代表处拨出专项经费，用于改善当地办公和生活环境，建设费用由公司承担，不计入代表处的业务考核，各艰苦国家迎来一波"小环境"工程建设高潮。

到年底，安哥拉、刚果（布）、乌干达等艰苦国家员工纷纷晒出自己装修一新、设施现代化的"新家"。经历了2014年埃博拉疫情后的塞拉利昂办事处也搬到了新的住地，以其独特地理位置而别具魅力：宿舍是在海边的一个小院子，办公楼是一栋小别墅，对着海湾，隔壁有一个小渔港，在办公室阳台上就可以海边垂钓，一些出差员工会带着渔具有备而来，而厨师足不出户就能向楼下的渔民采购最新鲜的海货，"龙虾海参各种海鱼，简直不能再美"。

在此次艰苦国家"小环境"升级改造中，战乱国家工作居住环境的安全防护得到重点加强。

在阿富汗，华为办事处经过三个月的多方寻找、勘察，筛选出十多处新的候选地点，深圳机关行政等相关部门进行联合评估，并聘请国际专业安全顾问公司 Gardaworld 现场考察，最终选择了远离主干道的四栋相邻大宅院，在外围安装防爆墙，布设三百六十度监控系统，中央监控室全天值守，入口是双层防弹门，窗户加装安全防爆膜，每个院子里都设有"安全屋"。Gardaworld 还向安保人员提供专业安防培训，对办事处全体员工开展安全意识教育。层层安全防护之下，新宿舍配备有 KTV 室、羽毛球场、篮球场、乒乓球室、台球室及健身房等，丰富员工业余生活。

2015 年 5 月，华为伊拉克巴格达办事处也搬入新的办公宿舍楼，该楼属于一家位置安全、重新装修试营业的酒店，这一选址不但考虑了日常安全保障，也充分照顾了本地员工上下班的交通顺畅和方便。搬迁前，深圳机关派出安全专家，到巴格达进行安全评估和防护培训工作，为宿舍加装防爆墙、监控摄像头等防护措施，以应对伊拉克内战升级后日益严峻的安全形势。

2021 年 5 月，在与金牌员工代表座谈时，任正非对艰苦国家的"小环境"建设提出更高标准：生活要达到瑞士富人的生活标准，工作环境要达到欧洲标准。他以非洲南苏丹办事处为例："三名外派中方员工，拥有两栋大别墅，还有篮球场、游泳池、电影院、音乐厅、咖啡厅……全都配备。"任正非解释，现在国内条件这么好，对比之下，更应改善海外艰苦地区员工和家属的安全及生活保障，达到较高标准。并再次强调，"去艰苦国家就要过艰苦的生活"的想法是不正确的，是一种误解，"艰苦奋斗是指精神上的，我们要倡导和营造一个有品质的环境，让海外员工生活和工作更加舒适、开放和高效"。

早在 2012 年，在战乱不断的刚果（金），代表处拥有了华为在海外最早的一处自建园区，虽然面积不大，仅有一栋办公楼和一栋宿舍楼，但设施齐备而先进。宿舍是标准化公寓设计，配备有空调、冰箱、洗衣机、电磁炉等现代化家用电器。整个园区实行封闭式管理，四周筑着三米高墙，高墙上又有半米高的防盗栏，将园区围得如铁桶一般。

在这个有着电网围护的"小院高墙"里，华为员工和家属们过着一种充满校园青春气息的生活："园区的白天格外安静，只有每天的傍晚，华灯初上时，才会渐渐热闹起来。操场上会传来打篮球的声音以及孩子们的嬉闹声；健身房的灯也会亮起来，一些运动爱好者在里面举铁、跑步，或是打乒乓球、桌球、台球；更多人选择沿着园区的小路散步，纯当饭后消食。"代表处每月组织一次"班级"集体活动，有拔河、篮球、套圈、保龄球等体育比赛，还有唱歌、放电影等娱乐项目。

一位员工家属写道："我经历了各种繁华，陡然过上这种没有任何外界诱惑的清净生活，刚开始还有点不适，日子久了，才慢慢咂摸出这种慢生活的好。身体出不去，心却可神游四方。那些想看的书，终于可以仔仔细细地看个痛快了；想追的电视剧，终于可以追了……想画的水粉画，也终于可以学了……以前没时间研究的育儿经，终于深入研究了，现在，儿子的模样都似乎更可爱了，我对他也更有爱心和耐心了，连老沈说我来刚果（金）这段时间，陪伴孩子的心也变得更加专一了，再也不像之前那样心不在焉地敷衍孩子了。"

"家人闲坐，灯火可亲"，是这位颇具文艺气质的家属在此地"随军"多年的生活体念。

"此心安处，亦是吾乡！"这大概是华为外派员工在海外"住"的最高境界了。

🌐 行：天上地下，险难随行

行走天涯，是华为走出国门后，每个员工都可能经历的一种人生，华为的全球化，正是一个个走出国门的中方员工用他们的脚一步步走出来的。这是一条中国人此前未曾踏上过的征途，路上充满了艰难险阻，甚至会付出生命的代价。

在华为的内部公开记录中，由于外界环境因素，包括疫病、地震、洪水和雪崩等天灾，以及战乱、暴动、抢劫甚至绑架等人祸，都给员工带来生命安全威胁，但直接造成伤亡人数最多的，是在天上、在路上。

"满天飞"：空难与惊魂

2015年初，华为首次发布了员工全年飞行差旅报告。在2014年一年里，华为有十万七千多名员工曾经在天上飞，占当年员工人数三分之二。他们全年飞行六十三万多次，平均每天近两千人次，足迹遍及二百零五个国家或地区，飞行距离十一亿五千八百万公里，可以绕行地球二万八千九百零五圈。在这一年的华为"飞行家"里，"次数之最"的一位，出差一百二十三次，平均每三天一次；"距离之最"的一位，总飞行里程六十八万公里，相当于环绕地球十七圈。

外界对此感到惊讶，"平均每天有两千人在天上飞？这是一家什么样的公司？"[3]

当然，这是一家全球化公司，员工的全球流动，是全球化公司最显性化的组织体征。

但惊人的飞行数据意味着高概率的生命风险。任正非就曾说过，全球哪里掉了一架飞机他都很着急，担心有华为员工。这一担心，曾多次应验。

2005年10月22日，尼日利亚一架从拉各斯飞往首都阿布贾的飞机失事，机上一百一十七名乘客和机组人员全部遇难，其中包括华为加纳代表处的三名本地员工，他们是前往地区部参加新员工培训的。这是华为历史上第一次有员工死亡的空难事件，也是华为一次性损失员工数量最多的空难。

2007年5月5日，肯尼亚航空公司一架客机在从喀麦隆杜阿拉飞往首都雅温得途中，在起飞地附近坠毁，失事飞机遇难的一百一十五人中，有五名中国乘客，其中一位，是华为派驻喀麦隆的产品经理。

2009年6月1日，法国航空公司一架由巴西里约热内卢飞往法国巴黎的航班在巴西境内一个小岛附近坠毁，机上二百一十六名乘客和十二名机组人员全数罹难，九名中国籍乘客中，一位是华为员工，年仅二十七岁。

2014年3月8日，由马来西亚首都吉隆坡飞往中国北京的马航MH370航班，离奇失联，至今下落不明，是世界航空史上的一宗奇案。航班所载二百三十九人中，有两名华为中方员工。

非洲是空难高发区，这里内陆航线上使用的飞机，多数是发达国家航空公司淘汰或退役的"老破小"，每次飞机到达目的地着陆，乘客们都会齐齐鼓掌，庆祝自己安全落地。非洲也是华为最早大举进入的区域，据说，早些年在非洲内陆航线飞机上，本地人见到一个中国人，就会问"华为的？"如果不是，接着问"ZTE（即中兴）的？"所以，不出奇的是，华为员工在海外第一次遭遇空难，也是在非洲。不过，幸运的是，遇险员工吕晓峰不但在事故中逃生，还在现场带伤救助他人，成为华为的传奇"福星"。

2002年5月7日，派驻突尼斯的吕晓峰在埃及开罗参加地区部会议后，搭乘埃及航空公司一班客机返回突尼斯。飞抵目的地时，当地刮起了罕见的沙尘暴，还夹杂着大雨，地面能见度极低，飞机降落时，由于起落架发生故障无法打开，机长决定紧急迫降，但在离机场六公里处，撞山坠毁，当场折为两段。机上共有六十五名乘客和机组人员，十五人遇难。

吕晓峰的座位恰好处于飞机折断处右前方第二排，没有受到强烈冲击，成为幸存者中的一员。飞机坠毁落地后，吕晓峰很快从惶恐中反应过来，迅速解开安全带向机身断裂处跑去。逃出飞机时，他看到一个突尼斯小女孩在大雨中冻得浑身发抖，就脱下自己的西装披在她身上。逃到机外后，吕晓峰也没有马上撤离空难现场，而是和一个英国人一起把几位受伤妇女从山坡处搀扶到了平地，才拨通电话通知突尼斯代表处。十五分钟后，代表处派出的中方和本地员工搜救团队就赶到了事故现场，吕晓峰被送到医院检查，发现身体并无大碍，很快就出院了。

中国通信设备公司华为的员工吕晓峰在空难事故中救援本地人的事迹，后来被突尼斯官方新闻报道，当地电视台赞扬其面对险境表现沉着，拥有救人于危难的可贵品质。

而成为概率极低的空难幸存事件中的一名幸运儿，吕晓峰获得了一个"福星"称号，连客户见了他，都会跑上前来特意拥抱，行阿拉伯世界特有的贴面礼，沾一沾他的好运气。一年后，吕晓峰被调派到阿尔及利亚，又经历了一场6.8级大地震，延续了他作为华为"福星"的幸运传奇。

更有意思的是，任正非原计划与吕晓峰搭乘同班飞机前往突尼斯，但有事临时耽搁了，次日，任正非到达突尼斯，在会见客户的休息间隙，带着吕晓峰去商场，亲自挑了一套西装送给他。

任正非给吕晓峰买西装的事情，《华为人》报当年就有报道，人尽皆知。

但任正非原本要与吕晓峰同乘这架失事飞机的事情，是到了 2019 年 10 月其接受中东、非洲阿拉伯语媒体采访时，才主动提到。原来，任正非曾幸运地错过了华为历史上的第一次空难。

但任正非此后又经历过两次空中险情，在十多年后出版的一本书中才有所披露，书中称，任正非每年飞行有一百次之多，如此高频的旅行，这样的经历难以避免。[4]

前一次历险，是从北京飞往某国，起飞后不久，飞机开始剧烈地颠簸，几乎是直线式地向下俯冲，任正非与太太、女儿同行，他看着崇山峻岭闪电般地从窗外掠过，冷汗从额头冒了出来，最终飞机返航，安然脱险。

没想到十多天后，在埃及开罗飞往卡塔尔首都多哈的航班上，任正非再次遇险，飞机忽上忽下，恐怖地来回颠簸，幸运的是，飞机在开罗机场迫降成功。

走出飞机后，乘客们坐在候机楼长椅上等待安排，任正非问一位同行者害不害怕，结果对方回答"不怕!"，因为他经常在医院看到病人死亡，"生命太脆弱了，要活在当下，活好每一天!"听此一说，原本打算取消此次行程的任正非决定继续多哈之行，换乘了两小时后的另一航班，安全抵达目的地。

类似的空中遇险但幸免于难，其他华为员工也曾经历过。2008 年 4 月 15 日，刚果（金）戈马地区发生一起严重空难，八十三人死亡。机上有两名华为本地员工和一名本地员工家属，万幸的是三个人都得以生还。另外还有两名中方员工原计划也要搭乘这一趟航班，但他们因为去看大峡谷野生"金刚"大猩猩，没能及时回来赶上飞机，也躲过一劫。

还有一些员工虽然没有遭遇空难，但在高空中也曾面对生死一瞬的极度恐惧，在内心留下难以抹去的阴影。

2008 年，华为在伊拉克获得中南部的一个项目，交付地点在巴格达。当时，从北部苏莱曼尼亚华为驻地到巴格达还没有航班，项目组花费数十万元人民币，包租了一架退役军用运输机运送项目组员工和设备。飞机到达巴格达机场上空后，为避免遭到地面军事袭击，它不是像一般降落时对准跑道匀速下降，而是盘旋着快速下降，每次下降就像是一次自由落体运动，失重感觉非常强烈，再加上可能被袭击的担忧，运输机里的员工内心的忐忑惊恐，可想而知。

2015 年，一位外派尼日利亚的中方员工从首都阿布贾出差到拉各斯，国内城际航线飞的都是螺旋桨小飞机，他恰好坐在螺旋桨旁边的一个座位上。闭目养神之际，突然发觉耳边的噪声大幅度降低，睁眼往外一看，窗外的螺旋桨不转了！后来空乘解释，另一边的螺旋桨还在正常运转，不必担心，"那一刻其实心里闪念，想到了很多事情"。他应该也想到了，十年前，正是在这条航线上，华为的三名本地员工因空难丧生。

路上行：危难与车祸

中国人说"在家千日好，出门一日难"，这固然是农耕社会人们对安稳生活的追求，说的倒也是实情，古时人们出门在外，水陆兼行，舟车劳顿，三餐不继，还会有各种不期之遇，现代人交通工具改善，但在一个陌生国家里出行，依然会因天气变化、地理地貌等自然环境因素，以及动乱、抢劫等人为祸患，导致各种意外和生命危险。

对"出门难"的体验，华为员工在海外感受更深，经历极其丰富，尤其是那些每日里驾车奔波于一个个站点之间的技术服务工程师，他们中有人在荒漠半路爆胎、星夜迷航，靠着阿拉伯老人夜观天象才踏上归程，有人在原始森林突遇滂沱大雨、与外界失去联系，在周围的一片狼嚎中被同事连夜搜救得以生还，还有人在暴风雪之夜车子熄火抛锚，在西伯利亚的极寒中，心怀对死亡的恐惧，苦候整晚终于等来救援。

在华为首先进入的"第三世界"里，很多国家内战不断，动荡不安，民族、宗教的历史矛盾复杂交织，武装派别争权夺利，尤其是在 2000 年后的非洲，和平化进程仍然缓慢，在阿尔及利亚，恐怖分子频繁活动，在也门，不时发生绑架外国人质以要挟政府的事件，刚果（布）还有叛军时时作乱，独立前的南苏丹历经多年内战。在这些危险地带进行站点勘测、网络部署，人可能会直面枪口，或被武力劫持，车则有可能压过地雷，在中国数十年和平环境里长大的华为员工，并不曾应付过这样的局面。

2002 年在乍得，两位华为中方工程师一起去一个遥远的站点机房工作，由于收工太晚，站点条件又太差，没办法在机房里过夜，就决定赶夜路开车六七个小时回酒店休息。在路上，遭遇劫匪，追着他们在后面开枪，车后窗玻璃被打了个洞，轮胎被打爆一个，司机的胳膊被击中受伤。好在他们驾驶的是比较强悍的陆巡越野车，在坑坑洼洼的路上拼命开行，才没有让劫匪追上。[5]

2007 年，尼日利亚的华为技术服务团队发现，距离某个基站不远的一个集市的通信信号比较弱，他们决定前往测试一下边缘覆盖，但驱车进入集市还没两百米，就被一批地痞流氓围攻，本地司机打开车门想说明来由，结果被暴打一顿，两个歹徒趴在车前强行阻止车子开动，尽管警察就在不远处。司机决定发动车子直冲向前，才得以突围。事后司机告诉员工，这帮歹徒曾想开枪射击他们。

贫民窟更是危险之地。在巴西里约热内卢，约两百多万人居住在贫民窟，占其总人口的三分之一，政府要为他们提供水电通信等基础生活设施，但贫民窟也是黑帮、毒贩们的根据地。2011 年 9 月，华为里约办事处一位本地交付经理为安装无线站点，决定带队第一次夜闯贫民窟，出发前，他打电话给相熟的客户朋友沟通这一项目进展，最后留给对方一句话："如果我不幸死在里面，你一定要记得送花给我！"一位中方员工进入贫民窟后，看着错落复杂的小道，感觉是"只要进去，人就没了"。他们只敢沿着主干道向前移动，一俟完成工作任务，赶紧逃之夭夭。

在这样的危险环境里，华为的工程项目团队要去野外作业，常常需要雇人或者请求当地警察甚至军队派出武装保护，来确保行路安全。好在人们对通信的需求超越了政治派别纷争，华为员工往往能够享受到这种"国家高级领导人待遇"，有的还是政府或客户主动提供这种保护。

某年的一天，华为一个工程队从乌干达进入邻国南部进行站点勘测，误入当地一个军营附近，被一个荷枪实弹的大兵"请"进一间简陋的办公室，里面坐着一个面孔黝黑的军官，桌子上放着一把手枪。他严肃地询问华为员工的国籍和此行目的，当得知这群中国人是在规划无线通信网络时，军官的脸换上了灿烂的笑容，拿起手杖指着墙上的军用地图，向他们讲解周边的重点城镇，要求尽可能地覆盖。双方言谈甚欢，原来这位军官是这片区域的将军，当华为的工程队离开军营继续勘测行程时，他们就多了一位保驾护航的大兵一路同行。

即使在对中国人非常友好的巴基斯坦，由于国内政治派别纷争，环境也极不安全。2006 年，华为在巴基斯坦获得了 UFONE 项目，这是当时最大的无线 Turnkey（交钥匙）项目。在交付冲刺期间，工程队经常要工作到晚上九十点钟，夜间行车极为危险。代表处为此联系当地警察局，为项目团队提供保护。夜里，如果华为工程队需要出行作业，办公室门口就有警车等待，一路亮着警灯在前面开道，到不同片区，会有不同警队换班接应，交接手续都在警方内部协调完成，华为工程师们得以放心地睡在后排座位补觉休息，对此经历，他们自感颇为良好，还编了个纪事段子："古有唐明皇一骑红尘送荔枝，今有巴国警车接力护送华为工程师。"

除了这些外部环境的危险因素带来生命威胁，华为员工在路上行，人力疏失导致的车祸难以避免。2006 年至 2008 年，南部非洲地区部连续发生多起车祸，造成四名员工死亡、十多名员工受伤，其中三起在三个月内连续发生，在公司内部引发震动。

在这数起交通事故中，只有坦桑尼亚一起是因公出行，司机在超车时与一辆拖拉机相撞倾覆，导致出差的交付工程师死亡，其他各起都是在节假日员工自驾旅游所致，伤亡严重。相对而言，因公伤亡的车祸在华为发生概率不高，工作出行都是由公司雇用的专职本地司机驾驶保养良好的车辆，安全系数要高得多，对 EHS（环境健康安全）华为要求严格执行，安全事故是管理"红线"，一触"红线"，代表处代表会直接"下课"。而员工自驾出游则因为早期管理不到位，更容易出问题，一方面，华为外派员工大多数比较年轻，安全意识相对薄弱；另一方面，有一些员工未接受正规驾驶培训，在当地花钱买驾照，驾驶技术不熟练，遇到意外应对不及。

华为在海外折损的第一位中方员工就是因此而丧生。2003 年在肯尼亚，这位员工与家人假期自驾出游，在十多个小时长途驾驶过程中，一位搭便车的同事主动要求轮换驾驶，由于不熟悉车况、路况，发生车祸，该员工妻女被甩出车外，因受骨折外伤而被优先送医救治，员工本人受了内伤未能及时发现，在后来的送医途中不幸去世。当他的骨灰送回深圳时，正是清明时节，在蒙蒙细雨中，任正非、孙亚芳等高层领导亲自在深圳罗湖口岸等候，心情沉重。

健全员工保障体系，减少生命意外损失

2005 年后，随着华为在世界各国的通信工程交付量大增，外派员工在全球的流动越来越频密，员工生命安全与健康保障需求日益迫切，在各地加强车辆安全管理的同时，华为开始着手员工保险保障和福利制度改革，2006 年陆续出台了一整套员工保障体系文件。

根据这些文件，华为除依法缴纳各国当地的强制性社会保险外，还为全球流动的中方员工提供额外的一系列商业保险保障，包括人身意外伤害险、寿险、重大疾病险、旅行险等。如果员工不幸因工作受到意外伤害而罹难，可以额外获得一百万元人民币左右的商业保险补偿，这个补偿金额后来又有所调升。

针对中方员工全球旅行过程中所伴随的高风险，考虑到华为业务所在很多国家的医疗救治和保障水准有限，华为为外派员工和陪同家属购买了商业旅行险，并通过签约的国际保险公司，与 ISOS 紧急救援等全球性医疗服务组织建立了工作合作关系，确保派往海外的员工和家属获得及时、快速的医疗救助。

2008 年 3 月 21 日，在纳米比亚当地公共假期"独立日"，六位华为外派员工自行驾驶代表处车辆前往一个海边城市旅游，在拐弯超车时，发生交通事故，当地警察、医生到达现场后，确认一名员工已经死亡，另有一人腿部受轻伤，两人头部受重伤，被送至当地医院抢救。

华为整个员工保障体系随即启动运转。深圳机关保障执行小组牵头成立了从机关部门到南非片区、代表处的三级跨部门突发事件处理小组，分工配合，协助伤员抢救和治疗工作。

根据华为与 ISOS 组织签署的巨额保障协议，华为深圳方面立即提请 SOS 北京方面全力抢救，授权其为受伤员工提供当地抢救治疗费用的全额担保和垫

付。在北京 SOS 的协调下，所有受伤人员转运到纳米比亚首都治疗，到晚上，北京 SOS 向华为深圳突发事件处理小组反馈，纳米比亚医院医疗设施不能满足两位重伤员治疗需要，建议将他们转运到非洲医疗条件最好的南非约翰内斯堡治疗，得到华为方授权后，北京 SOS 在 3 月 24 日凌晨通知当地使用医疗专机，分两次将伤员送至 SOS 签约的本地医院。经过全力救治，两名员工的生命得以挽救，伤愈后出院。

2007 年，华为年报首次公布当年支出的各项员工福利保障金额，是八点四亿元人民币，到 2019 年，这个数字是一百三十九亿元人民币。[6] 十二年间，华为全球员工人数增长了两倍多，福利保障支出增长了十六点五倍多。金钱诚然买不来绝对的安全，但在关键时刻，庶几可以减少生命的消亡。

而曾经去过多少个国家，依然是许多华为员工退休时引以为豪的一个数字。

第五章

"上甘岭"上的奋战

在华为,"上甘岭"是其艰苦奋斗精神的象征,不过这一词语的含义经过了一番演变。

"上甘岭"一词第一次出现在华为,应该是在2004年。这年9月,任正非来到尼日利亚与员工座谈,发表了《尼日利亚是干部成长锻炼的上甘岭》的谈话纪要,"上甘岭"自此成为以尼日利亚为代表的"艰苦国家"的实义指代。任正非在这次讲话中指出,"上甘岭"对华为未来全球化发展的价值,是培养优秀的国际化干部。华为要从艰苦地区优先选拔干部,但员工在艰苦地区工作,除了锻炼精神和意志,也不能放松自己的学习。

2006年9月,任正非在对苏丹、刚果和贝宁代表处的座谈讲话中,首次清晰、完整地阐明了艰苦国家在华为作为"上甘岭"的历史价值。华为是在2000年开始的"冬天"里大步走向海外,在以非洲为主的艰苦国家的多年坚持,挽救了华为。而非洲市场上的成功,让华为在西方友商受到重创的"IT冬天"后,得以弯道超车,获得了宝贵的发展转折机遇。

2007年,在与委内瑞拉代表处员工的座谈交流中,任正非将"上甘岭"的概念升华:"上甘岭不是一个地名,它是在你的心中。什么是上甘岭,你的心中有上甘岭就是上甘岭。"

此时，"上甘岭"在华为就不再是一个具体的地理概念，而是指一切需要从内心克服外在的艰难困苦、需要保持坚韧性和乐观精神、以积极行动来改变现状并加以坚守的地方或者业务环境。

所以，委内瑞拉是"上甘岭"，因为"合同多，工程重，只要你肯努力，肯钻研，一定会有很多将军产生"；富裕发达、环境优越的欧洲也是"上甘岭"，因为"达到欧标可不是一件容易的事情"；在复杂经营环境中严重亏损的巴西同样是"上甘岭"，扭亏为盈的人也是英雄。任正非强调，不要把生活的艰苦、工作的艰难和努力学习分开，并不是物质上的艰苦地区才是"上甘岭"，而是"到处都是上甘岭"。

虽然任正非认为"到处都是上甘岭"，但普通华为员工提到"上甘岭"，仍然会习惯性地默认指向以非洲为代表的"艰苦国家"，这是"上甘岭"一词在华为的发源地，非洲更是集中了华为80%的艰苦国家。当中方员工来到这里，除了吃、住、行基本生存条件恶劣，他们还面对着别处少见的各种严峻生存挑战，包括令人恐惧的瘟疫和疾病、突如其来的战乱和暴动，而地震、暴风雪和洪灾等天灾，虽然不只发生在艰苦国家，但在物质层面，也是一个个临时的、真实的"上甘岭"。

在"上甘岭"上坚守，最需要发挥华为的艰苦奋斗精神。对每一个曾经在艰苦国家工作的华为员工来说，都是一段殊为不易、难以忘怀的人生经历。坚持驻守在"上甘岭"上，是华为"以客户为中心"价值观最有力的实践和体认。

"疫区"的生存与应对

2019年底开始的新冠疫情在全球大流行，让全世界的人们都切身体验了流行疫病对人体健康的威胁和危害、对人类正常生产生活的严重影响和扰乱。身处其中，人们盼望尽快结束疫情，各大国投入巨资紧急研发预防疫苗和治疗药品，以战胜这一突发疫病。

但从 1998 年华为中方员工踏上非洲之时，他们就发现自己身处一个历史悠久的大"疫区"，这里汇聚了众多高致命性传染疫病：疟疾、霍乱、黄热病、伤寒，还有埃博拉，不仅种类多，而且分布广。几乎所有的非洲国家都有流行疫病，各具特色，尼日利亚疟疾盛行，同时还有伤寒，安哥拉是疟疾和艾滋病高发国家，刚果（金）卫生条件尤其差，是国际医学界确认的艾滋病发源地，疟疾、伤寒、霍乱也在此长年肆虐。

疫病，是在非洲的华为外派员工们面对的首要的、最可怕的生命威胁。

肆虐非洲的疟疾

在非洲所有流行疫病中，分布最广泛、最容易被传染的，是疟疾。全世界每年约有一亿人患疟疾，九成在非洲。[1]这个概率，也反映在华为的员工群体中，早期在非洲工作的外派员工没有得过疟疾的，少之又少，很多人是一次被"疟"，多次复发。

疟疾由蚊子传播。在东南非，有一个叫马拉维的小国，境内有非洲第三大淡水湖马拉维湖，是世界上最大的蚊子繁殖基地之一，湖水最深处达七百多米，一到雨季，傍晚时分，会有上亿只蚊子从水里飞出来，黑压压一团直冲云霄，在湖面上刮起一阵"蚊子龙卷风"，中国古人说"聚蚊成雷"，并非夸张。这场面虽然壮观，但令人恐惧，这些蚊子体内都有疟原虫，被称为"疟蚊"。生活在这样的环境里，被"疟"就是早期几位中方员工的家常便饭，无线产品主管张岩曾一个月得了四次疟疾，每周得一次。

沿赤道一带的西非各国是疟疾高发区，这里的国家常年高温炎热，日常穿着长衣长裤实难忍受，一不小心防护不足，就会被蚊叮虫咬。2003 年在尼日利亚，华为的技术服务工程师差不多每个人都得过疟疾，因为他们经常在野外作业，暴露于难以防御的外部环境，更容易中招。据 2009 年的统计，外派到西非地区部的员工，在工作第一年里，十个人里就有两个会染上疟疾，常驻三至四年的中方员工，80% 被诊断患过疟疾。在科特迪瓦，代表处超过六成的员工多次被疟，一位叫陈钊的员工得过四次，笑称自己为"疟疾之王"，另一位员工刘恩椠，在西非尼日尔工作的六年时间里，得过五次疟疾、两次伤寒。

疟疾在中文中俗称"打摆子""冷热病"，典型症状是发热和畏寒交替、大汗后极度疲倦、呕吐和头痛，严重的会昏迷，甚至死亡，病人在发作过程中的感受极其痛苦，曾有员工用一种略带诗意的语言来描述："疟疾悄无声息地来临，冷到骨子深处，热到全身汗透。谁能直面那刺骨的冷，谁能正视那深度迷糊的高烧？"更具现实感的描述是："双脚打颤，全身汗湿"，"让人忽冷忽热到极致"。

疟疾有一个潜伏期，初起症状类似于感冒，很多人第一次得了疟疾，一开始都会误以为是感冒。一位初到非洲的年轻员工仗着自己身体好，对疟疾不以为意，有一次他到坦桑尼亚出差，在办公室里发觉自己感冒了，流鼻涕，一会儿热得穿 T 恤，一会儿冷得换毛衣，反复折腾，旁边有经验的同事就怀疑是疟疾，他还不相信，到了晚上就顶不住了，"开始是浑身的关节疼，肌肉也酸，脑子疼，但是意识很清醒，就是睡不着，着实难受"。第二天去诊所检查，果然是疟疾。

科特迪瓦的厨师史建在 2006 年第一次得疟疾，最初也以为是感冒，吃了点药戴上口罩继续下厨做饭，"结果做着做着人就站不稳了，几次差点儿把自己掉到锅里去，然后回屋躺下想休息一会儿，但马上就发了高烧"。代表处立即送他去医院，住了五天，"才觉得身上有劲儿了"。

如果潜伏的疟疾不巧在旅途中发作，无法及时就医治疗，就会有生命危险。2005 年 11 月，时任刚果（金）副代表刘康陪同客户回中国参观，先后前往深圳、北京，南北两地冬季温差大，加上行程紧张，在北京时，刘康已感觉不适，但因为要全程陪同客户，他没有留下来治疗，而是坚持与客户一起返回金萨沙。在飞机上，刘康出现了严重的"打摆子"症状，之后逐渐丧失意识，机务人员判断是疟疾，但飞机上没有药品救治。飞机着陆后，刘康被紧急运往医院，由于耽误了十几个小时，到医院时生命垂危，经过奋力抢救，连续输液一周，刘康才脱离危险。

刚果（金）另一位员工颜晖也遭遇过类似情形，他在首都外一个区域出差时，疟疾突然发作，高烧不退，当地没有治疗药物，也没有像样的医院，只有同行的行政主管唐晓艺随身带的退烧泡腾片可用。在等待救援人员赶来的两天里，唐晓艺花钱雇了一个小工，二十四小时不停地用冷水为病人物理降温，这位在战乱时期主动留守的勇敢、乐观的"懵懂"女行政科长回忆，"那是我第一次感到不安和无助，特别害怕他会随时死掉"。[2]

疟疾的治疗过程也令人备受煎熬。在布基纳法索，女员工韩硕学法语出身，经常会陪着同事们去医院就诊看病。治疗疟疾需要注射针剂，当地医院的针头很粗，经常要扎上几次才成功。看着平时"挺爷们儿"的男员工都被扎得鬼哭狼嚎，韩硕恐惧至极。所以轮到自己也得了疟疾时，为了免挨针扎，她一个人藏在宿舍里，靠着口服青蒿素硬撑了两天，在半睡半醒间，"拖拉机"一般轰响的空调开了又关、关了又开，床单湿了又干、干了又湿，最后她终于被同事发现，被"强押"着去了医院。

疟疾来得快，去得却非常慢，治疗不当，还会有药物副作用。早期在塞内加尔的华为员工得了疟疾，都是去法国人开的医院，法国医生可能习惯了对体质壮硕的本地人治疗，下药非常重，虽然能有效控制症状，让重症病人迅速转危为安，但药物对肝脏的损伤十分严重。一位技术服务工程师王庆海接受治疗后，很长一段时间因为肝痛而无法入睡，另一位年轻女员工用药后也是肝脏疼痛厉害，她只能用自己的手紧紧卡住肝部以减少阵痛。

很多人在非洲"久病成医"，学会了关照身边受疟的人。首次被疟差点倒头栽进炒菜锅里的大厨史建，后来又得了几次，可能是有了抵抗力，康复得比较快。自己有了经验，有新员工到来，史大厨就主动为他们普及疟疾知识，有谁生病了，他会观察发烧的规律，询问不适的感觉，基本也能快速判断是不是得了疟疾。

2006年春节，在西非国家乍得，大多数华为员工都放假回家了，留守代表处的不到十人，每逢佳节倍思亲，加上季节更替，好几位都得了疟疾病倒了，在喜庆的日子里，这里却静悄悄。一位"随军"家属的症状最轻，她挣扎着给病友端茶倒水，嘘寒问暖，分配药物。这位相信"太阳每天升起，生活总要继续"的家属说："我知道，在乍得一定要坚强，一定要心情好，心情好，体质就会好，就不会倒。我对每一个得病的人都很好地照顾，远在他乡，我们要互相关心。"

因为太容易被"疟"，一些华为员工第一次得疟疾后的心理反应很奇特："再不用担惊受怕了，终于得疟疾了！"先后在西非地区部、北非地区部担任总裁的彭松回忆自己第一次被"疟"，"我记得当时我的心情很有意思，很平静，有一种解脱的感觉……因为没得疟疾之前，觉得很可怕，经常都担心，现在中招了，也就那么回事"。所以当领导问他愿不愿意到疟疾传播严重的国家尼日利亚工作时，他说："我要是没得疟疾，可能还得考虑一下，后来想，反正都已经得过疟疾，没什么好怕的，所以义无反顾地答复领导，我愿意。"

遍寻防治疟疾之道

为防治疟疾，华为机关、一线都想方设法。深圳行政部门从国内买了蚊帐、杀虫剂、防治疟疾的药物和用于野外作业的便携药箱，还有美军使用的灭蚊器，千里迢迢送到非洲各国。非洲各代表处的本地行政团队自己动手，制作防蚊抗病设备，发给员工使用。

任正非对此也心心念念，前往非洲看望员工时，给大家出主意："早晚不开窗，蚊子就不会进来"，"实在不行你可以把床搞大一点，你就睡在床中间，蚊帐的边都夹好，那么这个蚊子怎么就会咬你呢？"但是也颇感无奈，"你们要我把地球的蚊子都抓光，我也抓不完"。

虽然采取了各种防疫办法，华为进入非洲十年了，疟疾仍然是一个大问题，困扰和制约着华为在非洲市场的进一步拓展。

一方面，这影响了外派意愿，在得疟疾之前，没有人愿意去主动经历这"终于"会有的"第一次"，一些员工因此拒绝外派非洲，我们对法语学生的校园招聘签约率也很低，因为他们来华为都会被派去非洲，对疫病的担忧是主要因素。

另一方面，疟疾严重威胁着外派员工身体健康。尼日利亚既是华为在非洲最大的代表处，也是西非地区部驻地，中方外派员工数量众多，疟疾的发病率一直很高。

2009 年底，华为尼日利亚管理团队与南非一家电信运营商客户交流工作，他们得知，这家公司在尼日利亚有五十名外籍白人员工，平均已工作三年，患疟疾的只有两人次，这让华为管理团队大受震撼。进一步交流后，他们了解到，这家运营商应对疟疾之道，在于预防在前，他们将重点工作放在了防蚊和消杀上，聘请了专业消杀机构对其办公环境进行定期评估，确定什么时候消杀、剂量多少、喷雾方式等，都有专业化操作。而华为只是简单地请保姆打扫房间，粗放地喷洒药剂和铺设纱窗，预防工作做得不多，只能被动地治疗。

找到工作改进方向后，华为尼日利亚行政人员在当地也联系了一家专业消杀公司，由其专家为办公楼和宿舍区进行"体检"和消杀。又通过专业渠道，购买了一种临床检测准确率超过 90% 的疟疾检测试纸，在员工中推广应用。此前，由于缺少合适的检测方法，很多普通感冒被当地医院误诊为疟疾，不但花费高，也让员工在治疗过程中倍感痛苦。

同时，西非地区部组建了员工健康中心，对外寻找当地更具权威资质的医院为患病员工施以治疗，对内重新定义和维护员工健康数据库，监控在尼日利亚的全体员工身体状况，这使得疟疾防治更加有的放矢。

有一次，健康中心发现两个月内有十个人感染了疟疾，数据分析发现，他们都住在一处新租赁的宿舍区，前往宿舍一检查，原来是纱门纱窗没有安装好。经过一番整治，这片宿舍区的疟疾感染率很快就降了下来。

基于健康数据库，当地行政部门建立了对宿舍管家的奖励机制，如果在一定时期住宿人员疟疾感染率得到良好控制，管家就可以获得一定的奖金，由此调动了他们防治疟疾的积极性。

这一套防控疟疾的"组合拳"打下来，到 2012 年，尼日利亚常驻员工疟疾发病率被控制在 1%，代表处的有效经验也被推广运用到西非各国，整个西非地区部外派员工的首次患病率降到 2%，复发率降低至 1%。

随着艰苦国家宿舍居住条件全面改善和持续提升，2013 年后，华为员工去非洲已经不再对疟疾心存恐惧了。其他疫病，如登革热、黄热病和伤寒等，由于前往相应疫区国家时所有员工都会按照国内出境防疫规定，接种相关疫苗，在非洲的染病案例不多。在孟加拉国，有过多个登革热病例，在阿富汗，曾有两位中方员工感染了伤寒，由于喀布尔不具备医疗条件，公司安排回中国治疗。

应对突发的埃博拉疫情

2014 年 3 月，西非突然爆发了一场较疟疾更令人闻风丧胆、谈之色变的埃博拉疫情。

埃博拉是一种从野生动物传到人，再通过人际传播蔓延的疫病，不但传染率极高，病情发展极速，致死率更可高达 90%，被感染上几乎就等于被判死刑，最令人恐怖的是，患病人员遍体出血，其状惨不忍睹。

根据世界卫生组织记录，2014 年爆发的西非埃博拉疫情是自 1976 年首次发现埃博拉病毒以来，规模最大且最复杂的一次，所导致的病例和死亡数字超过了此前诸次埃博拉疫情的总和。[3]

疫情首先在几内亚爆发，华为驻当地办事处迅速成立应急小组，启动应急预案，向员工发放各种消毒液、口罩、手套，外出一律上报批准，进门需要洗手、测量体温、消毒，员工与客户见面也不握手了，而是抬着胳膊碰一碰手肘。所有在 2019 年新冠疫情突发后国内所采取的各种抗疫措施，华为员工在 2014 年非洲埃博拉疫情期间都曾经实施过。

同时，办事处也迅速启动员工撤离，从近一百人减员到三十多人，留守人员也都人手一套机票，随时准备离开。

在塞拉利昂，埃博拉疫情传播最为严重，先是在与几内亚接壤的国境边界的乡村地区发生，到 7 月下旬，首都弗里敦沦陷，学校停课，娱乐场所停业，到处张贴着标语"EBOLA IS REAL"（埃博拉是真的），一片恐怖气氛。街头有世界卫生组织的流动宣传车，告诉人们如果出现各种疑似症状应该去医院检查。

像所有灾难时期一样，出于对疫情的恐慌，很多外国人尽速撤走，包括华为的友商们，但华为派驻当地的中方客户经理龙峰继续留在当地。疫情使得所有通信运营商业务量激增，此时他与客户沟通反倒越来越多，因为客户需要华为，虽然每次龙峰来到客户办公室，对方第一句话都是"你怎么还在，我以

为你走了"。龙峰很享受客户的这句话，每次听到，内心里会"有种淡淡的自
豪感"。

不过龙峰自己也费尽心力，用了十天时间，经历多次辗转，将从加纳前来
支持项目的两位本地员工送出塞拉利昂。先是买好了机票的肯尼亚航空公司突
然宣布停飞，龙峰通过深圳机关部门订到了从塞拉利昂飞巴黎、再转加纳的法
航商务舱，如果这一趟成行，两位加纳员工将历时二十四小时完成平常两小时
的航程，但当他们到了机场，法航又出了新规，拒绝他们登机。龙峰后来又辗
转打听到有当地中国商人将包机从塞拉利昂转道加纳回中国，马上又订了两个
座位，却由于加纳拒绝该机降落，包机也被迫取消。最终，龙峰设法订到了摩
洛哥航空的机票，送两人回到加纳。

经过这一番坎坷，两位本地员工非常感激龙峰和公司为让他们安全回家而
竭尽全力，出发那天，其中一位专门跑去市场买了一麻袋红薯和两只鸭子，留
给仍然坚守在疫区的龙峰和厨师张付玉。

2014 年 10 月，乌干达卫生部宣布，类似于埃博拉疫病的马尔堡出血热在
该国爆发，首都坎帕拉已有一人死亡，另有八十位接触病例人员被监控，存在
较大扩散风险。

华为乌干达代表处迅速反应，将突发疫情按照"业务连续性管理"（BCM）
要求及时应对，根据公司 BCM 定级标准进行风险定级，成立应急保障组织，
定期发布疫情通报，严格按照风险预案落实各项措施，最终没有发生疑似感染
病例。

🌐 战乱中的坚守

今天的中国人，特别是年轻一代，在国家和平环境中长大，对战争基本
上没有太多概念，绝大多数华为员工亦是如此。但在华为的"上甘岭"上，这
个本源于战争的名词所指之地，却真真切切地发生着战争和武装动乱。炮火连
天、流弹纷飞，死亡威胁随时不期而至，撤退与留守，仓皇逃避与挺身而出，

是华为员工在艰苦国家里亲身所历的战乱体验。

从 1998 年开始，华为员工经历了连年不断的伊拉克战争、2003 年布隆迪内战、刚果（金）2004 年政变未遂和 2006 年总统大选内乱、乍得 2006 年反政府武装叛乱、2008 年俄罗斯和格鲁吉亚战争、2011 年开始的科特迪瓦大选动荡和席卷西亚北非各国的"阿拉伯之春"、2013 年中非共和国暴乱、2014 年开始的利比亚内战和也门内战这类大规模战争或内乱，以及局部事件引发的骚乱，包括 2006 年印度孟买爆炸案、2007 年巴基斯坦伊斯兰堡骚乱、2010 年巴基斯坦拉合尔骚乱和厄瓜多尔首都警察罢工事件、2012 年刚果（布）军火库爆炸等。其中，绝大多数都发生在非洲。

但是，战乱阻止不了华为的海外征战步伐。

初经战乱，从无知无畏到镇定警觉

乔小平应该是华为亲历战争第一人。他是华为最早的计算机博士之一，1994 年来到深圳，工作一段时间后，作为第一波考察、探索海外市场的员工，开始了漫长的"张骞式"西行之旅。

1998 年 12 月 16 日，美英军队出动战机空袭伊拉克，发动了为期三天的"沙漠之狐"行动，此时，乔小平和几位中资公司员工一起，就住在驻巴格达的中国大使馆。

12 月 17 日零点二十分，巴格达上空响起了急促的防空警报，乔小平急忙起床，拿出携带的摄像机，打开窗户，对准天空。此时出现了伊拉克军方的高射炮防空炮火，整个巴格达一片爆炸声，在乔小平听来，正如春节燃放的大小相间的成串鞭炮，高射炮是小鞭炮，美国的巡航导弹是沉闷的大鞭炮。

为了拍摄到更多镜头，乔小平独自一人来到使馆大楼屋顶，记录下了四周上空各种爆炸，巡航导弹在天空高速掠过，他还以为是美国的隐形轰炸机，模仿着战地记者的样子，一本正经地对着摄像机进行"现场报道"："美国的飞机已经到达了巴格达上空。"

这就是在国内久居太平、第一次身处战争时"无知者"的"无畏"。

不过很快，一颗炮弹在使馆附近爆炸，乔小平耳边响起巨大的轰击声，战争的真实感觉随之而至，"我突然感觉到末日的来临，为了保命，慌忙逃离了楼顶，摄像机记录下了当时仓皇逃窜的一幕，如果说有武器的话，一定是丢盔弃甲"。

最终，乔小平和其他中资公司员工听从了中国大使馆官员的建议，决定撤离。他们以比平常高出几倍的价格租来两辆汽车，在防空警报和爆炸声中，离开了巴格达。

但战争并没有阻止华为海外开疆拓土的意志，2003 年，在美国对伊拉克发动战争前后，华为海外一线团队和国内机关紧密协作，经过近一年努力，让GSM 产品在伊拉克得到了规模应用。

其间，数名华为员工冒着生命危险，从周边国家踏上千里赴伊路，夜行奔袭，穿越战地，来到巴格达与客户直接交流。此时的他们，已经能以一种警觉而镇定的心态，来"体验巴格达"：

"走在没有一丝灯火的小路上，心悬得高高的，双眼紧望车外，生怕从路边跳出几个荷枪的阿里巴巴 4……又出了情况，等我们走到近前才发现是美军封路，这次是真正的美军，一个个全副武装，夜视设备，黑色面具，黑洞洞的枪口正对着我们，一个在旁边检查每辆车的车内，当时如果有任何动作，我想他们会毫不犹豫地开枪。"

"现在当地几乎人人有枪，网吧的老板，就在办公桌下有一支 AK47 冲锋枪，我还拿过来玩了一会儿，枪上的弹夹装满了子弹。他还拿出了一支很漂亮的手枪，LLAMA，也是带子弹，银色的枪体，爱不释手，就是太贵，要四百美元，而 AK47 才一百美元。"

"晚上十一点多，开始听到远处断续的枪声，持续了约十几分钟。枪声越来越近，我们关上了房间的灯，坐在地上，听着大约只隔几条街的枪声，才真正感到战争的距离是那么近。不过我们的酒店很安全，不大，只有三十个房间，酒店有七八个安全人员带着枪，由于没有欧美人住，很正常。"

这种警觉和镇定，也表现在 2004 年初刚果（金）未遂政变中的华为员工身上。华为在当地的一个项目工程正处于调测关键时刻，其中一个站点处于战区，中国大使馆通知大家尽量留在驻地不要外出，维和部队的装甲车在大街上巡逻，晚上戒严。工程进度受到战乱影响，华为项目经理忧心忡忡，每天早上，他做的第一件事情，就是走出宿舍区，仰头嗅一嗅空气中的火药浓度，回屋看一看电视的最新战况报道。情况稍有好转，他就和客户一起，奔向战区中的工程现场。

久经沙场，坚守与撤离是必须做出的选择

两年后，刚果（金）总统大选，再次发生严重骚乱，首都金沙萨各种游行暴动、武装冲突不断。华为代表处仍然坚持项目的交付作业，帮助客户解决网络问题，为保证安全，工程师们吃住在客户机房，代表处行政团队安排车辆，穿越街头险象环生的炮火对射，为工程师们送去食物和饮料。

到2006年八九月份，刚果（金）的大选骚乱最终演变为内战，进入局势最危险时期，政府军和反政府军展开街头巷战，还有无数民众到处抢劫滋事。华为员工宿舍是在一个叫"总统胡同"的地方，左边住着总统，右边住着副总统，原本他们以为总统们住的地方没人敢偷敢抢，最安全，但内战一起，这里成了最危险的地方，总统的卫队和副总统的私人武装在此直接开打，华为宿舍被两面夹击，枪战中所有员工都趴在地上不敢动弹，有人已经开始写遗书。后来总统和副总统达成两个小时的停火协议，大家趁机带着贵重物品和工作资料逃出了这个宿舍。[5]

代表处位于街道旁边的办公室被流弹击中，五扇窗户被射穿，子弹穿进天花板或墙壁，弹壳落在地上叮当作响。刚果（金）的大炮火力威猛，还轰过了界河，打到了邻国刚果（布），击中了华为出差员工常住的酒店。[6]

鉴于安全形势非常严峻，公司决定让代表处保留少数员工驻守，其余人员撤回中国或疏散到周边国家暂住。在留下来的人中，有两位女士，一位是代表处主要负责人尹玉昆的妻子，一位是行政主管唐晓艺。前者坚持在危难关头与丈夫在一起，后者则说："平时的食堂食物、饮水等物资都是我负责的，如果我走了，大家吃什么、喝什么？"在最危险时刻，地区部总裁陶景文也赶到金沙萨，和大家一起坚守。

幸运的是，战乱之后，所有留守刚果（金）的员工都安然无恙，资产也未

遭盗抢。华为为客户建设的核心机房经受住了考验，"身"受枪击的基站没有掉站，还在正常工作。客户特地为华为组织了一次和平庆祝会，留守员工们觉得，"这就是对我们最高的赞誉！"[7]

2008年8月8日，北京奥运会开幕式礼炮响过，俄罗斯和格鲁吉亚之间的战争就爆发了。此时，华为在格鲁吉亚正汇聚了一个近四十人的投标项目组，忙得热火朝天，成员多数是从各处临时出差过来的，突遇战争，所有人都是第一次历经，但对于此时的华为来说，已然"身经百战"，处变不惊，什么人留、什么人撤，如何留、如何撤，都已总结出一套流程章法，背后的组织保障机制已经相当完善。

尤其是，自2006年5月中国外交部成立了领事保护中心，驻各国的中国使、领馆对中国公司在当地紧急状况下的保护和营救职能大大加强，成为华为在战乱时期关键的求助资源。

早在俄罗斯-格鲁吉亚战争两年前的2006年4月，非洲国家乍得反政府武装在首都叛乱期间，华为就在中国外交部和其驻周边各国大使馆的帮助协调下，由深圳机关组织周边地区部、代表处周密配合，让乍得十八位中方员工平安撤离至邻国喀麦隆。

其后一年，2007年10月巴基斯坦伊斯兰堡发生骚乱，华为两位项目负责人被困在骚乱区的宿舍里近一周，他们在里面自制武器以防卫，代表处在外围协调中国大使馆保证他们的安全，代表处本地员工则利用枪战间隙送去水和食品，内外协同，最终有惊无险。

所以，当2008年俄罗斯-格鲁吉亚战争一爆发，华为代表处就进入"战备"状态，一系列行动措施有条不紊地组织实施起来。管理团队对员工进行心理疏导，避免外部谣言摧毁大家的意志，制定了严格的纪律和生活指南，要求所有员工不得单独外出，特殊情况外出必须履行严格的请假手续。又以宿舍为单位成立小组，设立组长负责协调沟通。

在做好坚守的同时，代表处管理团队也策划了撤离计划。他们与中国驻当地大使馆领事处和经商处保持紧密沟通，提前筹划未来转移的途经国签证手续，把所有员工信息报备给大使馆，将重要保密文件、公章等核心物资封存整理,转移到大使馆保管。

为确保能随时撤离,代表处联系了多位备用出租车司机,储备了一周左右的野外生存食品,要求所有员工将重要物品单独整理,打好背包以备迅速开拔。

随着战争越来越激烈,代表处决定执行第一步撤离计划,先让员工把家人送到深山或附近农村,那里人烟稀少,相对安全。之后,形势进一步恶化,开始执行第二步计划,疏散大部队到邻国,仅留两位中方员工负责保障客户网络运行,本地员工全部放假,但要保持手机畅通,不能到市中心活动,如果需要为客户提供紧急保障服务,必须请示代表评估后决定。

由于事前准备充分,华为团队在一天内就高效完成撤离所需的所有外交文件和签证,按时出发,中国大使馆派出外交车辆运送他们和其他中资企业员工过境,并安排沿途接应。

战争持续了八天,但华为的网络保障服务并没有中断。大部队转移出去后,两位留守员工白天到市内办公,晚上到边境小村休息。他们与本国客户一起预警可能出现的网络事故,甚至还按时为客户完成项目所需物资的清关,让客户感叹华为是真正靠得住的伙伴、真正的朋友。另一家运营商客户的股东和管理层都来自哈萨克斯坦,华为也为他们及其家属提前设计了转移方案,包括车辆、途径国的住宿、陆空换行路线等,都做了周密安排。

战争之后,华为的客户说:"我们不让你们离开格鲁吉亚。"此后两年,代表处销售额连续翻番。

基于职业责任感,战乱中坚守护网

2011年,世界变得很不太平,华为在海外的业务也大受影响。中东、北非地区多个伊斯兰国家开启了"阿拉伯之春",进入残酷的战争局面。在西非,华为科特迪瓦代表处管辖的三个国家从前一年就陆续进入政治和社会动荡,先是几内亚军政府掌权,导致政局纷乱,接着是科特迪瓦大选后爆发内战,之后是布基纳法索,总统卫队和警察对待遇不满,持械上街抢掠普通民众和商铺。3月,日本发生了"3·11"大地震。

从这一年春节前到5月份,任正非先后到访伊拉克、阿富汗、利比亚、马里等多个艰苦国家，与员工座谈。日本"3·11"大地震发生后，董事长孙亚芳、CFO 孟晚舟也即刻启程，从不同方向赶往东京，在余震不断的办公室，鼓励员工，稳定人心。

2011 年 5 月，《华为人》报发表《任总关于珍爱生命与职业责任的讲话》，明确了华为在不同危难环境下的应对原则："当瘟疫发生时，我们要重点关注员工的健康与安全。当灾害、战争发生时，我们全力关注网络的基本稳定。"

任正非说，华为的职业责任感，就是维护网络的稳定。"我们从事的是为社会提供网络，这种覆盖全球的网络，要求任何时候必须稳定运行。而我们提供的产品与服务已无处不在，无时不在……网络要求任何时候，任何情况下不间断，在这么宽广的地域范围内，随时都会有瘟疫、战争、地震、海啸发生，因此，员工在选择工作岗位时应与家人一同商量好，做好风险的控制与管理，不要有侥幸心理。"

对于那些身处战乱在危难时刻仍然坚守当地，以极高的职业责任感维护和保障网络稳定的员工团队，任正非给予高度评价："这次利比亚大撤退中，华为人表现出的这种沉着、镇静、互相关爱，特别是对别人的关爱，多次主动把希望与机会让给别人，已具备了这种精神，多么的可歌可泣……那些坚守在高危地区的员工和在高危地区陪伴亲人的家属，都应获得我们的尊敬。没有他们的牺牲，就没有我们的幸福。"

身处他国政治动乱和派别纷争，华为应如何正确行事，任正非给予明确指示：华为的职业责任感高于一切，"任何时候都会有动乱发生，我们在任何地方、任何时候只对网络的基本稳定承担责任，任何地方、任何时候，我们决不会介入任何国家的政治。放弃网络的稳定，会有更多的人牺牲"。

要求员工以高度的职业责任感在战乱和危难中坚守护网，并不意味着不关注员工的生命和安全，关键是做好组织管理，任正非要求公司各级主管与行政管理部门准备好危难时紧急处理的预案，并指示"一切为了生命，都可以灵活处置"，"公司财务要实事求是对待这些事件"。

有了明确的行动原则，又积累了丰富的应对经验，以及从机关到一线上下协同的组织流程运作保障，华为员工在战乱中的表现不再是十多年前的"无知者无畏",而是"无畏者无惧",应对更为成熟和勇敢。

2011年3月开始,科特迪瓦内战局面迅速恶化。华为在当地的团队留守了二十六人,他们经历了许多严酷的场面:"猫"出去采购食物的厨师在超市大门口看到三具烧焦的军人尸体横在路上;暴民在华为宿舍周边街道上挨家挨户地抢劫,激烈枪战中多枚流弹打进宿舍,一颗子弹划破落地窗玻璃,在两名员工中间呼啸而过,玻璃碎片削过其中一人的手臂,他们从三楼换到一楼,继续工作。

此时,在布基纳法索得了疟疾因害怕扎针而不敢就医的韩硕已升任科特迪瓦代表处副代表,是留守的两名女员工之一,负责主持代表处的战时安全管理。虽然只有二十五岁,也是第一次亲历战争,但危难当前,韩硕却颇有勇敢的"创举"。

有一天,一直躲在宿舍的他们从窗户看到外面有法国装甲车在巡逻,韩硕抓住机会,走出宿舍来到街上,高举双手作投降状,迎面拦下法国巡逻队,在她身后,紧跟着两名男同事护卫。韩硕用法语对巡逻士兵说,我们是中国通信公司员工,需要庇护。法国士兵看到拦路的是一位年轻女士,表现得很有绅士风度,向她介绍了法国军队常驻的庇护所地点,并表示以后也会时不时来这边巡逻,维护街区安全。

除了获取外部保护,在韩硕领导下,代表处成立了安全保障小组,组织编写战时简报,每天点名两次,每晚召开一次安全工作会议,向全员通报局势进展和次日安全保障要求,传达公司领导们的关怀。这些措施有效地稳定了员工情绪。韩硕说:"我每天装着很镇定的样子,我想如果大家看到女生都不害怕,那么他们恐惧心理是不是也能减轻一些,后来,我发现镇定装得久了,似乎能真的让人镇定下来。"

在代表处之外,华为相关各部门也在行动,各方积极寻找各种资源,制定出相应的应急方案。公司特批临时费用以加强代表处安保,代表处本地员工也挺身而出,冒着风险从小路出去,买来蔬菜和粮食,解决了留守中方员工的饮食储备短缺问题。

战争期间,代表处技术服务员工每天保持和各大T高层客户的密切沟通,通过电话交流网络技术保障方案。华为客户经理还协调资源帮助客户高层撤离首都，到相对安全的阿比让，并协助安排他们的家属去邻国避难。

高度的职业责任感换来客户的信任和商业回报。战争平息，科特迪瓦代表处当年的市场目标完成率在地区部排名第一，拓展了多年的跨国大 T 的全网搬迁项目也拿了下来。

在海外的战争和动乱中，一起留守、共同撤离、劫后重逢，在这种人类的极端生存状态中经历过的华为员工，对人生都有着特别的感悟，他们从内心里真切地珍惜和平，彼此之间的友谊更为长久。在"枪林弹雨"中成长起来的华为员工，也有着更高的责任感和使命感，具备更强的心理素质和行动意识。

2004 年在战后伊拉克工作多年的一位华为主管撰文说："我一直很怀念伊拉克这段经历，是我人生一个难得的记忆。它使我从一个普通员工转变成担负一定责任的干部；使我从刚大学毕业不久、只管做事而不思考的学生，变成对未来、对事物有自己思考的人，这个过程基本是在伊拉克完成的。古语说三十而立，我三十岁是在伊拉克过的，这段时间算是我人生的转变和提升。"[8]

在全球各国穿梭不停的任正非也与华为员工一样，经历了这些海外战乱。

2008 年 9 月 20 日，巴基斯坦首都伊斯兰堡发生大爆炸，死伤三百多人，任正非要求到巴基斯坦现场看望员工，当时的代表处负责人以安全为由，反复建议他不要过来，最后任正非邮件回复："兄弟们能去的地方，我为什么不能去，谁再阻挡我去，谁下课！"从伊斯兰堡离开后，任正非又飞到阿富汗首都喀布尔，还同时看望了当地中国友商公司的员工们，指示华为的救援系统也要为他们提供帮助。2011 年，利比亚开战前两天，任正非也在这里，后来飞到伊拉克，呆了不到两天，客户 CEO 就告诉任正非必须送他离开，因为次日伊拉克就封路开战了，"我不能用专机送你，不安全，我派保镖送你"。

2017 年春节后，面对"上甘岭"上的一众员工，任正非慷慨激昂："我承诺，只要我还飞得动，就会到艰苦地区来看你们，到战乱、瘟疫地区来陪你们。我若贪生怕死，何来让你们去英勇奋斗！"

🌐 天灾中的"逆行"

如果说，华为员工在"上甘岭"上身陷战区，是职业的责任感让他们选择留守当地，与客户和网络同在，而当地震、洪水、暴风雪等天灾突然来袭，华为员工选择逆向而行，进入危险的灾难中心，主动踏上这一处处临时的"上甘岭"，则是出于挽救他人生命的更高的责任感。这种责任感，需要有任正非所说的那种不贪生、不怕死的英勇奋斗精神。

从 2003 年至 2020 年，华为员工在海外一共经历了十一次 6.8 级以上的强地震，在东南亚，他们遭遇了多次与水相关的灾情，包括 2004 年的东南亚大海啸、2005 年的孟买暴雨洪灾、2011 年的泰国特大水灾、2017 年印度尼西亚的暴雨和龙卷风，以及火山喷发。在俄罗斯和中亚国家，一些员工曾受困于暴风雪灾，在雪崩中逃生。

在各种天降灾难中，通信系统成为沟通信息、安抚人心、挽救人命的重要工具。特别是在大地震这种短时间造成大量人员伤亡的重大灾情下，通信线路和设备也会受损，导致通信中断。即使不中断，由于人们此时急切地相互传递消息，也会使通信容量突增，设备承压，出现网络堵塞，影响通信畅通。这时，就需要通信运营商和设备商技术团队深入灾区，查找断点，补救设备，或进行紧急扩容，提供临时的移动通信基站，尽快恢复通信业务。

在这些海外重大灾情中，华为的员工就拥有了双重身份，既是"灾民"，需要自救以保命，也是"救援者"，以自己的技术力量，为挽救他人生命而竭尽所能。

地震中的华为员工自救与救人

华为员工在海外经历的第一次大地震，是在 2003 年 5 月的阿尔及利亚。此前一年从突尼斯空难中幸运逃生并协助救人的"福星"吕晓峰，此时刚刚外派阿尔及利亚，又亲历了这场大地震，留下了翔实的记录。

5 月 21 日，吕晓峰和同事们一起吃过晚饭看完电视，各自分散活动，将近八点，地震发生了。大家纷纷跑出宿舍，有人光着脚，有人从浴室跑出来，头上还湿淋淋的，有人危急时刻还没忘记抄起电脑抱在怀里。一伙人惊魂未定，一波波余震再次袭来。所有人都是第一次亲历地震。

这场6.8级的大地震最终造成近三千人死亡，在其后两个多月时间里，又连续发生了两千多次余震，5级以上的有近二十次。

此时，华为的通信设备在阿尔及利亚还没有大规模应用，华为员工在这场大地震中的主要身份还是"灾民"，亲身体验了地震后通信中断，人们内心的焦急和惶恐。

他们首先发现，此时只能打通阿尔及利亚的国内电话，国际长途电话打不通，拨号上网也连不上，无法与国内亲人联系。后来才知道，是连接国际电话的海底光缆被震断了。不过令人感到意外的是，他们居然陆续接到了从深圳打过来的几个电话，原来机关各个部门看到地震消息后，都在不停地拨电话，拨上几十次才能拨通一次，深圳同事一一记下在阿尔及利亚员工国内家人的联系方式，代他们先报平安。

地震后第四天，有位员工借到了一张上网卡，大家在深夜一点多向国内打网络电话，亲口告诉家人一声"我们还好"。每人只有一两分钟通话时间，一群通信工程师围在电脑前，"听着那嘀嘀哒哒的拨号声，头一次觉得这声音竟然如此悦耳"。

地震中，代表处本地会计的母亲不幸遇难，同事们都尽力去安慰和帮助她，为她捐款，护送她回家。很多本地员工家里的房子也震塌了，但顾不得修葺维护，先想着帮助失去亲人的同事朋友，这让吕晓峰等中方员工很受感动。

华为中方员工也第一次参与了海外地震救灾，不过不是以通信工程师身份，而是以中国人的身份。地震发生后，中国政府迅速向阿尔及利亚伸出援助之手，捐赠了帐篷、药品等救灾物资，并派来专业救援队协助救灾。代表处派出两位员工协助中国救援队工作，一起搜救生还者，组织医疗救助等。其中的董涛戴着印有华为标志的工程防护帽，出现在中央电视台新闻联播的报道中。

地震发生后，华为的代表迅速赶去慰问客户，阿尔及利亚电信总裁很是惊讶，拉着他的手，连声说"没想到，没想到，你们真是好样的！"原来，西方各大设备商的外籍人员都已经全部撤离了。华为向客户捐赠了一批交换机和CDMA网络设备,并按照原计划,在地震后第三天晚上完成了智能网割接,新增并网运行的设备在一定程度上缓解了地震造成的通信资源紧张,算是华为第一次在地震中作为通信厂商做出了专业贡献。

2007年,华为员工在秘鲁第一次经历了8.0级以上的高烈度地震。秘鲁位于世界四大地震带之一的"东太平洋中隆地震带",这一条地震带从北向南,覆盖墨西哥到厄瓜多尔、秘鲁、智利,是高烈度地震频发之地,华为员工在海外经历的强地震,近一半发生在这一区域。

8月15日傍晚时分,员工们正在食堂用餐,地震突然来袭,大家赶紧从食堂跑到外面的游泳池边,池子里的水使劲从底下往上翻滚,像烧开的水一样"沸腾"着。几分钟后,更强烈的地震来了,大地肆无忌惮地、疯狂地上下左右摇了一分多钟,水池边的人们鸦雀无声,紧张的气氛在空气中弥漫着,他们想要逃离,却发现根本挪不动脚,"整个人只剩下恐惧"。

此时,在十九楼宿舍的出差员工唐飞被强震甩倒在地,在极度恐惧中,他努力尝试挪动自己的脚,一刹那间,唐飞清晰地感觉到死亡的临近。在迫使自己冷静下来后,他趁着地震间隙夺门而出,却听到本地邻居在楼道里用西班牙语向他大声喊叫,他冲过去,发现这家的女人和几个小孩已吓得瘫软在地,唐飞俯身抓起两个小孩,背一个抱一个,并示意邻居带着其他人一起往楼下跑。安全到达楼下空地后,邻居一家感动得热泪盈眶,不停地对着唐飞说"Gracias!"(西班牙语,意为"感谢")

次日,一家移动运营商客户用"近乎敬仰的口气"告诉华为秘鲁团队一个消息,让彼此都感到激动和自豪:地震后,这家运营商所有移动业务都瘫掉了,仅有华为的短消息业务还在正常工作!客户连连称奇,"That's amazing!"

逆行震中,从普通工程师到高级管理者

随着华为通信设备产品在全球各国的应用越来越广泛,在大灾大难中迅速帮助客户恢复中断的通信,成为华为在事件发生后,与保护自己员工生命安全同等重要的责任。

2010年2月27日凌晨三点多，拉美国家智利又发生了一次8.8级特大地震。华为代表处确认所有在智利员工都平安无恙，但是，中方员工孙大伟和两位本地员工却收到指示，要逆行向震中进发。

地震发生时，孙大伟和两名本地员工正在地震中心附近一个城镇出差，本来他们已经结束工作任务，计划于当天上午返回代表处，但地震之后机场关闭，三人被困在当地。此时，代表处接到一家客户的紧急求助，其在受灾最严重的智利第二大城市康城的五跳微波因地震中断了业务，希望华为派出工程师协助恢复当地通信。孙大伟正好就是微波工程师，所在出差地离康城有六七个小时车程，接到主管电话问能不能去康城时，他想也没想，就说"好！"虽然就在几个小时前，他在八楼的房间从床上被震到了地板上，惊恐地盯着就要掉下来的天花板，心想"我可能要死在这里了"。

由于客户在康城当地的员工不懂英语，孙大伟需要与两名本地员工一同前往，而他们刚好有亲戚朋友住在附近村庄，也都想去看看各家的受灾情况，于是三人一致决定，去康城协助客户恢复通信。

到了康城，在停电、断水、频繁余震和海啸警报声中，他们跟着客户到处跑，哪里网络断了就去哪里修，挨个巡检站点。到第四天，所有通信业务基本恢复，人们能够打电话和他们的亲朋好友联系了，客户通知他们可以离开，孙大伟向客户再三确认无须留在现场支持后，和两位本地员工在强烈的余震中离开。从康城到首都圣地亚哥三百公里路程，路断桥塌，车辆排着长队，一点一点地挪，他们走了足足十五个小时，深夜才回到宿舍。

地震后几天里，孙大伟一直没能和家人联系，回到宿舍后，孙大伟和妈妈视频聊天，妈妈告诉他，在家里联系不上他，知道可能是断网了，但还是很焦急，打华为总机询问智利地震情况，对方告诉她，只有一个中方员工在震中出差。妈妈心想，大伟刚刚外派到智利几个月，对业务还不熟悉，"震中那个中方员工不可能是我儿子，我儿子应该在首都的办公室呢"。

看着视频里妈妈轻松地说笑着，孙大伟犹豫了几秒，决定坦白，他平静地说："妈妈，那个中方员工其实就是我。"刚说完，他妈妈就"哇"地哭了出来，"眼泪根本收不住"。

震后第三年，任正非去智利，把客户赠送他的一箱高级葡萄酒转手给了孙大伟。2019 年 5 月，在接受一家外媒采访时，任正非提到此事，说孙大伟当时"高高兴兴端着走了，并没有分一瓶给旁边坐着的高级领导。小伙子很朴实，很了不起"。

2011 年 3 月，在日本 9.0 级的"3·11"大地震中，华为又有几位了不起的员工向震中逆行，其中包括两位女士，公司的高层领导孙亚芳和孟晚舟，在震后一周内，她们先后前往日本。

这场堪称"世纪大地震"的事件，不仅有 9.0 级的巨震，有海啸，还有核泄漏造成的核污染。很多人应该都难以忘怀当年坐在电视机前观看日本 NHK 电视台播放地震和海啸现场的情景，没有言语解说的静默画面和自然力量摧毁、吞噬一切的强烈震撼，构成一种巨大的张力，压得人喘不上气来，需要不停地提醒自己：这不是灾难片电影，这是电视现场播报，这是真实的，是正在发生的现实事件，就在日本，离我们不远。

日本代表处的数百名华为员工当时就身处在这样一个骇人的现实中。

地震后，随着震中福岛第一核电站发生爆炸，又引发了核泄漏事件，整个关东地区都笼罩在巨大的核危机之中，日本政府宣布核电站二十公里之内的居民撤离，东京也传出放射性物质超标的警告，在日本的外国人大批撤离，华为的友商均是如此，有的撤到远离震中的关西城市大阪，有的包飞机连员工带家属送到他国，有的公司在没有知会客户的情况下就人去楼空。

周边同业撤离动作幅度如此之大，加上国内媒体对灾情的渲染，代表处的中方员工在各种传言和国内家人、亲戚的疑问、催促中，惶恐不已，是撤，还是留？日本本地员工对地震习以为常，一开始还相当镇定，后来也忐忑不安，但是他们能往哪里撤呢？

代表处管理团队表现异常平静，他们仍然每天坚守在办公室，收集信息，分析灾情发展，评估危险程度。地震后第四天晚上，时任代表阎力大向代表处全员发出一封长长的全英文邮件，详细说明管理层对地震危情的分析、判断和评估，告诉大家，华为承载着对社会的责任，此时应该和客户在一起，而风险是可控的，留守并非鲁莽的决定，公司也制定了几种应急预案，包括租用专机等，一旦出现紧急情况，将首先保障员工人身安全，不管是中方员工还是本地员工，一视同仁。这封情真意切的长信，给大家吃了定心丸，一位日本员工阅读后立刻回信："我给你鞠一躬！"

之后，代表处一方面每天公开所有地震和核泄漏信息，普及核辐射知识，另一方面进行风险分级管理，将员工家属与非核心项目员工安置到大阪一间酒店暂住，代表处行政团队派去两名员工贴身照顾，让大家无后顾之忧，但在东京，有四十多名员工留守，他们是与客户业务和核心项目密切相关的部门主管和骨干工程师。

董事长孙亚芳随即赶到东京。在华为办公室，她将代表处所有人召集到一起，告诉大家，自己代表公司，前来看望身在震区的员工们，勉励并感谢大家的坚守，关照要特别注意身体健康。她还去了另一处实验室，看望正在进行项目测试的员工，现场一起工作的客户员工非常吃惊："别人都跑了，你们董事长竟然还亲自来了？"客户高层后来也知道了，感慨地说："这真是一段佳话啊！"

孙亚芳离开后不久，CFO孟晚舟在震后一周也结束在美国的出差，只身飞赴东京，整个航班只有她和一个日本人，后者问孟晚舟是不是坐错航班了，机组人员也和她反复确认。

除了两位女性高管，日本"3·11"大地震中，还有一队华为员工"逆行"，穿越核辐射区，奔向灾区，去恢复当地的通信业务。

震后最初，应客户要求，华为工程师通过远程接入监控网络恢复情况，出于安全考虑，客户也希望先由自己的技术力量恢复通信。到3月底，客户搜集了所有自己无法解决的问题，请求华为提供移动基站和卫星传输方面的支持，这就要求华为工程师必须去往灾区现场。

4月5日傍晚，代表处技术维护部门主管中方员工元光燮和三位日本本地员工一起，带着三台应急移动通信车，开赴灾区仙台。行程中间，有一段高速公路穿越福岛县，距离核电站仅五六十公里，辐射测量仪测出辐射值是东京的二十倍，频频发出警报。为使心情不受干扰，他们调高了报警限值，把警报声改为震动，继续前行。[9]

到达灾区后的一周里，他们在频繁的余震中坚持工作，帮助客户恢复了四十个基站的业务，又建起了好几个临时基站，让灾民们可以打通电话。4月底，几个人又去了一次，确认临时基站都能正常工作。[10]

为免家人担心，元光燮是从灾区安全回来后才告诉家人，而同去的一位本地员工松本安文则在出发前就告诉了妻子，知道丈夫将要去灾区，同在日本通信企业 NEC 工作的她先是愣了一下，然后自问自答："哦，那也没办法啊，是吧？"随后又勉励丈夫："我知道，你去一定能把通信恢复！"[11]

在儒家文化里，相信"患难见真情""士穷乃见节义"，深知雪中送的"炭"珍贵过锦上添的"花"，华为日本代表处员工在"3·11"大地震中展现的勇气和对客户、对生命的责任感，让一向谨慎保守的日本客户高层一改常态，纷纷通过电话、邮件，表达对华为的认可和对坚守岗位人员的谢意。

很多年后，日本民众对此仍然铭记于心。2016 年，日本一家杂志社采访松本安文，还提及他这段五年前的勇敢往事。2018 年 12 月 21 日，在孟晚舟被加拿大政府无端扣押后，一位在 1995 年阪神大地震中失去母亲的日本市民发出公开信，声援孟晚舟和她身后的华为："在 2011 年日本大地震期间，当其他公司都在忙着撤退、逃离时，只有华为在危险没有消除的情况下，毅然进入灾区，抓紧抢修被地震损坏的通信设施。""对于华为这样一个能在那样困难的情况下为我们伸出援手的公司，无论有什么理由，这种不采取任何措施就直接动用国家力量单方面进行排除的做法，是背离做人常理的，让人感到非常悲哀、难受。作为一个日本人，我感到羞愧。"[12]

对人类的命运负责

2019 年 5 月，任正非在接受彭博电视台的采访时说："我们对人类的命运是负责任的。"这种负责任的表现，不仅仅是大灾大难的危急时刻，华为员工冒着自己的生命危险，逆行进入灾区，恢复通信业务，更在于，华为在组织上，为抢险救灾建立了一整套完善的应急保障运作机制，来实现自己作为通信设备商的社会责任和使命。

从 1998 年夏天中国发生大范围的洪水灾害起，华为就将抢险救灾物资的处理作为最高优先级列入其供应链体系的各项运作规程中，包括订单处理、发货组织等。随着 2008 年 8 月中国四川的汶川大地震、2011 年日本的"3·11"大地震等严重地震灾害的救援工作积累丰富的经验，关于如何尽速地恢复灾区通信业务，向员工提供安全保障和心理关怀，组织通信设备捐赠，以及协助灾后重建等，华为逐步建立起一套有序而详尽的运作机制，包括灾情的分级管理、报告机制、客户响应、指挥系统、物资调配、团队协同等，这使得华为在此后遇到大的灾害时反应迅速、行动有序。

在迅速响应基础上，对身处灾区的员工和前往救灾的员工的生命保障和心理安抚工作，华为也在持续改进，越来越专业而周全。2015 年 4 月尼泊尔大地震后，为防止震后疫病扩散，华为从深圳健康指导中心派出一名医生奔赴震区，组织震后的员工和救灾队伍开展疫病预防工作；又协调了 ISOS 一位有二十年艰苦环境防疫经验的医疗专家现场支持，向员工提供双语急救和包扎培训，对个别员工的异常身体和心理反应迅速予以专业化处理。

在海外，身为一家外国企业，华为在发挥通信技术专业力量恢复通信的同时，也积极参与灾民救助和震后重建活动。2004 年底南亚大海啸发生后，华为在第一时间派出几百人到海边恢复通信设备，又迅速捐赠了大量现金和通信设备。在 2016 年 4 月拉美国家厄瓜多尔的 7.8 级大地震中，华为代表处组织中方和本地员工一起开展募捐活动，向重灾区捐赠了十一吨矿泉水，还帮助中国派出的救援队协调车辆，提供消杀设备等救援物资。

在灾难中捐钱捐物的慈善行为，在一般人眼中，是一个展示企业社会责任形象、进行品牌建设的大好机会，但华为从来不对此进行自我宣传。在任正非看来，捐赠是个人行为，是"个人心灵的洗礼"，因此无需宣扬，"我们在任何关键时刻，都要抓住事情的关键点。关键时刻不要喧宾夺主"。

当天灾大难突然来临，华为眼中的"关键时刻"的"关键点"，就是为人类的生命负责。

第六章

化蛹成蝶，艰苦学习
炼就全球化能力

凭借着艰苦奋斗的华为精神，走出国门的华为员工以其坚韧性、积极的行动力，逐步应对和解决了吃、住、行三大基本生存问题，在艰苦的"上甘岭"上，克服外部环境对生命和健康的重重威胁，在世界各国落地生根，建立起一处处根据地，开垦出一片片市场，在国际化之路上一步步前进。

但仅以艰苦奋斗精神，并不足以成就一个全球化的华为。当中方员工们置身一个个不同的语言、宗教和文化环境，面对与国内迥异的经济、法制和社会运行机制，他们身上的另一种特质——强烈的学习欲望和极强的学习能力——迸发出开放、进取的力量，让自己适应和融入这个全球化的世界，努力活下来。

华为员工的这种强烈的学习欲望和极强的学习能力，外人的观感最深。

1998 年主导 IPD 项目的 IBM 顾问陈青茹回忆，在其与华为各级员工和主管的沟通中，印象最深的，是这里的人非常好学："很多事情都要问到非常细，看得出是发自内心的渴望"，"华为人特别年轻，像孩子似的，有很强的好奇心，什么都想学"。

2012 年 9 月，华为在欧洲尝试进入车载通信新领域，与奔驰汽车一级供应商哈曼公司合作，共同开发一款车规级 LTE 通信模块，双方为此进行了长达半年的技术探讨和研发合作。在最后的开标技术澄清会议上，面对奔驰公司的白发专家对新入行的华为的质疑，哈曼技术总监说："华为，一旦与其合作，他们学习得非常快，改进速度惊人！而且愿意去改变，愿意去遵循新的行业规则。"

强烈的学习欲望和极强的学习能力，是华为的一种组织能力。与西方通行的"学习型组织"建设理论不同，华为的这一能力，并非借助于一系列技术性的组织设计刻意打造，也不是因为华为员工年轻，个个都天生好学上进，而是由华为的"批判与自我批判"的核心价值观催生而来。

在华为，1996年的市场部"集体大辞职"开创"自我批判"实践的先河，此后，2000年研发体系举办"万人呆死料"颁奖大会，2011年《华为人》报公开发布"马电事件"报告，2013年在市场颁奖大会上任正非向未完成年度KPI、年终奖为零的数名高管颁发"伟大的""从零起飞奖"，这些历史性事件，以震动人心的方式，让批判与自我批判精神深入一代代华为员工的记忆。而从1997年开始例行组织的民主生活会和同一年发刊的《管理优化》报，及至后来组建的蓝军、心声社区等各种沟通机制，则作为保障批判与自我批判力量持续发挥作用的平台，让这一核心价值观润物无声地渗入华为员工工作的日常，默化为一种集体意识。

正所谓"知耻而后勇，知不足而后进"，批判是一面"镜子"，照见一个人的不足，自我批判是一条"鞭子"，督促自己不断改进。一个坚持"批判与自我批判"的人和组织，会在不断的自我反省和审视中，见贤思齐，弥补不足，愿意寻求改进之道，主动迎接变化，积极面对挑战。而由"批判与自我批判"精神催生出的强烈的学习欲望和极强的学习能力，让华为每个员工、每个组织在进入任何一个新的领域时，能积极地学习，努力地适应，快速地成长，不惮于向前进。

作为民主生活会主角，华为的管理者们例行地批判和自我批判，尤其深刻地体认这一价值观对整个组织成长、业务发展的作用。2012年6月，华为消费者BG CEO余承东在回答新员工提问时，说华为手机的未来是"希望能做到中国市场份额的第一位"。"我们如何做到这一点？"余承东自问自答："第一是我们的奋斗精神"，"第二是华为在通信行业的积累"，"另外还有一个华为的优点，任总从创立华为以来一直坚持的开放与自我批判精神给予了我们不断改进的能力，这是未来支持我们不断学习、不断改进的关键要素"。

此后两年间，华为手机经历了 P1、Mate1 和 Mate2 的试错、优化和完善，最终 Mate7 在 2014 年出人意料地在中国市场大火，自此开启华为手机向中国第一、世界第二的狂飙突进。

当然，学习新知的过程，是一个心智上付出极其艰苦努力的过程，也需要艰苦奋斗的精神的支撑，任正非说华为"到处都是上甘岭"，"上甘岭"上是出英雄的，但从"英雄"成为"将军"，关键是要不断学习。当华为的理工男们来到海外，他们学习的主要内容，不再只是新的技术理论，或者机器的逻辑语言，而是不同的人说的语言，除此之外，他们还要理解不同文化背景下，人们同一种行为所蕴含的不同含义和价值观。最重要的，是学习、理解做事的不同规矩，掌握全球化环境中的"游戏规则"和背后的理念、逻辑。

如果说，IFS 项目所构建的全球化业务流程是华为全球化组织的骨骼和筋脉，华为员工在海外市场拓展过程中学习、掌握的各种人文知识和行事规则，则是溶于其中的血肉和津液。唯二者具足，一个市场全球化了的华为，才能成就一个实质意义上的全球化组织。

🌐 语言学习：疯狂与痴迷

走出国门的华为员工，虽然不用英文名字也无碍于行遍天下，但英语是这个全球化世界运行的基本工具，还是必须要使用的。早期出海的中方员工在学校学习的都是哑巴英语、中式英语，很多人出国又是平生第一次，在华为就流传着许多老员工在国外说英语的笑话。

比如乔小平，第一次在国外餐馆点菜，看着菜单，两眼一抹黑，又不想被人看破，装模作样地点了四个菜，端上来发现全是汤，都喝光了他也没感觉到饱。另一位员工出差国外住酒店，想用开水泡方便面，找服务员要 Open

Water，服务员先走进洗手间，打开水龙头给他看，见对方摇头，琢磨半晌，转头拿来一瓶瓶装水，把瓶盖拧开，默默地放在他面前。

很难想象，当年这批人就是以这样的外语能力，被"空投"到海外打天下。但在极强的生存和工作压力下，身处一个实用的语言环境里，他们想出种种办法，努力提升自己的英语水平。

所以，当任正非 2000 年初到访非洲，发现邓涛在两个月里没讲一句中文、拿下了肯尼亚第一个国家智能网合同，大受振奋，决定管他能不能说英语，先把人撒出去再说。2002 年，当时主管海外市场的徐直军呼吁高级干部要带头奔赴海外，就认为语言并不是最重要的问题，他说："国外公司拓展中国市场的第一代、第二代主管基本没有懂中文的，但他们照样在中国市场取得了成功。"

坂田机关的英语阻碍国际化

虽然英语并非华为开拓海外市场的障碍，但到了 2005 年，华为进入市场全球化时代，深圳坂田机关员工的英语问题逐步凸显，阻碍了公司的国际化成长。

此前，海外一线对机关的英语使用已颇有怨言，但还集中在产品上，包括外包装标识只有中文、软件操作界面语言不够国际化等，这些问题影响了设备安装使用和本地维护，甚至导致层出不穷的供应链发货错误。但到此时，机关的语言问题已影响到一线人员和组织发展，阻碍了海外的人员本地化，而本地化是一家公司国际化建设的应有之义。

2004 年底，在华为董事会工作报告中，孙亚芳特别提到，海外人才本地化取得初步经验与成绩，"我们的本地化建设已初成规模。大量吸收了各层次的本地人才……为华为国际化奠定了基础"。

此时，华为海外一线组织已从"草莽"初创阶段进入规范化建设，各国行政、业务平台稳步运行，本地员工的作用也已经被一线中方管理团队充分认知，包括了解当地的地理风貌和人情风俗、建立与本地资源和客户信息的连接、学习当地法律法规和特有的营商规则等。在发达国家，中方员工从本地员工身上学习他们职业化的工作方式，提升自己的管理水平，在伊斯兰国家和贫穷、战乱地区，本地员工可以在中方员工不能进入或者对外国人极度危险的环境中工作，完成工程交付任务或进行网络保障。

许多优秀本地员工的事迹报道，开始陆续出现在《华为人》报上，比如俄罗斯的洋"拼命三郎"、吉尔吉斯斯坦的"中亚华佗"、马达加斯加的"塔那雄鹰"，毛里求斯有一批任劳任怨、深具归属感的本地员工，拉美光网络本地团队则"群星闪耀"，在项目中发挥重要作用。作为一种中国式激励手段，华为公开报道、宣传优秀本地员工，努力发挥他们的独特价值。

而如何更好地使用、管理海外本地员工，与中方团队形成混凝土般的合力，也是当时一线管理团队普遍思考的问题。

公司管理层也认识到这一转变，开始着力打造一个国际化公司，自然而然地，他们看向西方跨国公司，学习成功者经验，从中发现，本地化率是西方跨国公司国际化程度的一个重要评估指标，因此，这成为当时华为国际化建设追求的一个重要方向。2005年初我入职后，领导让我给海外各地区部人力资源部部长打的第一通电话，就是了解他们的本地化率，以及提升本地化率的具体措施，这是他们当年的PBC内容之一。

但在数量和指标的表面之下，海外本地员工的使用和自身的生存状态并不乐观。一位初到代表处的中方主管就发现，"有很多本地员工，工作量不饱满，上班上网聊天。但是中方员工个个又累又忙。为什么会这样？"

进一步了解，是因为公司发布的政策全部是中文，代表处中方主管给本地员工布置一项任务，需要让他了解公司相关政策，得花上很多时间为其解释公司文件，虽然费时费力，但效果却不佳，"还不如我自己把这项工作做完算了"。

任正非在2001年赴日本考察、探求华为渡过"冬天"的"心法"时，就曾感叹过华为国际化的语言问题，预见到这一困难："日本的企业相比亚洲其他国家就已经比较国际化，但他们总结他们的失败之因时，还是说他们不国际化……亚洲企业的国际化本来就难……华为的国际化步伐更难，仅仅因为大量的外籍员工，读不懂中文的文档，大量的国内员工英文也没过关，就足以看到华为的国际化是多么的困难。如果不克服这些困难，华为也可能是昙花一现。"

即便华为后来要求面向海外的政策文件必须中、英文双语发布，沟通效果也有限，因为当时的翻译中心以其人力根本应付不过来，所以英文文稿多数是发文部门员工使用金山词霸的"译作"，作品经常让人不明所以、啼笑皆非。比如，在人力资源管理政策文件中，"骨干员工"是 Back-bone Employee（后脊梁员工），"基层员工"是 Grass-rooted Employee（草根员工），"白俄罗斯"居然是 White Russia。

现在回望，很难相信在一个如此全球化的华为，曾有过这样的英文文件，但置于当时，完全可以理解。我入职时，整个人力资源管理部，只有总裁和他的助理两个人能开口说英语，这是当时机关各大平台职能部门英语能力的普遍状况。

而作为各业务流程赖以运转的 IT 系统，华为称之为"电子流"，英文的使用也不尽如人意。这些 IT 系统在机关和一线组织之间传递流程信息，承载业务评审，是重要的生产工具，但即使电子流界面是英文，填充的内容信息还是中文，因为最终业务的评审人和运营流程的人都在机关部门，他们大多不懂英文，一线部门考虑到流程运作效率，只能将就机关的审核要求，让中方员工来处理，所以本地员工无缘进入主业务流程的运营，只能在外围打打杂，跑跑腿。中方、本地"两张皮"，在华为国际化早期阶段就已经成形。

这是一个"恶性循环"，本地员工难以从业务实践中学习成长，发挥其价值，所以一线需要更多的中方员工派过来，以维持业务的日常运营，而不只是进行业务管理。结果是本地化率永远维持在一个低水平。

机关部门发挥组织力量，全员学英语

国际化必须英文化，说英语不仅仅是外派员工的要求，坂田机关也要全员学英语，这成为席卷全公司的风潮。2004 年重回华为的姜天露，以其公开承诺"裸奔"逼迫自己学英语的高调行为，先行引领了这一风潮。

姜天露是北京邮电大学研究生，1996 年毕业后就加入华为北京研究所，2003 年他决定离职创业，但很快宣告失败。北京研究所领导知道后，主动邀其回归，姜天露觉得公司没有嫌弃自己曾经的"背叛"，毫不犹豫地接受了邀请。

2004 年春天，他来到深圳坂田，新的工作岗位是全球重大项目投标支持。

在意识到英语对自己工作的重要性后，他决定背诵《新概念英语》第二册，为鞭策自己，他在部门声言："如果明年我背不出全部九十六篇课文，我要在坂田基地裸奔！"并在《华为人》报上向全公司公开这一承诺，郑重预言："想看热闹的同事们可能要失望了，因为我有一个坚定的信念：绝不裸奔！"

2005年7月，姜天露发表《重回华为第一年》，开篇就骄傲地宣布："我完成了承诺！"他在公司英语角上，流利地背诵了同事们从《新概念英语》第二册九十六篇课文中随机选出的十二篇。

姜天露回顾，"这一年中，我的英语水平得到很大提高，新概念的很多语句已融入我的脑海，需要时可以脱口而出。在泰国，我一个人和运营商做了两天的研讨，除了腿有点儿酸，嗓子有些发干，英语还没有枯竭！"因为英语流利，他被列入公司接待海外VIP客户的资源池，也是公司业务面试和英语面试资格人，"人力资源部的女同事老是喜欢抓我去面试，开始还以为对我是情有独钟呢，后来一问才知道，我一个人就可以面试两项，比较省事儿！"

那么他是怎么做到的呢？"只争朝夕！"姜天露如此概括。"早晨一睁眼睛，先把复读机打开，一边穿衣洗漱一边听，上班的路上则在回顾刚背的内容。晚上回了宿舍，第一件事也是打开复读机……复读机在一年里陪我走了六个国家，行程几万公里。""即使在学生时代，我也没背下过这么多的内容，所以成年人记忆力会衰退的说法根本是不成立的！"

姜天露以"裸奔"逼迫自己学英语的故事，一时成为华为一大热点，映射了当时华为国际化发展的迅疾而急切的态势。而其"疯狂"学习英语的经历和成就，代表了华为员工学习能力的一个极致，他为华为员工树立了一个学习标杆，增强了大家学英语的信心。

但仅靠个体的标杆引领来完成一项历史重任，并非华为经验，强大的组织能力才是华为克服困难、取得成功的关键。况且，以英文化促进国际化，是此时整个华为作为一个组织所面临的学习任务。

供应链为前线工程交付输送"弹药"，直接感受到海外业务大发展带来的巨大压力，财经与市场业务关系密切，对英语的重要性也是"春江水暖鸭先知"，这两个职能体系最先发动机关员工集体学习英语，在体系内掀起全员学英语热潮。KPI 考核向来是华为攻坚克难的首选手段，供应链人力资源部将英语听说能力纳入员工任职资格认证内容，英语考试通过率列为各部门主管 KPI 考核指标，要求与海外接口开展业务的员工要全部使用英语邮件沟通。财经体系则"先软后硬"，先是与新东方学校和英孚教育机构合作，为员工开办英语业余培训班，2006 年后，要求所有财经员工必须通过英语托业考试，分数达不到一定水平，不得外派。

除了考核强压，一些部门发明了别的玩法，比如英语演讲大赛，一位生产线操作女工在比赛中脱颖而出，很快被调派为外籍主管的秘书，这让学英语获得了可见的职业发展收益，激发了员工自主学习英语的热情。研发部门则组建英语学习小组，每周抽出一两个晚上的工余时间集体学习，称为 English Night（英语之夜）。

我当时的领导出身于研发体系，也将这种英语自学方式带到本部门。领导其时已经四十多岁了，自认为这辈子能流利说英语的可能性不高，在公司的国际化未来里，个人职业发展空间已不大，但他还是每周安排两个晚上，组织大家一起学英语，由我和另一位留学回国的女同事负责引导。

虽然领导自己不学，但他每次都参加，一半是表态重视，一半是现场监督。我们学习时，比大伙儿都年长半轮的领导坐在会议室的椭圆长桌前，像对着自己的一群小孩一样，笑眯眯地看着，如果现场闹欢儿跑题了，他就拍拍桌角，佯装严厉的样子，说，Focus！Focus！（聚焦！聚焦！）这是他在研发部门跟着 IPD 的 IBM 老师们学来的一个词。现在回想起来，十多年前的情景如在眼前。

在机关全员学英语的热潮中，员工之间也积极分享、互相促进。有人很贴心地在报纸上教大家使用常用单词的首字母报法，列出一长串 A for Apple、B for Banana、C for Cherry 的样例，帮助大家提高日常英语沟通效率。曾任摩托罗拉大学（中国）校长、操着流利英语的华为大学副校长姚卫民也撰写文章，分享自己的英语学习经验，鼓励大家要敢用、会用和想用。

学习语言，最重要的是使用环境，机关员工不可能为了学英语都去海外，但可以把海外本地员工抽调到机关来，创造一个英语工作环境。语言制造了人的问题，反之，也可以用人来解决语言的问题。

2006 年开始，财经体系率先组织开展海外本地员工回国交流，连续两年抽调十余位优秀本地骨干来到深圳机关短期轮换工作。这一安排可谓"一箭双雕"，他们的到来对机关员工施以现实的工作沟通压力，让大家主动学英语，也有机会用英语。而这些优秀本地员工在机关学习端到端业务流程，理解各业务线站在全球视野制定的通行业务规则，同时，他们也建立了与机关的人际联系，回国后双方的沟通合作更为顺畅。

财经的这一用人工作安排后来被市场销售与服务体系学习推广，2007 年 8 月，一个叫"掺沙子"的计划开始实施，这个名称很形象，但不是很好听，各下属部门的具体行动计划名称纷纷被美化，比如"候鸟行动""凤凰行动""金种子计划""Star 计划"等等。一时间，各种肤色的外国人面孔出现在基地各区办公室和饭堂，人们随时可以听到周围有英语交谈，坂田机关的国际化气象蔚然可观。

创造机关英语环境最有效的措施，是引入外籍高管。2007 年前后，供应链部门从日本、德国引入多位制造和质量领域专家担任部门主管，后来还有一位瑞典人安德斯出任体系副总裁，自其加入后，供应链一级办公例会和政策文件必须全英文化。在这种现实工作压力下，到 2009 年，供应链的中方主管大多数能直接与安德斯用英语交流，不必通过翻译助理了。

不过，这也衍生了一个副效应，机关各部门主管纷纷给自己高薪招聘外籍助手或顾问，名为提升自己国际化视野和管理水平，实际上大多数都顾不着问，很多外国人只是中方主管的国际化门面，每天端着咖啡到处晃，很苦恼，在《华为人》报上追问"为什么他们不喜欢和我交流？"一位外籍顾问忿忿地告诉我，自己花了两个月时间用心做了一份工作建议，送给领导，人家当着他的面直接塞进抽屉，再无下文。这些外籍顾问带给华为最直接的现实收益，恐怕就是陪着主管或部门员工练口语，这有助于机关英语水平的提升，虽然代价比较高，也并非这些外籍顾问个人所愿。

到 2008 年，推动机关工作英文化被确立为一个公司级项目，由一位派返回国的地区部总裁主导推进，要求全公司的日常沟通、文件发布、IT 系统都要英文化，英语被列入所有中方员工外派的认证要求，托业考试达到九十分才能外派。

2012 年开始，九零后中国新一代陆续加入华为，他们的英语水平远超父辈。2014 年，财经体系首先在英国和美国几所顶尖大学组织中国留学生专场招聘，此后，这一定向招聘活动扩展为公司级，2019 年后，华为每年招聘的海外高校应届留学生多达两三千人。坂田机关的英语已不再是华为国际化的障碍。

小语种的困扰和解决之道

在学习国际通用语言英语的同时，华为还面临着小语种的困扰。

华为最初进入的国家大都不讲英语，俄罗斯人讲俄语，非洲很多国家使用法语，拉美大部分国家使用西班牙语，这两块大陆上，还有一些国家使用葡萄牙语。虽然华为各海外代表处都要求员工在办公室以英语为工作语言，但面对外部客户，还是以本地语言直接交流效果更好。会说本地语言，也能为中方员工日常生活带来一些便利。

但华为中方员工大多数连说英语都不利落，再分散精力学习另一种外语，难度更高，只有找个"中间人"来搭"语言桥"。身受小语种困扰，这些国家的代表处最先采取行动，就地寻找两类"中间人"。

一类是在当地大学读书的中国留学生。早期主要是在俄罗斯这么做，华为进入欧洲后，各国代表处纷纷仿效，并进一步扩展到招聘本地华裔人士。本地华人在华为构成一个特殊的员工群体，在其国际化进程中，发挥着独特的"桥梁"作用，不仅是语言沟通，也包括跨文化交流和融合。

另一类是曾在中国留学的本地人，主要分布于非洲国家，这源于中国政府长期以来资助非洲国家年轻人来华留学，是中国的"援非"行动之一。当时有条件、有资格来中国留学的非洲人，一般都出自当地上层家庭，素质、教养比较高，汉语说得相当流利。

这两类"中间人"由海外代表处本地聘用，招聘目的以实用为主，考核录用把关较深圳机关更为宽松，入职后大多数也缺少正规的新员工培训，对华为企业文化的理解需要一个过程，能够成功适应、留下来发挥才干的不多。相对而言，本地华人员工稳定性更高，其中不乏优秀、杰出者，比如首任荷兰代表处代表陈海军，通过运营商 Telfort 打开了华为在欧洲的通信运营商市场，在华为工作也已近二十年。

2002 年左右，为从长远计，深圳机关面向市场一线的各个部门自主行动，从国内外语专科高校招聘小语种毕业生，经过新员工入职培训，熟悉业务后，派往海外。到 2005 年，小语种招聘需求扩展到公共关系、财经以及供应链、客户接待等机关平台职能部门，需求量加大。我入职后负责海外招聘支持，在当年校园招聘中，首次将国内小语种学生作为一个单独的招聘对象，前往北京、上海几所知名外国语大学组织专场招聘，针对小语种学生们关心的内容，定向宣讲，专门沟通，三年里招聘了数百人，缓解了这一时期小语种国家的语言人才压力。

在招聘国内小语种学生的同时，我们也瞄上了在华外国留学生，专程到哈尔滨工业大学、北京邮电大学等理工类院校，希望能招聘到通信技术专业的外国留学生，为海外代表处储备本地技术骨干，但发现人数极为有限，当时的外国人来华读书，主要是学习语言文化类专业。

不过在海外，也有中方员工出于不同目的，努力自学本地语言。

在与深圳一河之隔的香港，客户经理彭博初到此地，和客户开会，发现都是黄皮肤、同属一个国家的人，居然要用其他国家的语言来交流，这让他感觉怪异，于是决定学习香港话。他开始每天收看香港电视台节目，和出租车司机聊天，与小贩讨价还价，利用一切机会练习。最初，他在办公室里打电话，刚一开口，办公室的同事们就已经大笑起来，知道他要讲香港话了。一年半后，彭博与初次见面的香港本地人用香港话交流，中间转头与一位内地朋友说了几句普通话，那位香港本地人惊叹他"普通话居然讲得这么好"，还以为彭博是本地人。

另一位技术服务工程师邓海平，在撒哈拉沙漠深处的石油城进行工程交付时，为方便自己去市场买菜，决定向为本地工程队做饭的保姆学点儿本地语言。每天中午，邓海平下班回到宿舍，和本地保姆一起在厨房各做各的饭，两人之间没有共通的语言，但并不妨碍交流和学习。教与学是这样进行的：邓海平拿起桌上的小刀，保姆就意会了，说"割多"，邓海平默记，"刀是用来多多割东西的"，再指向大蒜，"波斯大姨"，"难道大蒜是从波斯来的某人的大姨种的？"这样又记住了。黄瓜的发音是"黑压压的"，邓海平端详黄瓜半天，"没有啊！"带着这个疑惑，黄瓜的本地发音也印在脑海里了。

就这样，邓海平运用学语言常用的联想之法，学会了买菜做饭的基本用语，而保姆不但乐于教人，还很尽责，深知"学而时习之"的道理，每天都要考一考前一天教的单词。

在学习本地语言的记录中，华为出了一位"大神"级人物 Pillar，其以痴迷于背诵语言词典、用"十几种语言闯世界"而闻名于各地区部。他的传奇般存在，代表了华为员工的学习欲望的一个极致。

Pillar 出身于湘中偏僻农村，却从小心怀世界。十岁前，他就让父亲买了一张非常大的世界地图，挂在床边墙上每天记认，初中时，Pillar 就可以准确地说出大部分国家的名字、位置和首都。

对大千世界的好奇和天生热爱，让他萌生出学习不同国家语言的念头，希望有朝一日，自己不仅有机会踏上这些土地，还能用当地的语言与人们畅通无阻地交流，学习当地的文化，了解世界的本来面目。心存此愿，上大学时，Pillar 就利用课外时间，拼命学习了多门外语。

2004 年，Pillar 以七种语言写就的简历，敲开了华为的大门，之后十多年里，Pillar 从拉美到中东，去过中亚，跑过南亚，后来又常驻欧洲，到 2020 年时，他已到过六十多个国家，在华为实现了自己少年时走遍世界的愿望。

每到一地，Pillar 都会学习当地语言，向遇到的任何人请教，包括同事、客户、司机、看门人、茶水间的 Tea Boy，这样的经历在华为的语言爱好者中也不算出奇，但他最让人"顶礼膜拜"的，是背词典的冷门"癖好"。这些年来，Pillar 从头到尾背了英语、西班牙语、阿拉伯语、德语、法语、俄语、日语、韩语、意大利语和葡萄牙语十种语言的小词典。背词典，这么一种枯燥乏味的脑力活动，对 Pillar 来说，居然是其自我放松和享受的方式。

学会如此多的语言，让 Pillar 在华为的人生分外丰富多彩。在哥伦比亚的咖啡庄园，他可以用西班牙语和庄园主讨教咖啡的烘焙工艺；在法国波尔多酒庄，他可以听品酒师娓娓道出各种葡萄酒的前世今生；在罗马的歌剧院，他听得懂意大利语的全本《今夜无人入睡》。

除了经常用背了词典的十种语言听懂电影电视和新闻采访之外，Pillar 还能用印地语、乌尔都语、他加禄语（菲律宾语）、斯瓦希里语、土耳其语、马来语等更偏门的语种，在旅途中与本地人进行简单的交流。

超凡的语言能力，让 Pillar 无论身在何处，都有"此心安处是吾乡"的体验，到每一个地方都没有背井离乡的陌生感，也没有恐惧感，感觉自己从来没有离开过家。对于这样的一个"世界人"来说，"故乡"可能是整个地球。

学习各种语言，和以这些语言为母语的客户交流，也常常为他的工作带来收益。"南非国父"曼德拉说过，"用一个人能听懂的语言同他讲话，能触动的是他的大脑，用一个人的母语同他讲话，触动的是他的心灵"。对此 Pillar 深有体会。

有华为同事说，Pillar 应该去联合国工作，在华为是屈才了。Pillar 却认为，正是全球化的华为，为从小就心怀世界的他提供了一个圆梦舞台。Pillar 回忆，自己开始学习第二种语言西班牙语时，有人说他是"自虐狂"，但他总感觉有一天自己会用上西班牙语，有一天也可能会环游地球，这些梦想在华为都慢慢地实现了。实际上，华为的工作还让他遇到了哥伦比亚籍太太，他们说着西班牙语，携手相伴，一起环游世界。

带着十几种语言走世界的 Pillar，其自身映照着一个全球化的华为。他们都无惧于广阔世界的陌生、多元和复杂，勇敢地踏上海外的未知征途，主动地去认识和拥抱这个丰富多彩的世界。他们都有着旺盛的学习欲望和强大的学习能力。他们彼此成就，各成传奇。

🌐 跨文化适应：跳进水里学游泳

在华为，曾经流传过一个"一杯咖啡丢掉一个大单"的故事。我第一次听到这故事，是在新员工入职培训的"现代西方礼仪"课堂上，老师以此开讲，强调这门课程对华为国际化的重要性。

话说，某海外代表处经过长时间努力，终于拿到一个大合同，最后要签字落单了，大家心情都比较放松，华为客户经理邀请客户喝咖啡。咖啡送上来，这位中方员工拿起咖啡杯碟边的小勺子，在杯子里搅了搅，然后，很自然地，像中国人吃饭喝汤一样，用小勺舀着咖啡喝了。客户是一位欧洲白人，见此情景，想想自己接下来要和一帮"土老帽儿"做生意、打交道，太掉身价，决定不签这合同了。

这个故事在华为未见诸文字，无时间地点，很可能是华为大学老师们杜撰出来的，不过也应有所本。当时一起听课的新员工们对这个故事并无讶异，很多人甚至还没有喝过咖啡。华为大学的礼仪课老师解释，这个小勺是拿来搅拌、调和咖啡和奶、糖的，不是用来舀咖啡喝的。

所以，从国际化一开始，咖啡就是华为"跨文化"的一个象征符号。喝惯了茶的中方员工，在海外遭遇了咖啡，他们并没有意识到，一杯饮品，关乎社交礼仪、交流方式，还有生活品位，甚至价值观、文明等。这个夸张的故事被杜撰出来，作为跨文化培训课程的开题，折射了华为早年进入不同文化环境后的困惑和焦虑，远没有后来"一杯咖啡吸收宇宙能量"那样的磅礴之气和豪迈之情。

"跨文化"问题，是所有跨国公司及其员工必须面对的挑战。

应对跨文化：跳进水里学游泳

文化研究本来是人类学家的专业领域，但二战后美国公司在进行跨国经营时，因文化问题屡屡受挫，尤其是面对日本公司竞争时倍觉压力。比如，他们研究发现日本人有十六种方式表达"否定"，但不会用到"不"字。[1]由此，西方兴起了基于企业经营管理之目的的跨文化专门研究，并产生了这一领域的经典理论，即荷兰心理学家吉尔特·霍夫斯泰德（Geert Hofstede）创立的"六维度"模型。该模型基于霍夫斯泰德对 IBM 全球七十多个国家和地区、十一万名员工的价值观调查而成型，在二十世纪八十年代成为西方跨国企业对员工进行跨文化认知培训的基础理论。

跨文化研究认为，不同文化背后，是不同国家的历史发展和所处的发展阶段、不同民族的宗教信仰和价值理念，表现在人们的行为上，是传统风俗习惯、社交礼仪、行事方式、沟通表达等外在的差异。但在中国这个大一统国家，几千年来经历了漫长的多民族融合同化、儒释道三教合流，普通中国人对文化差异并没有太多的切身感知。大多数人的"文化商"，即一个人与来自不同文化背景的人交往时的主动适应能力，需要进一步提高。

而从封闭多年的中国先行走出去的华为，更无力像西方跨国公司那样，对外派员工事先提供跨文化培训，因为其自身对跨文化管理的知识储备和基本认知都是缺失的。据说任正非后来曾调侃华为出海没经验，开拓亚太市场时，居然把两个政治上不对付、又有民族历史恩怨的国家的市场放在一起管理。

所以，如果说华为员工对英语的学习是"知道我不知道"，对文化差异性则属于"不知道我不知道"。他们对文化差异的认知和学习，只能像任正非所说的，跳进水里才能学会游泳。

最早跳进跨文化"水里"的邓涛，在回顾南部非洲三年工作经历时，谈到学习"游泳"的体会："在国外工作，是在另一种文化中工作，客户与我们有着不同肤色、宗教、语言、生活习惯和价值观，我们得要花费很多工夫去适应这种工作要求。"非洲虽然落后，但长期受西方影响，作为地区部总裁，他所接触的客户高层多数是白人，在这种环境里，自己在工作中"一言一字、一举一动都要体现大家风范，否则就会在无意中失掉公司形象，失去客户的印象"。

他有没有在跨文化里"呛过水"，不得而知。较邓涛稍晚出海、后来担任东南亚地区部总裁的杨蜀就费了许多心思，来"破解"泰国人"迷人的微笑"。

泰国被称为"Land of Smile"（微笑的国度），这里大部分人信奉佛教，加上早期华人移民带来儒家文化的影响，泰国人做生意时很少发生表面的激烈争执，也不会发表有进攻性或倾向性的观点。如果说日本人有十六种方式表达"否定"让西方人迷惑，只有一种表达的泰国人则让他们抓狂：所有的人都向你微笑，都对你说"才，卡普"（"是的，好的"），但事实并非如此。

虽然同出于儒家文化圈，察言观色也是以"人际理解力"为关键素质项的华为成功客户经理所擅长，但身处跨文化环境，杨蜀一开始也不能对泰国人的微笑心领意会，客户关系一直停留在表面。经过日积月累的个人观察、揣摩，他才参得其中奥妙，发现泰国人其实有他们自己处理矛盾的办法，有说"不"的方式。他们不直接拒绝，有时是出于礼貌，有时是出于尊重，有时仅仅因为你是"老外"。

由此，杨蜀认识到，一家国际化公司要融入本地，外派员工要对当地的人文文化、日常生活和工作沟通方式进行细致的观察和理解，"它不是一件什么了不起的大事，它就是由我们身边无数的小事组成的……世事洞明皆学问，人情练达即文章"。儒家的入世思想，也指导着华为员工们应对跨文化的挑战。

华为国际化早期的跨文化适应典范人物，是沙特阿拉伯的客户经理辛文。2004年，当他身着一袭白色长袍、蓄着一脸大胡子，陪同客户在泰国一个通信展览会上参观时，国内一家 IT 杂志的记者以其特有的职业敏感度和丰富的想象力，把辛文的这一脸大胡子与华为的国际化联系起来，认为出海的华为不是只会复制国内成功经验，还是一家善于学习的企业。[2]

辛文蓄起的这一脸大胡子，在不同人眼里，有着不同的身份标识，在中国记者眼里，这是"国际化的胡子"，在华为员工眼里，则是"本地化的胡子"，对他来说，蓄起胡子的初衷其实非常"中国化"，就是让才二十岁出头的自己看起来老成一些，避免客户觉得他"嘴上没毛办事不牢"，当然还有点儿年轻人扮酷的意思。但他后来发现，这胡子不仅帮他解决了"让客户认识你"的客户关系建设首要问题，还向客户传递了自己对本土文化和宗教的理解和尊重，拉近了双方距离。

这给了他启发，西方人应对跨文化的经典之语，是"In Roma, do as Romans"（在罗马，如罗马人一般行事），辛文深以为然，在行为上努力入乡随俗。在沙特阿拉伯两年，日常行事，他已经会习惯性地先问一下自己：可不可以这样做？乘坐电梯，如果里面有女士，他会很自然地低下头。讨论工程交付计划时，他会考虑本地穆斯林的祈祷，提前留出时间。

在沙特阿拉伯这样一个伊斯兰国家，辛文能成功地适应本地文化，有其"心法"，就是要做到"理解"，这是一种难得的境界。

辛文认为，在与当地文化的对话中，一般有三种心态，或者说境界。一种是忍耐，这是美德，但如果一直忍耐相对，最后会因不堪重负而崩溃；另一种是宽容，但如果只宽容以待，最后可能会因消化不良而身心疲惫；还有一种是理解，而唯有理解，才能化解文化种种的排他性，把外在的文化内化为自己的思维，"接受它，爱它，享受它"。在尝试理解一种文化或是宗教时，辛文说："你会发现一切的差异都有它的渊源和合理性。正是在对这种合理性的探询中，你会更加了解当地的风土人情，理解当地人的思维方式，你才能触及这个社会的内核，甚至为之感动。这个时候，你已经靠近了他们的心扉。"

总体而言，这一时期华为海外市场体系应对跨文化，关注点在与外部客户的互动沟通和关系建设上，着眼于商业成功。对文化差异性的学习和认知，主要由员工个体通过对本地人日常行为细节的观察、学习和揣摩，互相交流，积累而有所得。组织性的跨文化学习仅限于海外个别业务部门，基于促进内部团队合作和融合之目的进行。比如2002年，中东北非地区部的技术支援部定期组织中方和本地员工一起进行体育比赛、看电影，分享交流当地和中国传统美食，还安排中方员工参观当地历史文化遗迹，日常教育他们加强对当地宗教信仰的认知和尊重，要求利用业余时间多学习伊斯兰文化，了解阿拉伯人的生活与工作习惯。

研发体系在2004年左右已有印度、瑞典和美国等几大海外研究所，外派或出差到各地的中方员工也同样感受到文化差异，不过他们是在与本地同事的密切工作协作中，切身观察到截然不同的工作方式和管理思维，由此带给他们思想和认知上的震动。

令他们印象最为深刻的，首先是西方人做事的计划性，凡事都要做计划。印度工程师建议所长吕克要Work Smart，瑞典研究所专家会提前安排好整整一年的约会、家庭纪念日、休假日期，美国的培训组织者在两周的培训中，每天都会用上至少五分钟时间详细讲解当天的日程安排，对计划的执着达到了近乎痴迷的地步。中方员工发现，虽然看上去做计划"浪费"时间，执行计划也显得刻板而繁琐，但最终带来整体任务完成的高效率和高质量，而人们在过程中从容不迫，好整以暇。与之对比，他们看到自己的急功近利和浮躁不安。

此外，中方员工还感受到西方专家对制度和规则的尊重、对流程规范的遵从意识、对过程文档的重视，表现在日常工作行为上，是严谨、守时、重诺，由此观察，他们反省自己的"灵活应变"和不够职业化。

如果说市场体系的中方员工从日常沟通表达、宗教信仰中感受到的文化差异，只是一种"不同"，可以用一种平和的心态通过观察、揣摩去认识，通过了解差异背后的历史由来，去理解、去接受、去适应，研发体系的中方员工从西方人的工作方式中体会到的文化差异，则是一种"落差"：先进与落后、文明与粗鄙、工业生产的组织化与小农经济的散漫性，在一种崇敬和景仰的心态中，引发自我的反思与批判，努力改进和提升自己。

2004年后，随着海外市场发展、人员国际交流频繁，华为积累的海外跨文化知识丰富起来，应对跨文化挑战不再是员工直接跳进水池里学游泳，公司层面也开始组织跨文化培训和交流学习，让大家在"入池"前对"水性"先有所了解。首先是在中国新员工入职培训中加入了西方商务礼仪课程，针对市场体系的新员工培训"二营"也开展了专门的跨文化学习训练。《华为人》报经常刊发文章，介绍不同国家、民族的文化习俗。2005年，在英国电信"二十一世纪网络"项目背景下，就有专门文章详细讲解英国的文化习俗，包括女士优先与绅士风度，英国人的饮茶习惯、送礼习俗，日常见面和交谈礼节、商务活动赴宴的衣着和餐桌礼仪等工作、生活的方方面面，提醒中方员工要尊重这些文化差异，调适自己的行为。

这一时期，在不同文化背景的本地员工中传承华为核心价值观和企业文化也提上日程。2005年底，人力资源体系领导陈珠芳在一封公开信中，向海外地区部人力资源部长们建议，要使用当地国家文化中耳熟能详的民族故事和积极人生的箴言，诠释华为核心价值观和企业文化，并要求派出去的主管"必须加强与当地员工的沟通，特别是非正式工作场合的沟通，了解他们的文化、风俗，学会欣赏其优秀文化，寻找适合华为核心价值观生长的沃土及气候"。

跨文化冲突：文化差异的复杂性

当华为国际化进程进一步加深，市场进入全球化，跨文化冲突随之也在组织内部发生，平常通过个体观察、学习所得的本地文化知识已不足以应对，2006 年在海外发生的两起跨文化冲突的集体性事件，就让当事中方员工和管理层错愕不已，一时进退失据。

第一起是在中东北非地区部的一个伊斯兰国家，一位中方员工与本地员工开着玩笑，随手拍了一下对方身体，却不料本地员工勃然大怒，声称这名中方员工有同性恋倾向，其行为有性骚扰之嫌，并纠集几个本地员工一起向地区部人力资源部投诉，要求将中方员工立即开除，否则他们会全部离开华为。

事件引发轩然大波，令中方员工和管理团队始料未及。地区部人力资源主管意识到这是由文化差异造成的，先与双方沟通，介绍各自的习俗信仰和行为习惯差别，向本地员工解释，中国人会以轻拍朋友或同事的身体，表达鼓励或亲切，那位中方同事拍到对方身体，并非有意为之，他并不知道，在当地宗教习俗里，男人的身体是不能触碰的。之后，又安排中方员工向本地员工当面道歉，再采取冷处理方式，将中方员工调至另外一处办公点工作，来缓解双方矛盾。

另一起跨文化冲突发生在欧洲地区部。一位中方秘书大范围转发了一份公司通报，内容是关于某代表处一位工程师因违反某项业务规则而受到处罚。这类文件在公司公告栏随处可见，表达也是格式化的，会列明员工姓名、工号和所属部门等信息。中方员工对此习以为常，秘书转发也属例行公事，甚至是出于好心，提醒本地区部工程师们避免违反同一业务规则而被处罚。

但这次"例行公事"却意外地引发波澜，十多位本地员工回复邮件提出："为什么在通报批评中出现工程师的名字，这是对员工的不尊重！""即使有问题，也是主管和员工个人之间的沟通，不应该大范围发送。""侵犯了个人的人权！"

秘书和主管对此措手不及，原本打算在邮件里解释一下，又担心表达不到位，可能"越描越黑"，激发更强烈的反应，只好保持沉默。此后两三天里，仍然有很多本地员工回复邮件，表达异议和愤怒。

这两起集体冲突或摩擦事件，都具有跨文化问题的典型意义。

人类学家定义的"文化"，是一种"共享的行为方式"，探察文化含义的最直接的表象线索是行为和器物。然而，在不同文化中，即使是相同的行为也会有不同的含义，而不同的行为很可能表达的又是相同的意义。[3]

引发第一起冲突事件的拍身体动作，在中国人的文化里，就没有特别的含义。而在一些伊斯兰国家里，同样是身体接触行为，两个男性之间牵起手来，表达的是一种友好之情，很多中方员工第一次"领受"这番好意时，也曾大受困扰。

比如外派坦桑尼亚的游江涛，第一次去见客户，就被这个非洲男人拉着他的手去参观机房，"就这么一直走、一直走，竟然走了一个多小时都没松开我的手"。这让他心里发毛，"这哥们咋回事儿啊？"后来问本地人，说两个男人牵手表明他们的关系友好，游江涛自己观察也发现，大马路上确实经常有两个男人手牵手地走。同事们安慰他，客户初次见面就拉他的手，是表达一种热情。另一位新员工前往索马里支持，刚出飞机就被一个男人牵了手，一把拉着他往外走，原本就对当地安全形势有所担忧，这只猝不及防的手更让他一时惊魂未定。

这显示了人类文化的多元性，带来跨文化管理的复杂性。试想，如果那位因拍身体而被视为同性恋、引发本地员工集体投诉的中方员工，到另一个阿拉伯国家被当地男人主动地牵了手，岂不是如惊弓之鸟，要魂飞魄散？

这也是有可能的。随着华为的国际化，一些中方员工的跨文化意识已从最初的无知无识变成过度敏感。一位员工在博客中提到，某天和印度员工聊天，谈及工作现实中的中方、本地"两张皮"现象，他使用了 Skin（皮肤）这个词，印度员工表示理解，并无异议，但这位中方员工随后自己就心里犯嘀咕："我这比喻没有种族主义之嫌吧？"

反过来说，在不同文化环境中，相同的意义又会通过不同的行为来表达。而面对行为上的差异，人们总是倾向于用自己的文化作为标准，来认识、解读其他的文化，用自认为是"正常"的标准去判断。因而，文化之于人，就如水之于鱼，像一个透镜一样，会扭曲我们对世界的看法，同时也扭曲了世界对我们的看法。[4]

在墨西哥，一位本地高级专家告诉我，他认为中国人家庭观念淡薄，这让我很是惊讶。在我们一般认知里，东亚儒家文化的主要价值观就是重视家庭，西方人似乎也普遍如此认为。但这一位给我的理由是，他所共事的中方外派员工很多都孤身一人在国外，将老婆孩子留在国内，而他们拉美人宁愿每天都和家人在一起，不会为了工作、挣钱而离家。

我向他解释，中国人对家庭的重视，就体现在一个男人宁可忍受在异国他乡暂时的孤独，也要努力工作赚钱来养家育子，让家人有更高的生活质量，让下一代接受更好的教育，这正是他们对家庭的责任担当。华为外派员工的家人不陪同，有双职工问题，有子女教育的考虑，并不是他们不愿意，而且也是暂时的。我们其实有着同样的价值观，只是表现为不同的行为。

由这段对话，我大概明白了，这位部门反馈难以合作、而他自己在华为也倍感不适的本地高级专家，其工作态度和日常表现，很可能需要追踪到这更深一层的价值观。显然，摇着头叹息中国人不重视家庭的他，内心里认为自己的价值观更为高尚。虽然他并没有意识到，自己对中方员工行为的解读是被文化的"透镜"效应扭曲了的。

跨文化研究者认为，涉及价值观的跨文化冲突更为复杂。价值观是"人们所共享的关于什么在道德上是正确的和什么是值得追求的信仰"[5]，是文化的精髓，研究者将之譬喻为文化"洋葱头"的最内核，难以探察，而一旦被觉察、意识到，价值观所具有的道德属性会使文化差异立即上升到所谓的文明等级问题，跨文化冲突的性质可能就会异化。[6]

在第二个欧洲的跨文化冲突案例中，华为就遭遇了西方"以人为本"现代文明价值观的挑战，公开批评有损个人尊严，华为在管理上需要反思改进，不过华为一位外研所所长就认为，欧洲员工的强烈反应非关文化差异，"难道中国员工就喜欢被当面批评？"其实东方人、西方人，人性基本上是共通的，不公开批评员工下属，是通用的管理之道。

但华为在欧洲面临更复杂的跨文化管理困境，并非价值观差异问题，而是价值观背后的"文明等级"问题。公开批评员工不可以，公开表扬也不被本地员工接受。

2009 年，一位欧洲本地员工向公司反馈，其所在的代表处把评选出来的优秀员工的照片和个人获奖情况贴在办公室入口处，以示奖励。这种"中国式"激励方式，让获奖本地员工非常生气，强烈要求把自己的照片撤下来。"在我们看来，这种橱窗展览式的表扬是麦当劳激励那些低端员工的做法，对我们这些受过高等教育的工程师来说，是一种贬低式的'侮辱'。"

这一段解释还限于行为层面，表明华为对当地商业文化了解不够全面、深入，日常管理有改进空间。但他接下去的说明，就表露出其内心深处的优越感：

"根据马斯洛需求层次理论，也许大多数中国员工的需求层次是'安全'。但 90% 以上的西欧本地员工是'实现自我'，包括表达自己意见的机会、看到自己的意见被采纳并实施的机会、高层次培训等等。他们在华为工作的主要目的不是养家糊口，而是期望能开拓视野、增长见识、提升个人能力，并保持工作和生活的平衡。""因此，我们的某些激励手段也许对中国员工有效，却不是欧洲员工需要的。有些激励手段甚至更适合针对低端劳动力，而不适合我们接受过高等教育的员工。"

从这段文字可以看出，在这些本地员工心目中，中方员工来到富裕、先进的欧洲，就是为赚钱养家糊口，因而在内心深处看低中方管理层和员工，也不接受所谓的"中式管理"。

他们的优越感，呼应着华为研发员工从西方人工作方式差异中所感受到的文化"落差"，这种优越感，或者落差感，来自中国和西方长期的经济发展差距和所处的不同社会环境，并非完全由文化本身的特性所致。

欧洲本地员工对中方管理的这种相当普遍的认知和优越心态，让华为在这里初期的管理一度备受挑战。当时深圳机关流行一种说法，欧洲地区部是中方员工的"坟墓"，去一个"死"一个。很多机关部门将最优秀、最能干的员工挑选出来派去欧洲，但一些人因为无法和本地团队合作，发生各种问题，工作输出不好，被末位淘汰或者辞退。

有意思的是，经常这边厢欧洲地区部辞退了一个中方员工，人还没回国，那边厢深圳就有多个部门抢着在其离职前"截留"，理由是在欧洲干不好，在中国还可以继续好好干。这令欧洲地区部管理层非常愤怒，投诉到公司人力资源管理部领导处。一方面，这种行为违反了公司基本组织规则，让欧洲地区部毫无管理权威；另一方面，在国际化的华为，一个无法在跨文化环境里生存的员工，不是公司未来需要的优秀员工，这是一个"导向"问题。

此时华为也开始组织向海外一线送课，进行企业文化培训。面对欧洲的课程设计，华为大学就颇费思量："南部非洲在管理方面和中国相似，有的国家还落后于中国，所以比较接受我们业务上的管理思想……欧洲的管理水平发展得比我们要快，本地员工本身可能也认为他们自身的管理水平比较高，不一定会接受我们管理思路，在听我们的课时，他们很可能会抱着一种比较和怀疑的态度，培训可能会面临比较多的问题，所以授课老师要充分考虑这方面的因素。"

但并非所有欧洲本地员工都怀着一种优越感看待华为。在英国，华为代表处成立之初就招聘了一位本地人力资源经理莱斯利（Lesley），其在当地已有十八年人力资源管理经验，入职华为后，工作起来和中国员工一样"拼"，经常会下班先回家给自己三个孩子做饭，八点多吃完晚饭，再开车赶回办公室，和大家一起加班工作。她就认为，华为作为一家中国公司来到英国，人生地不熟，一切从头做起，很不容易，她看到的中方员工都非常勤奋努力，具有西方人的创业精神和敬业态度，自己作为一个本地人，应该尽其所能，帮助华为在英国站稳脚跟。

莱斯利比我更早几个月加入华为，是我认识的在公司工作最久的本地员工，我们之间的工作沟通一度非常密切，这是一位谦逊的专业人士。

跨文化融合：本地员工相向而行

由于文化的"透镜"作用，大多数跨文化问题和冲突的产生其实与双方都有关系。所以，在一个组织中，跨文化适应和融合不能只依赖于一方努力，而是要双方互相学习、彼此靠近。在华为，有很多如莱斯利这样的本地员工，出于主观认知和意愿，或者天性本能，能够克服文化的"透镜"效应，设法弥合彼此间的差异，避免跨文化冲突。

作为英国代表处的人力资源主管，莱斯利组织开展了"跨越文化鸿沟"的活动，她发动几位本地员工志愿协助，利用业余时间，为代表处中方主管们讲解英国职场礼仪和社会生活基础知识，举办一系列跨文化研讨，她自己主持讲座，教大家如何与难打交道的本地员工沟通。在本地人才招聘中，莱斯利按照华为素质模型，考察候选人的工作态度和达成目标的意愿和毅力，即坚韧性，招聘了一批更容易适应华为文化的本地人才（在这一点上，她算是我的好学生），对此，她颇感骄傲，"他们为公司今天的成就做出了贡献"。

另一位英国本地项目经理亚历克（Alec），在英国电信"二十一世纪网络"项目启动时加入华为，领导着一个数十人的团队。在工作之余，亚历克在团队中发起各种体育运动比赛，向中方员工进行英国历史和文化培训，带着大家一起阅读《哈利·波特》，帮助中方员工增加英语词汇量，改善发音，"这些活动的效果都不错，连我的主管都被吸引来参加了"。

在管理方法上，亚历克发现有中式和英式的区别：中式倾向于一旦做出决定，立即采取行动，随着目标和问题变得越来越清楚，逐渐调整方向。英式则是在开始之前进行详尽的计划，一旦开始，就不会有太多的变动。但他并不排斥"中式管理"，认为各有优点，"我们要在两种不同管理方式中找到平衡，并保持良好的沟通和有效的工作关系"。亚历克认为，在华为工作，就要懂得享受中西方跨文化挑战。

作为管理者，这两位英国员工主动发挥本地人优势，以开放的心态，帮助来到自己国家的异乡人，在中方员工和本地员工间架起跨文化学习和理解的桥梁，促进团队融合，表现出相当高的组织责任意识。

除本地管理者之外，还有更多的本地员工，像中方员工一样，有意识地认识和理解文化差异，积极适应华为和中国文化，与中方员工相向而行。

知名的意大利微波专家瑞内托（Renato）在 2008 年入职华为后，就意识到，自己已经不再是在一家公司的总部工作了，现在的公司总部在中国，他告诉自己和本地高级专家同仁："无论何时何地，你需要适应新公司的价值链，新的领导以及他们的管理和工作方式，找到你的价值所在。"

语言和饮食，是认识和接近一种文化最便捷的工具。为了适应华为这家新公司，瑞内托开始学习中文，后来能说几百个单词，"这是我的求生工具"。意大利餐源远流长，有"西餐之母"之称，在世界各地广受欢迎，每一位意大利人都以此自豪，但他到中国出差，一定是和中方同事一起吃中餐。和辛文一样，瑞内托也认识到"理解"在跨文化适应中的重要性，"理解一个人比会说一门语言更重要。达尔文很多年前告诉我们，不是最强大的人能生存下来，而是适应新环境最快的人才能生存。文化就是适应，就是尊重多样性……我深深地尊重中国文化和中国人"。

不过，在华为工作日久，瑞内托发现，其实意大利人和中国人有着民族共通性：都是实用主义者，而他自己刚好也是"一匹狼"，非常适合华为。

在组织层面上，华为也为本地员工提供在跨文化环境中学习和融合的机会。2006 年开始，欧洲地区部将当年所有新入职本地员工分期分批送到深圳，接受华为大学的新员工入职培训，培训课程内容由欧洲地区部和华为大学联合开发，培训方式既有讲座、授课，又有研讨、竞赛，还有市内文化景点的参观和游览，也包括中方新员工入职培训的每日早操军训。早操军训这一被描述为"军事化训练"的培训项目，是当时国内企业界用以引证华为"异类"的行为，中方组织者原本担心这会引发本地员工的"文化冲击"，作为选修项目提供，实际却发现，对于西方人来说，这就是他们喜欢的晨练运动，反而广受欢迎，一位学员甚至主动担任了早操和户外活动的体育委员。

将海外本地新员工送到深圳参加入职培训，虽然代价高昂，但无论是促进中西方跨文化融合，还是传承华为企业核心价值观，"从娃娃抓起"效果都非常好。特别是坂田基地，曾经震惊了客户，也让本地员工倍感自豪，身处其中，他们直观地感受到自家公司的国际化气度和多元、包容的精神气质。此后多年，各海外地区部在华为大学也都陆续开设了自己的新员工入职培训"专班"。

在华为，还有一个特殊的员工群体，天生具有促进中方、本地员工跨文化融合的桥梁作用，这就是本地华人。在语言上，他们的"双语"能力可以与双方都保持良好的沟通，尤其在小语种国家，更重要的是，他们具备双重文化背景，既熟悉当地风土人情、传统习俗，作为华人，又容易理解和接受中国文化，对华为这样一家中国公司的认同感比较高。

这个群体尤以马来西亚华人为代表。他们不仅会说英语，可以游走全世界，除普通话外，多数人还能同时讲多种中国方言，包括广东话、潮州话、客家话等。马来西亚地处东南亚，多种宗教和谐共处，民间交流往来密切，马来西亚又属于英联邦国家，受西方影响较多。生于斯，长于斯，马来西亚华人的跨文化意识、国际化视野总体都比较强，职业化水平很高。在华为国际化早期，马来西亚华人也曾作为中方员工的补充资源，被派遣到海外，特别是欧洲工作。

在拉美，也有一个相当庞大的本地华人群体，他们已在当地生活数代，与本地人结婚生子，深度融入本地文化，有些人不会说中文，但华人的传统文化、风俗习惯还一直都有保留，这体现了文化的特性，就是"将一个群体与另外一个区分开来，并且是一代一代传递下去"。[7]

在华为巴西代表处，法务主管马塞罗·潘（Marcelo Pan）是当地聘用的华人员工中尤为出众的一位。他的父亲是中国人，所以他有着一张亚洲面孔，能讲流利的中文。双重文化背景让马塞罗能敏锐地洞察到文化差异所在，比如，他发现，华为的激励政策导向长期，而本地人倾向于短期激励，及时享乐，作为主管，就需要与本地员工做好沟通，说明公司的激励实践背后的企业文化含义，以免员工误以为自己没有被公司认可。

双重文化背景也让马塞罗天生具有一种换位思考的能力，对日常工作中与中方员工的摩擦，他和本地员工沟通："换位想一想，中方员工很多人都是第一次出国，他们也想不明白为什么很多做法在中国行得通，在巴西就行不通了。这个时候，我们作为东道主应该要宽容，更有耐心地与他们沟通，才能从根本上解决问题，提升整个团队的战斗力。"

宽容，的确是一个人应对和适应文化差异时一种重要的人性品质，而双重文化背景使得一个胸怀宽容的人不会有辛文的体验，不会对异质文化犯上消化不良的毛病。

这些在跨文化环境里适应得很好的本地员工，在华为的职业发展大都非常成功。莱斯利后来被派遣到深圳机关，任职区域人力资源部部长助理，负责协助管理机关各部门招聘的外籍高级员工，回到西欧地区部后，被任命为地区部人力资源副部长。亚历克入职两年后就获得金牌个人奖，马塞罗更是在三年里连续两次获得这一奖项。金牌个人奖是华为给予员工的最高奖励，奖牌的确是纯金打制，每年获奖人数极为有限，评选过程严格。瑞内托是微波专家，华为专门为他在家乡米兰设立了一个研究所，他后来成为华为的 Fellow。

"一杯咖啡丢掉一个大单"的故事，后来在华为不再流传。现在，一杯咖啡里，藏着华为全球化的密码，那就是开放和交流。

🌐 学习国际化"游戏规则"，成为合格全球化"玩家"

虽然多年以来华为致力于在内部管理上"与国际接轨"，努力学习、接受、运用国际化"游戏规则"，但还有相当的自主性和选择性，而当其身处海外市场，就是直接在别人的轨道上驾车，守当地的规矩，一起"玩游戏"，而不同的国家有不同的法律法规，具体执行也与本国民族文化、宗教信仰相关联，这样的学习更具挑战性。但从中国走出来，华为员工的内心深处烙刻着与西方不同的文化价值观和精神信念，在认知和理解上，对这些"游戏规则"存在着先天缺陷，需要自身的力量去克服。

在海外遭遇国际化"游戏规则"

2001 年，技术服务工程师任雪松外派到哥伦比亚，甫一到达，他就与客户进行工程交付和服务合同谈判，苦干数天，达成共识，任雪松提出双方签字确认，却被客户告知，他还没有本地工作签证，无权签署本地服务合同，任雪松只好与客户达成"君子协定"，工程交付按双方谈判结果进行，他在心中暗自祈祷，客户千万要守信用。

由此经历，任雪松知道了，签证不仅仅是进入一国国境的手续，还意味着一种法律身份，外国人入境后"不得从事与其所持签证种类不符的活动"，是一项通行的国际规则，任雪松入境哥伦比亚持有的是商务签证，只能参与合同谈判、技术交流和支持，以及培训之类的工作事项，签署合同这类具有本地法律效力的商业行为，只能由本地员工或者持有工作签证的外派员工操作。

但他不知道的是，客户信用问题是埋在海外市场上的"地雷"，华为将为此吃尽苦头。

谈判结束，任雪松开始组织工程交付，他需要寻找本地工程分包商，并进行服务合同谈判，谈判涉及当地税务与保险规则，税务包括关税、劳工税、增值税（VAT）、服务税等，通过清关公司、当地律师和会计师，他设法获得了这些专业知识。第一次谈判后，任雪松着手整理了一个简单的当地税务说明文件，作为此后谈判的参考资料，他后来得意地发现，这个文件非常有用，"具体妙处在后面的工程以及合同项目中不断体现出来，谈判的时候能够想的比较全面"。

作为工程交付负责人，任雪松还要接收国内运送过来的货物并进行清关，代表处此时没有专职的物流员工，他找了本地代理操作，因为，"在哥伦比亚这样一个每天都有新法律出现的国家，没有专业人士代理根本无法进行"。虽然不得不假手于人，他仍然下功夫去了解清关文档的需求，熟悉清关流程，以免被糊弄欺骗。

任雪松所面对的，是华为进入海外市场后在语言和文化差异之外，一项更为重要、复杂的挑战：学习并遵从各国的法律法规。这些法律法规涵盖了人、财、物及其跨国流动的方方面面，规范着商业交易过程中的各个环节，这些制度、规则，在某种意义上就是文化的法典化，但对于跨国公司来说，前者具有更强势的存在：适应、融入当地文化关乎自己活不活得好，而遵从法律、合规运营，则关乎自己在异国活不活得了。

除了写在纸面上的法律法规，跨国公司还要谙熟并学会运用另一类与文化关系更为密切的"规则"，即那些隐含于商业交易中的行业规则和行为惯例，实际上，它们本身就是文化的一种表达，反映着人们的价值观或宗教信仰。但和法律法规不一样的是，这些惯例和规则很多是"缄默性"的存在。比如，承诺的方式，中国人信奉"一言既出，驷马难追"，西方人则只认白纸黑字的契约。来自异邦的人们只能通过切身体验来认识这些"缄默性"规则的存在和效力，很难如应对法律法规一样，事先进行纸面上的学习和掌握。

海外市场体系学习商业领域的国际化"游戏规则"，最初就是像任雪松这样，由一个个员工"躬身入局"，在具体的业务实践中边干边学、现学现用，为了谈成一个合同、交付一个工程项目，自行学习当地各种法律法规，把自己打造成税务专家、海关通关专家、贸易专家、商业谈判专家的专业"全才"，从日常工作和生活的行为差别和细节中，感受与国内不同的规则和限制，以及人们对规则的不同态度。

吃一堑，长一智，从教训中学习"游戏规则"

当海外市场扩大，人员外派量增加，产品和业务更为复杂，中方外派员工面对更多、更复杂的"游戏规则"，基于业务需要进行专项学习已经不足以应对周全，"吃一堑，长一智"就成为华为认识、领会国际化"游戏规则"的主流方式，掉进"坑"里再爬出来，总结教训，改变行事方法，积累经验。但这种学习方式必然会付出巨大的代价。

教训，一方面来自"无知"，另一方面是出于"无谓"。

比如任雪松在合同谈判中最为关注的税，不仅种类多，规则也极其复杂、细琐，非专业人员很难准确地把握，但很多涉及税务的处理是由普通员工在商业交易环节中操作，在 IFS 项目梳理、打通端到端交易流程，将一般税务规则纳入流程操作之前，华为在海外因税务处理不当产生损失的案例频频出现。一位商务员工在合同报价中漏报了本应向客户收取的增值税，导致华为应收款损失数十万美元。一位物流专员在清关发票上将"路由器"宽泛地描述为"宽带接入产品"，这个小小的文字误差导致合同成本增加七万美元，因为根据当地海关税则，前者属免关税产品，后者关税税率为 25%，客户对此无法接受，甚至提出将货物退回中国重新出口，华为与海关进行了非常艰难的多次交涉，才得以更改清关发票，避免了这笔税务损失。

税种的繁多也让组织还不完备、管理还不专业的海外代表处对税务问题认识不足。2002 年至 2003 年间，某国税局对华为当地代表处多次审查，认为其一项税务申报不符合当地法律规定，最终开出六张总金额数十万美元的罚单，而代表处内部对此项征税的基础是属人还是属钱一直没有搞清楚，税务部门查到头上，人力资源部和财务部还在对责任归属推诿扯皮，在一定程度上也导致了税务检查的负面结果。

因"无知"而掉进坑里，尚可以理解，一般人进入一个新的环境，都需要交一点"学费"来适应，但对法律规则的"无畏"感，则与员工个体相关。他们出生、成长于传统上以"人情"为内核、"关系"为导向的中国，很多人内心对法律、规则的认知相对淡漠。当他们走出国门，与外部世界互动，常常会忽略或轻视法律规则的存在，心存侥幸，当违规受罚时，又往往希求"通融"之道。这种心态集中地体现在员工出入境、海关遵从等个体行为中，相关事件屡屡见诸华为内部通报，有的还在外部引发舆论危机。

比如，一位员工携带测试仪器回国，入境时未按海关规定主动申报，被查出后扣缴十三万元人民币关税。另一位市场员工陪同六位海外客户经香港到公司参观，一人携带客户的六部数码相机过关，相机全部被扣，还支付了一大笔罚款。后果最为严重的，是一位员工从非洲携带象牙制品回国，违禁品被中国海关查扣，人则被判处七年刑期。

这种"无谓"的心态，还表现在一些中方员工会把在国内养成的工作习惯带到海外，在西方的法规环境中，这往往是"坏"习惯，孙亚芳称之为"不文明"的"陋习"。其中最常见的，是招聘中的性别、年龄歧视。

早期的海外本地招聘大多是由外派中方员工自己操办的，他们在本地中文网站发布招聘广告，几乎都有"男，××岁以下"的表述，底下的评论是"太不国际化了""太土了"，尤其是在欧洲各国。我入职后还时不常地扫网抓"现行"，向海外发出警示。但即使后来深度国际化，招聘中不得有年龄和性别歧视已是常识，2016年我在拉美工作时，仍然有一位高级别中方主管面试时忍不住询问了本地候选人的年龄，并表达了疑虑，这位美籍候选人面试结束后就向我愤然投诉。

这一时期，华为对海外违反各类法律法规的行为主要是案例宣传、警示教育，但学习和普及效果非常有限。市场发展太快，大量新增外派员工，人员跨国流动频繁，这使得合规遵从问题此起彼伏，同样的案例在这一国发生，还会在另一国发生，一年前跳进去的"坑"，一年后还会有人继续往里跳。

到 2004 年中，海外很多代表处已经意识到，自己在当地处理的业务已不仅限于市场销售和工程交付，而是"伴随着很大的物流量、很大的进出口量、很大的合同处理量"，以及越来越多样而复杂的税务问题，这些事务的处理需要高度的专业性，有些问题还涉及跨国协调统筹，本地无法自主处理，需要由公司层面出手解决，因此呼吁"公司总部的管理部门应该将业务管理、业务流程等延伸到海外去，支持公司海外的发展。"

海外对"总部"这一角色的诉求此时开始明确、强烈起来。此前，"总部"对海外的主要价值是送人上一线，现在，总部还要送能力、搞协调、做管理。而海外多年来对本地"游戏规则"的学习、认知和吸取的教训、积累的经验，对总部也有能力发挥"反哺"作用，为全球化业务流程和政策的架构性设计添砖加瓦，"总部"与"一线"的互动越来越紧密。

2005 年后，"总部"一词在华为渐渐流行，使用频率大增。以前，这个词在中国人的意识里，总是指向一个发达之地：美国、欧洲、日本、韩国，现在，在华为，它指向深圳关外的坂田村。正当坂田村里的我们开始隐隐地享受"总部"带给自己的某种组织身份和价值优越感，频频出差各国业务调研、"送课下乡"，解读公司政策之时，某天领导交代，老板不让用"总部"这个词了，以后要以"机关"代之。

虽然大家对"机关"一词在中国语境中带有的"官僚"意味而心存异议，但这个词很快出现在公司文件和"两报"文章中，"总部"没有了，"机关"一词在华为获得了独特含义，它意味着服务和支撑，由此，华为定义了在全球化语境中，坂田村和海外的关系。

机关学习国际化"游戏规则"，进行合规遵从建设

经历了 2003 年的思科诉讼案之后，华为清楚地认识到，遵从法律、合规经营是自己在全球化环境里活下来的生存要义。2004 年 5 月，华为发布了首版《员工商业行为准则》，明确业务经营要遵守所在国家法律及国际法规："华为业务遍及全球多个国家，员工的国籍也各不相同。我们的业务经营必须遵守

所在国家、地区或区域经济共同体的法律及国际上的惯例和认可的标准。这些法律或标准涉及投资、贸易、外汇、劳工、环境、合同、消费者保护、知识产权、会计、税务等等各个方面。"此后，这一准则文件不断完善、细化，尤其强调法律遵从意识和日常行为合规，所有员工每半年考试一次，并签名承诺。

从态度落实到实际管理，华为机关各个专业领域都需要进行系统性的学习，以掌握上述法律法规的全球通行原则，对各项业务在各国运作的合规约束有一个总括性认知，确定自己行动的边界和原则，结合华为业务管理需要，将通行的普适性规则应用到全球化业务流程中，制定全球合规政策，进行合规体系建设。

而此时华为面对的问题是，相关的知识、能力从哪里来？作为中国最早走出国门的企业之一，华为自己没有现成的国际化管理人才，外部获取是当时的首选。

2005年前后，华为从国内外企和国外开始大量招聘各行业的"明白人"，作为业界高级专家引进，在各个专业职能领域进行国际化管理和合规建设。海关遵从、出口管制等合规高风险领域和复杂的跨国税务领域，率先引入了一批"明白人"。

比如，华为公司级贸易合规组织的秘书机构是"出口管制"法务团队，其负责人Rose就来自国内外企，加入华为前已工作多年，拥有丰富的专业知识和经验。在Rose带领下，这个不足十人的法务团队与内部涉及出口管制事项的各个业务部门，包括采购、供应链、销售、服务、研发和财务等，一起梳理各自专业领域涉及的出口管制法律规定，并建立日常沟通机制和信息共享平台，逐步构建起完善的出口管制遵从体系。除对内加强管控，还辅之以广泛的宣传教育，Rose主导开发了中英文双语培训教材，图文并茂地全面介绍出口管制知识和风险应对，让全体员工对此都有基本了解。

对外，Rose着力于重塑华为出口管制形象，多年来持续例行拜访相关国家出口管制主管机构，积极参加各国政府间组织的出口管制论坛，展示华为优秀实践。在华为年度供应商大会上，Rose主持贸易合规分论坛，介绍华为的出口管制遵从要求。

经过十多年持续投入和建设，华为已建立起全面、完善的符合业界实践的贸易合规内部遵从体系，是中国最早建立全面完整贸易合规体系的公司之一。[8]

但像 Rose 这样从外企过来、能够在华为充分发挥专业作用的案例并不多见。2005 年左右的华为在通信业界之外并不知名，内部管理处于从本土化向国际化进化阶段，专业人士从管理成熟的外企来到正在快速发展的华为，加之华为独特的企业文化，大多数会"水土不服"，流失率比较高。我入职之前，部门曾从某外企中国分支机构挖来几位人力资源管理高级专家，他们工作时间最长的都没能超过一年。领导后来叹息，华为想知道这家外企总部制定其全球化人力资源政策的理念和逻辑，但他们在中国区只是总部政策的执行角色，对很多政策和规则只知其然，不知其所以然。双方对彼此的期望都存在落差。

因此，进行业务的国际化管理建设，主力还是靠内部被戏称为"土鳖"的中国本土专业员工。一种是原生"土鳖"，他们没有跨国企业的工作经验，但对华为的业务模式和管理导向有着深刻的理解；还有一种是像我这样喝了一点洋墨水的"小海龟"，2005 年后在华为也越来越多，这些人知道几个国际化管理的概念，能够熟练阅读和听说英语，但也没有太多成熟跨国公司工作经验，在华为算是半熟"土鳖"。"土鳖"们都需要在华为国际化发展的过程中，通过大量的、高强度的知识学习，掌握国际化"游戏规则"，积累和培养华为自己的合规能力。

华为网络安全和隐私保护法律专家 Jessie 就是一位原生"土鳖"，其 2001 年毕业于南京大学法学院，加入华为后，向销售、服务、融资、采购、人力资源等几乎所有公司业务领域提供过法律咨询支持。2010 年，华为确立"构筑并全面实施端到端的全球网络安全保障体系"的重要发展战略，Jessie 负责网络安全和隐私保护法律法规的遵从和合规体系建设，这是一个全新的课题。在当时全球的法学院，都还没有一门"网络安全法"的专业课程，而法律界对什么是网络安全法也还缺乏一个清晰的界定，什么是网络安全和隐私保护的法律法规、哪些法律要求与华为相关、如何确保华为在一百七十个国家的法律遵从，这些问题彼时都无人明了。

Jessie 只有自己动手。她首先系统地梳理了国际上所有与这一主题领域相关的法律法规，找出其中与华为业务相关的关键要点。为此，Jessie 阅读了欧美国家一百零七件原始法律文献和五十余起判例，从中抽取并概括出关键要点，又和全球跨国大 T、各国政府监管部门、欧美顶尖律所交流探讨。最终历时一年多，Jessie 梳理、归纳出全球网络安全和隐私保护法律的共性要求，主笔起草了一系列公司纲领性文件，系统地建立华为在这一专业领域的合规语言和要求，搭建起了端到端的合规框架。在此过程中，Jessie 和她的团队也逐步成长为中国乃至全球业界领先的网络安全法律团队。

在法律专业领域之外，机关各专业职能部门也在各自领域进行遵从性学习和合规建设。2005 年初，我入职华为后接受的第一项工作任务，就是调研海外各国劳工法中与雇佣和合同相关的规定，确定华为的全球劳工遵从的原则和要点，这是当年首次召开的海外地区部人力资源管理年会上达成的一项决议。

为此，我制作了一个大型表格，内容不仅涵盖人员雇佣相关的劳工保障和执法力度、劳动合同类型及其适用的工种和人员、相应的辞退条件等，也包括各国的政治、经济、宗教、教育体制、人才供应等大环境因素。表格以中英文双语发给当时海外各地区部和主要国家的人力资源主管，然后历时数月，往来澄清、讨论，最终我收集到四十九个国家的详细反馈，内容洋洋大观，有的是外派当地的中方 HR 自己填写，有的是本地 HR 填写，有的是找了当地的外部劳工律师或者专业咨询公司帮助收集信息。

其后又历时数月，我将收集得来的法律具体条款、信息分类整合，归纳分析，梳理出各个主题的分类和要点，结合华为的人力资源管理导向，形成我在华为草拟的第一份公司级人力资源管理政策《海外本地员工劳动合同管理规定》，于 2006 年底签发。

当然，机关的专家们并不全然坐在办公室里，在纸上学习国际化"游戏规则"，也要经常到海外实地调研，学习各国实践，当具备专业的、系统性的能力后，前往一线帮助解决实际问题。

2010 年，欧洲某国政府对华为当地子公司发起大规模税审，机关财经部门为此组建了一个跨领域专家团队前往协助支持，因此项税审事涉外派员工管理，我也参与其中。在通过政府的税审后，机关专家团队就过程中识别的 PE

风险，对代表处人力资源管理提出了一系列员工管理建议以规避风险，并列出非常细致的要求，比如要根据外派员工签证类型，对名片印制、邮件落款，甚至向客户宣讲时的 PPT，都要制定不同的标准模板和使用规范，在日常业务活动中监督执行。代表处 HR 对此啧有烦言，认为太繁琐了，我对她说，当华为的合规管理细化到这一地步，意味着我们已经深度掌握了国际化"游戏规则"，可以和西方跨国企业在同一个规则平台上一起玩"游戏"，华为算得上一个合格的国际化"玩家"了。

法务"边打边建"，诉讼实战中应用国际化"游戏规则"

机关法务部责无旁贷地承担了华为全球合规遵从建设的组织责任，同时，法务部的律师们也通过一桩桩海外法律诉讼，不断学习和积累，打赢一场官司，是法务专业能力的最佳证明。

但在处理了大量案件、辛苦地打了几年官司后，2010 年，法务部通过回溯发现，引发诉讼的问题不是由于法务人员的原因而产生，也不是因合同文本条款违反法律法规所致，而是由业务流程中其他人员的"动作"产生的，大多数的诉讼风险和最大的风险都是由合同文本之外的其他原因而起。

这些其他原因和其他人员的"动作"，要而言之，一方面，华为忽视对客户的信用管理，另一方面，华为员工又过于轻易地承诺。

信用和承诺，是对人性假设一体两面的表达，而基本假设是一种文化中人们价值观和信仰的深层次解释。由于中西方文化差异，华为与海外客户在商业交易中对彼此的认知假设往往是错位的，集中表现在信用和承诺上问题频出。而早期外派员工急于取得市场突破的心理，又与这种认知错位效应相互叠加，使问题更容易发生。每一个事件，都是血淋淋的教训。

比如某年，在一个政局不稳的国家，邻国一位投机客看到了当地电信市场基本空白的商机，借助其与该国政府领导人的特殊关系，挂名成立了一个无充足启动资金、无运营网络、无固定营业场所的"三无"运营商，游说华为协助其建网运营。华为当地代表处在对客户付款能力、担保条件未经落实的情况下，就与之合作，为其进行商业规划、部署网络，还"以客户为中心"，发动员工帮助其街头摆摊销售电话卡。

在为客户交付了数千万美元的设备和工程后,华为只获得了20%的回款,余留欠款历经四年未有任何进展。而那位投机商将网络开通运营几年后,以数亿美元价格出售给一家跨国电信投资财团,出售时将华为的欠款屏蔽。客户因华为的网络成了大富翁,但对华为的偿债要求,则耍起了无赖:承认债务但拖延、推诿、玩失踪,对起诉等手段置若罔闻。在法律诉讼效果有限的情况下,华为最后只能作为坏账内部核销。

这个案例属于比较"低级"的客户信用问题,华为在这上面栽跟头,多少也与其早期在一些国家扶持新牌、小运营商共同发展的成功经验有关。后来在发达国家,华为遭遇的客户信用问题就更为"高级"。精明的客户会通过复杂的商业模式,搭建一个能控制和转嫁风险、保护其核心资产的组织构架,背后是一套精致的"资本游戏",比如在维京群岛设立空壳公司,作为其防范风险的"防火墙",由其出面与华为签署合同,一旦实体经营出现风险,客户立即金蝉脱壳,即使母公司有钱,也不再向华为付款。

与这样的客户交易,华为最初是雾里看花,既无力识别客户的交易目的,更无意识去防范、应对潜在的交易风险,比如,在签署合同时未要求对方有实力的母公司或关联公司提供债权担保等,最终结果是收不回款项,产生坏账。

这体现了国际化"游戏规则"运作的复杂性,明的法律法规与暗的规则、惯例两相交织,一起发挥作用,法律法规的解读和执行可能在行业规则的潜在影响下变形,而人们在交易中,又借助一些行为惯例有意无意地利用或规避法律法规,为自己的利益打掩护。

不知江湖险恶的华为因海外客户信用问题深受困扰,到2009年,华为坏账中九成来自不良的客户信用,法务部处理的疑难欠款回收案件中,有数亿美元欠款是因为客户资不抵债、资金流动出现问题而造成的。

而自身缺乏管理的合同交易承诺,也让华为吃了不少官司,付出了巨大金钱代价。

在某一发达国家,华为员工与一家小运营商签署了一个既无商业价值又包含巨大风险的合同,并在合同之外做出了许多难以实现的承诺,即使事前已经清晰地看到客户是一个名不见经传的小公司，并且了解其没有任何相关复杂通信业务的运营经验，随时可能面临生存危机。而这家客户在华为投入巨大资金、全力满足自己各种要求的情况下，最终提出了数十亿美元赔偿的无理主张，因为华为对合同的一些附件资料，比如技术建议书、宣传资料等，没有注明"免责声明"，说明其法律地位。这一案件最后经过仲裁，华为获胜，但在诉讼过程中华为付出了巨大的人力、财力。

某年，一位华为员工记录了客户给自己当面上的一课。

两年前，双方签署了一个合同，华为在合同中承诺的某项网络运行指标高达 99%，并且提供免费维护服务。网络建成后，客户网络的实际运行指标在其所属区域的评比已是第一名，但客户一直以没有达到合同承诺的高指标为由，不对工程进行验收，不验收就不付款。这位华为员工去找客户主管沟通回款，希望考虑实际网络运行情况予以验收，他告诉客户，合同所定的 99% 的高指标，"以你们的网络拓扑是达不到的"。

没想到客户却直白地告诉这位华为员工，自己早就知道所有设备商都达不到指标，"我看你们答标的都是小年轻，故意写得高了一些，可你们好歹也回答'有条件满足'啊……但是你们为了和竞争对手拼，全都是无条件满足。其实我们都准备好要看到有条件满足的。"

客户最后不无得意地说："你们华为人太年轻……年轻人入行必定要交点学费的，要识别别人留下的陷阱。除了很多 KPI 设置特别高，我故意玩了很多文字游戏，没想到你们都中计了。"

这位华为员工哀叹，自己需要学习的太多了，"要是我们都像您这么精明就好了"。"那你们得像我一样老。"客户狡黠地说。

提升交易质量，控制交易风险，关系到华为在海外的持久、健康发展。2009 年，华为法务部成立了端到端合同法律风险管理专业组，负责与公司相关部门及全球各片区协调建立和完善交易全流程的风险管理，面向不同类别业务，发布了一系列法律手册和运作指引，帮助各业务领域员工提前应对交易风险，做好过程管理。在业务流程设计中，法务也提供风险控制输入。

比如在销售业务流程中，将合同外承诺作为关键评审点，进行有效管理。

针对客户信用问题，法务人员参与 IFS 项目的客户信用风险管理流程建设，加强风险防范和规避。对于项目交付风险，则强调发挥法务人员的专业能力，主动切入工程交付过程，帮助项目经理解读合同，识别日常风险，并总结全球项目执行中的经验和教训，将项目风险总结成检查清单（Checklist），预防问题发生。法务人员也参与工程交付流程建设，在其中植入法律监控点。

2010 年，华为法务部部长宋柳平博士在公司流程建设的高层沟通中，明确法务的价值和作用在于"推动公司通过后端发现的风险，回溯到前端，推动前端的流程优化和管理改进"。这一认识来自实际经验："我们把所做的那么多案子总结起来一看，就能发现在流程、组织设计的时候问题出在哪里，把这些案件抽象归纳，然后思考在流程中怎么把这些风险去除掉，这是核心。如果前端控制不好，后端就会不断地去救火。"

在打了许多起国际官司、追讨过很多笔应收账款后，法务人员不仅对商业交易中的规则风险进行归纳总结，反向输入到业务流程改进中，其自身的诉讼能力也日益增强。海外多起高难度诉讼的成功，证明了华为对国际化"游戏规则"的娴熟运用。

2014 年 4 月，华为在印度孟买打赢了一场一亿美元的"财产保卫战"。这场历时两年的法律诉讼，过程跌宕起伏，为了追索身陷腐败丑闻的客户的欠款，华为项目团队先在孟买提起破产清算和仲裁，后两赴非洲莫桑比克，查证客户手中控制有油气田，戳破其"影子公司"的面纱，证明其有钱可还，从而成功申请到财产保全。其后又经历了对手的反复无常、政治施压、利诱中方团队成员、威胁本地法务经理人身安全等手段，可谓惊心动魄，最终华为拿到了印度国家银行伦敦分行的兑现保函，在诉讼结束三天后就收到了客户所欠款项。

在巴西，这个盛产美女、球星和诉讼的国家，华为在 2012 年 3 月、2013 年 10 月，先后打赢了两场税务官司，探索出在这一"税法丛林"的生存之道，尤属难得。第一场官司背景为州与州之间税利争夺，历时五年，华为抗辩成功，避免了近三亿美元损失。第二场是联邦税案，从 2007 年 1 月打到 2013 年 10 月，华为当地法务团队与巴西联邦税务局斗智斗勇，进行诉讼混战，开启多个法律程序，经历了各种生死时速、起死回生，最终如愿以偿，实现了预期目标。

"百战归来再读书"，子公司董事承担本地合规建设

2013 年，华为启动海外子公司监督型董事会建设，一批现任国家代表，甚至是地区部总裁被任命了一个新角色：海外子公司董事，简称"子董"。这些高级管理者从带领团队冲锋陷阵攻市场的"老狼"，转身去做一种新的"狈"，帮助别的"狼"守好业务运营的"外围"：本地合规。

时任轮值 CEO 郭平对他们的寄语是："千秋邈矣独留我，百战归来再读书。"

海外子公司监督型董事会是华为的一项管理创新。

子公司是企业对外的法人实体组织，面向政府负担纳税义务，独立承担民事责任，董事会对子公司的合规运营、法律遵从负责。华为在海外多国都注册了子公司，但对内，代表处才是华为在海外各国的业务运作组织实体，全球业务管理按组织实体的维度进行，子公司只是一张包在外面的"壳"，但子公司与实体组织的关系并不明晰，有的国家不同组织有自己的"壳"，有的国家就一个"壳"，包住了当地所有华为实体组织，可能有地区部、代表处、研究所、共享服务中心等等。

2012 年之前，子公司在华为的组织体系中存在感比较弱，子公司管理乏人关注，董事会亦无规范运作。面对当地政府监管，华为对很多事情说不清楚。比如，在一个国家，代表处整体销售规模每年在增长，但子公司的财报却显示在亏损，这其实也正常，因为子公司所属的其他组织在当地可能根本没有销售，但这让当地政府尤其是税务局心怀疑虑，经常登门"拜访"，华为代表不堪其扰。

这种情况就像几个家族的人住在同一栋房子里，各过各的日子，但没有人关心整栋房子的日常维护。这栋"房子"就是子公司，而其必需的日常维护是本地合规遵从。合规遵从出问题，受影响最大的还是在当地市场有销售的代表处。

2011 年，华为三个 BG 成立，在全球化运营背景下，华为的业务组织更为多元化、复杂化，尤其是新成立的企业和消费者两个 BG，其更强的本地化业务属性，需要华为在各国有更积极、正面的本地化存在。而从外部看，此时的华为已是全球第二大通信设备商，品牌形象广为人知，一举一动备受关注，正

如华为公共与政府关系事务高管陈黎芳所言，在很多国家，华为已经"从一个小孩子长到成年了，当地社会不再像以前一样忽视我们。同时，也将以成人的标准要求我们。小孩子犯错误是可以原谅的，成年人犯错误是要受惩罚的"。华为在当地的合规运营日益凸显其重要性。

2013年华为开始建设的子公司监督型董事会，其首要职责就是子公司合规运营监督。

就合规监督来说，海外子公司董事会是站在全球业务流程之外，对本地的合规运营履行职责。虽然IFS、LTC等全球化业务流程变革已经将国际化"游戏规则"内化于华为主干业务流程中，但毕竟只限于那些全球通用的规则，很多规则的具体实践是非常本地化的，需要根据实际情形因地制宜。概括而言，流程是经，是机关站在全球看遵从，Think Globally，子董是纬，立足本地促合规，Act Locally，二者形成一个综合的、矩阵式合规管理运作机制。

最初几批被选出来的子董以业务成功的国家代表为主，为什么是他们呢？任正非认为，做子董对业务进行监督，不仅要有能力、有业绩，还要有资历、有威望，"现在二十几岁的年轻人比老村长有文化，但为什么领导不了村庄呢？因为没有资历"。除此之外，应该还有一个原因，他们自己大都经受过不合规之苦，深明其重要性，但彼时身在一线作战，没有人帮助他们守"外围"，合规风险都以"救火"方式突击应对。

不过，接到"子董"的新任命，这些主管都是在一种迷茫和惘然的心情中走马上任。他们正在市场一线岗位上如鱼在水、商战正酣，突然需要放下手中冲锋向前的"矛"，拿起防守护卫的"盾"，而怎么使用新的"盾"，他们并不知道。

"百战归来再读书"，迷茫中，子董们开始努力学习新岗位所需的各种知识、技能。首先是本地各种法律法规，无论哪一个领域，对他们来说都非常专业，不但需要求教于公司内部法务，也要借助于本地的外部律师事务所的咨询和培训。同时，他们也要广泛学习内部各业务管理流程，明确与本地合规要求相结合的落地方式。此外，他们还需掌握应用新的工作方法，包括审计、尽职调查等。除了自学，他们彼此之间也互相分享，交流经验和心得，找到本区域共性的合规风险，总结合规遵从案例和解决方案，互相帮助，共同成长。

同时，机关层面负责子公司董事会建设的主管部门也组织赋能，帮助子董们提升履职能力，包括总结成功经验、专题研讨、邀请外部的公司治理专家进行专业授课等，对新选任子董提供上岗培训。

西欧是外部合规要求最复杂也最严格的地区部，在这里的子公司监督型董事会建设受到管理层高度重视，到2014年5月，华为已经在意大利、西班牙等七个国家的十个子公司推行了监督型董事会建设。

其中，于2013年启动的西班牙华为子公司董事会运作相当成功。新任子董们很快与外部律师事务所建立合作，历时两个月完成了子公司经营合规风险调研，从公司法、税法、劳工关系、通信、环保、数据保护法、进出口贸易、投资、刑法、竞争等十个领域共一百二十二个子模块，梳理出华为当地的业务面临的合规风险"全景图"，并对风险进行分级评估，将评估结果向各相关部门逐项解读，分析风险影响程度和发生概率，合力着手制定相应的风险规避计划。

签证是其中一项TOP级合规风险，牵涉劳工法和税务遵从。按照大部分国家的出入境法律要求，持用商务签证的出差员工只能在当地参与内部会议、培训和客户交流等临时性商务活动，一旦被移民主管部门发现商务签员工坐在当地正式员工办公位上，就可能会定性其为非法长期工作而被缉捕、驱逐，子公司会被罚款。

为彻底解决这一合规风险，西班牙华为对办公室进行整改，在办公区划分出一个单独的出差与临时访客专用区域，与本地员工和持工作签证外派员工的工作区进行物理隔离和IT隔离，并制定出一套严格的访客登记流程，出差员工来到此地，需要上交其工卡，换取访客区专用的门禁卡，只能在访客区进行商务会谈或短暂停留。这一做法得到时任西欧地区部总裁陶景文的支持，在下属各国代表处都发起了办公室整改行动。为严格落实签证合规要求，西班牙合规管理团队还委派本地员工假扮便衣警察，在办公区不定期抽查员工证件，进行合规自检。

2014年10月的一天，在当地政府发起的一项针对所有本地大型外资企业的突击检查中，西班牙华为被重点"关照"，在不到五分钟时间里，一个由劳工部和警察局近五十人组成的联合行动组进入华为办公区，迅速封锁了所有出入通道，对两个工作区域所有人员的居留证、护照、签证等证件进行逐个检查，历时两个半小时。警察们的工作非常细致，虽然现场未发现任何签证违规案例，他们还是留下了一些出差员工的现场笔录，要求与其商务签证邀请函上的签名字样进行验证，限期澄清。

受益于日常严格的合规运营管理，西班牙华为在这一次突击检查中经受住了考验。在检查过程中，当地 HR 主管还借机向劳工部官员介绍了华为提供的本地就业机会，以及帮助年轻人提升就业竞争力方面所做的贡献，包括实习生青年培养计划等。此时，他们对政府的合规突击检查的应对已然信心十足，游刃有余。

IFS 之后，郭平说华为的海外业务发展从"狩猎型"转向"农耕型"，这一转变就要求本地合规建设跟上来，而做到合规，"第一是态度，第二是成本"。为实现子公司在当地扎扎实实的长期经营，华为既有正确的态度，也愿意付出成本。其所付出的成本，就包括将那些身经百战、能"打粮食"的高级业务主管一批批从战场上抽回，让他们转身归来做子公司董事，重新学习、从头做起，专职从事合规管理。这背后是华为管理层对合规重要性的清晰认知和坚定的决心。

到 2014 年底，华为已在七十多个国家完成了子公司董事会建设，在其运作与管理、尽职调查、合规监督领域，固化和优化出一套系统的运作机制和方案，并逐步规范，海外本地合规管理进步明显。在实现股东透明、推动与监督子公司合规建设、加强子公司维度管理等方面，子董们已体现出明显价值，能够引导子公司管理层"既要打粮食，又要合规"，兼顾短期目标与中长期建设。

到 2019 年，华为在全球一百三十多个子公司设立了监督型董事会，任命了合规官，各子公司对所在国家和地区的法律法规及其他适用的行业规定完成梳理，形成合规指南，确保各子公司合规管理符合当地要求，并编制、发布合规白皮书，为子公司合规运营提供制度保障。[9]

第七章

异乡的聚散与欢愁

在努力应对外部生存环境的各种困难和挑战的同时，来到海外的华为员工们还要面对自己动荡不安的内心世界。

像历史上所有曾经去国离乡的中国人一样，他们会思故土、念亲恩，在孤单里感受寂寞，在无助中怀疑自己，工作的压力与挫折会让他们情绪失控，而在努力的自觉中，他们从自身体味着人性的脆弱与坚强。

但和那些独自出海打拼、追求个人命运改变的中国人不一样的是，作为一个有组织的海外远征军中的一员，华为员工须将个人意愿置于组织意志之下，听命于一个遥远中枢的调度，像鸟儿一样在全球不停地迁徙飞翔，经历一次次的聚散与忧欢，体验痛苦与惆怅。对家庭的牵挂和责任羁绊着身心，亲人的陪伴能带来心灵的慰藉，让他们继续在海外漂泊。但这陪伴的代价，是亲人自己的付出和牺牲。

曾任东南非地区部总裁的李大丰在离开非洲时，回望三年时光流变中的自己和同事们经历的这一切，感叹"心情其实像大海，虽起伏不定但终究会被广阔的天地包容"，但"就是在这样的峥嵘岁月里，那些永远坚守着自己的目标、不言放弃的一批人，在不经意中顽强地成长起来。成长，或许本身就是用当期的痛苦去交换未来征途的坦荡，当走过一段路而蓦然回首的时候，又总是会发现过去的一切坎坷其实不过如此"。

走出国门的一代代华为员工，艰苦奋斗，努力学习，前赴后继，玉汝于成，打造了一个全球化的华为，也书写了一部现代中国人海外集体远征的心灵成长史。

二十多年后，他们中最早的那一批人已渐次退隐于华为的全球化舞台，回首过往，他们发现，"那些过程中曾所经历的一切困难，其实都是为最后结局而铺垫的情节渲染，是来衬托结局来之不易的一种资历"，而在内心，每个人都深刻地领会任正非说过的一句话："人生攒满了回忆，就是幸福。"

能给一个人留下最深刻回忆的，往往是那些过程中最痛苦的经历。

市场开拓压力下的焦虑

焦虑，是早期出海华为员工感受最强烈的一种情感体验，源于开拓一个新市场所面临的巨大压力。

1998 年踏上南部非洲的邓涛，面对二十五个国家、四点五亿人口、面积差不多是中国两倍的一个陌生市场，没有人了解中国的电信产品，更没有人知道华为公司，一切都是从零开始，"那种渴望打开市场局面的焦虑和接踵而来的失败的打击总是交织在一起，让人心力交瘁"。历时近一年，他们终于赢得肯尼亚国家智能网标，"我和刘京青不能平静，几乎整夜未能合眼"，因为这一胜利"是从失败的山堆里挖出来的，经历巨大的痛苦和艰辛的劳动，来得实在不易"。

1999 年初，杨蜀被派往泰国曼谷，在开展业务和与客户沟通中，他切实地感受到自身的不足，感叹工作环境的转换带来的巨大挑战：国际贸易知识欠缺，对"游戏规则"不熟悉，本地资源匮乏，跨文化沟通的障碍等等。内心经常处于焦虑之中，对周遭环境时有抱怨，即便知道那样于事无补。他逐渐认识到，自己要面对现实，韧字当头。三年过后，他才有了"看堂前花开花谢，看庭上云卷云舒"的自如。

同样，2000 年 5 月第一次来到海外的王承东一开始也是心神不宁，"因为游戏规则完全改变了"。虽然一时没有销售的指标压力，日常工作主要是邀请客户访问公司、参加展会等营销活动，但当他每月申领数额不菲的海外补助时，心里总是感到深深的不安。在亚太地区工作五年半，王承东参与了新加坡、菲律宾两个代表处和文莱办事处的筹建，签下了许多重要的销售合同，为亚太市场开拓做出了杰出贡献，但在其回忆里，这五年半"几乎是在郁闷和焦虑中度过的"。

在巨大的工作压力中，深陷焦虑的理工男们展示了他们内心脆弱的一面，哭成为他们的发泄之道，在公开的文字中，很多人都不讳言自己曾经哭过。

1998 年初到俄罗斯不久就遭遇了金融危机、市场冰封的李杰，对这段经历的回忆就是从哭开始："记得小时候我特别喜欢哭，在外面和别的孩子打架了，在学校或家里受了委屈了，总是哭……后来听说男孩子不应该哭，为了面子，就在外面忍住，可心里还是很想哭，只好回家偷偷发泄。"在俄罗斯市场漫长的等待中，他又有点想哭了，"我不想浪费自己的时间，更想念遥远的家。但我想起了那个电影的名字：莫斯科不相信眼泪，忍住了"。

参与欧洲市场拓展的产品经理段爱国却终于忍不住，在深夜里一个人痛哭一场。

在瑞士一个重要项目投标中，经过五个多月努力，华为终于进入两强相争阶段，由于签证配额所限，段爱国只能孤身一人在瑞士，应对标后澄清的技术沟通"车轮战"，在客户和机关研发之间反复往来，利用时差连轴转以迅速响应，这样一周过了一周，一个轮回又一个轮回。

一个周末，段爱国从瑞士返回德国处理其他紧急公务，深夜十一点才回到宿舍，五个半小时的火车已让他极度疲惫，但又放心不下项目，打开电脑查看邮件，发现客户又发来一长串新的澄清问题清单，还有满屏的未读待处理邮件，他突然觉得问题似乎永远看不到尽头，"那一刻感觉极度无助，情绪瞬间失控、崩溃，抬脚狠踢了几下桌子，把桌子都踢烂了，然后一个人在昏暗的宿舍不可遏制地哭了出来……"

直到多年以后，段爱国还清楚地记得当时那种压抑到崩溃后放声大哭的痛快淋漓。"哭过了，压抑清零，承受能力升级，成长了。哭完了，收拾好情绪，继续奋斗！"

虽然无须直面具体项目的一时成败，但内心里长期承受着巨大的海外市场开拓压力的，是任正非。2002年，他曾对一位友人感叹，华为的国际化已经八年了，八年，抗战都胜利了，而我们屡战屡败、屡败屡战，到今天还看不到曙光。说这番话的时候，友人看到他"眼中泪水在打转，声音也有些哽咽……"

其实任正非也曾经大哭过，甚至是当着一众员工的面。

2000年初，任正非考察南非市场时，顺道参观了约翰内斯堡附近的南非先民纪念馆。这间纪念馆记录了两百年前南非的先民们离开沿海的家园、进入内地大陆开拓新生的历程，一路上，他们赶着马车，扶老携幼，在蛮荒之地，忍受着疾病、战乱、食物短缺、毒虫猛兽等艰难险阻。在纪念馆迎面墙体中间，有一座母亲和两个孩子在长途迁徙的疲惫中相互依偎的雕塑，表现先民们经历的悲苦。当任正非走出纪念馆时，接了一个电话，也可能是触景生情，他坐在馆前小广场上失声恸哭了将近两小时。"南非先民们的生存史是一部血与泪的历史，华为的全球化又何尝不是如此？"对任正非的这场大哭，写了《下一个倒下的会不会是华为》一书的田涛如是解读。

哭是一种情绪的发泄、压力的释放，但哭完了，开拓海外市场的先驱们需要一种积极的心理建设，让自己坚强地面对挫折和压力。

一种方法，是从自然界的微小生物中，汲取在恶劣环境下坚持下去的心理能量。

2000年时，华为进入非洲已经两三年，市场仍未有起色，而此时IT泡沫破裂，友商人员陆续撤离，华为则选择继续坚守，但困难重重，"我们接触不到主流客户，有的单拿到了实施不下去，有的标书做到一半，运营商却没下文了"。此时担任撒哈拉南部片区主管的曹松洁面对着不同寻常的压力，心情极为焦躁。

有一天，在马塞马拉草原黎明的晨曦中，曹松洁和司机驾车前行，他们远远地看到一棵树，到得跟前，停车下来，曹松洁盯着这棵树看了许久，禁不住泪流满面，对自己说："回去，我们重新再来！非洲荒原上一棵孤零零的树都能存活，我们就活不下去？"

另一种，是华为的批判与自我批判的行动实践，让海外的管理者们激发出自身内在的力量，跳脱出自我。对组织更高的责任感，让他们努力克服个人的情绪，以免对团队造成伤害。

2006年8月，此前在机关负责产品行销多年的一位主管来到哈萨克斯坦代表处担任代表。在周边同事和下属眼中，这是一位儒雅平和的领导，很少发脾气，其自我感觉也能处理好工作压力。但在担任海外市场管理职务后，压力骤增，每天，他都处于紧张和焦灼状态，随之而来的，是"脾气暴涨、整天不见笑脸、与员工的沟通不足、关心就更加不够"，而自己却恍然不知，直到一次民主生活会，下属员工反馈、提醒，他大受震动："这显然还是自己的承受能力、心理调适能力和个人修养不足造成的。"

此后，他及时觉察自我的情绪状态，随时调整自己。"那次自我批判对我的影响很大，从那以后，我都会有意识地经常提醒自己：压力之下不要忘了自己作为一个团队领导应该注意些什么！这种自我提示起到了比较好的作用，在我身上，简单粗暴、乱发脾气的频度下降了很多，团队气氛改善了不少。"

随着海外市场渐次打开，前景变得明朗，焦虑不再是华为海外员工的主流情绪，但孤独却是他们的生存常态，寂寞与他们如影相伴。

孤独与寂寞常相随

在2000年底的"海外将士出征大会"上，董事长孙亚芳讲话特别强调，出海员工要做好在心理上吃苦的准备，除了市场不能突破的受挫感，还要准备好承受孤独和寂寞。

海外市场开拓早期，被"空投"各国的员工很多时候是孤身奋战，一方面是市场拓展面太宽，另一方面是可外派人员数量有限。即使到后来市场大发展，外派员工数量增加，在很多场景下，很多人也不得不做着"天涯孤客"。比如，在偏远站点或客户机房维护网络稳定运行，技术服务工程师往往要只身一人工作数月；在危险地带、战乱时分，人员规模压缩到最低限度，留守员工数量也以个位数计；在众多的小国，一般仅派出一名中方员工，担任办事处主任，集客户经理、产品经理、交付经理于一身，偶尔也兼任司机和厨师，接待前来出差支持的同事，驻留时间通常以年为单位。

　　独在异乡为异客，这些华为员工会整日甚至整月周遭无人对语，内心里经常生出与世隔绝之感。而即使不是孤身一人在海外，如果精神生活得不到滋养，孤独的感觉也会悄然占据他们的内心世界。由于语言不通，看不了当地电视，无法与当地人交流，他们身处文化沙漠。2003 年在阿尔及利亚代表处，一起用收音机收听中国国际广播电台是大家晚饭后主要的休闲活动，一本梁实秋的《雅舍》散文集在人们手里循环流动，到最后破损不堪还舍不得扔掉。7 月份的阿塞拜疆，晚上十点多天才黑下来，来这里出差支持开局的女员工刘彦玲发现，"每天晚上都是最难熬的，几本杂志被我翻的连广告都不放过"。

　　此外，华为还有一群在蔚蓝而广阔的大洋上"奇幻漂流"的员工，往来于一个个缥缈而孤远的小岛之间，在漂泊中感受着另一番孤独滋味。2013 年，华为在南太平洋上的巴布亚新几内亚设立了一个新的代表处，下辖二十多个岛国，代表处交付服务团队只有五六个人，经常出差，难得聚首。

　　其中，年轻员工魏波在 2014 年初就来此工作，四年时间里走过了十一个国家，经常是住在酒店里，吃着方便面和汉堡包。在著名旅游胜地大溪地，他独自一人"环岛游"了半年，对周遭的优美风景已视若无睹，生活中唯一能让他感到欣喜的事情，是用微信搜索"附近的人"时，能发现一个中国人，可以聊上几句。他的工作让岛国的人们与世界连接，丰富了他们的沟通，带来了生活的便捷，而自己却由于长期奔波不定，无人交流，一个原本活泼的人逐渐变得安静、沉默。

　　面对孤独，有的技术理工男也会生出文艺青年的诗情，写一首语带戏谑的散文诗，描述自己一个人海外生活中"美丽"的孤独：

　　偌大的游泳池，孤独的游……如果孤独也是美丽的话，那么出门在外的人，美丽的日子就太多了。

　　一池绿水，微风荡漾，想想是多么美丽。但是，如果只有你一个人划破碧水涟涟的水面，那是一种苦涩的美。

　　广阔的沙漠上，一个人在驰骋，那是豪迈？夜色中，一个人在沙滩上漫步，那又是怎样的一种滋味？

　　明月当空，月亮是那么的近，但是身处异乡，亲人又是那么的遥远。

泡上一杯茶，举杯邀明月。抒发完乡愁遐思，点上一支烟，顶一下眼镜，再回到电脑旁，让工作来忘却思念。

但孤独并不美丽，有时甚至会让人行为异常。在非洲的布基纳法索，有一天大家吃完晚饭，闲着没事，突然有人发出一声狼叫，旁边女同事吓了一跳，原来是工程师小钟之前去外乡站点做了几个月交付，出差期间太过无聊，自己学狼叫玩儿，"刚回首都，还没习惯"，小钟红着脸向受惊的女同事解释。

长久的孤独，在特殊时刻也会爆发为一场大哭。

2003 年，在非洲布隆迪的范思勇独自一人度过海外的第一个春节，此时，他已经在这里工作将近一年，期间经历了战乱，在枪炮声中躲进厕所整整一夜，吃饭时手榴弹在眼前爆炸，灰尘落满桌上的食物，行走街头时被匪徒袭击打劫，他使出洪荒之力反击，成为这条街上人人翘大拇指的 Jackie Chen（成龙）。除夕日，项目进入关键阶段，他在酒店一边等待投标结果，一边收看中央电视台国际频道的春节联欢晚会，一个个热闹欢快的喜庆节目，将异乡的孤独、现实的冷清衬托得分外难忍，一瓶啤酒没喝完，范思勇趴在床上嚎啕大哭，问自己，"我一个人这么折腾到底是图什么？"

哭过之后，他爬起来给在国内的妻子打电话，"我不干了，挺不下去了，我这就辞职！"没想到电话那头却传来妻子冷静的声音："就这样走了，你真的甘心吗？项目拿下来了再走，我一定支持你。"面对亲人的反问，范思勇逐渐冷静下来，不久之后，妻子不远万里来到布隆迪，陪伴他安心工作。

但在华为海外市场开拓早期，像范思勇这样能得到家属陪伴的情况并不多见，这时的市场主体在艰苦国家，本地住宿、行政支撑还不完善，条件比较差，家属陪伴生活非常不便。所以，克服孤独与寂寞，首先要靠员工的"自救"。

阅读和写作最能为读书人的心灵注入安宁。一位有经验的过来人撰文告诫年轻员工，"长期在海外生活，最大的痛苦就是面对寂寞……当你在独处的时候，一定要关注自己的内心，经常和自己对话……对于我个人来说，解决方法一是看书，二是写东西"。在塞拉利昂工作的一位员工怀念自己工余时的读书享受，"每天坐在书桌前，看着那些薄厚不一的书本，在到处都是异国文字的他乡，在到处都是异国情调的建筑里，捧一本印刷着汉字的书，心里激荡的那份踏实满足和亲切感无以言表"。

体育锻炼则能让年轻的他们忘记一时的寂寞，在孤独的生活中找到一点人生乐趣。

2004年来到索马里的孙达飞在这里度过了四年多的光阴，在"死亡之城"摩加迪沙，他们外出选站，要由客户派出全副武装的人员寸步不离地"押送"，日常所有的活动空间就是房间和机房，偶尔会被客户带出去"放风"，吃个饭，逛一圈。在这种近乎禁闭的工作环境中，孙达飞养成了良好的生活习惯，每天工作结束，他会爬上机房的楼顶锻炼身体，用废弃的电线跳一会儿绳，看着芒果树覆盖下的城市，做一做俯卧撑。

但一个人锻炼过于单调，需要增加一点娱乐趣味，于是，就有了华为著名的乍得"少年追鸡"的故事。

乍得地处非洲中部内陆，远离海洋，遍布沙漠，全年高温炎热。2005年，第一批常驻乍得的员工之一小梁某天去市场买了两只小鸡，放在宿舍院子里和一只孔雀一起散养。小梁通常会趁着早上清凉时分在院子里跑步锻炼，这天，新来的两只小鸡也在院子里散步觅食，这为他一圈一圈的跑步带来了追逐目标，平添了乐趣，两只小鸡在他前面扑闪着翅膀飞奔逃窜，恨不得飞出墙去。等下午小梁下班回来，看到一只小鸡蜷缩在墙角，停止了呼吸。"那天气温四十多度，至今为止，我还在思考，小鸡是累死的？气死的？热死的？被谋杀而死的？"直到小梁变成老梁，十五年后从华为退休离职，这仍然是一个不解之谜。

面对员工在海外的单调工作生活和在精神、文化上的心理需求，华为各国代表处组织各种团队建设活动，活跃组织气氛，在周末和节假日聚餐，安排体育比赛、卡拉OK、看电影，甚至有书法大赛。其中，包饺子、拔河因技术门槛低、集体参与度高、气氛自然热烈，最为流行。借着华为的国际化，这两项中国人的传统文化活动在海外各地得到发扬光大。

机关也出力支持，帮助一线丰富海外员工业余生活。2002年开始，公司图书馆为海外采购各类书籍和影碟，"两报"编辑部也多次发出通告，号召机关员工捐赠书籍和光碟给图书馆，由外派员工出差回国时挑选带走。除此之外，深圳也向海外艰苦地区运送去各类体育器材，甚至包括乒乓球桌、台球桌等，小型体育器材则由员工借出差之机，大包小包地托运到海外。

2004 年，华为总裁办发起组织"华为人在全球"摄影比赛，收到三百多幅参赛作品，涉及华为人在海外的工作、生活及海外风光、风土人情等。此后，这一摄影比赛每年进行，获奖作品张贴在坂田基地各园区走廊墙壁上，供员工欣赏。

借助于这些个人的、集体的精神文化活动，外派员工可以排遣自己在海外的寂寞，消散孤独的感觉，但对亲人和家的思念，常常会袭上心头，直击他们心底最深处的柔软。

思故乡，念亲恩，与家人沟通用情深

华为每年的年会有一个传统环节，全体参会员工在会前和会后都要集体合唱两首歌曲，一首是雄壮豪迈的《中国男儿》："中国男儿，中国男儿，要将只手撑天空……中国男儿，中国男儿，何不奋勇向前冲……睡狮千年，睡狮千年，一夫振臂万夫雄。"

另一首是曲调铿锵优美、歌词柔情婉转的《共青团之歌》："再见吧亲爱的妈妈，请你吻别你的儿子吧；再见吧妈妈，别难过，莫悲伤，祝福我们一路平安吧；再见吧，亲爱的故乡，胜利的星会照耀我们。"

前一首歌激励着华为员工们在市场上搏杀、进取，为他们的工作赋予更高的家国担当和历史意义，后一首歌则慰藉着每一个远离故土的员工在海外思故乡、念亲恩的深切情怀。

对于全球化时代的华为来说，员工没有以四海为家的胸怀，就无以做到只手擎天、万夫雄起，实现中华有为、振兴产业的自我期许。但在具体现实中，很多的华为员工其实都是在个人与家庭、理想和现实的矛盾中做出艰难选择，在父母、妻儿的不舍和眷恋目光中，踏上海外征程。从此，他们也开始了对家人和故乡无尽的思念和牵挂。

最早一批出海员工的思乡之情最为浓烈，他们基本上都是第一次出国，第一次在一个异域文化环境生活，简陋而艰苦的吃住行生活条件、陌生环境中工作的压力、孑然一身的孤独况味，叠加在一起，让他们的心格外敏感，随时会触动对家的想念。

作为首批获得外派海外十年"天道酬勤奖"代表的彭中阳，在其题为《我是一个快乐的小兵》的获奖感言中回忆，1998年8月，他第一次出国，来到莫斯科，第二天就被派去几百公里外的布良斯克州，参加华为在海外的第一个光网络项目开局工作。他清楚地记得，这天晚上，他打开电脑一边听着音乐一边工作，当《回家》的曲子响起，"突然想家，我就哭了"，但后来再听这首曲子，却再也没找到那晚的感觉。

每逢佳节倍思亲，年节时分，最能牵动海外游子的心。在大雪纷飞的2005年除夕，员工刘路和本地同事一起完成对外省客户的拜访后，山路行车十二个小时回到首都，又在没膝的积雪里奋力爬行一个多小时，终于回到代表处住地，赶上了大伙儿的年夜饭。在兄弟们的欢呼声中，他空着肚子连干三大杯，之后的事情就断片儿了，但他还是依稀记得，自己曾躲到没人的地方，朝着家的方向，给老娘磕了三个头。

工作上有好消息，他们最先想着和国内的亲人分享。2001年外派巴西的邹其东，在四年里不断地"挑战梦想、挑战对手、挑战自我"，好不容易拿下一个项目，写诗纪念："却看妻子愁何在，千里连线喜欲狂。放歌纵酒须尽欢，佳人做伴好还乡。"

今天的中国人很难体会到"千里共婵娟"这种遥相思念的感受了，视频电话一接通，牵挂的人就在眼前，愁肠顿解，怨念尽消。但在2000年左右，跨国沟通还极为不便，再加上工作繁忙，一些地方的员工有时一两个月才能跟家里打一次电话，有的人想家受不了，就打起退堂鼓，想回国。

2004年，刚刚加入华为的张帆外派南部非洲地区部，他发现还要用写信这种"古老"方式与国内联系，感觉从繁华都市直接跌落到"原始社会"，"我的信念动摇了，在给母亲的信中，我诉说了自己的思念和内心的失落，想回到她的身边"。2005年，新婚没一年的游江涛来到坦桑尼亚，到达的第一天也没能和妻子联系上，整个坦桑尼亚的国际通信出口局就只有三兆字节，QQ压根登录不上，只能用 Skype，还不容易连上。后来是妻子打电话过来，他就告诉她："这里条件实在太差了，我不见得能待下去，也许马上就会走了。"

不过他们最后都留了下来。张帆母亲回信写道："你已经尝试了一个新的领域，虽然和你想的不一样，但人生 99% 都是与想象不一样的，这些都值得尝试。"张帆看着母亲熟悉的笔迹，"仿佛她就在身边鼓励我，就这样我留了下来"。而游江涛则为客户所留，第一次见面，他就被客户热情地牵手一个多小时，感受到客户对自己的殷殷期待，于是"一切都发生了改变"。

2006 年后，随着华为的设备和网络在亚非拉市场的普及，各国通信条件改善，外派员工们也受益于此，可以随时与国内亲人打电话了。不过，国际长途通信费还是很贵，华为员工以其收入可以承受，但对厨师就是一大笔开销，如何既省钱又能和家人沟通呢？ 2008 年，卢旺达代表处的一位细心的女员工观察到，厨师老鲁每天准备好大家的晚餐后，会自己拿着手机听彩铃，听得兴味盎然，但又神情专注，不像是欣赏喜欢的歌曲那般的享受，原来，鲁师傅是用手机彩铃和国内的妻子传情达意。

妻子电话打过来，鲁师傅手机铃声响起："我在仰望月亮之上，有多少梦想在自由地飞翔……"他并不接听，知道她是在说：我已经收摊了，今天生意不错。鲁师傅听完，不慌不忙地挂断手机，回拨一个电话，妻子那头铃声响起："祝你平安，祝你平安，让那快乐永远在你身边……"意思是：知道了，赶紧收拾，早点回家吧。两个远隔天涯、跨越时空的人就是用这富于创意而浪漫的沟通方式，关心着彼此的日常劳作，传递着夫妻间的深情蜜意。

华为的外派员工此时虽然可以比较方便地打电话与家里联系，但他们都有一个共通的"习性"，只对家里说好消息，免得让他们担心、牵挂。工作中有不如意，宁愿和同事说，也不愿意让家人知道。生病时一个人看医生、吃药休息，也不会告诉家人。更不能让家人知道，自己是身在战乱、疫病流行的国家。

外派非洲的张文涛离家时，母亲拉着他的手说："儿子，你是妈的独子，照顾好自己。你好了，妈才能好。"为免母亲忧心，2014 年时，他告诉母亲，自己一直在肯尼亚，"这里一切都好！"其实他已经到了乌干达，埃博拉病毒正在这个国家传播。三年后，传出恐怖分子要袭击肯尼亚的消息，他才告诉母亲，自己已在乌干达，但他没说又将被派去危险的卢旺达，"我知道，母亲每天都守在电视旁，准时收看国际新闻。我希望这善意的谎言，能让母亲少一份担心"。

曾在某战乱国家担任代表的赵国辉从来不对妻子谈及自己在当地的危险遭遇，平时发给她的照片都是海外生活的快乐瞬间，比如某地的美景、和同事们欢乐聚餐等。代表处二十多名中方员工，人人都是如此，有的甚至只说自己在某个地区部，不说具体在哪个国家。

不过，不对家里说清楚自己在海外的情况，也会让家人心生别念。华为前任党委书记周老师有次给我们上大课，内容是反腐败教育，中间讲了一个小故事。某天，他接到一位员工父亲的电话，说自己儿子毕业后到华为没几年，就给了他好多钱，还帮家里在县城买了房。农民出身的老父亲非常淳朴，担心自己儿子走了歪道，想问问他在华为到底做什么工作，公司要不要管一管。周老师问他儿子在哪里工作，老人说不清楚，只知道是在外国，要了员工名字一查，人在伊拉克，艰苦补助最高的国家之一。周老师让老父亲放心，他儿子在华为是挣了很多钱，但没干什么坏事。

陪伴的力量，配偶的牺牲

在华为发起的这场集体海外远征中，外派员工的配偶们作为一个特殊群体也参与其中，人生际遇随华为的国际化推进而变动不居，所谓"军功章里有你的一半，也有我的一半"，很多人其实为此付出了巨大的牺牲。

第一种牺牲，是为了丈夫的事业，放弃自己的职业。

华为员工的家属大多数也都是高学历知识分子，有一份很好的工作。但当丈夫外派海外，不知归期，家里要有人抚育子女、照顾老人、打理家事，做妻子的很多就不得不放弃自己的职业发展，承担起照顾家庭的全部责任，让丈夫在海外全心全力地打拼。

比如，成功开拓了亚太市场的王承东，五年里一心一意地"搬石头、拌泥浆"，让自己"心中的宫殿"一点一点地砌高，对妻子深怀歉意："她是经济学博士，而现在却只是个家庭主妇。"我在拉美工作时有一位地区部副总裁，其妻子二十世纪九十年代毕业后就进入上海一家美资银行工作，"那时候挣的比我还多"，这位副总骄傲地对我们说。在人前提到妻子，他总是敬称为"我夫人"，后来，夫人辞职回家生孩子、照顾家庭，丈夫的事业步步高升，从代表一路做到全球大 T 系统部部长、地区部总裁、全球销售部总裁，从拉美到欧洲，再到亚太，转战全球。

大部分华为家属放弃自己的职业，都是为着奔赴海外去陪伴丈夫，让一家人团聚。

2005 年之前，外派员工主要分布在亚非拉艰苦国家，家属到海外陪同生活的情况相对较少。除了各国住宿条件、行政支持跟不上，员工对当地的安全、健康和医疗、子女的教育安排也存有种种顾虑。

这一时期，华为管理层也不提倡家属去海外"随军"。不发达市场仍处于扩张阶段，欧洲高端市场正在艰难攻坚，公司对中方员工的跨国流动性需求较高，机关管理层认为员工拖家带口影响全球灵活调派，一线管理者则认为家属在当地生活会干扰员工专心投入工作。

但各级管理者都鼓励家属去海外探亲。2006 年，南非地区部为外派员工提供家属每年一次到非洲免费旅游的机会，地区部举办了"美丽的非洲我的家"摄影活动，吸引家属们前来非洲探亲。任正非这一年去苏丹看望员工，就对代表说，如果他老婆再不来探亲，不带她到肯尼亚看野生动物园，就撤掉他的职务，因为"感情还是需要经常联络的""不团聚的家庭总有一天要出问题"，这番话当然不是说给代表一个人听的。

公司在政策上也支持外派员工家属探亲，提供每年三套探亲机票，既可以用于员工回国休假，也可以让家属前往员工常驻国家探亲，以便外派员工能够定期与家人团聚，维持良好的情感沟通和稳定的家庭关系。

2007 年后，艰苦国家的住宿条件得到全面改善，外派员工安排家属到海外一起生活的意愿增强。欧洲发达国家市场此时也陆续突破，这些国家外部环境良好，生活条件较国内优越，尤其是语言环境有助于子女的双语教育，吸引着家属们前往，各地区部员工家属"随军"人数渐增。

2007 年 8 月，在与委内瑞拉代表处员工座谈时，任正非再次提醒每个人都要关注家庭团聚问题，说"男人奋斗的目的是干什么，就是为了女人，为了孩子，为了家庭幸福，主观上是为自己，客观上是为了国家……我们缴了三百多亿的税，就已经为国家负了责任了。你现在重要的是为家庭负责任"，并要求代表处改善环境，家属来了要有房子住，"行政管理可能会有很多困难，但还是要解决这个问题"。

这意味着，公司明确鼓励外派员工家属到海外长期陪同。2008 年 3 月出台的外派员工伙食补助政策进一步确认了这一导向，更多的员工家属毅然辞去工作，拖儿带女，万里奔夫，在一个个陌生的国度里，一家团聚。

妻子的到来，为丈夫的孤独生活带来了慰藉，给他们以陪伴的力量，外派员工们少了对家庭的后顾之忧，不再牵肠挂肚，工作更为安心和投入。但家属们发现，"随军"生活并不容易，在放弃个人职业之外，来到海外又叠加了一种人生的牺牲。除了一些落后国家外部环境和文化生活上的不适，很多人发现还要面对精神上的痛苦：不远万里跑来陪丈夫，自己反倒落得孤单一人，寂寞自处，因为她们的丈夫实在太忙了。

2007 年初，彭博的妻子辞职来到德国，结束了两年多的夫妻两地分居，但没多久，她发现，自己在深圳时，只要知道丈夫在海外就行了，现在到了德国，都不知道他在哪个国家，因为彭博一个月有二十天都在出差。

另一位在战乱国家担任代表的丈夫甚至忙到忘记自己的妻儿人在哪里。代表处分为南北两个办事处，妻儿呆在比较安全的北边，代表要兼顾两个办事处，经常南来北往，有一段时间南部业务压力大，他连续在那里工作了好几个月。某天，丈夫忽然想起已经好多天没有跟妻子说话了，抄起电话就拨通了她的国内手机，他竟然以为娘儿俩是在国内。

有的家属面对这种情形，只好打道回府。一位丈夫动员妻子带着孩子一起到海外，许诺以后会经常陪着她俩游览各国名胜古迹，但当妻子辞了国内很好的工作过来，却发现丈夫每天早起晚归，即使周末节假日也没有时间和她们在一起，根本实现不了自己当初的诺言，"后来她就坚决不与我常驻海外，只是带着孩子来住一两个月就回国，非常辛苦，我也感觉很内疚"。

留下来的家属如果没有小孩子照看，就要学会自寻欢乐，想办法打发大把的寂寞时间。学习本地语言是大部分人的首选，去上专门的语言培训学校，还可以结交各国的朋友。有的家属做起手工，装点自家小居室。有文艺天赋的家属弹琴、画画，有的不远万里把自己的乐器扛过来，义务培训别的家属和小孩子，教学相长，海外地区部每年的新年、圣诞节晚会，最出彩的节目往往来自员工家属。2010 年，沙特阿拉伯代表处一位员工家属兰芸还在当地举办了个人书画展，作品都是其利用陪伴丈夫的闲暇时间创作，表现自己"蓝色利雅得"生活的心境体验，不仅吸引了代表处员工纷纷参观，连沙特王室、中国大使馆人员也前往观展。

在地区部所在国家和大的代表处，家属相对较多，会形成一个生活交流的圈子，她们的日子过得相对丰富多彩。周末几个家庭一起聚餐，或者集体出游，部门组织员工团建活动，也都会邀请家属同乐，有的甚至就是由家属们一手操办。

当然，"随军"的也有男家属，不过屈指可数。南非地区部第一位男家属是人力资源部部长李军军的丈夫，后来其在当地创业成功，做起了汽车音响的OEM 生意。

女性家属们就很难在海外重建自己的职业，她们有时也会参与华为当地的一些行政后勤工作，但都是临时帮忙。基于家属与员工的利益关联关系、员工间的平衡问题，华为不允许"随军"家属作为正式雇员介入公司日常运作。近年来国内跨境代购兴起，一些员工家属也做起了这门生意，据说有的也做得风生水起。

海外的"随军"生活是一段特殊的人生经历，带给她们不一样的人生体验，她们在奉献和陪伴中，也努力地找寻自我的价值。

但如果不去海外"随军"，华为外派员工家属可能会面临令人叹息的第三种牺牲，是失去自己的婚姻。

2007 年 9 月底，董事长孙亚芳在首次《EMT 自律宣言》宣誓大会发言，就重点谈到了华为的干部近几年出现的家庭问题："富裕了，口袋里的钱多了，然后就说现在与妻子没有共同语言了，要寻找新的幸福了。但是你要记住，你是一个有责任的成年人……所以你要负责任地处理好你家庭的事情，而不是说我现在没有感觉了，要找幸福就弃家庭于不顾了。"她提出，华为考察干部的责任意识最基本的方面，是如何对待家庭，"对家庭的态度是你最真实和本质的体现。如果一个成年人对家庭没有责任意识的话，何以委以重任？何以相信其会对公司、对客户负责和诚信？"因此，公司在选拔干部时，如果家庭问题处理不好、缺乏责任感，同样可以不任用。

此时让高层关注到的员工家庭问题，并非仅限于干部，在海外，这一问题更为普遍。几起离婚案例在当时知名的外部社区"天涯"上传得沸沸扬扬。

2009年初，《华为人》报刊发了一篇题为《家庭生活中的爱、宽容与责任》的文章，一位长期在海外奔波的管理者分享自己使家庭保持和睦安康的成功之道，就反映了当时外派员工家庭问题频出的现象。

文章提到，"做市场的，接触所谓'快乐'的机会的确很多。也许你寂寞了，去找一时的快乐，但是每次你想想你在做什么？你在破坏家庭，破坏忠诚，这样想得多了，你还会去做吗？""现在还有一种新潮的观念，家庭破裂了，再去找到真爱，重新组建一个。我的朋友中有这样观念的人，结果自己很痛苦。"他分享自己如何努力维持夫妻分居两地的感情："我太太在自己独处时也很痛苦，她为了这个家庭不仅放弃了自己的事业，甚至连朋友圈子也放弃了。所以我在海外的时候，只要有条件，基本上是每天都打电话给她，因为接不到我的电话，她会心里不踏实。"

在文章最后，这位管理者谈到，自己曾经对下属的家庭或私生活很少过问，认为是一个人的隐私，最近几年来，他意识到，如果下属员工的婚姻和家庭出现问题，后院起火，他们很难好好地工作。所以当有员工跟他说起家中事时，他会以朋友的方式，和他们交流如何在一段关系中自我修炼，如何去处理矛盾和差异，"其实工作越是漂泊，内心越是需要一种东西让它来安定"。

外派员工的家庭问题不仅仅是由于员工口袋里钱多了，与当时的外派福利政策也有一定关系。2008年2月出台的中方外派补助政策极大地激发了员工的外派意愿，尤其是低职级的年轻员工，开始一批批涌向海外，为当地中方员工个人情感生活增加了不稳定诱因。2010年前的中方外派员工探亲机票政策，允许员工结束外派时将用不完的机票配额按标准价兑现，但很多华为员工出身"一贫如洗"，特别看重金钱，每年三套探亲机票就舍不得用，将机票攒下来，能换成一笔不小的收入。但夫妻久不相见，感情容易出现问题，一旦有外在因素干扰，猜疑日深，就会导致家庭关系破裂，最终以离婚收场。曾经有员工家属在坂田基地园区大门口举牌拉横幅，控诉华为把自己老公派到海外，让自己家破人散。

虽然说每个不幸的家庭各有各的不幸，一桩婚姻的解体，内外皆可能有因，但海外派遣让夫妻分离，确实是一个客观事实。

2010年3月，华为修订了外派中方员工探亲机票政策，对一年三套探亲机票配额设置两年有效期，到期不用自动作废，不再兑现，以此引导外派员工与家人定期团聚，保持必要的感情沟通，维系稳定的家庭关系。这一政策修订对抑制员工离婚率有多大帮助，很难评估。不过，2018年底，我对探亲机票政策修订后的执行情况进行审视，在分析机票的使用行为数据后发现，配额使用率确实大有提高，而令我尤其感叹的是，五、六类艰苦国家外派员工的家属陪同率和一、二类发达国家差不多，高于三、四类国家，而不是最低。看着这个数据，我内心里对艰苦国家华为员工的家属们生出一种深深的敬意。

在华为2021年年会上，任正非提出高标准建设艰苦国家"小环境"，要求"生活要达到瑞士富人的生活标准，工作环境要达到欧洲标准"，同时鼓励艰苦国家外派员工夫妻团聚，具体建议包括，"随军"家属享受与员工同等待遇的医疗保险，公司承担一部分员工子女在当地从幼儿园到中学的教育费用。可以预见，这一政策将会更有力地稳定艰苦国家的中方外派团队。艰苦国家不仅是华为艰苦奋斗精神之所系，在华为历史上的艰难时刻，艰苦国家充当着海外市场的"基本盘"，现在，艰苦国家也将是华为未来重回全球化盛时的寄望所在。

结语

华为为什么能让人走出去？

2010年，某四大国有银行之一的北京总部高管一行人访问华为，和我们交流企业管理，其组织人事部领导问了一个问题，怎么能把员工派出去？

这家历史悠久的大行在很多国家都有业务经营，需要派人出去管理海外分支机构，虽然他们的外派岗位待遇优厚，工作地点大部分在发达国家中心城市，既安全，又舒适，但他们发现，自己的干部不是很愿意出去。

我们几个人面面相觑，这在华为似乎不是问题。管理者考虑的，是派谁出去，员工考虑的，是去哪里。

但是翻看华为国际化早期历史记录，派人难确曾一度是一个问题，不然，怎么会有徐直军2002年呼吁"高级干部要克服困难，带头奔赴海外市场"，任正非2004年底向北京和深圳两地员工喊话"不出去的人可以留在国内，以后你们不要眼红就行"？又为什么申请华为工作，候选人在面试之前就要对是否同意外派海外做两道选择题？

实际上，到2004年中，海外市场高歌猛进，派遣需求量大增，国内各部门对海外用人的呼求却应者寥寥。工程交付和技术服务类员工是海外最为需要的，但即使全球技术服务部将向海外输送员工定位为"政治任务"，对内发出倡议书，也遭到了广泛的"冷处理"，只有乌鲁木齐、长春等几个偏远地区办事处有员工报名。迫于压力的全球技术服务部总裁刘江峰对各部门主管进行严厉批评：

"目前海外市场发展如火如荼，但我们一些干部却似乎依然稳坐钓鱼台，任尔急火攻心，我自岿然不动，讨价还价，讲条件、讲困难，全然不理会目前海外面临的形势"；"有一些主管，总是借口国内的这事那事，迟迟对海外的干部和人员输出无法及时完成，一线的需求无法及时响应和解决，从思想和态度上仍然存在严重的问题"；"我们必须发扬朝鲜战争中全民支援前线的精神，后方即使吃不饱，也要将仅有的面粉做成炒面送往前线"。

2004年3月，伊拉克战争结束，华为随即与客户签了合同，需要派出数名员工到当地进行客户沟通和工程交付，有一位员工领了结婚证第二天就奔赴一线，但另有三名员工一听是去伊拉克，就直接离职了。

不过，到我2005年入职时，情况已大为改观。全球销售与服务体系的领导们每天忙着面试各部门推荐的外派候选人，研发体系的HR同仁们则向我抱怨，市场体系的要求太高，送过去十几个人，面试过不了一两个，让自己无法完成公司下达的海外人员输送任务。部门一位领导为此找了几位研发员工亲自面试，结论是"全球销售对他们的要求应该并不高"，这几位研发人员要么英语实在是太差了，要么干脆不知道怎么跟人说话，"两眼目光如炬，直视前方，似乎我是他面前的电脑屏幕"。这样的员工怎么能到海外市场一线去和客户打交道呢？

而我先后把团队的三位下属员工派出去，自己才有机会去了拉美。第一位去了德国，本来领导是派我去，但小姑娘态度很积极，我把机会让给了她，发达国家吸引力还是很大。第二位是已婚男士，入职不久去埃及出了趟差，回来就拖家带口一起外派了，据说是当地领导在其出差期间做了一番工作。第三位从财经转岗做了HR，为获得基层实操经验，跟着我做完一个全球IT系统，就赶紧申请去了尼日利亚，在艰苦国家，职级升得飞快。外派海外，对有的人来说，是面对现实，对更多的人则意味着机会，而每个人都能从中找到对自己人生的意义，满足不同的诉求。

那么这个变化是如何发生的呢？要而言之，是管理发挥出巨大威力。在

"胡萝卜加大棒"的人力资源政策和强大的行政保障协同下，2005 年后，在中国的华为员工对去海外这件事，已经有了充分的认识和心理准备：这是在一家国际化公司工作的应有之义。

"大棒"政策：对管理者的强压考核与全球任用

"大棒"政策针对的是管理者，包括两个政策，一个是对指令性人员输送计划的执行考核，一个是对干部的全球任用原则，管理者如果拒绝海外任命，直接去职，成为普通员工。

指令性人员输送计划是一项极具华为特色的人力供应政策，体现了人力资源政策对业务的强力协同和支撑作用。

每年，华为最高管理团队会对业务和产品的投资发展策略进行讨论评审，结论一般都会涉及人力资源投入计划。比如要进入某个新业务领域、进行新产品研发，需要新增人力，公司人力资源管理部就会制订相应的人员招聘计划；而如果要调整某项业务或产品研发方向，就需要进行人力输送或分流，由此产生公司级或部门级指令性输送计划，公司人力资源管理部负责整体监控落实，各部门人力资源部分头执行，具体员工输送任务落实到相应业务部门主管头上，他们要按计划要求的人员数量、质量和到位时间，向 HR 推荐可输出的本部门员工。

指令性输送任务是每位业务主管的 KPI，KPI 完成结果与其个人年度奖金、工资和晋升挂钩。

自 1998 年后，公司级指令性人员输送计划还须落实一项人力资源发展的要求，即从研发体系向市场销售与技术服务体系输送。一方面，研发员工是华为人力资源的主体构成，占总人力数量四成以上，但研发要保持技术、知识的持续更新，让新鲜血液不断输入，同时，研发员工也要了解市场、客户需求，需要流动出去到市场一线。另一方面，市场销售与技术服务员工也需要懂得产品和技术，才能与客户直接沟通。这是一个大的人力资源流动循环，既满足业务发展需求，也符合人员能力发展基本规律。

2005 年后，华为进入海外市场大发展时期，这一人力资源流动要求就以国内研发向海外市场输送员工为主，落实起来要比之前在国内部门间的输送困难得多，我所在部门具体负责这项工作，领导着手强化监控力度，每个月我们都要和各部门追进度，表扬先进，跟踪后进，群发通报是推动工作的有力武器。

在支持海外发展大方向下，各行业主管部门也要制订自己业务领域向海外输送的指令性计划。为此，机关各部门纷纷加大招聘力度，积极储备适合海外工作的人才，毕竟，原有华为员工中能说英语的十分有限。

所以，这个时候，所有申请华为工作职位的人，都要面对职位申请表首页上的几个选择题，不承诺去海外，可能连面试的机会都没有，如果被招聘专员提醒后才选 A 类选项，面试中也会被一再追问，确定这是你自己的严肃承诺。

华为对管理者去海外祭出的另一个"大棒"，是全球任职原则。如果拒绝去海外，就解除其管理者职务。

最初，去不去海外，是作为干部品德的一项考察标准。在 2004 年的一个工作会议上，任正非系统分析了当时华为在国内和海外面临的机遇和困难，告诉大家，公司审查干部的标准第一位是品德，敢于到海外艰苦地区工作、敢于吃苦耐劳、敢于承担责任等也是品德的一部分，要求"优先要选择品德好的人做我们的干部"。

标准提出来，就要具体落实。2005 年 3 月，任正非在对欧洲地区部财经管理干部讲话时明确要求，以后财经体系机关干部没有两年以上海外基层工作经验，将不能作为管理者任职，"中、高级干部要按全球化配置，每位干部都要签订自愿到海外艰苦地区去工作的承诺书，副总监以上不愿签订这个承诺书，就解除其行政职务，转为一般业务人员，在国内工作。对不服从海外派遣的，也要免除职务，并降职降薪"。

这一人事政策在财经体系迅速得到执行。2007 年我进入 IFS 项目工作时，就认识一位在华为工作已十多年的资深财经专家，专业娴熟，工作热情，与其共事如沐春风，后来才知道，其此前已是一位二级部门主管，当公司要求其外派时，因家里不同意而放弃，去职成为一名专业员工。

管理者的全球任职原则从财经体系开始，推而广之，适用于整个华为公司各部门。作为管理者，必须要听从公司指挥，才能领导下属团队和员工。

在一次人力资源管理工作会议上，华为高管丁耘谈到公司极强的执行力，就认为令行禁止，不迁就干部，是华为执行力强的核心要素。其举例说，当年他从研发体系转到销售与服务体系任职时，管理团队内部讨论向海外派遣员工，发现许多人都找理由不想外派。轮值 CEO 胡厚崑就辅导他，作为管理者，要学会不迁就员工，尤其是干部，"如果一味迁就干部，困难就全留给了公司，公司竞争力的下降最终还是会伤害员工"。

对管理者的海外输送强压考核和全球任职原则，及时扭转了人员外派的困难局面。

"胡萝卜"政策：强有力的人力资源激励政策

"胡萝卜"政策即强有力的人力资源激励政策，适用于所有中方员工。

2017 年，任正非在一次谈话中说，华为公司的胜利是人力资源政策的胜利，这突出表现在，"人力资源政策建立了分配文化，世界上最难的一件事情是分钱，今天华为公司的工资、奖金等都能及时分配出去……还没有天大矛盾，这奠定了公司发展的坚实基础"。

有一个好的分配机制，内部利益分享做得好，是公司的成功之道，这在华为是一个普遍共识。据说外部有位企业家评论华为，"不就是舍得给员工发钱么"，这自然没有错，毕竟，有钱分是分好钱的大前提，这是因为华为有一个不自私的任老板，但怎么分好钱，则考验着企业的人力资源管理水平。

华为在 2008 年 2 月出台实施的中方员工外派补助政策，就是任正非所说的能够体现公司胜利之根本的一项人力资源政策。这一政策通过改变外派补助的分配结构和发放方式，极大地刺激了中方员工的外派意愿，对海外市场持续大发展产生了巨大而持久的激励作用。

在此之前，华为员工外派海外，每月会领到一笔金额不高的外派补助，另外有一笔"安家费"，按三年计算，市场一线员工二十万元人民币，平台职能类员工十五万元，每年公司按员工当年已外派时长折算发放一次，外派满三年就不再发放。这两笔钱都不区分员工级别，没有国家差异。

三年二三十万元人民币在 2005 年之前也不算少,但不区分员工职级,对高职级、高工资的员工就没有太大的吸引力,而海外正需要这类工作经验丰富的优秀员工。不区分国家差异,员工外派就会选地方,艰苦国家不愿意去,感觉付出不值当,发达国家过得也很辛苦,那点补助吃饭都吃不起,自己感觉也特别没尊严,在英国、德国,一个总监级别的中方员工,工资、补助加起来,和本地雇用的司机、清洁工的收入差不多。

而"安家费"只管三年,这对外派员工就意味着,在海外呆够三年,就要考虑回家了。一般来说,一个员工在海外工作两年,各方面才算完全适应,能够熟练开展业务,开始发挥作用,做出贡献,三年就结束外派,对公司、对个人,都意味着一笔沉没成本。

此时,海外市场对华为已显示出广阔的发展前景,艰苦国家根基稳定,成为公司产粮区,欧洲发达市场也取得突破,四处开花,华为需要更多的人去海外,更安心、更稳定地在当地工作,同时服从随时的全球调动。这样的人力资源政策显然无力支持海外市场大发展的业务需求。

2006 年中,一位薪酬专家重归华为,出任公司薪酬管理部部长。此前,其就职于当时的人力资源"四大"咨询公司之一的韬睿公司,熟悉西方跨国公司国际人力资源管理最佳实践,作为"老华为",又了解公司管理导向。上任后,她很快就摸清了海外业务现状和高层管理诉求,设计了中方员工外派补助的结构化调整方案,制定了新的政策,于 2008 年 2 月签发实施。

新的外派补助包括三个项目:离家补助、艰苦补助、伙食补助,全部按月发放,员工结束外派回国才停止发放。每项补助都有明确的激励要素和发放目的。

离家补助是为了补偿员工背井离乡、承受文化差异和生活不便带来的困难,补助标准按员工实际工资的 75% 计算。但为确保员工外派补助收入水平不会因新政策降低,新政策基于原来"安家费"总金额,按月折算确定了一个基线标准,如果外派员工工资低于这个基线标准金额,按基线标准计算。

艰苦补助是对员工长期生活在艰苦地区而给予的回报,按照不同国家艰苦程度定级,确定六类金额标准,最发达的一类国家没有艰苦补助。艰苦补助标准与员工常驻国家有关,与员工职级无关。这一补助的增加,使得华为向艰苦地区倾斜的激励导向得到制度化的体现。

伙食补助是为确保员工在外派期间合理的伙食投入，保证生活质量和身体健康。根据各国生活水平和物价指数，确定三档伙食补助标准，但由公司直接支付给当地食堂，不发放给员工，引导员工积极在公司食堂和协议餐厅就餐，同时"随军"家属也按员工标准的一半享受伙食补助，以鼓励家属到海外陪同员工生活。

新的外派补助政策产生了非常积极的结果，体现在以下几个方面。

首先是中方员工外派积极性整体大为提升，因为外派补助总收入比原来增加了。新政策在汇报时就已测算出，外派补助整体成本将上升30%以上。结构化设计既考虑了外派离家而生的普遍性补偿诉求，又充分照顾了国家间的差异化补偿需求，比如，发达国家和艰苦国家之间，前者外部条件好，但生活消费标准高，而后者反之。这一设计就平衡了员工的不同外派诉求。

其次是外派艰苦国家的意愿增强。一方面，员工多了一笔艰苦补助，收入增加了；另一方面，伙食补助刺激了海外代表处建设中餐食堂的积极性，员工就餐便利程度和伙食水平都大幅提升。同时，员工家属"随军"意愿增强，也让员工们在海外工作更为安心。

再次是大大地刺激了低职级员工的外派意愿。他们的工资大多低于离家补助的基线值，外派之后就相当于工资翻倍了。新补助政策实施后的2008年底，毕业两年内的低职级员工外派人数较年初政策实施前的增幅高达74%。

最后是人心稳定，外派员工不会在工作两年刚刚顺手，就盘算再干一年就回来。

这一结构化设计，就是一个更好地"分钱"的方案。虽然带来外派补助总成本增加，但结果是，更多的员工愿意去海外"抢单"，促进了华为海外市场大发展。

强大的行政后勤保障能力

配合着导向明确而强有力的人力资源激励政策，华为强大的行政后勤保障也发挥出巨大效能,为中方员工在海外的生活、健康和安全提供了全方位保障。如果说,前者是让中方员工愿意走出去,后者则让他们能放心地走出去。

公司行政在外派员工管理中发挥重要作用,是华为和西方跨国企业国际人力资源管理一个最显著的区别。

外派员工管理是跨国公司国际人力资源管理中的一个主要课题,在西方通行的国际人力资源管理课本中,这部分内容通常占据 70% 的比例。在具体管理实践中,成熟的大型跨国公司将外派员工作为一个单独的群体,在总部由一个专业的人力资源管理组织进行集中的垂直管理。随着全球一体化深化、互联网的普及应用,近年来西方跨国公司对外派方式的使用也更为灵活,传统的长期外派已经越来越少,代之以形式更为多样的短期外派、项目制外派,甚至是员工在各国间不停出差跑动的"通勤式"外派,或者对长期外派的员工直接进行跨国转聘,实现本地化聘用。对外派员工的管理概念已经升级为全球流动员工管理(Global Mobility)。

在总部负责管理外派员工的专门组织制定公司级外派或全球员工流动政策,同时统筹和协调各国的本地政策和流程规则,其下一般设有一个员工全球流动共享服务中心,向员工提供派遣和迁置所需的全流程服务和行政支持,包括语言和跨文化培训、签证获取、生活物资的物流托运、到达派驻国后寻找住房和子女就读学校、为随行家属寻找当地工作或学习语言提供咨询支持,以及员工派返回国的安置等。但其中涉及的所有行政支持性事务,基本都由共享服务中心采购的第三方外包服务供应商提供,公司内部行政并不介入外派员工的管理和服务。

总部位于美国的 Worldwide ERC 就是因此项人事业务而生的一个非营利组织,其为西方各大跨国公司管理全球流动员工提供咨询和服务,每年在美洲、亚洲和欧洲召开三次大型交流会议,各大跨国公司管理全球流动员工的人力资源专家齐聚一堂,研讨、交流各自公司的相关政策,讨论外部国际政治、经济、安全形势变化,各国签证、税务、法律的调整等。在会场外,是大批第三方外包服务商的业务展会,提供种类众多的专业服务,除上述流动员工所需的行政事务外,也包括跨国税负平衡的计算和报税等。

Worldwide ERC 每年在亚太的会议通常在香港、上海和新加坡举办，从 2008 年开始，我一般都去参会，作为人力资源管理专业人员，参加公司政策和管理实践的交流和研讨。会议茶歇间，大家都会去展会现场转一转，很多参展商一听我是华为的，立刻双眼发亮，热情百倍地介绍自家的业务。但是，我只能客气地表示感谢，因为华为并没有使用第三方外包服务，外派员工的一应事务，全部由公司自己的行政体系解决，除了在后来实行了宿舍货币化的国家，员工租房需要外部的中介服务。

华为行政对中方外派员工提供的最为关键的两项支撑，就是中餐食堂建设和宿舍管理，妥善地解决了员工在海外吃和住的两大生存要务，让他们放心地奔赴海外，安心地在当地工作。

此外，行政体系还担负着外派员工在海外的健康和安全保障职责。深圳机关行政部门下设员工健康保障部门，为外派员工提供海外疫病预防和在紧急、危难情况下的救治等专业支持，在多年的重大事件应对中，积累了非常丰富的经验。车辆管理涉及员工日常出行安全，行政部门不仅要管好车，还要管好开车的人。2008 年，南非地区部接连发生多起员工自驾出游造成交通伤亡的事故后，深圳机关行政部门甚至派出专职司机前往南部非洲各国，组织当地制定强力有效的交通用车规章制度，对员工进行安全教育和培训。

无所不在的行政支持在华为外派员工工作和生活中发挥着不可替代的作用，尤其在艰苦国家，行政部门为外派员工提供"保姆式"的全方位服务，从更换员工宿舍灯泡、派出翻译陪同员工就医，到组织周末和节假日的团队建设活动，为中方员工在当地营造了一个安全、舒适的生活环境。相对于按价格计算、按条款交付的第三方外包服务，这种来自内部的、贴身的、随时响应的行政支撑，更具温情和活力。

行政体系之所以有能力担负起对散布在全球的上万名中方员工的支持和保障，背后是华为整个行政后勤系统积年、持续建立起来的强大的组织、运行能力。一位在信息通信行业各大外企都工作过的华为员工对此印象深刻："谁说华为没有人性？在我的体验和观察中，华为在很多基础员工服务上做得极其出色。员工住宿、租房、食堂、班车、夜宵等等，各种员工相关的程序，都做到极致。看心声上很多兄弟都抱怨这个抱怨那个,我看着其实心中也只有冷笑,出去看看就知道了。我自己前后经历五家雇主(其中包括国际知名大厂),华为在这方面绝对是做得最好的。"

对此,他评论道:"其实也可以理解为什么要在员工服务上做到如此极致,因为只有这样,才能够让员工心无旁骛、无所顾忌地全身心投入到工作和作战中。自古以来的兵马未动、粮草先行的后勤理念,华为吃得很透,很厉害。在这一点上,道理与人情反而形成了一种微妙而完整的统一。"

行政人员的努力和付出对华为海外业务的顺利运作功不可没,从 2009 年开始,华为每年组织驻外行政人员表彰大会,任正非都会亲临现场,感谢和鼓励大家,了解他们在工作中面临的问题和压力,听取意见和建议,并现场答疑,给予指示。

企业文化对人的精神塑造

除了人力资源激励政策、考核手段,以及行政后勤保障这些管理工具发挥的作用,华为员工愿意走出去,一个重要的动因,是企业文化对人的精神塑造。

"四海为家""服务客户""艰苦奋斗""居安思危""天道酬勤",在华为是耳熟能详、深入人心的语词,是华为企业文化"洋葱头"最内核的价值观、理念信仰和更深一层的基本假设,影响着华为每一个个体在国际化进程中的行为选择和互动方式,同化着他们对公司、对彼此的期待,正如霍夫斯泰德所说,文化是作为"一种集体精神程序"而发挥作用。[1]

华为采取诸多实际行动,来宣扬和实践这些推动公司国际化发展的文化理念、信仰和价值观,塑造员工的国际化精神和气质。

宣传是企业塑造一种文化精神的常用手段。

任正非 1992 年首次出国访美,开启了华为国际化之门,回来后发表的《赴美考察散记》,就是在华为企业文化中种下的第一粒国际化精神的"种子",这粒种子,是任正非个人的国际化视野、全球化胸怀,以及其深厚的家国情怀。

当华为进入国际市场后，"两报"不断刊发海外市场、业务、组织和员工的消息，展示公司的国际化进展。《华为人》报创刊的首篇报道，就是第一家海外机构兰博公司注册成立。1999年初，《华为人》报的第一篇员工海外记录，是乔小平的《巴格达战地纪实》，2000年开始，反映海外工作、生活经历的员工文章开始增多，其中以南部非洲片区总裁邓涛的《投身国际市场 开创职业生涯新天地》一文最为全面、详细，尤其是对自己在非洲三年的心理感受表述丰富而深刻，虽然文中提到诸多坎坷故事、磨难悲伤，但心态正向、积极。

从2002年开始，员工在海外工作、日常生活的点点滴滴、所见所思，成为"两报"版面的一个重要内容，随着海外市场扩展，内容越来越丰富，展示了国际化的各个方面。家属的海外"随军"生活记录也开始出现在《华为人》报。

大量的员工个人海外工作生活记录，全面、客观地展现了海外，尤其是艰苦国家的市场拓展情况、工作生活环境等各方面的改进，理工男们的文字大多朴素、真实，他们对海外工作的体验认知、心理感受的表述也亲切、实在，从中体现了员工对公司文化、价值观的理解和认同。这些文章并非一味地说海外有多好，用一种声音来"洗脑"，"忽悠"员工出去。比如邓涛的文章显然是受命之作，在《华为人》报和《管理优化》报同时发表，但是两个版本，《管理优化》报对在非洲生活上的困难、工作上的挑战谈得更多，说明要更为详细。员工在海外面对的各种艰苦生存和困难挑战，在当时华为内部广为人知。

而组织性宣传进行正面引导，从一个更为广阔、宏远的视角阐释国际化的意义。

2004年，面对海外员工输送压力，为了让员工了解海外，正确认识和理解海外发展形势，全球技术服务部把宣传重心转向海外，通过对海外员工的工作生活情况及海外风物人情进行采风和宣传，让很多员工思想观念发生了大的转变，"尤其是非洲，并不像原来想象的那样，充满战乱、疾病和饥荒，那里有世界著名的风景名胜，有世界上最大的野生动物群落，非洲文明和东方文明一样焕发光芒。当大家擦亮双眼，海外原来别有洞天，原来是一个由苦趣和乐趣编织的梦想世界！"

2008 年 4 月，华为大学在新员工培训中加入"华为人在全球"专栏访谈，邀请多位海外业务主管和资深员工现场分享他们在海外的经历和故事，为新员工提供外派海外的问题咨询和实用信息，分享内容也在《华为人》报发表。

从这些真实、多面的展示报道中，读者们可以看到，海外华为员工们的精神状态和心理成长。在恶劣的环境中，他们坚韧不拔，苦中作乐，因为深知"前人栽树，后人乘凉"，而海外生存环境确实在不断地改善。面对各种困难和挫折，他们不抱怨，因为任老板说了，"牢骚满腹防肠断，风物长宜放眼量"。遇到新问题，他们相信"办法总比问题多"，只要找到解决之道，公司就会应用"压强"原则，集中投入资源，Make it possible。这些源源不断的资源来自"家里"，"家里"是华为海外员工对中国"总部"的称呼，它比"机关"更多一份情感的意味，"家里"是游子们心之所归，总有一天，他们要回到"家里"，但在远离"家里"的艰难人生磨砺过程中，他们锻造出广阔而坚实的国际化气质。

塑造华为员工国际化精神的第二种手段，是精神和物质激励。

华为在 2008 年设立了针对中方外派员工的"天道酬勤奖"，奖励在海外连续工作超过十年或在艰苦国家连续工作超过六年的员工，第一次颁发，有十七人符合条件，到 2016 年，已有五百二十多人，累计至今应有数千人。"天道酬勤奖"在华为员工心目是与"金牌个人"同等分量的精神激励，不仅因其根据评定标准量化确定，更因为奖励的意义直接体现了公司的文化和精神，员工对获得这一奖励格外珍视。

"天道酬勤"信仰也通过公司人力资源管理政策得到具体落实。这是企业文化对人的精神塑造最有力的手段，文化不是挂在墙上的标语、写在文件中的口号，而是实实在在的行动实践，精神文化层面的倡导要落实在物质层面，得到具体的价值实现，正如华为对"艰苦奋斗"精神的倡导和维系，是不让雷锋穿破袜子，不让焦裕禄累出肝病。

2007 年，华为出台了员工满四十五岁、工作八年可以持股退休的政策，但因病可以提前持股退休。在当时，华为员工中年满四十五岁的还比较少，有资格享受持股退休政策的员工并不多。

2008年1月，一位在华为工作十二年、曾转战海外多国的员工韩郁就因身体生病和家庭原因，申请离职。作为老员工，离职前他给任正非发了一封简短的告别邮件。但让他意外的是，在办完离职手续几天后，任正非邀其共进午餐。

当韩郁说明自己的离职原因，以及因为需要时间治疗无法边工作边休养后，任正非主动问及韩郁是否办理持股退休，提醒他的情况符合公司因病提前持股退休的政策，并对韩郁说，"华为决不是在大家能够干活的时候让大家拼命地干活，而在大家不能干的时候就一脚踢开。你对华为是有贡献的，现在你的身体不行了，需要这些股票作为未来看病治疗的保障！""华为的文化是'天道酬勤'，华为保留你的股票是应该的！相反，你不要才是不应该的！"应该是意识到公司的病退持股政策还不为众人所知，任正非在谈话中一再强调，"公司现有的制度和文件不是针对你一个人的，华为是绝不会忘记和亏待那些为华为奋斗的功臣的"。

这些走出去的华为员工四海为家，为客户服务，他们忽略了家庭，心怀亏欠，而自己在艰苦奋斗中，损耗了身体，付出健康的代价，但华为用"持股退休"政策这一符合"天道"的"人道"，让艰苦奋斗的员工后顾无忧，心安而无惧，才会有一批批员工前赴后继，一往无前，奔向海外，从无到有，将华为锻造成一个今天中国最具实质意义的全球化公司。

全书引文注释

序言

1.《谁谋杀了华为的对手》，公众号"饭统戴老板"，2019 年 6 月 16 日。

2.《美国司法部长巴尔智库发言：美国为什么必须绞杀华为？》，观察者网，2020 年 5 月 19 日，https://www.sohu.com/a/396118429_115479。

引言 华为的全球化存在

1. EMT 是指 Executive Management Team，华为公司最高决策团队，每月例行召集一次会议。2018 年 4 月开始，单独列出二十分钟时间，邀请基层员工介绍自己的工作和成就，是最高决策层了解基层实际运作的一种方式。

2. 在 2019 年华为受美国针对性打击、进入"战时状态"后，这个博客区停止运营。

3. 为弱化中央管控、指挥意识，华为不称"总部"，以"机关"代之，但英文仍然是 Headquarter。具体说明见本书下编第六章之"学习国际化'游戏规则'，成为合格全球化'玩家'"。本书保留华为用词习惯。

4. 2005 年华为年报公布的销售口径是"合同订货额"，即 Contracted Sales，2006 年后改为与业界统一口径的销售收入，即 Sales。后者大约是前者的 70% ～ 80%。

5. 2005 年华为年报英文版，第 6 页。

6. 2005—2017 年华为年报。

7. 2011 年后爱立信年报。

8. 三星电子 2008—2019 年《可持续发展报告》。

9. 2005 年华为年报英文版，封面。

10. 2019 年华为年报，目录。

11. 2021 年华为年报，第 24 页。

12. 根据美国国际语言暑期学院 SIL International 2020 年发布的《民族语》第 23 版统计数据，全球过半数人口使用 23 种语言，使用人数超过 1 000 万的语言，只有 81 种。

13. 2019 年华为年报，第 39 页。

14. 2017 年华为年报，第 2 页。

15. 日升而作，即按八小时时区分设三个服务组织。

16. 2021 年华为年报，第 55 页。

17. 2021 年华为年报，第 65 ～ 66 页。

18. BBC News 中文，《华为 5G：美国允许企业合作制定技术标准有何考量》，2020 年 6 月 16 日，https://www.bbc.com/zhongwen/simp/world-53067777。

19. 2019 年华为年报，第 6 页。

20. 卢进勇、杨国亮、杨立强等，《中外跨国公司发展史》（上卷），对外经济贸易大学出版社，2016，第 282 页。

21. Grazia Ietto-Gillies. What Do Internationalization Indices Measure?. Research Papers in International Business, 1997: 6-97.

22. Rugman A M, Verbeke A. Extending the Theory of the Multinational Enterprise: Internalization and Strategic Management Perspectives. Journal of International Business Studies, 2003.

23. Marshall, Victor B. Two Essays on the Degree of Globalization of a Firm: Measurement, Antecedents, and Consequences. Dissertations, Theses and Capstone Projects, 2012: 536.

24. Marshall, Victor B. Two Essays on the Degree of Globalization of a Firm: Measurement, Antecedents, and Consequences. Dissertations, Theses and Capstone Projects, 2012: 536.

25. Bohlander, Snell. International Human Resources Management in Management Managing Human Resources. 14th edition. Thomson/South-Western, 2007.

26. 卢进勇、杨国亮、杨立强等，《中外跨国公司发展史》（上卷），对外经济贸易大学出版社，2016，第 47 页。

27. Dörrenbächer, Christoph. Measuring Corporate Internationalization: A Review of Measurement Concepts and Their Use. WZB Discussion Paper. No. FSI00-101. Wissenschaftszentrum Berlin für Sozialforschung (WZB). Berlin, 2000.

28. Dörrenbächer, Christoph. Measuring Corporate Internationalization: A Review of Measurement Concepts and Their Use. WZB Discussion Paper. No. FSI00-101. Wissenschaftszentrum Berlin für Sozialforschung (WZB). Berlin, 2000.

29. 壹娱观察，《全球化"逆流"中，张一鸣还能让字节在海外跳动吗？》，澎湃新闻，2020 年 5 月 7 日，https://www.thepaper.cn/newsDetail_forward_7290574。

30. 卢进勇、杨国亮、杨立强等，《中外跨国公司发展史》（上卷），对外经济贸易大学出版社，2016，第 57 页。

31. 非股权经营模式，包括合约制造、服务外包、特许经营、管理合约及其他类型的合约关系。

32. 卢进勇、杨国亮、杨立强等，《中外跨国公司发展史》（上卷），对外经济贸易大学出版社，2016，第 111 页。

33. 卢进勇、杨国亮、杨立强等，《中外跨国公司发展史》（上卷），对外经济贸易大学出版社，2016，第 58 页。

34. 简·伯班克·弗雷德里克，《世界帝国史：权力与差异政治》，柴彬译，商务印书馆，2017。

35. 除了下文提到的英国东印度公司，其后来已具备了国家职能，包括拥有军队、征税、铸币等，实际上成为英国在印度等地的殖民统治机构。

36. 羽田正，《东印度公司与亚洲之海》，毕世鸿、李秋艳译，北京日报出版社，2020，第 71 页。

37. Grazia Ietto-Gillies. What Do Internationalization Indices Measure?. Research Papers in International Business, 1997: 6-97.

38. 卢进勇、杨国亮、杨立强等，《中外跨国公司发展史》（上卷），对外经济贸易大学出版社，2016，第 379 ～ 381 页。

39. 卢进勇、杨国亮、杨立强等，《中外跨国公司发展史》（上卷），对外经济贸易大学出版社，2016，第 165 页。

上编　华为全球化发展简史

总述　华为全球化发展的五个阶段和有机生长模式

1. 卢进勇、杨国亮、杨立强等，《中外跨国公司发展史》（下卷），对外经济贸易大学出版社，2016，第 21 ～ 55 页。

2. 卢进勇、杨国亮、杨立强等，《中外跨国公司发展史》（上卷），对外经济贸易大学出版社，2016，第 16 ～ 17 页。

3. 2005—2014 年华为年报。

4. 以同一汇率源计算，华为整体营收额在 2012 年已超过爱立信。但华为除运营商网络业务外，还有终端和企业业务。

5. 华为与爱立信 2011—2017 年年报。

6. 2019—2021 年华为年报。

第一章　技术研发迈出国际化第一步

1.《赴美考察散记》很长，但通篇没有考察时间的说明。在 2016 年的一次内部讲话中，任正非提到是 1992 年第一次去美国。

2.“门”是程控交换机的用户容量单位，一个“门”指可以支持一个电话用户，万门机即可以支持一万个电话用户的交换机。

3. 当时中国市场上的固定网络通信程控交换机，包括法国阿尔卡特 E10-B 交换机，加拿大北电 DSM-100，瑞典爱立信 AXE10，德国西门子 EWSD，美国 AT&T 5ESS，以及日本 NEC NEAX-61 及富士通 F-150，再加上上海贝尔 S1240 交换机，七个国家，八种交换机型号。

4. 国家统计局，《第五次人口普查公报——广东（第 1 号）》，2001 年 5 月 15 日，http://www.stats.gov.cn/tjsj/tjgb/rkpcgb/dfrkpcgb/200203/t20020331_30343.html。

5. 刘平，《华为往事（28）——华为美国公司》，2010 年 11 月 16 日，https://www.txrjy.com/thread-463404-1-1.html。

6. 路风，《走向自主创新：寻求中国力量的源泉》，中国人民大学出版社，2019，第 5 页。

7. 田涛，《华为访谈录　一部华为历史故事辞典》，中信出版社，2021，第 391 页。

8. 田涛，《华为访谈录　一部华为历史故事辞典》，中信出版社，2021，第 37 页。

9. 初始为一个专业人才社区交流网站，目前是全球最大的人才招聘网站。

10. 世界知识产权组织数据库，2014 年 3 月，https://www.wipo.int/publications/en/details.jsp?id=3253&plang=EN。

11. 世界知识产权组织数据库，2014 年 3 月，https://www.wipo.int/publications/en/details.jsp?id=3253&plang=EN。

12. 2018—2021 年华为年报。

13. 来自中国人民大学的六位教授，包括包政、杨杜、黄卫伟、彭剑锋、孙健敏、吴春波。

14. 路风，《走向自主创新：寻求中国力量的源泉》，中国人民大学出版社，2019，第 293 页。

15. 另外五家企业为中国电信、中国移动、中国联通、上海朗讯、上海贝尔。

16. 路风，《走向自主创新：寻求中国力量的源泉》，中国人民大学出版社，2019，第 187 页。

17. 应译为“核销”，原文为 Written Off。核销了设备的研发经费，意即产品已走完了预定的生命周期，该赚的钱已经赚到手了。

18.《中国的硅谷》,《经济学人》,《参考消息》转载, 1998 年 7 月 18 日。

19. 相关年度华为年报。

20. 2019 年华为年报, 第 21 页。

21. "若果" 即 "如果", 任正非的贵州口音。

22. 李丹丹、苏鑫鑫,《美国国防高级研究计划局（DARPA）组织管理运行机制分析》,《飞航导弹》。

23. Crunchbase, https://www.crunchbase.com/organization/optimight-communications/company_financials.

24.（中国电子信息产业发展研究院规划研究所）安筱鹏、乔标,《我国通信制造企业的国际化经营阶段的进程分析——以华为公司为例》, 载《经济前沿》, 2008 年第 8 期。

25. Crunchbase , https://www.crunchbase.com/organization/cognigine.

26.《华为斥巨资收购英国集成光电器件公司》, 飞象网, 2012 年 2 月 1 日, http://www.techweb.com.cn/finance/2012-02-01/1146239.shtml。

27.《华为并购比利时硅光子公司 Caliopa》, C114 通信网, 2013 年 9 月 13 日, http://www.c114.com.cn/news/126/a793475.html。

28. 李梦军、欧阳辉,《华为美国并购得与失》,《财新》, 2017 年 7 月 25 日, http://m.opinion.caixin.com/m/2017-07-25/101121711.html。

29. 李梦军、欧阳辉,《华为美国并购得与失》,《财新》, 2017 年 7 月 25 日, http://m.opinion.caixin.com/m/2017-07-25/101121711.html。

第二章　海外市场开拓与发展

1. 曹贻安,《在华为打拼杂记》, 新浪博客, 2019 年 8 月 28 日, http://blog.sina.com.cn/s/blog_53a98d520102yxlu.html。

2. Gary Hamel, C K Prahalad. Strategic Intent. Harvard Business Review, July–August 2005 Issue, https://hbr.org/2005/07/strategic-intent.

3. Renee Kim. Samsung's Competitive Innovation and Strategic Intent for Global Expansion. Problems and Perspectives in Management, Volume 5, Issue 3, 2007.

4. 斯塔夫里亚诺斯,《全球分裂: 第三世界的历史进程（上册）》, 王红生等译, 北京大学出版社, 2017。

5. 曹贻安,《在华为打拼杂记》, 新浪博客, 2019 年 8 月 28 日, http://blog.sina.com.cn/s/blog_53a98d520102yxlu.html。

6. 冀勇庆，《华为在欧洲》，载《IT 经理世界》，2005 年 11 月 5 日。

7. Marshall, Victor B. Two Essays on the Degree of Globalization of a Firm: Measurement, Antecedents, and Consequences. Dissertations, Theses and Capstone Projects, 2012: 536.

8. 卢进勇、杨国亮、杨立强等，《中外跨国公司发展史》（上卷），对外经济贸易大学出版社，2016，第 71 页。

9. 卢进勇、杨国亮、杨立强等，《中外跨国公司发展史》（上卷），对外经济贸易大学出版社，2016，第 20 ～ 22 页。

10. 根据爱立信官网相关历史记录资料整理。

11.《网络之王当众道歉》，载《21 世纪经济报道》，2001 年 3 月 19 日，第 11 版。

12. 新浪科技，《华为增持 Sunday 持股至 9.9% 博弈电盈收购》，2005 年 6 月 21 日，https://tech.sina.com.cn/t/2005-06-21/1054641497.shtml。

13.《华为：攻下香港 SUNDAY 的意义》，C114 通信网，2009 年 4 月 23 日，https://m.c114.com.cn/w126-406378.html。

14. T 即 Telecommunication 首字母，大 T 指大的通信运营商。

15. 2006 年、2008 年、2009 年华为年报。

16. 冀勇庆，《华为在欧洲》，载《IT 经理世界》，2005 年 11 月 5 日。

17. 朱洪，《如何应对黑天鹅事件》，公众号 "退休生活探索"，2021 年 1 月 17 日。

18. 朱洪，《如何应对黑天鹅事件》，公众号 "退休生活探索"，2021 年 1 月 17 日。

19. 2006—2010 年华为年报。

20. 2006 年华为年报，第 18 页。

21. 2006 年华为年报，第 20 页。

22. 2006 年华为年报，第 15 页。

23. 2006 年华为年报，第 17 页。

24. 2006 年华为年报，第 17 页。

25. 2006 年华为年报，第 21 页。

26. 2008 年华为年报，第 4 页。

27. 2009 年华为年报，第 3 页。

28. 2006 年华为年报，第 32 页。

29. 田涛，《华为访谈录 一部华为历史故事辞典》，中信出版社，2021，第 256 页。

30. 田涛，《华为访谈录 一部华为历史故事辞典》，中信出版社，2021，第 256 页。

31. 田涛，《华为访谈录 一部华为历史故事辞典》，中信出版社，2021，第 264 页。

32. 2011—2012 年华为年报。

33. 《爱立信 CEO 鲍毅康：瑞典需要华为》，C114 通信网，2021 年 1 月 4 日，http://www.c114.com.
cn/video/5917/a1149454.html。

34. 罗莎，《华为首席技术官 Matt Bross 离职 转投 Juniper》，C114 通信网，2012 年 11 月 2 日，
http://www.c114.com.cn/news/126/a726081.html。

35. 马晓芳，《华为进攻北美再遇阻 失意美国最大运营商 4G 订单》，载《第一财经日报》，2009 年
2 月 20 日，http://tech.sina.com.cn/t/2009-02-20/03002841590.shtml。

36. 曹天鹏，《华为这些年遭遇的美国噩梦》，载《钛媒体》，2013 年 6 月 6 日，http://www.tmtpost.
com/41457.html。

37. 曹天鹏，《华为这些年遭遇的美国噩梦》，载《钛媒体》，2013 年 6 月 6 日，http://www.tmtpost.
com/41457.html。

38. 冀勇庆，《华为借道北电攻北美 二次进攻显英雄时势》，载《IT 经理世界》，2006 年第 5 期。

39. 李梦军、欧阳辉，《华为美国并购得与失》，载《财新》，2017 年 7 月 25 日，http://m.opinion.
caixin.com/m/2017-07-25/101121711.html。

40. 2008—2010 年爱立信年报。

第三章　国际化管理为全球化发展储备能量

1. Edward Tse's Blog，《中国战略管理咨询的启蒙：一段历史的见证》，2019 年 6 月，http://www.
edwardtseblog.com/lateest-posts/dr-tse-was-interviewed-by-channels-network-asia-from-singapore/。

2. 这六位在当时还是副教授职称，华为尊称为教授。见吴春波《华为没有秘密 2》。

3. 北森，《Hay Group 被收购：能力模型已死？抑或重生？》，2015 年 9 月 25 日，https://www.
beisen.com/res/150.html。

4. 吴正国，《华为 40 亿师从 IBM：提升业务能力，学会管理变革》，2018 年 7 月 8 日，https://
zhuanlan.zhihu.com/p/39279127。

5. 彼得·德鲁克，《德鲁克管理思想精要》，李维安、王世全、刘金岩译，机械工业出版社，2019，
第 10 页。

6. 田涛、吴春波，《下一个倒下的会不会是华为》，中信出版社，2017，第 64 页。

7. 陈姝，《华为荣获中国质量奖》，深圳商报，2016 年 3 月 30 日，https://finance.qq.com/a/20160330/
006968.htm。

8. 《华为任正非接受新华社专访：必须坚定实施供给侧改革》，2016 年 5 月 11 日，https://tech.china.
com/news/company/892/20160511/22629148_1.html。

9. 彼得·德鲁克，《德鲁克管理思想精要》，李维安、王世全、刘金岩译，机械工业出版社，2019，第 7 页。

10. 彼得·德鲁克，《德鲁克管理思想精要》，李维安、王世全、刘金岩译，机械工业出版社，2019，第 10 页。

11. 彼得·德鲁克，《德鲁克管理思想精要》，李维安、王世全、刘金岩译，机械工业出版社，2019，第 3 页。

12. 马钢指二十世纪五十年代苏联最大的冶金联合企业马格尼托哥尔斯克钢铁公司，苏联专家援华时将"马钢宪法"管理模式引入中国企业。

13.《"鞍钢宪法"：60 年前的勇敢探索 历久弥新的"中国方案"》，新华社客户端，2020 年 3 月 25 日，http://www.xinhuanet.com/legal/2020-03/26/c_1125769175.htm。

14. 吴春波，《华为没有秘密 2：华为如何用常识塑造伟大》，中信出版社，2018。

15. 吴春波，《华为没有秘密 2：华为如何用常识塑造伟大》，中信出版社，2018。

16. 吴春波，《华为没有秘密 2：华为如何用常识塑造伟大》，中信出版社，2018。

17. 吴春波，《华为没有秘密 2：华为如何用常识塑造伟大》，中信出版社，2018。

18. 吴春波，《华为没有秘密 2：华为如何用常识塑造伟大》，中信出版社，2018。

下编　走出国门的华为和华为人

第四章　海外生存"三要事"：吃、住、行

1. 田涛，《华为访谈录 一部华为历史故事辞典》，中信出版社，2021，第 136～137 页。

2. House 是一种带庭院的独立宅院，可以容纳成员数量较多的大家庭一起生活。

3.《平均每天 2000 人在天上飞，这是什么样的公司？》，搜狐新闻，2015 年 2 月 16 日，https://www.sohu.com/a/2832813_120385。

4. 田涛，《下一个倒下的会不会是华为》，中信出版社，2016，第 98～99 页。

5. 三番，《机会在召唤着我们》，载田涛、殷志峰主编《华为系列故事：厚积薄发》，生活·读书·新知三联书店，2017，第 33～41 页。

6. 2007 年、2019 年华为年报。

第五章　"上甘岭"上的奋战

1. 中国疾病预防控制中心，《疟疾（Malaria）是由按蚊传播感染疟原虫而引起的一种寄生虫病》，2016 年 12 月 4 日，http://www.ipd.org.cn/know1.html。

2. 唐晓艺，《懵懂女行政科长海外历险记》，载田涛、殷志峰主编《华为系列故事：枪林弹雨中成长》，生活·读书·新知三联书店，2017，第 215 页。

3. 世界卫生组织，《埃博拉病毒病实况报道》，2018 年 1 月，https://apps.who.int/mediacentre/factsheets/fs103/zh/index.html。

4. 指抢劫的土匪。

5. 唐晓艺，《懵懂女行政科长海外历险记》，载田涛、殷志峰主编《华为系列故事：枪林弹雨中成长》，生活·读书·新知三联书店，2017，第 215 页。

6. 唐晓艺，《懵懂女行政科长海外历险记》，载田涛、殷志峰主编《华为系列故事：枪林弹雨中成长》，生活·读书·新知三联书店，2017，第 215 页。

7. 唐晓艺，《懵懂女行政科长海外历险记》，载田涛、殷志峰主编《华为系列故事：枪林弹雨中成长》，生活·读书·新知三联书店，2017，第 215 页。

8. 三番，《机会在召唤着我们》，载田涛、殷志峰主编《华为系列故事：厚积薄发》，生活·读书·新知三联书店，2017，第 33-41 页。

9. 松本安文，《我在震中》，载田涛、殷志峰主编《华为系列故事：枪林弹雨中成长》，生活·读书·新知三联书店，2017，第 192 页。

10. 松本安文，《我在震中》，载田涛、殷志峰主编《华为系列故事：枪林弹雨中成长》，生活·读书·新知三联书店，2017，第 192 页。

11. 松本安文，《我在震中》，载田涛、殷志峰主编《华为系列故事：枪林弹雨中成长》，生活·读书·新知三联书店，2017，第 192 页。

12.《日本市民写信声援华为 孟晚舟是这么回应的》，《参考消息》百家号，2018 年 12 月 21 日。

第六章 化蛹成蝶，艰苦学习炼就全球化能力

1. 苏珊·C.施奈德，张刚峰，让-路易·巴苏克斯，京特·K.斯塔尔，《跨文化管理》，机械工业出版社，2019，第 51 页。

2. 郭开森，《华为的国际化逻辑：走出去就是机会》，载《IT 经理世界》，2004 年 8 月 18 日，2004 年第 15 期，http://tech.sina.com.cn/it/t/2004-08-18/1402407418.shtml。

3. 苏珊·C.施奈德，张刚峰，让-路易·巴苏克斯，京特·K.斯塔尔，《跨文化管理》，机械工业出版社，2019，第 27～29 页。

4. 苏珊·C.施奈德，张刚峰，让-路易·巴苏克斯，京特·K.斯塔尔，《跨文化管理》，机械工业出版社，2019，第 16 页。

5. 苏珊·C.施奈德，张刚峰，让-路易·巴苏克斯，京特·K.斯塔尔著，《跨文化管理》，机械工

业出版社，2019，第 4 页。

6. 苏珊·C. 施奈德，张刚峰，让 - 路易·巴苏克斯，京特·K. 斯塔尔著，《跨文化管理》，机械工
   业出版社，2019，第 16 页。

7. 苏珊·C. 施奈德，张刚峰，让 - 路易·巴苏克斯，京特·K. 斯塔尔著，《跨文化管理》，机械工
   业出版社，2019，第 4 页。

8. 2019 年华为年报，第 53 页。

9. 2019 年华为年报，第 53 页。

结语：华为为什么能让人走出去？

1. 苏珊·C. 施奈德，张刚峰，让 - 路易·巴苏克斯，京特·K. 斯塔尔著，《跨文化管理》，机械工
   业出版社，2019，第 15 页。

全书内部资料列表

说明：

1. 按引文刊发时间顺序排列。

2. 引文作者使用原文标注，如作者为华为的组织名称，加括号注明属华为。

3. 如无作者标注，即意味着作者为所属报纸的编辑部。

一、《华为人》报

1.《兰博公司注册》，1993 年 5 月 11 日，第 1 期

2.《城市晚报》，《入关备忘录》，《华为人》报转载，1993 年 5 月 11 日，第 1 期

3. 顾美英，《为了明天更美好——厉有为市长在华为公司现场办公纪实》，1993 年 7 月 21 日，第 3 期

4.《农话会专题报道：有朋自远方来 不亦乐乎——第五期农村通信技术与市场研讨会在华为公司召开》，1993 年 9 月 27 日，第 4 期

5. 陈光先，《香港之行》，1993 年 9 月 27 日，第 4 期

6. 李华，《日本企业考察小记》，1993 年 9 月 27 日，第 4 期

7. 任正非，《赴美考察散记》，1994 年 1 月 28 日，第 5 期

8. 周学军，《华为快讯》，1994 年 1 月 28 日，第 5 期

9.《C&C08（2000 门）数字程控电话交换机生产定型鉴定报告》，1994 年 3 月 22 日，第 6 期

10.《团结奋斗 再创华为佳绩——任总与市场培训人员座谈》，1994 年 3 月 22 日，第 6 期

11. 黄尚贤，《华为人为我中华有作为之人》，1994 年 3 月 22 日，第 6 期

12.《团结奋斗 再创华为佳绩——任总与市场培训人员座谈》，1994 年 3 月 22 日，第 6 期

13.《C&C08 命名记》，1994 年 6 月 7 日，第 7 期

14.《市场捷报频传 千里举杯同庆》，1994 年 6 月 7 日，第 7 期

15.《中国电子业投资机会研讨会在美召开》，1994 年 6 月 7 日，第 7 期

16. 胡红卫，《赴法考察报告》，1994 年 6 月 7 日，第 7 期

17. 王文胜，《先进的技术，更需稳定的产品——法国访问报告》，1994 年 6 月 7 日，第 7 期

18.《电讯在香港》，1994 年 7 月 20 日，第 8 期

19.《华为与您在一起》，1994 年 7 月 20 日，第 8 期

20. 余又仁，《赴美考察报告》，1994 年 7 月 20 日，第 8 期

21.《振兴中华 事在人为》，1994 年 10 月 12 日，第 10 期

22.《关于知识产权》，1994 年 12 月 25 日，第 11 期

23.《华为在国际通信展取得成功》，1994 年 12 月 25 日，第 11 期

24.《世界著名公司参展商也赞叹"中国人已经赶上来了"》，1994 年 12 月 25 日，第 11 期

25. 彭锦州，《华为企业理念辨析》，1994 年 12 月 25 日，第 11 期

26.《国家和通信——日本发展通信的经验》，1995 年 1 月 20 日，第 12 期

27.《为伟大祖国、为中华民族、为自己和家人而努力奋斗——华为公司总裁办公会议纪要》，1995
    年 1 月 20 日，第 12 期

28.《电子部副部长张今强视察公司》，1995 年 3 月 10 日，第 13 期

29. 路洪潮，《于细微处见精神——瑞典、德国考察报告》，1995 年 3 月 10 日，第 13 期

30. 闫景立，《兰博报导》，1995 年 3 月 10 日，第 13 期

31.《学习上海贝尔的艰苦创业精神 为中国通信事业的发展作贡献——上海贝尔电话设备制造有限
    公司考察散记》，1995 年 3 月 28 日，第 14 期

32.《C&C08 万门数字交换机通过生产定型鉴定会》，1995 年 4 月 10 日，第 15 期

33.《华为积极参与"希望工程"》，1995 年 5 月 5 日，第 16 期

34. 卫巍，《公司知识产权工作步入快车道》，1995 年 5 月 5 日，第 16 期

35. 闫景立，《INTERNET 信息高速公路的雏形》，1995 年 5 月 5 日，第 16 期

36.《国家科委主任宋健视察华为》，1995 年 6 月 18 日，第 18 期

37.(华为) 中央研究部知识产权室，《保护公司商业秘密是每个华为人的责任》，1995 年 10 月 8 日，
    第 21 期

38.《"有福共享，有难同当"辩论会》，1995 年 10 月 18 日，第 21 期

39.《香港华为举行开业庆典》，1995 年 10 月 18 日，第 21 期

40.《诚聘》，1995 年 11 月 8 日，第 22 期

41.《世界走近中国 华为走向世界——华为日内瓦参展纪实》，1995 年 11 月 8 日，第 22 期

42. 尤玲，《美国的细节——赴美考察侧记》，1995 年 11 月 30 日，第 23 期

43. 郑宝用，《建立一个真正的采购集散中心——在香港华为技术投资有限公司开业庆典上的讲话》，1995 年 11 月 30 日，第 23 期

44.《拓展买方信贷为繁荣民族通讯事业作贡献》，1996 年 2 月 8 日，第 25 期

45.《一个惊天地、泣鬼神的壮举——市场部结束整训并举行集体辞职仪式》，1996 年 2 月 8 日，第 25 期

46.《总务处开展烹调技术比武活动》，1996 年 4 月 10 日，第 27 期

47.《来自世界 500 强的挑战》，1996 年 5 月 2 日，第 28 期

48.《"红旗"何必攀附"奥迪"》，1996 年 6 月 3 日，第 29 期

49.《华为参加莫斯科通信展获得成功》，1996 年 6 月 3 日，第 29 期

50.《华为人行为准则（暂行稿）》，1996 年 6 月 3 日，第 29 期

51.《华为人》报转引，《"合资热"中的冷思考——黑龙江无线电一厂坎坷经历的启迪》（1996 年 3 月 21 日《经济参考报》），1996 年 6 月 3 日，第 29 期

52. 刘广超、王静、冉永平，《双汇，汇集了什么》，1996 年 6 月 3 日，第 29 期

53. 马秀山（中国专利局），《知识产权：美国外贸的立足点——简评 96 年美国全球贸易政策优先日程》，1996 年 6 月 3 日，第 29 期

54.《朱镕基副总理视察华为》，1996 年 6 月 18 日，第 30 期

55.《金融时报》，《警惕：外商利用合资炒卖国资》，《华为人》报摘自 1996 年 5 月 18 日《金融时报》，1996 年 6 月 18 日，第 30 期

56. 韩秀成，《合资潮下的危机——中国市场冷落知识产权的后果》，1996 年 6 月 18 日，第 30 期

57. 卫巍，《中国专利局考察团莅临华为，深圳市企业专利工作座谈会在我公司召开》，1996 年 6 月 18 日，第 30 期

58.《诚聘海内外工程人员》，1996 年 7 月 18 日，第 31 期

59.《持续技术领先 扩大突破口——任总答中央电视台记者问》，1996 年 7 月 18 日，第 31 期

60. 任正非，《再论反骄破满，在思想上艰苦奋斗——在市场庆功及科研成果表彰大会上的讲话》，1996 年 7 月 18 日，第 31 期

61. 朱建萍，《莫斯科汇报的补充发言》，1996 年 7 月 18 日，第 31 期

62.《图片新闻》，1996 年 8 月 28 日，第 32 期

63. 任正非，《赴俄参展杂记》，1996 年 8 月 28 日，第 32 期

64.《胜负无定数，敢搏成七分——任总在市场部内部竞聘现场答辩会上的讲话》，1996 年 8 月 28 日，第 32 期

65.《华为参加九六泰国国际通信展》，1996 年 10 月 6 日，第 33 期

66. 张健，《我公司获准成为出国审批计划单列企业》，1996 年 10 月 6 日，第 33 期

67.（华为）海外市场部，《华为成功参加 '96 越南国际电信展》，1996 年 10 月 29 日，第 35 期

68.《海外赴重任 沙场秋点兵——海外工程部展开集中强化训练》，1996 年 10 月 29 日，第 35 期

69.《华为公司公开征集英文名称》，1996 年 10 月 29 日，第 35 期

70.《中美知识产权谈判内幕》，《华为人》报转引，1996 年 11 月 29 日，第 37 期

71. 周劲，《访欧漫谈》，1996 年 11 月 29 日，第 37 期

72.《不停搬家——华为的搬家文化》，1996 年 12 月 13 日，第 38 期

73. 陈朝晖，《参观达拉斯 96SUPERCOMM 展》，1996 年 12 月 13 日，第 38 期

74. 陈青，《访美纪行》，1996 年 12 月 20 日，第 39 期

75. 石文金，《边吃边谈——华为的"吃"文化》，1997 年 1 月 20 日，第 41 期

76. 卫巍，《国家专利局高卢麟局长访问华为》，1997 年 1 月 20 日，第 41 期

77.《华为举办大型生产中心奠基典礼》，1997 年 1 月 30 日，第 42 期

78. 徐直军，《别了，"猛张飞"》，1997 年 1 月 30 日，第 42 期

79.《中国华为——美国得州仪器数字信号处理联合实验室成立》，1997 年 2 月 18 日，第 43 期

80. 苏民文，《冰箱业：寒气逼人 跨国公司又瞄准了下一个目标——继饮料、化妆品、洗涤剂、彩电等行业之后》，《华为人》报摘自 1997 年 1 月 16 日《中国改革报》，1997 年 2 月 26 日，第 44 期

81.《一代伟人邓小平永垂不朽——缅怀小平遗志，把祖国建设成经济强国》，1997 年 2 月 28 日，第 45 期

82.（华为）人大专家组 黄卫伟教授（执笔），《探索中国的世界级高技术企业之路——〈华为公司基本法〉辅导报告之一》，1997 年 3 月 30 日，第 47 期

83. 任正非，《走过亚欧分界线》，1997 年 5 月 8 日，第 50 期

84.《跟着国家外交路线走 迈出国门第一步》，1997 年 5 月 28 日，第 52 期

85.《国产交换设备扎根香港电信网》，1997 年 7 月 15 日，第 55 期

86.《今日"长缨"在手 何愁不缚"苍龙"》，1997 年 9 月 10 日，第 57 期

87. 吴育化，《建立一个采购集散中心——来自香港公司的报告》，1997 年 11 月 12 日，第 60 期

88.《C&C08 交换机进入俄罗斯市场》，1997 年 12 月 8 日，第 61 期

89. 任正非，《我们向美国人民学习什么》，1998 年 2 月 20 日，第 63 期

90. 陈仲旭,《长风破浪会有时——国产交换机正植根国土挺进海外》,《华为人》报摘自 1998 年 2 月 11 日《科技日报》, 1998 年 2 月 28 日, 第 64 期

91. 任正非,《狭路相逢勇者生》, 1998 年 2 月 28 日, 第 64 期

92. 孙亚芳、宋海兵、李志刚,《考察英国国家职业资格认证体系的感想》, 1998 年 3 月 26 日, 第 65 期

93.《华为公司基本法(定稿)》, 1998 年 4 月 6 日, 第 66 期

94.《天津邮电——华为新技术联合实验室揭牌》, 1998 年 4 月 30 日, 第 67 期

95.(华为)海外市场部,《俄罗斯联邦巴什基尔共和国总统视察贝托华为》, 1998 年 7 月 16 日, 第 70 期

96. 任正非,《华为的红旗到底能打多久——向中国电信调研团的汇报以及在联通总部与处以上干部座谈会上的发言》, 1998 年 7 月 27 日, 第 71 期

97.《国务委员吴仪考察华为》, 1998 年 8 月 15 日, 第 72 期

98.《经济学人》,《中国的硅谷》,《华为人》报转载 1998 年 7 月 18 日《参考消息》, 1998 年 8 月 28 日, 第 73 期

99.《国产通讯产品,进入国际市场的思考》, 1998 年 9 月 15 日, 第 74 期

100. 任正非,《不做昙花一现的英雄》, 1998 年 9 月 28 日, 第 75 期

101. 田文盛,《迎接新的挑战——李一男副总裁就国产 GSM 及移动通信发展接受〈人民邮电报〉记者专访》, 1998 年 10 月 20 日, 第 76 期

102.《中国企业缺什么?——访 IBM 大中华区总裁周伟锟》,《华为人》报转引, 1999 年 1 月 10 日, 第 81 期

103. 任正非,《印度随笔》, 1999 年 1 月 10 日, 第 81 期

104. 广文,《华为坂田生产中心落成投产》, 1999 年 2 月 8 日, 第 83 期

105. 乔小平,《巴格达战地纪实》, 1999 年 2 月 8 日, 第 83 期

106. 任正非,《创业创新必须以提升企业核心竞争力为中心》, 1999 年 3 月 5 日, 第 84 期

107. 黄耀旭,《我在研发工作中的过失与教训》, 1999 年 3 月 25 日, 第 85 期

108. 阎铁梁,《海外创业始于我们脚下》, 1999 年 4 月 10 日, 第 86 期

109.《深圳市华为技术有限公司 1998 年年报摘要》, 1999 年 7 月 1 日, 第 90 期

110.《新年献辞》, 2000 年 1 月 22 日, 第 98 期

111. 贺文华,《差距到底在哪里》, 2000 年 1 月 28 日, 第 99 期

112.(华为)华为电气财务部 / 四个统一项目组,《"削足适履"的痛苦和喜悦》, 2000 年 5 月 18 日, 第 104 期

113.《华为英特尔携手开发通信方案》,2000 年 5 月 18 日,第 104 期

114.《孙亚芳与员工交流纪要》,2000 年 6 月 12 日,第 105 期

115. 彭中阳、王晖,《华为 SBS 为也门国庆献礼》,2000 年 6 月 12 日,第 105 期

116. 汪宏,《非洲大陆上的华为人》,2000 年 6 月 12 日,第 105 期

117. 杨杜,《世界级领先企业之路》,2000 年 6 月 30 日,第 106 期

118.《摩托罗拉与华为携手拓展中国及亚太市场 共同提供 GSM 设备和端到端解决方案》,2000 年 8 月 18 日,第 108 期

119. 李隆兴,《远在他乡的日子——也门开局纪事》,2000 年 8 月 18 日,第 108 期

120.《新的合作新的起点——广州市电信局、华为公司领导在 10G SDH 光传输系统首获商用合同签字仪式上的讲话》,2000 年 8 月 18 日,第 108 期

121. 邓涛,《投身国际大市场,开创职业新天地》,2000 年 11 月 25 日,第 111 期

122. 常峥,《谁来实现企业的梦想》,2001 年 1 月 18 日,第 113 期

123. 彭勇,《好儿女志在四方——公司党委组织召开欢送海外将士出征大会》,2001 年 1 月 18 日,第 113 期

124. 任正非,《雄赳赳 气昂昂 跨过太平洋——在欢送海外将士出征大会上的讲话》,2001 年 1 月 18 日,第 113 期

125.《华为成为 ITU 部门会员》,2001 年 3 月 28 日,第 115 期

126.《走出国门,参与国际竞争》,2001 年 3 月 28 日,第 115 期

127. 吴春波,《华为的冬天到了吗?》,2001 年 3 月 28 日,第 115 期

128.《华为公司参加美国电信展览会》,2001 年 5 月 30 日,第 117 期

129. 黄卫伟,《收紧核心,放开周边,提高企业的生存能力》,2001 年 5 月 30 日,第 117 期

130. 任正非,《北国之春》,2001 年 6 月 29 日,第 118 期

131. 徐梦侠,《走出去 又是一片天空》,2001 年 6 月 29 日,第 118 期

132. 张蕊,《巴西第一个交换局割接成功》,2001 年 7 月 30 日,第 119 期

133. 张婷,《与印度工程师面对面》,2001 年 8 月 26 日,第 120 期

134. 刘永欣,《改进管理 共御寒冬——再读〈华为的冬天〉》,2001 年 9 月 26 日,第 121 期

135.《华为获得我国第一个软件 CMM 标准四级国际认证》,2001 年 12 月 28 日,第 124 期

136. 任雪松,《哥伦比亚的故事——技术支援业务平台篇》,2002 年 1 月 30 日,第 125 期

137. 叶树,《北极圈内的华为 GSM》,2002 年 3 月 18 日,第 126 期

138.《孙亚芳在市场部主管培训上关于“IPD 100% 推行”的讲话》,2002 年 4 月 5 日,第 127 期

139. 柳涛,《美国胜天通讯公司与华为公司在上海共同承办世界电信联盟组织标准会议》,2002 年 4

165.《海外市场再传捷报 华为与泰国最大移动运营商 AIS 签订维护保障服务合同》, 2003 年 6 月 28 日, 第 142 期

166.《华为北非受认可 获 GSM/FIN 两大单》, 2003 年 6 月 28 日, 第 142 期

167.《华为获俄罗斯运营商 GSM 大单》, 2003 年 6 月 28 日, 第 142 期

168. 金森林,《一张十年前的名片》, 2003 年 6 月 28 日, 第 142 期

169. 吕晓峰,《亲历阿国地震》, 2003 年 6 月 28 日, 第 142 期

170.《华为印度研究所通过 CMM 五级认证》, 2003 年 8 月 28 日, 第 144 期

171.《3G 之道 高而不贵——华为公司对 3G 的理解》, 2003 年 9 月 28 日, 第 145 期

172. 百合,《怀念在印度的时光》, 2003 年 9 月 28 日, 第 145 期

173.《华为 CDMA450 产品进入西欧市场——为 INQUAM 子公司的 CDMA450 全国网提供基站子系统设备, 将覆盖葡萄牙全境》, 2003 年 10 月 30 日, 第 146 期

174.《华为第五代路由器服务英国运营商 Fibernet——采用 NE40 建设覆盖全英国的 MPLS 骨干环, 为二十多家金融用户提供 VPLS 业务》, 2003 年 10 月 30 日, 第 146 期

175.《华为与埃及电信合作的智能网项目开通仪式在开罗圆满举行》, 2003 年 10 月 30 日, 第 146 期

176.《泰国公主访问华为》, 2003 年 10 月 30 日, 第 146 期

177.《行业巨头联合发布关于 3G 无线基站的新规范 (CPRI)》, 2003 年 10 月 30 日, 第 146 期

178.(华为) BT (英国电信) 认证项目组 (执笔) 费敏、徐立新、吕克,《对华为的一次"体检"》, 2004 年 1 月 15 日, 第 148 期

179.《SUNDAY 选择华为承建全香港 WCDMA 3G 网络》, 2004 年 1 月 15 日, 第 148 期

180.《华为独家承建阿联酋电信 WCDMA 3G 商用网络》, 2004 年 1 月 15 日, 第 148 期

181. 陈志波,《我们拿什么爱你, 阿尔及利亚》, 2004 年 1 月 15 日, 第 148 期

182. 易明军,《穿越战地》, 2004 年 1 月 15 日, 第 148 期

183. 周田兵,《移动产品海外销售冲刺新闻》, 2004 年 1 月 15 日, 第 148 期

184.《西门子和华为成立 TD-SCDMA 合资公司》, 2004 年 3 月 1 日, 第 149 期

185.《中国进出口银行与华为签署 6 亿美元出口买方信贷合作协议》, 2004 年 3 月 1 日, 第 149 期

186.《华为名列全球四大光网络供应商之一》, 2004 年 3 月 30 日, 第 150 期

187.《沙漠之绿——阿联酋 3G 项目"高价中标"的背后》, 2004 年 3 月 30 日, 第 150 期

188. 秦锋,《千里赴伊路》, 2004 年 3 月 30 日, 第 150 期

189. 纹石,《推销自己 推销公司》, 2004 年 3 月 30 日, 第 150 期

190.《NGN 商用论坛在文莱召开——18 个国家地区 40 家运营商聚首文莱共商 NGN 商用部署》, 2004 年 4 月 27 日, 第 151 期

191. 刘彦玲，《2003 年，我这样走过》，2004 年 4 月 27 日，第 151 期

192. 王辉，《无言的感动》，2004 年 4 月 27 日，第 151 期

193. 喻建华，《俄罗斯 3G 拓展记》，2004 年 4 月 27 日，第 151 期

194.《华为承办首次国际 CDMA2000 450m 应用大会》，2004 年 5 月 28 日，第 152 期

195.《瑞典 Banverket Telenat 选择华为进行全国传输本地网扩容》，2004 年 5 月 28 日，第 152 期

196. 韩晓，《洋"拼命三郎"——记 2003 年华为优秀员工 Alekseev Sergey N.》，2004 年 6 月 30 日，第 153 期

197.（华为）拉美技术服务部，《巴西开局记》，2004 年 7 月 30 日，第 154 期

198.《华为"东方快车"带给欧洲运营商 3G 新感受》，2004 年 7 月 30 日，第 154 期

199.《华为承建巴西 Embratel FRAD 路由器项目》，2004 年 7 月 30 日，第 154 期

200. 韩晓，《中亚"华佗"》，2004 年 7 月 30 日，第 154 期

201. 姜天露，《重回华为》，2004 年 7 月 30 日，第 154 期

202.（华为）也门代表处，《高山上有我的爱》，2004 年 8 月 31 日，第 155 期

203. 彭博，《幻彩香江不眠夜》，2004 年 8 月 31 日，第 155 期

204.《华为中央软件部顺利通过 CMM5 级认证》，2004 年 11 月 3 日，第 157 期

205.《西门子和华为在数据通信领域展开合作》，2004 年 11 月 3 日，第 157 期

206.《华为 CDMA2000 服务拉美运营商》，2004 年 11 月 26 日，第 158 期

207.《华为获 3.6 亿美元国际银团贷款》，2004 年 11 月 26 日，第 158 期

208.《华为获得沙特电信 GSM 全国网扩容合同》，2004 年 11 月 26 日，第 158 期

209.《华为与英国 Fibernet 联合举办数通研讨会》，2004 年 11 月 26 日，第 158 期

210.《吴邦国委员长访问非洲四国见证华为连获佳绩》，2004 年 11 月 26 日，第 158 期

211.《"华为人在全球"摄影比赛获奖公告》，2004 年 12 月 29 日，第 159 期

212.《"天堂"里的故事》，2004 年 12 月 29 日，第 159 期

213.《华为 3G 进入西欧承建荷兰全国 WCDMA 网络》，2004 年 12 月 29 日，第 159 期

214.《华为 CDMA2000 在美国获成功商用》，2004 年 12 月 29 日，第 159 期

215.《南研所、上海华为顺利通过 CMM 五级评估》，2004 年 12 月 29 日，第 159 期

216.《中国-非洲国家电讯部长研讨会 14 国官员考察华为公司深圳总部》，2004 年 12 月 29 日，第 159 期

217. 吴春波，《静水潜流与华为国际化——学习孙总〈董事会工作报告〉的体会》，2004 年 12 月 29 日，第 159 期

218.（华为）阿联酋代表处，《波斯湾畔 静水流深》，2005 年 2 月 3 日，第 160 期

219.《爱在非洲》，2005 年 2 月 3 日，第 160 期

220.《华为公司中标委内瑞拉电信全国光纤骨干网》，2005 年 2 月 3 日，第 160 期

221.《华为中标泰国 CATCDMA20003G 全国网络》，2005 年 2 月 3 日，第 160 期

222.《开发性金融助推"走出去"战略——开行向华为及其海外客户授信 100 亿美元》，2005 年 2 月 3 日，第 160 期

223.《图片新闻》，2005 年 2 月 3 日，第 160 期

224.《华为人》报记者，《爱在非洲》，2005 年 2 月 3 日，第 160 期

225.《惊鸿一瞥 不虚此行》，2005 年 3 月 15 日，第 161 期

226. 三力（整理），《英国文化习俗点滴》，2005 年 3 月 15 日，第 161 期

227.《华为人》报记者，《埃塞市场的开垦者》，2005 年 4 月 15 日，第 162 期

228.《"上甘岭"送课的得与思——赴尼日利亚培训讲师采访记》，2005 年 5 月 10 日，第 163 期

229.《移动软交换国际研讨会在北京隆重召开》，2005 年 5 月 10 日，第 163 期

230.《中非通信合作开创新的里程碑——菲律宾 DIGITEL 授予华为 5000 万美元 GSM 合同》，2005 年 6 月 10 日，第 164 期

231.（华为）阿尔及利亚代表处，《梅花香自苦寒来——阿尔及利亚市场开拓这几年》，2005 年 7 月 7 日，第 165 期

232. 丁阳华，《我们在麦加圣地开局》，2005 年 7 月 7 日，第 165 期

233. 姜天露，《重回华为第一年》，2005 年 7 月 7 日，第 165 期

234. 阎浩，《发现安哥拉》，2005 年 7 月 7 日，第 165 期

235.《华为再次实现欧洲主流运营商重大突破——OptiX Metro 6100/6040 独家中标荷兰皇家电信 C，WDM/DWDM 项目》，2005 年 8 月 4 日，第 166 期

236.《图片新闻》，2005 年 8 月 4 日，第 166 期

237. 邹其东，《巴西四年感怀》，2005 年 8 月 4 日，第 166 期

238.《印尼总统访华期间首次访问华为总部》，2005 年 9 月 2 日，第 167 期

239. 叶众，《也门代表处技术支援工作的两大法宝》，2005 年 9 月 2 日，第 167 期

240.《华为的战略（四）》，2005 年 10 月 31 日，第 169 期

241.《华为人》报记者，《他来自华为的上甘岭——尼日利亚》，2005 年 10 月 31 日，第 169 期

242. 彭松，《非洲十国初体验》，2005 年 10 月 31 日，第 169 期

243. 王承东，《为了心中的教堂》，2005 年 10 月 31 日，第 169 期

244.《华为与 Telefónica 签署战略合作协议》，2005 年 11 月 30 日，第 170 期

245.《泰国总理参观华为公司》，2005 年 11 月 30 日，第 170 期

246. 陈珠芳，《建设国际化的企业文化》，2005 年 11 月 30 日，第 170 期

247. 马广义，《东边日出 西边晚归》，2005 年 11 月 30 日，第 170 期

248. 向国华，《Thank you，Huawei》，2005 年 11 月 30 日，第 170 期

249. 辛文，《国际化的胡子》，2005 年 11 月 30 日，第 170 期

250.《华为人》报记者，《历史无法忘记……》，2005 年 12 月 31 日，第 171 期

251.《华为和英国电信正式签署"21 世纪网络"合同》，2005 年 12 月 31 日，第 171 期

252. 金森林，《为了我们美丽的家园》，2005 年 12 月 31 日，第 171 期

253.《中国有可能形成优于世界的最富有的资源是全民基础教育——孙亚芳在全国科学大会上的发言》，2006 年 1 月 22 日，第 172 期

254.（华为）沙特代表处，《决胜麦加朝圣——记沙特 Ramadan&Hajj 保障项目》，2006 年 3 月 21 日，第 174 期

255.《荷兰皇家电信与华为签署 3G 商用合同》，2006 年 3 月 21 日，第 174 期

256.《华为人》报记者，《石油王国的华为人——记沙特代表处》，2006 年 3 月 21 日，第 174 期

257. 蒋光辉，《夜驶戈壁 勇斗暗礁》，2006 年 5 月 8 日，第 175 期

258. 缪思，《和而不同，共奏乐章——访中东北非人力资源管理部部长袁立新》，2006 年 5 月 29 日，第 176 期

259. 张媛媛，《同一个梦想同一个团队欧洲地区部新员工引导培训（2006 年第一期）回顾》，2006 年 5 月 29 日，第 176 期

260. Vishu Paul，《我在华为这 5 年》，范黎翔译，2006 年 6 月 30 日，第 177 期

261. 刘路，《有关夜晚的记忆》，2006 年 6 月 30 日，第 177 期

262. 董庆国，《塔那雄鹰》，2006 年 7 月 21 日，第 178 期

263. 李强，《穿越喀麦隆》，2006 年 7 月 21 日，第 178 期

264.《华为是移动通信宽带化时代最合适的合作伙伴》，2006 年 8 月 28 日，第 179 期

265.《做一粒种子孕育一片森林——访南部非洲地区部总裁陶景文》，2006 年 8 月 28 日，第 179 期

266. Austin PAN，《衣带渐宽终不悔——记塞内加尔的战友们》，2006 年 8 月 28 日，第 179 期

267. 丘清贤，《回忆美丽的伊赛克湖》，2006 年 9 月 28 日，第 180 期

268. 一凡，《在希望的原野上》，2006 年 9 月 28 日，第 180 期

269. 方惟一，《实事求是的科研方向与二十年的艰苦努力——在国家某大型项目论证会上的发言》，2006 年 11 月 30 日，第 182 期

270. 赵启刚，《奋斗在北非的土地上——阿尔及利亚工作生活点滴》，2006 年 12 月 30 日，第 183 期

271. 蔡河新，《非洲屋脊上的服务大比拼——记埃塞全网号码升位专项服务》，2007 年 1 月 15 日，

第 184 期

272. 一兵,《融入海外 由"吃"开始》,2007 年 1 月 15 日,第 184 期

273. 郁靓,《2006 我在孟加拉》,2007 年 1 月 15 日,第 184 期

274. 张敏,《平淡与奇崛——GTS 专家专栏:一路风雨 一路行》,2007 年 1 月 15 日,第 184 期

275. 树桩,《一路走来共同成长》,2007 年 2 月 1 日,第 185 期

276. 蒋光辉,《坎坷网规路——记非洲 S 国 G1 扩容勘测》,2007 年 2 月 16 日,第 186 期

277. 李薪,《阿国生活片断》,2007 年 2 月 16 日,第 186 期

278. 郭修彬,《扎根非洲 放飞理想——记我在非洲的日子》,2007 年 3 月 17 日,第 188 期

279. 杨刚华、蒋滔,《道路与责任——讲述无线的老故事:华为 GSM 的诞生》,2007 年 3 月 17 日,
     第 188 期

280.《华为成功举办"IP 承载网技术国际研讨会"》,2007 年 7 月 10 日,第 189 期

281. 曹曹,《荒漠中寻找天堂》,2007 年 7 月 10 日,第 189 期

282.《华为 GSM-R 高速商用能力赢得赞赏——GSM-R 技术全球研讨会在上海成功召开》,2007 年
     7 月 31 日,第 190 期

283. 陈军念,《本地员工作用大 群星闪耀在拉美》,2007 年 7 月 31 日,第 190 期

284.《华为引领 CDMA 进入全 IP 时代——第二届全球 CDMA 运营与发展论坛在印尼成功召开》,
     2007 年 8 月 31 日,第 191 期

285. 祁金林,《长路漫漫任我闯——记 GBSS 技术服务发展之路》,2007 年 10 月 15 日,第 192 期

286.《华为人》报记者,《努力成为华为平台交付件的基地——印度研究所所长黄冀访谈》,2007 年
     10 月 31 日,第 193 期

287.《推动发展中国家信息与通信技术建设,华为与 ITU 签署合作意向书》,2007 年 12 月 10 日,
     第 194 期

288. 若然,《委内瑞拉代表处——关于行政的这些事儿》,2007 年 12 月 10 日,第 194 期

289.《重返巴马科》,2007 年 12 月 31 日,第 195 期

290. 孙亚芳,《干部的品德与自律》,2007 年 12 月 31 日,第 195 期

291. 梓青,《财经体系——英文化行动 现在进行时》,2007 年 12 月 31 日,第 195 期

292. Rain,《地震之中见真章》,2008 年 1 月 31 日,第 196 期

293.《华为举行 IBM 顾问答谢宴会》,2008 年 3 月 31 日,第 198 期

294. 耿晓璐,《"成长无限"的 English Night》,2008 年 3 月 31 日,第 198 期

295. 张治、冯发进,《来自交付一线的故事:零故障 零中断 全方位专业服务——华为第三次创造
     HAJJ 通信保障奇迹》,2008 年 3 月 31 日,第 198 期

296. Arleta Chen，《点燃激情 全身投入到新的变革之旅》，2008 年 4 月 30 日，第 199 期

297. 华为大学新员工培训中心，《尼日利亚是最浪漫的地方》，2008 年 4 月 30 日，第 199 期

298. 刘亚雄，《来自交付一线的故事："八卦炉"冶炼金丹》，2008 年 4 月 30 日，第 199 期

299. 幸子，《浪漫铃声》，2008 年 4 月 30 日，第 199 期

300. 姚卫民，《学习 提升英文能力贵在"用"字》，2008 年 4 月 30 日，第 199 期

301.《华为人》报记者，《跨越英文那道坎》，2008 年 8 月 5 日，第 202 期

302.《在挑战中体验内心成长和人生美好》，2008 年 8 月 5 日，第 202 期

303. 尧力，《伊拉克代表处：打造本地交付的第一品牌》，2008 年 9 月 5 日，第 203 期

304.《华为人在全球：每个岗位都需要激情和勤奋》，2008 年 10 月 7 日，第 204 期

305.（华为）刚果代表处，《谁是最可爱的人》，2008 年 10 月 31 日，第 205 期

306. 付国新，《原始森林历险记》，2008 年 11 月 30 日，第 206 期

307. 白晓勇，《伊拉克代表处：奋斗的信念在每名员工的心中》，2009 年 1 月 4 日，第 207 期

308. 李宇峰，《我们的岗位在科特迪瓦》，2009 年 1 月 4 日，第 207 期

309. 若然，《艰苦地区 健康关怀与您同行》，2009 年 1 月 4 日，第 207 期

310.《华为人》报记者，《销服体系积极推进"掺沙子"行动——沟通 学习 融合 分享》，2009 年 1 月 20 日，第 208 期

311.《我是一个快乐的小兵——"天道酬勤"奖获得者彭中阳在 2008 年市场表彰大会上的发言》，2009 年 1 月 20 日，第 208 期

312. 晨牧，《家庭生活中的爱、宽容与责任》，2009 年 1 月 20 日，第 208 期

313. 程永刚，《关于 ITU-T 的那些"第一次"》，2009 年 1 月 20 日，第 208 期

314. 王丽，《用心营建苏丹快乐生活》，2009 年 1 月 20 日，第 208 期

315. 周小芳，《一个"随军"家属的幸福生活》，2009 年 1 月 20 日，第 208 期

316.《公司协助运营商建设 3G 网络助力中国 3G 网络商用起步》，2009 年 3 月 3 日，第 209 期

317. 邓海平，《两次偶遇"野战部队"》，2009 年 3 月 3 日，第 209 期

318. 李红滨，《工作是幸福的 奋斗是快乐的》，2009 年 3 月 3 日，第 209 期

319.（华为）行政管理部，《快乐就在服务中——小记约旦行政工作团队》，2009 年 3 月 31 日，第 210 期

320.（华为员工家属）杨晶，《太阳依旧升起》，2009 年 3 月 31 日，第 210 期

321.《华为人》报记者，《英文化带来新变化——供应链英文化侧记》，2009 年 3 月 31 日，第 210 期

322. 孙宇峰，《简讯：2009 年首期驻外行政人员学习交流会举行》，2009 年 3 月 31 日，第 210 期

323.《华为将为美国运营商 Cox Communications 提供 CDMA 端到端解决方案》，2009 年 4 月 30

日，第 211 期

324.《3G 交付花絮》，2009 年 6 月 30 日，第 213 期

325. 若然，《让我们在心底系上黄丝带》，2009 年 6 月 30 日，第 213 期

326. Alexey Shalaginov，《一个俄罗斯人眼中的华为》，2009 年 7 月 31 日，第 214 期

327.《华为助力 Clearwire 部署美国首个全国性的 WiMAX 网络》，2009 年 8 月 31 日，第 215 期

328. 蒋勇刚，《征文选登：驻外厨师小记》，2009 年 8 月 31 日，第 215 期

329. Alec Campbell，《享受跨文化的挑战》，2009 年 9 月 30 日，第 216 期

330.《华为人》报记者，《平平淡淡是通信保障的高境界：华为助力运营商完成国庆 60 周年通信保障》，2009 年 11 月 10 日，第 217 期

331. 邓海平，《山中别墅》，2009 年 12 月 4 日，第 218 期

332. 李军军，《走进非洲》，2009 年 12 月 31 日，第 219 期

333. 邹芸，《走近第一个"女主席"》，2010 年 2 月 8 日，第 220 期

334. Lesley White（英国代表处 HR Director），《英国代表处：Lesley White——让"奋斗"成为每个人的一部分》，一音译，2010 年 3 月 12 日，第 221 期

335. 吕劲松、宋婕，《华为十二年》，2010 年 4 月 8 日，第 222 期

336. 其叶，《智利地震：我们与设备在一起》，2010 年 4 月 8 日，第 222 期

337. 其叶，《记者手记：青春之光绽放在高原》，2010 年 8 月 5 日，第 226 期

338.《图片故事：蓝色利雅得》，2010 年 8 月 31 日，第 227 期

339. 孟广斌，《海外偶遇》，2010 年 8 月 31 日，第 227 期

340. 伊万，《患难见真情》，2010 年 8 月 31 日，第 227 期

341. 林进灿，《阿富汗工作生活实录》，2010 年 9 月 28 日，第 228 期

342. 李璐璐，《无限的地平线》，2010 年 11 月 9 日，第 229 期

343.（华为）尼日利亚代表、西非地区部、《华为人》编辑部，《汗水洗出高产田》，2010 年 11 月 9 日，第 229 期

344. 沈庆鉴，《华为公司开展国际经济技术合作的回顾》，2010 年 11 月 9 日，第 229 期

345.《华为人》报记者，《西出阳关有故人——马里、苏丹、突尼斯行纪》，2011 年 1 月 5 日，第 231 期

346. 徐直军、徐文伟、丁耘、姚福海等，《华为人》《管理优化》编辑部，《我们还是以客户为中心吗？！——马电 CEO 投诉始末》，2011 年 1 月 28 日，第 232 期

347. 邓海平，《在撒哈拉过拉马丹》，2011 年 4 月 3 日，第 234 期

348.《任总关于珍爱生命与职业责任的讲话》，2011 年 5 月 5 日，第 235 期

349. 韩硕，《保障网络安全 我们义不容辞》，2011 年 5 月 30 日，第 236 期

350.《华为·全球》，2011 年 6 月 28 日，第 237 期

351. 刘岚涛，《我的行政我的团——肯尼亚行政》，2011 年 8 月 4 日，第 238 期

352. 彭刚，《白尼罗河畔的幸福生活》，2011 年 9 月 29 日，第 240 期

353.（华为）片联人力资源部，《一个系统部部长的七年欧洲之旅》，2011 年 11 月 2 日，第 241 期

354. 樊小林，《莫斯科的回忆》，2011 年 12 月 12 日，第 242 期

355. 詹农，《Connect 博文：两个"跨文化"的小故事》，2011 年 12 月 12 日，第 242 期

356. 任正非，《一江春水向东流——为轮值 CEO 鸣锣开道》，2012 年 1 月 7 日，第 243 期

357.《华为人》报记者，《专家是打出来的——访 GTS 网络技术领军人物王楠斌》，2012 年 2 月 9 日，第 244 期

358.《海外趣事》，2012 年 3 月 9 日，第 245 期

359. 左治勤，《马里交付写真》，2012 年 3 月 9 日，第 245 期

360.《思绪飞扬在法兰西》，2012 年 3 月 31 日，第 246 期

361.（华为）STC 系统部、《华为人》报编辑部，《成就十五亿人的梦想》，2012 年 5 月 3 日，第 247 期

362. 卢昊旻，《我的欧洲十年》，2012 年 5 月 3 日，第 247 期

363. 常光福，《我们的"家"的变迁》，2012 年 5 月 31 日，第 248 期

364. 石瑞科，《王明敏的 3G 情缘》，2012 年 5 月 31 日，第 248 期

365.（华为）固定网络 BU，《敢立潮头见真章——记公司首批 FELLOW 之一白耒生博士》，2012 年 6 月 30 日，第 249 期

366. 李大丰，《且行且珍惜》，2012 年 6 月 30 日，第 249 期

367.《我们要做有梦想、有追求的人——消费者 BG CEO 余承东与新员工座谈》，2012 年 8 月 8 日，第 250 期

368. 宋美玉、李振、刘丹，《淡泊之处现昭彰》，2012 年 9 月 6 日，第 251 期

369. 治欣慰，《标准代表的非标准生活》，2012 年 10 月 31 日，第 253 期

370.（华为）百老汇项目组，《Broader Way，更宽的路——渐入佳境的华为"百老汇论坛"》，2012 年 11 月 30 日，第 254 期

371. IT 人，《同一世界 同一办公室》，2012 年 11 月 30 日，第 254 期

372. 张文涛，《我守卫在遥远的"边疆"》，2012 年 11 月 30 日，第 254 期

373. 胡龙根、孙达飞、刘宇、袁嘉，《不寻常的足迹——索马里工作记录》，2013 年 1 月 3 日，第 255 期

374.（华为）编辑部，《伟大的"从零起飞奖"》，2013 年 2 月 4 日，第 256 期

375.（华为）2012 实验室，《铿锵玫瑰 通信前锋——记华为首位女 Fellow 朱佩英博士》，2013 年 4 月 7 日，第 258 期

376. Ooi Hong Giap，《做个快乐的"出差家"》，2013 年 5 月 3 日，第 259 期

377.《华为正式发布 2012 年年度报告》，2013 年 5 月 3 日，第 259 期

378.（华为）无线 BU 白桦、陈月华，《成功不必在我，功力必不唐捐——记 Fellow 孙立新》，2013 年 7 月 2 日，第 261 期

379.（华为）西非地区部周宇，《重回尼日利亚》，2013 年 7 月 2 日，第 261 期

380.（华为）行政管理部区域行政支持中心王红，《肖秀林：我的青春不后悔》，2013 年 7 月 2 日，第 261 期

381.（华为）无线网络业务部，《打开机遇之门的钥匙——SingleRAN 背后的故事》，2013 年 8 月 1 日，第 262 期

382. Jack Jarkvik，《为什么他们不喜欢和我交流？》，2013 年 8 月 1 日，第 262 期

383. 黄琼，《追上未来——走近 FELLOW 龙国柱博士》，2013 年 8 月 1 日，第 262 期

384. 孟晚舟，《海纳百川 有容乃大——英国随笔》，2013 年 8 月 1 日，第 262 期

385.（华为）西欧终端行业销售部尹林，《2013，牵手奔驰——车载模块项目中标纪实》，2013 年 10 月 9 日，第 264 期

386.（华为）无线品牌部，《从做产品到做产业——记 2013 年全球移动宽带论坛》，2013 年 12 月 10 日，第 266 期

387.（西班牙华为）曾日高，《转换视角 勇于实践 促子公司合规运营——西班牙华为监督型董事会筹备小记》，2014 年 1 月 8 日，第 268 期

388.（华为）投资管理部祖文，《管理实践：海外子公司——关注"整个房子"实现"合规运营"》，2014 年 4 月 30 日，第 275 期

389.（华为）委内瑞拉代表处，《动荡伊甸园，我们一直在》，2014 年 7 月 7 日，第 279 期

390. 郭建新，《海外 ERP 变革 艰辛与美好的四年》，2014 年 8 月 18 日，第 282 期

391. 洪亮、周知愚，《战斗在利比亚：特殊的幸福（1）》，2014 年 8 月 18 日，第 282 期

392.（华为）加纳代表处张涛，《西非故事汇：开心的味道，一生的回味》，2014 年 9 月 1 日，第 283 期

393.（华为）无线标准专利部，《上兵伐谋——无线标准的逐梦之路》，2014 年 10 月 11 日，第 285 期（无线 20 年专刊）

394.（华为）无线网络品牌部，《无线 20 年，梦想因坚持而伟大》，2014 年 10 月 11 日，第 285 期

（无线 20 年专刊）

395. 蒋丹，《一个"高富帅"天线的自白——华为二维电调天线诞生记》，2014 年 10 月 11 日，第 285 期（无线 20 年专刊）

396. 吕晓峰，《我和无线的"第一次"》，2014 年 10 月 11 日，第 285 期（无线 20 年专刊）

397. 汪涛，《无线梦，梦无限；全联接，创未来》，2014 年 10 月 11 日，第 285 期（无线 20 年专刊）

398. 陈红霞，《一亿多美元的财产保卫战》，2014 年 10 月 20 日，第 286 期

399. 工乙，《建高效子公司董事会，做合格董事——记 2014 年年中海外子公司董事赋能研讨会》，2014 年 10 月 20 日，第 286 期

400. 简言，《探索税法丛林的生存法则——说说巴西税案的那些事》，2014 年 11 月 17 日，第 288 期

401. 肖晓峰，《HAJJ 保障 十年传奇》，2014 年 11 月 17 日，第 288 期

402. 陈智贤，《海外七年 谁伴我闯荡》，2014 年 12 月 17 日，第 290 期

403.（华为）塞拉利昂办事处龙峰，《乌云背后的幸福线——记在塞拉利昂的"非常坚守"》，2014 年 12 月 27 日，第 291 期

404.（华为）中央研究院技术合作部，《华为创新研究计划：煮一杯吸收宇宙能量的咖啡》，2014 年 12 月 27 日，第 291 期

405.《徐直军：持续提升网络体验，推动移动通信产业持续发展》，2014 年 12 月 27 日，第 291 期

406.（华为）法务部合规办，《华为"律政俏佳人"——记法务合规团队的巾帼英雄们》，2015 年 1 月 17 日，第 292 期

407.（华为）中亚、俄区域专职董事徐志东，《子公司专职董事履职思考》，2015 年 1 月 17 日，第 292 期

408. 徐镜进，《海外研发中心"拓展"记》，2015 年 1 月 17 日，第 292 期

409.《华为：一年交 3 亿美元专利费划算》，2015 年 3 月 6 日，第 295 期

410.（华为）塞拉利昂办事处，《誓言无声，我们在一起——坚守埃博拉疫区厨师张付玉的事迹》，2015 年 4 月 7 日，第 297 期

411. 陈驰，《一个巴西人在华为的 8 年》，2015 年 4 月 21 日，第 298 期

412.（华为）阿富汗办事处瞿磊，《兴都库什山脉下傲然绽放的郁金香》，2015 年 5 月 7 日，第 299 期

413.（华为）伊拉克代表处胡文，《华为巴格达搬家了》，2015 年 5 月 19 日，第 300 期

414.《携手欧洲企业打造行业生态链 推动实现欧洲 4.0》，2015 年 5 月 19 日，第 300 期

415.（华为）健康指导中心张丽，《防控疫情，我们在一起——尼泊尔震后医生手记》，2015 年 6 月 8 日，第 301 期

416. 陈黎芳，《每个人都是生活的舞者》，2015 年 6 月 19 日，第 302 期

417. 华为 ICT 金融论坛公关传播组，《莱蒙湖畔，客似云来——华为成功举办 ICT 金融论坛（日内瓦）的台前幕后》，2015 年 7 月 16 日，第 304 期

418. 谢文思，《华为缘何斩获全球首个 5G 大奖？》，2015 年 7 月 16 日，第 304 期

419. 李柯、刘琦，《亚马逊河流经的沃土——记南美南区域子公司董事会运作与合规监督》，2015 年 9 月 29 日，第 309 期

420.（华为）中东地区部，《雄关漫道十五载，而今迈步从头越——中东 ICT 行业领袖共庆华为中东成立 15 周年》，2015 年 10 月 31 日，第 311 期

421. 陈丹华，《迈向 2020 之路，共建全联接世界——记 2015 全球移动宽带论坛》，2015 年 11 月 16 日，第 312 期

422.（华为）阿富汗办事处，《为员工打造安全温馨家园——小记阿富汗办事处办公及生活环境改善》，2015 年 12 月 1 日，第 313 期

423.（华为）安哥拉代表处，《海边的"幸福家园"——安哥拉代表处小环境改善小记》，2015 年 12 月 15 日，第 314 期

424.（华为）无线产品线天馈业务部，《绝地反击筑新生——华为天线二次创业纪事》，2015 年 12 月 31 日，第 315 期

425. 汪远航，《嘉奖令映照出的青春面孔——尼日尔河畔的华为人群像》，2015 年 12 月 31 日，第 315 期

426.（华为）刚果代表处，《终于等到你》，2016 年 1 月 15 日，第 316 期

427. 清风，《铁血荣光耀天地 决胜疆场千万里——华为 2015 年度市场颁奖典礼火热举行》，2016 年 2 月 2 日，第 317 期

428. 徐海明，《蚊子龙卷风》，2016 年 2 月 2 日，第 317 期

429. 游江涛，《牵手》，2016 年 2 月 17 日，第 318 期

430. 追梦人，《一个 PS 老兵的爱与梦》，2016 年 2 月 17 日，第 318 期

431. 史建，《饭勺也是生产力》，2016 年 3 月 4 日，第 319 期

432. 刘仲恒，《有个疤就更像个男人了》，2016 年 3 月 16 日，第 320 期

433. Linda，《文青女将——因为爱所以爱》，2016 年 3 月 31 日，第 321 期

434. 张建岗，《英伦之恋》，2016 年 4 月 15 日，第 322 期

435. 胡力耘、崔俭高、张伟、陈圣，《抢通刻不容缓——华为全力投入厄瓜多尔强震通信抢修》，2016 年 4 月 29 日，第 323 期

436. 肖晓峰、王鹏，《设计，让科技更有温度》，2016 年 8 月 31 日，第 326 期

437. 徐文伟，《科技之美，开创更美好的全联接世界——公司战略 Marketing 总裁徐文伟在 2016 华为欧洲创新日上的致辞》，2016 年 8 月 31 日，第 326 期

438.《9 月 23 日 华为与徕卡合作设立创新实验室》，2016 年 11 月 11 日，第 327 期

439. Renato Lombardi，《华为为我设立了一个研究所》，2016 年 11 月 11 日，第 327 期

440. yanzi8，《咖啡豆里藏着华为全球化的密码》，2016 年 11 月 11 日，第 327 期

441. 范思勇，《出拳》，2016 年 11 月 11 日，第 327 期

442. 郭平，《从技术专家到工程商人——郭平在"出征·磨砺·赢未来"研发将士出征大会上的讲话（2016 年 10 月 28 日）》，2016 年 11 月 11 日，第 327 期

443. 丁耘，《从个人英雄到群体英雄》，2016 年 12 月 30 日，第 328 期

444. 简春燕，《跑赢"地震"》，2016 年 12 月 30 日，第 328 期

445. 孙承，《光阴的故事——上研二十年传奇》，2016 年 12 月 30 日，第 328 期

446. Terry Lin，《步步为"盈"》，2017 年 2 月 28 日，第 329 期

447. 段爱国，《做看见机会的人》，2017 年 4 月 27 日，第 330 期

448. 李华，《博士哭了》，2017 年 4 月 27 日，第 330 期

449.（华为）乌干达代表处，《华为在乌干达建了个"魔方"》，2017 年 6 月 29 日，第 331 期

450. Simon，《维斯瓦河畔的拥抱》，2017 年 6 月 29 日，第 331 期

451. 白熠，《从"雷达"到"第三只眼"》，2017 年 6 月 29 日，第 331 期

452. 史延丽，《做最真实的财报》，2017 年 6 月 29 日，第 331 期

453. 元光燮，《永生难忘的地震》，2017 年 6 月 29 日，第 331 期

454. 张帆，《让黑天鹅在杯中飞》，2017 年 8 月 31 日，第 332 期

455.《11 月 17 日：英国电信与华为拟投资 2500 万英镑成立剑桥研发小组》，2017 年 12 月 29 日，第 334 期

456. 晓白，《架起彩虹之桥》，2017 年 12 月 29 日，第 334 期

457.《2 月 25 日：华为荣获"2018 年 GSMA 移动产业杰出贡献奖"》，2018 年 3 月 1 日，第 335 期

458. 何庭波，《立足岗位，创造价值，华为因你而美好——海思总裁何庭波寄语新员工》，2018 年 3 月 1 日，第 335 期

459. 邹芸，《在这里看遍所有岛国》，2018 年 3 月 1 日，第 335 期

460. 陆仁嘉，《再见西非》，2018 年 4 月 28 日，第 336 期

461. 赵国辉，《硝烟中的信任》，2018 年 4 月 28 日，第 336 期

462.《每个精彩的人生，都有一个摩尔定律——华为公司董事、高级副总裁陈黎芳与新员工座谈（松山湖 2018 年 4 月 20 日）》，2018 年 6 月 29 日，第 337 期

463.《华为颁奖 Polar 码之父，致敬基础研究和探索精神》，2018 年 9 月 4 日，第 338 期

464. 陈雪瑞，《华为金牌厨师：有人冲锋陷阵，有人竭尽全力保障，形式不同一样英勇》，2019 年 7 月 1 日，第 343 期

465.《任总接受法国〈观点〉周刊采访纪要——2019 年 6 月 18 日》，2019 年 9 月 3 日，第 344 期

466. 叶辉辉，《一人一厨一狗》，2019 年 9 月 3 日，第 344 期

467. 邓凳儿（员工家属），《"随军"在刚果（金）》，2020 年 5 月 6 日，第 348 期

468.《不要浪费一场危机的机会——华为轮值董事长郭平与新员工座谈纪要》，2020 年 9 月 1 日，第 350 期

469.《若果有人拧熄了灯塔，我们怎么航行——任总在复旦大学、上海交大、东南大学、南京大学座谈时的发言纪要（2020 年 7 月 29 日—31 日）》，2020 年 10 月 31 日，第 351 期

470. 孙大伟，《逆行震中》，2021 年 4 月 30 日，第 354 期

471.《任总与 2020 年金牌员工代表座谈会上的讲话——2021 年 5 月 8 日》，2021 年 6 月 30 日，第 355 期

二、《管理优化》报

引用 193 篇，基于本引用源为华为内部资料，此处不提供具体引用文章。

三、心声社区

1.《任总在片联开工会上的讲话》，2013 年 5 月 17 日

2.《任总在企业业务座谈会上的讲话》，2014 年 2 月 8 日

3. 宋聿，《非洲大陆上的"南泥湾"》，2015 年 12 月 12 日

4. 陈华军，《那一口英吉拉的滋味》，《24 小时》，2016 年 2 月 6 日，第 172 期

5.《前进的路上不会铺满了鲜花——任正非在 2016 年市场年中会议上的讲话（2016 年 7 月 12 日）》，2016 年 8 月 30 日

6.《任总在泰国与地区部负责人、在尼泊尔与员工座谈的讲话 2017 年 2 月 15 日—16 日》，2017 年 2 月 24 日

7. 彭博，《风雨兼程的砥行》，2018 年 3 月 7 日

8.（华为）公共及政府事务部，《人间自有真情在——孟总日记一则》，2018 年 12 月 21 日

9.（华为）公共及政府事务部，《任总接受彭博电视采访纪要，2019 年 5 月 24 日》，2019 年 6 月 4 日

10.（华为）公共及政府事务部，《任总接受加拿大〈环球邮报〉采访纪要，2019 年 6 月 27 日，深圳》，2019 年 6 月 29 日

11. (华为）公共及政府事务部，《任总接受 BBC 故事工场纪录片采访纪要，2019 年 7 月 23 日》，2019 年 9 月 6 日

12. (华为）公共及政府事务部，《任总接受德国电视一台纪录片采访纪要》，2019 年 9 月 23 日

13. (华为）公共与政府事务部，《任总接受美联社采访纪要，2019 年 8 月 20 日》，2019 年 10 月 15 日

14. (华为）公共及政府事务部，《任正非接受日本共同社采访纪要，2019 年 10 月 16 日，深圳》，2019 年 10 月 21 日

15. (华为）公共及政府事务部，《任正非接受北欧媒体采访纪要，2019 年 10 月 15 日，深圳》，2019 年 10 月 24 日

16. (华为）公共及政府事务部，《任总接受中东非洲阿拉伯语媒体采访纪要，2019 年 10 月 20 日》，2019 年 11 月 4 日

17. 《华为是谁》，第二集《孤注一掷》，2019 年 11 月 22 日

18. (华为）公共及政府事务部，《任总接受加拿大〈环球邮报〉采访纪要，2019 年 12 月 2 日，深圳》，2019 年 12 月 9 日

19. (华为）公共及政府事务部，《任总接受〈华尔街日报〉采访纪要，2019 年 11 月 5 日，深圳》，2019 年 12 月 27 日

20. (华为）公共及政府事务部，《任总接受〈华尔街日报〉采访纪要》之《〈华尔街日报〉补充问题答复》，2020 年 1 月 10 日

21. (华为）公共及政府事务部，《任总接受〈华尔街日报〉采访纪要》之《〈华尔街日报〉补充问题答复》，2020 年 3 月 25 日

22. 梁挺，《海外十五年，浮生一瞬间，我的退休告别贴》，2020 年 7 月 16 日

23. 《你们今天桃李芬芳，明天是社会的栋梁——任总与战略预备队学员和新员工座谈会上的讲话》，2020 年 9 月 3 日

24. Pillar，《带着十几种语言闯世界》，2021 年 6 月 25 日

四、员工博客

1. 曹江，《通信之路》系列，华为博客社区（同步见于其个人公众号"通信实习生"），2017 年 8 月至 2021 年 10 月

2. 吴旺军，《3G 及 SingleRAN 历史回顾》系列，华为博客社区，2020 年 10 月至 2021 年 2 月

3. 陈剑韵，《巴西，巴西！》系列，华为博客社区（同步见于其个人公众号"刺狐的思考"），2021 年 3 月至 2021 年 9 月

英文名词 & 缩写解释

1. 3GPP：3rd Generation Partnership Project，第三代移动通信合作伙伴计划

2. 3GPP2：3GPP 的姐妹项目，会员结构和 3GPP 基本类似。由高通主导进行北美和亚洲关于第三代移动网络的利益合作，负责制定和推进 CDMA2000 通信标准，后期弱化

3. APEC：Asia-Pacific Economic Cooperation，亚太经济与合作会议，亚太区内各国家间促进经济成长、合作、贸易和投资的论坛组织

4. ARPU：Average Revenue Per User，单一用户之营收贡献度，指电信运营商或服务提供商从每个用户得到的平均收入。ARPU 值高，则企业目前利润值较高，发展前景好，有投资可行性

5. BCG：Boston Consulting Group，公司名称，波士顿咨询公司

6. BCG：Business Conduct Guidelines，专用名词，商业行为准则

7. BCM：Business Continuity Management，业务连续性管理

8. BG：Business Group，华为根据产品应用的客户群分类组建的销售型组织

9. CDMA：Code Division Multiple Access，码分多址接入，一种无线通信接入技术

10. CEG：Commodity Expert Group，采购专家团

11. CEPT：European Conference of Postal and Telecommunications Administrations，欧洲邮电与通信管理会议

12. CES：International Consumer Electronics Show，消费类电子产品展览会。每年 1 月于美国内华达州的拉斯维加斯会展中心举行。展览由消费电子协会赞助，其间通常会举行多场产品预览会和新产品发布会

13. CFIUS：Committee on Foreign Investment in the United States，美国外商投资委员会

14. CMM：Capability Maturity Model，产品成熟度模型

15. COA：Charter of Account，账务处理交易中用于记录会计信息的科目编码

16. COE：Center of Excellence，能力中心，又译"绩优中心"

17. CT：Communication Technology，通信技术

18. CT：Compliance Testing，（流程的）遵从性检查

19. CTO：Chief Technology Officer，首席技术官

20. CWTS：Chinese Wireless Telecommunication Standards，中国无线通信标准研究组

21. D-AMPS：Digital-Advanced Mobile Phone Service，数字化先进移动电话服务，美国开发的一种第二代移动通信技术（2G）标准

22. DARPA：Defense Advanced Research Projects Agency，美国国防高级研究计划局

23. DEGE：Domestic Economy to the Size of the Global Economy，企业所在的国内经济规模与全球经济的规模

24. DOG：Degree of Globalization，全球化程度

25. DSL：Digital Subscriber Line，数字用户线，通过铜线或者本地电话网提供数字连接的一种技术

26. EHS：Environment，Health，Safety，即环境健康安全，环境安全和职业健康管理的标准统称

27. EMT：Executive Management Team，华为公司最高决策团队，每月例行召集一次会议

28. ERC：Employee Relocation Council，员工迁置协会

29. ERP：Enterprise Resource Planning，企业资源规划 IT 系统，把客户需求和企业内部的制造活动以及供应商的制造资源整合在一起，形成企业一个完整的供应链

30. ETSI：European Telecommunications Standards Institute，欧洲电信标准协会

31. EV-DO：Evolution Data Only。其全称为 CDMA20001xEV-DO，是 CDMA20001x 演进的一条路径的一个阶段，是一种可以满足移动高速数据业务的技术

32. FSC：Financial Service Center，财务服务中心

33. FSTS：Foreign Sales to Total Sales，企业的海外销售与总销售的比率

34. GATT：General Agreement on Tariffs and Trade，关税与贸易总协定

35. GIE：Global Integrated Enterprise，全球整合企业

36. GSM：Global System for Mobile Communications，全球移动通信系统，第二代移动通信系统（2G）标准体系

37. GSMA：Global System for Mobile Communications Association，全球移动通信系统协会，一个促进 GSM 发展的国际行业合作组织

38. GSM-R：Global System for Mobile Communications-Railway，GSM 铁路通信系统

39. GSRC：Global Service Resource Center，全球服务交付共享中心

40. GTAC：Global Technical Assistance Center，全球技术支持中心

41. HR：Human Resources，人力资源，通常指人力资源管理从业者

42. HRSSC：Human Resource Self-Service Center，人事服务共享中心

43. ICT：Information and Communication Technology，信息与通信技术

44. IDS：Integrated Delivery Solution，集成解决方案包，IFS 变革项目的落地方案

45. IEEE：Institute of Electrical and Electronics Engineers，电气及电子工程师学会

46. IETF：Internet Engineering Task Framework，互联网工程任务组，负责研究面向互联网的技术问题的标准组织

47. IFS：Integrated Financial Service，集成财经服务

48. ILD：Integrated Leadership Development，整合领导力开发

49. IOT：Internet of Things，物联网

50. IPD：Integrated Product Development，集成产品开发

51. ISC：Integrated Supply Chain，集成供应链

52. ISOS：International SOS，一家国际运营的健康和安全服务公司，创立于 1985 年。SOS 是国际摩尔斯电码救难信号，并非任何词组的缩写

53. IT：Information Technology，信息技术

54. ITO：Inventory Turn Over，存货周转天数

55. ITU：International Telecom Union，国际电信联盟

56. KCP：Key Control Point，关键控制点

57. KPI：Key Performance Indicator，关键绩效指标

58. LTC：Lead to Cash，线索到回款

59. LTE：Long-term Evolution，长期演进技术，第四代移动通信（4G）技术标准的基础技术体系

60. MBB：Mobile Broadband，移动宽带

61. MFP：Manager Feedback Program，经理人反馈计划

62. MWC：Mobile World Congress，世界移动通信大会，由世界移动通信协会（GSMA）主办，每年年初在西班牙巴塞罗那举办，简称"巴展"

63. NGN：Nest Generation Network，下一代网络

64. NGO：Non-Government Organization，非政府组织

65. NVQ：National Vocational Qualification，（特指英国的）国家职业资格

66. OEM：Original Equipment Manufacturer，贴牌生产

67. OFP：Overseas Financial Project，海外财务项目

68. OTC：Opportunity to Cash，机会点到回款（流程）

69. PACE：Product and Cycle-time Excellence，产品及周期优化法

70. PBC：Personal Business Commitment，个人绩效承诺，企业内部的个人绩效考核载体

71. PDT：Product Development Team，产品开发团队

72. PE：Permanent Establishment，常设机构。是为处理跨国营业利润的征税权问题而产生的国际税
收专业术语

73. PFC：Project Finance Controller，项目财务经理

74. PFM：Project Financial Management，项目经营管理

75. PHS：Personal Handy phone System，个人手持电话系统，俗称"小灵通"

76. PRTM：Pittiglio Rabin Todd & McGrath，一家著名管理咨询公司，后来被普华永道收购

77. PTP：Procurement to Pay，采购到付款（流程）

78. QCC：Quality Control Circle，品质控制圈。一种品质提升管理活动，由日本石川馨博士在制造
业首创的质量控制方法

79. RAN：Radio Access Network，无线接入网络

80. SACA：Semi-Annual Compliance Audit，半年度流程审计

81. SOD：Separation of Duty，职责分离

82. TDD：Time Division Duplex，时分双工，一种通信信号处理技术

83. TD-SCDMA：Time Division-Synchronous Code Division Multiple Access，时分同步码分多址，中
国提出的第三代移动通信（3G）技术标准

84. TQM：Total Quality Management，全面质量管理。促进和支持对一个组织的各种活动进行质量
管理的方法，主要针对内外部客户的需求

85. UNCTAD：United Nations Conference on Trade and Development，联合国贸易与发展会议。联合
国系统内具体负责投资和技术事务的协调机构

86. VR：Virtual Reality，虚拟现实

87. WIPO：World Intellectual Property Organization，世界知识产权组织

88. WLL：Wireless Local Loop，无线本地环路。指利用无线技术（包括微波、蜂窝通信、无绳电
话）为固定用户区域的移动用户提供电信业务。简单而言，就是用无线连接来代替用户终端和
公共服务之间的有线电缆

89. WTO：World Trade Organization，世界贸易组织

华为全球化面临的真正挑战

在中国历史上，有过两次人员大规模出海行动，一次是明朝郑和船队下西洋，一次是中国政府对非洲的医疗援助。

郑和七次下西洋，从 1405 年至 1433 年，历时二十八年，第一次航行就率领二百四十多艘海船、两万七千多名船员的庞大船队，拜访了三十多个西太平洋和印度洋的国家和地区，最后一次航行，最远到达东非，今天的肯尼亚。郑和下西洋早于葡萄牙航海家迪亚士发现南非好望角、哥伦布发现美洲新大陆，被认为是当时世界上规模最大的远洋航海行动。

但郑和下西洋留给后世的中国除了一段令人惊叹的传奇外，没有任何实质意义的遗存，甚至连历史文字档案都无迹可寻，空留后人"望洋兴叹"，为当时有着如此先进的远洋航海技术、强大造船能力的中国，错过了由航海大发现开启的全球化时代，最终沦落为一个令西方列强欺侮的落后国家，而深深遗憾。

中华人民共和国成立后，在 1955 年万隆会议上打开了对外关系发展局面，1956 年，中国开始向非洲国家提供援助，派出基础建设和医疗队伍到非洲，提供经济建设和人道主义援助，其中，尤以医疗援助最具规模、最为知名。从1963 年向阿尔及利亚派出第一支援外医疗队伍开始，医疗援非到七十年代达到高峰，直至新世纪仍然绵延不息。多年来，中国向几十个非洲国家派出数万名医疗队员，无偿提供医疗设备和药品，进行定点或巡回医疗服务，开展艾滋病、疟疾等传染病和其他疾病防治，为非洲国家培训、培养了大批专业医护人员。

中国对非洲各发展中国家长期的出人、出钱的切实援助，打下了深厚的中非友谊基础，产生了非常积极的外交作用，中华人民共和国1971年恢复联合国席位，就被传诵为"是被非洲兄弟抬进联合国的"。

历史上的这两次出海都是由政府组织的任务型行动，没有在当地建立实体组织，为未来的持续、长远发展打下根基。

而华为不仅开启了中国现代经济史上一次有组织的、规模最大的、时间持续最久的海外集体远征，作为一家企业，华为经过多年的不懈努力，持续建设，在海外一百四十多个国家建立了自己的商业根据地，为当地建设了通信网络，便利了人们的沟通与生活，培养了先进技术人才，在今天"逆全球化"的疾风劲雨中，华为仍然能坚守屹立，维持其全球化存在。

其中，既有任正非作为企业家的雄心壮志和领导者的家国情怀，更有数万、几代华为员工的决绝向前和坚忍克难。他们离开故土去到他乡，不是因为不幸而渴望，而是因着使命而驱动，去追寻一个哥伦布式的梦想。

而回头来看，华为过去三十年的成功，就是拥抱全球化的成功。世界各国的先进技术、精英人才为华为提供了源源不断的创造力，全球大市场提升了华为的规模效益，分摊了研发成本，全球产业链打造了华为端到端能力，而根植于中国几千年农耕文明的"天道酬勤"的内在精神信仰，与西方工业化发展孕育的现代企业管理理念与机制，契合于华为一体。全球化的世界，也向华为贡献了人类文明的各种精华，包括西方哲学的开放理性、科学研究的探索精神、自由经济的契约精神、现代军事战略思想，以及美国的创新机制、英国的治理智慧、德国和日本的工匠精神，通过华为极强的组织学习能力，融入其开放包容、兼容并蓄的企业文化，由其内在的东方文化的集体奋斗精神，发挥出强有力的作用。世界的全球化，成就了全球化的华为。

　　可以毫不怀疑地说，全球化仍然是人类历史发展的总趋势，当下的逆风和反流，是华为面对的巨大挑战，世人可以看到，华为正在沉稳应对。

　　而面向未来，华为自身所面对的全球化组织建设的真正挑战，是如何发挥一百多个国家的本地华为员工的作用、价值，和外派的中方华为员工一起，即使不是"混凝土"，至少也不是"两张皮"，共同固守海外的组织根据地。这将是任何一家中国的国际化企业都将面对的一个历史性挑战。

致谢

首先要郑重地感谢王海暾先生。

海暾先生是我在拉美工作时的领导，任职地区部交付与服务副总裁，2020年从公司退休后，就作为本书的"第一读者"，也是唯一的读者，审读了全部过程书稿，以其对华为的深厚理解，提出许多修改建议。对于我那些草稿文字带给他的不良阅读体验，我一直深怀歉意，但他以若谷虚怀，予我以鼓励，让我有信心继续写下去。尤令我感激不尽的是，海暾先生还联络多位已退休、离职的华为高级主管访谈，帮助我对书面记录背后的人与事获得深入理解，让我对事件的表述更为准确。

第二位要感谢的是中欧国际商学院的韩践教授。韩老师曾为华为人力资源管理体系提供专业咨询，在工作中我们得以相识。在我面对丰富而庞杂的历史资料、苦于没有良好的研究方法而求教于韩老师时，她推荐了《质性研究》一书，让我对如何开始进行称得上是"研究"的工作有了思路和信心。

第三位需要感谢的是华为无线产品专家曹江先生。2017年开始，曹江在华为内部博客网站以每周一篇的更新频率，用四年时间写完了一百多万字的《通信之路》博客系列，以平白的文字、清晰的逻辑，系统介绍通信技术、产品和产业发展史，让我一个文科生深入学习了技术和产品基础知识，对通信产业发展逻辑有了准确认知。而他笔耕不辍、持之以恒的精神也一直发挥着榜样的力量，勉励我坚持不懈。

在此，还要特别感谢华为"两报"编辑部。从多年前决定研究华为的全球化开始，我就一直在收集、整理相关文字资料，后来编辑部将"两报"纸版历史文章全部上网，我决定以"两报"的全量记录作为主线入手，进行系统梳理和分析总结，这些记录不仅提供了历史事件信息，其本身也是一种组织行为分析对象。而资料的电子化也使得我对信息的分类整理、史实的对照校核非常方便，研究速度大大加快。

最后，我要感谢所有书中引用的数百篇文章的作者们、华为的同事们，是你们留下了丰富的文字记录，为华为这段非同寻常的经历提供了有血有肉的内容。没有你们在历史进程中的点点滴滴的用心积累，本书无以完成。

图书在版编目（CIP）数据

华为三十年：从中国出发的全球化 / 李英羽著. --
北京：中国人民大学出版社，2023.5
ISBN 978-7-300-31481-5

Ⅰ. ①华… Ⅱ. ①李… Ⅲ. ①通信企业－企业管理－
经验－深圳 Ⅳ. ① F632.765.3

中国国家版本馆 CIP 数据核字（2023）第 036115 号

华为三十年
——从中国出发的全球化

李英羽　著

HUAWEI SANSHI NIAN —— CONG ZHONGGUO CHUFA DE QUANQIUHUA

出版发行	中国人民大学出版社	
社　　址	北京中关村大街 31 号	**邮政编码**　100080
电　　话	010 - 62511242（总编室）	010 - 62511770（质管部）
	010 - 82501766（邮购部）	010 - 62514148（门市部）
	010 - 62515195（发行公司）	010 - 62515275（盗版举报）
网　　址	http://www.crup.com.cn	
经　　销	新华书店	
印　　刷	涿州市星河印刷有限公司	
开　　本	720 mm × 1000 mm　1/16	**版　　次**　2023 年 5 月第 1 版
印　　张	28.5 插页 1	**印　　次**　2023 年 10 月第 2 次印刷
字　　数	426 000	**定　　价**　98.00 元